献给我们在二十一世纪的子孙

　　——希望他们有足够的创造性，能够发展出一个摒弃已经渗透到我们现行制度中的邪恶的税收制度。

本书的翻译得到"中国政法大学青年教师创新团队资助项目"资助

善与恶
——税收在文明进程中的影响
（原书第二版）

For Good and Evil
The Impact of Taxes on the Course of Civilization

［美］查尔斯·亚当斯/著
Charles Adams

翟继光/译

中国政法大学出版社

2013·北京

善与恶

——税收在文明进程中的影响

For Good and Evil

The Impact of Taxes on the Course of Civilization

by Charles Adams

Published by agreement with the Rowman & Littlefield Publishing Group through the Chinese Connection Agency, a division of The Yao Enterprises, LLC.

版权登记号：图字：01 - 2011 - 3015 号

亚里斯泰迪斯（Aristides）

正义税收之父

　　他折叠好财产评估的清单，这份清单不仅具有严谨的诚实和公正，而且可以保证所有的州都感到它们所缴纳的税收是恰当和公平的。……亚里斯泰迪斯征税时期是雅典联盟的黄金时代。

　　　　——普鲁塔克（Plutarch），《亚里斯泰迪斯的一生》（*Life of Aristides*）

第二版序言

　　本书第一版出版以后，艾文拉·布什卡教授就建议我准备修订版，以使得这一研究作为经典研究保持旺盛的生命力，同时也随着时代的发展作一些补充和修正。在这一建议之下，我记载了发生变化的事件，开展了新的研究，同时还收录了一些读者的思想，他们拥有丰富的想法，就书中他们感兴趣并且觉得有必要修正的内容与我联系。而且，由于本书结尾部分的研究所涉及的是当前的事件而非历史，历史发展的进程必然与我的预测有一些出入，这也验证了日本的一句谚语：生活中最精确的事件都是不确定的。

　　最近10年最具有戏剧性和令人惊讶的事件是被我称为亚洲"奇迹经济"的崩溃。他们货币的崩溃摧毁了他们的经济，这一点在若干年前是无法预料的。日本公司不仅是西方经济的世界竞争者；它也是一个不可思议的经济巨人，它会挑战任何竞争者，通常也会超越任何竞争者。现在，它与其他亚洲虎一样处于经济衰退时期，这也提醒我们，要想在这个世界上保持繁荣，仅仅拥有优良的税收制度是不够的。优良的货币管理制度、合理的金融系统与优良的税收制度一样，都是持续稳定发展所必需的。本书关于亚洲的新的一章可以称为"奇迹不再"。但是我猜想，或早或晚，亚洲的财政事务会恢复良好的秩序，它们会从热衷于借贷的金融体系中恢复过来，它们会重新取得其在世界经济中的统治地位。

　　一些批评者抱怨我对伊丽莎白一世及其税收和财政政策的过分崇拜，我对他们的观点特别感兴趣。看起来这个世界上有很多人对好女王贝丝（Good Queen Bess）怀恨在心，他们渴望对她的统治进行攻击。这促使我进一步研究她的财政政策，以便发现那些怀恨伊丽莎白的人是否拥有合理的根据。然而我没有改变我的思想；事实上，我发现她是一位比我最初认为的更加睿智、更加优秀的君主。我曾经认为她是欧洲历史上最伟大的君主；现在我认为她是一切时代最伟大的君主。

我认为引起美国内战的是税收而非奴隶制，这一观点得到 1996 年 6 月出版的《美国遗产》（*American Heritage*）的支持，文章说：“关税，在那时也就是联邦税收的同义词，是导致美国内战的主要因素。”我在那一章中增加和修正了一些资料，读者或许会对此感兴趣。

我对关于奴隶制——税收奴隶制——的论著也很着迷，对于建国之父们而言，这些论著是非常杰出的。那种税收奴隶制现在仍然存在吗？这些作者所说的究竟是什么意思呢？在 19 世纪，我们将少数非洲人作为奴隶，但是我们现在是否已经根除了奴隶制的痕迹呢？或者只是发现我们现在大多数人变成了税收奴隶？

在研究古代社会的税收时，在研究税收的起源时，我忽略了中国，其文明可以追溯到 3000 年以前。这一文明以智慧和圣人而著称，读者将会发现他们在税收问题上的确非常聪明。

自 20 世纪 80 年代以来，税制改革在实质上热了起来，但是我们有可能摆脱所得税吗？我们拥有一个税务主管机关，他就喜欢这种样子的所得税。主流媒体在税制改革以及国内税收署的税收恶行上畏缩不前，除非国会听证会强迫他们关注这些问题。我们是在主流社会，特别是沃尔特·克朗凯特（Walter Cronkite）确定越南战争是一场没有意义和没有希望的战争以后才扔掉越南的。当同样这批新闻职业人士——他们不遗余力地影响大众思想——最终赶上潮流帮助我们摆脱所得税时，或许我们可以期望会发生实质性改变。

我的这一研究已经持续了大约 30 年。它拥有两条主线：一是我作为税收职业人士在战壕中的战斗经验，二是我在一所小学院中与一批来自第三世界的学生一起度过的几年令人难忘的教书生涯。在这一研究的过程中，税收在很多历史事件中所起到的作用引起了我的关注。当我在这一事件上获得更多知识后，我发现尽管税收在文明的历史中起到了关键性的作用，但几乎没有人将税收作为一种影响和左右文明的力量来研究。这一研究的目的就是将税收提取出来，并将其作为今天和过去影响社会结构的最重要力量予以关注。

本书并没有将自己归入现在已经建立的学科体系的某种分类之中，这没什么好惊讶的。没有任何一批美国学者曾经将其毕生精力投入对税收历史以及税收斗争对文明重要性的研究中。这一研究将填补这一空白。

令人惊讶的是，我们伟大的学术机构中没有专门针对税收历史进行的研究。我们已经建立了一个完整的新课程，甚至有针对特殊利益的研究，如对同性恋者和女性同性恋的研究，对于多元文化、妇女和黑人的研究，对于生态学的研究，我们甚至可以看到对拉丁美洲的研究，因为这一地区的人口在不断增长。但是税收，即使它们是让文明运转的燃料，从来没有被当做一种影响和左右文明的力量予以研究，至少在我们这个国家没有。在欧洲的很多大学中，例如阿姆斯特丹大学和莱顿大学，不仅开设关于税收历史的课程，而且为研究者提供了教授职位。或许我们目前的税收混乱状态是我们在各个层面忽略税收历史的结果——在政府层面，在大学层面以及在我们的普通公民之中。如果说历史使人明智，那么，毫无疑问，我们在制定税收政策时，智慧并不在我们身边。

本书部分涉及历史、法律、经济、政治、伦理、人权，作为一个整体就是社会科学。只要税收触及到文明，我们就会投入时间进行研究。如果把我们的研究限定在一个单一的领域中，我们就不得不向读者介绍一个之前很少研究过的领域，如果不是根本就没有研究的话。我们将不得不把一些课题留给其他学者进行更加广泛的研究，以使得我们的观点更加犀利。对我而言，我非常乐于开拓新的领域以及揭示总结过去的新观点，更重要的是，发现对我们未来历史进程具有启发意义的新观点。

像本书这样研究领域如此广泛的著作必须建立在其他学者的研究与观点之上。我尽量按照其他学者的本意提出最基础的事实并对它们进行阐释。如果专家之间的观点出现了分歧，我就不得不做出一定的选择。几年以前，一位作者因其最初的著作受到了称赞。他回答说，他的著作就像一串珍珠项链，属于他的仅仅是那条线。这句话当然也适用于我的研究。

将文明中税收历史的这些珍珠用线串起来是一件迷人的事情。当然，我们的税收历史是相当严肃的，但是它也有轻松的一面。结果，读者即将看到的内容中就充满了很多逸闻趣事、插图例证以及讽刺漫画，这些会让本书读起来更加有趣。

序言的作用看起来是不时给读者指出阅读的方向。本书的叙述经常会被评论和与现代税收的对比打断。从我们前辈的税收斗争中可以学到很多经验教训，如果有必要，我们也会进行类比。古代的历史学家是离题艺术的高手，正是这样才使得它们更加引人入胜，即使这些事件已经离开了我们的时代。如果历史应当教给我们一些东西，那么离题是必要的，正如古代的历史学家所认为的那样。这些人认为过去的知识是人类未来最好的指引："它能使人类的行为更加明智并避免犯错误。"（Michael Grant, *The Ancient Historians*, Orian Publishing Group, 1970, p. 78.）

在本书的结尾部分，有几章直言不讳的内容，其中我提出了对矫正西方公民被错误征税方式的分析和观点。这些观点可以形成本研究的高潮。

我要感谢我的科研助手给予我的帮助和支持，其中包括一些在财税部门工作的朋友。我也想感谢很多读者给予我的鼓励，使得我可以完成本修订版的研究工作，我还想感谢我的编辑，简·唐尼尔森（Jean Donelson），感谢她熟练的编辑技巧以及她对于一位不知道何时停止研究以及写作的作者的耐心。最后，我还要感谢国内外的很多图书管理员以及帮助者，他们给我提供了无数的例证和插图，这为本书增添了不少情趣和味道。没有这些迷人的逸闻趣事所构成的可视历史，对于过去的很多洞察将变得暗淡无味或者根本就无法得到这些洞察。而且，它们也增加了调味品的比重，使得我们的大餐变得更加鲜美可口。

前 言

　　1982 年，查尔斯·W. 亚当斯（Charles W. Adams）出版了一本神奇的书，书名是：《斗争、迁徙、欺诈：税收的历史》（*Fight，Flight，Fraud：The Story of Taxation*）。我买了两本，一本放在办公室作为案头参考书，另外一本放在家里（以后我会将它们替换为《善与恶——税收在文明进程中的影响》）。在我的研究中，我经常参考这本书，一方面是为了获得税收逸闻趣事，另一方面也为了获得我研究的参考书目。老实说，在我 15 年的职业研究和写作税收的过程中，在我所阅读的此类主题的著作中，查尔斯·亚当斯的著作绝对应当排第一位。

　　《斗争、迁徙、欺诈：税收的历史》读起来令人感到愉快，也让人见多识广，其中也充满了为什么税收很重要的教训。我很高兴地告诉大家有文字记载的历史的起源是与压迫性税收分不开的。6000 年以前，人们在刻满楔形文字的黏土中发现了历史的黎明，这些圆锥形的物体是在苏美尔（Sumer）的拉格什（Lagash）挖掘的，它们位于现代伊拉克底格里斯河（Tigris）和幼发拉底河（Euphrates）之间的肥沃平原中。这些圆锥形物体上记载了什么呢？让苏美尔人更加害怕的不是他们的领主或者国王，而是征税官。

　　我收藏了很多其他有趣的故事。例如，罗塞塔石（Rosetta Stone），其原文是象形文字，社会学和希腊是揭示古埃及历史的关键，事实上是授予免税待遇的记载。当然，这也就是为什么这些内容被刻在了石头上，而不是写在纸莎草纸上。

　　另外一个例子就是繁荣的罗兹岛（Rhodes），他们对贸易征收 2% 的港口税。罗马人在得洛斯岛（Delos）建立免税港口一年后，罗兹岛失去了 85% 的贸易市场。帮助罗马人战胜罗兹人并取得商业上至高无上地位的是自由贸易而非战争。而罗马自身的灭亡也并非由于匈奴人，而是源于逃税，因为富裕的地主设计了一个又一个聪明的方案来逃税，使得这个国家没有资源来保卫自己。对于电视剧的制作人而言，《斗争、迁徙、欺诈：税收的历史》是一座金矿。

10年后，查尔斯·亚当斯在这一领域上又提出了新的税收历史。《善与恶——税收在文明进程中的影响》在已经非常引人注目的研究成果中增加了新的资料和章节，包括希腊和罗马时期、中世纪、西部和东部欧洲各国的发展、阿兹特克人（Aztecs）以及美国的税收历史。书中一个全新的章节描述了日本、中国香港地区、新加坡、中国台湾地区和韩国的经济奇迹，他们在里根推广这一时期之前就进行了以低税以及供给经济学为特征的数十年实践。另一个新的章节则向我们展现了各州宪法是如何通过给予纳税人对征税和开支的宪法控制权而保护纳税人利益的。其中最著名的就是加利福尼亚13号提案（Proposition 13），也就是后来霍华德·贾维斯（Howard Jarvis）的创意，它将加利福尼亚不动产税的最高税率限定为住房现金价值的1%。

亚当斯还增加了题为"驯服怪兽"的一章。他提出了若干改革建议，很明显是向着纳税人的，以使得税收创造更多的善，而非带来更多的恶。这些建议包括将政府官员运用税收进行敲诈勒索的行为定性为犯罪行为，允许纳税人起诉税收主管机关的渎职行为，赋予选民召回国内税收署地区税务主管职权的权利。或许最重要的改革是将直接税制度改变为间接税制度，以最大限度地降低政府侵犯公民私人事务的权力。

我最喜欢的建议是废除整个美国联邦个人所得税制度，代之以没有"特殊"免税制度的10%的比例税率。这并不是新思想。10%的比例税率是建立在以色列、罗马、希腊以及古代中国数千年实践的基础之上的。

作者充分利用了《斗争、迁徙、欺诈：税收的历史》与《善与恶——税收在文明进程中的影响》两本著作中间的10年时间。他给读者提供了从税收历史中得到的若干洞察结论。第一，优良的税收制度会逐渐变坏，除非人民能够约束政府，因为政府通常都具有这样一种倾向：不断调整他们的开支以满足他们天生具有的贪婪欲望，而不是他们的钱袋子。第二，文明会在重税的压力之下逐渐自我毁灭。第三，对于任何税收制度的设计和实施而言，适度性都是一个非常重要的原则。适度原则包括税率的选择、对于逃税的惩罚、税收征管的侵犯性以及通过避免剧烈的累进或者累退税率来公平对待纳税人。

　　预祝大家阅读愉快！让我们共同期盼我们选举、任命或者自我任命的统治者们能够将亚当斯的忠告牢记心中。

　　　　　　　　　　　　艾文拉·布什卡（Alvin Rabushka）
　　　　　　　　　　　　斯坦福大学胡佛学院高级研究员
　　　　　　　　　　　　1993 年

序 论

　　税收是历史的主要推动力的假说比其他很多历史理论拥有更多的优点，其他一些理论，如超级种族主义、气候、神的修补、阶级斗争、生命循环、伟大的英雄，或者其他，坦率地说，是不切实际的。在这些理论中有一些真理。曾经有一些伟大和强大的人推动了文明的进程，但是在大部分时期并没有英雄，这个世界是由恶棍、傻瓜和二流人才来领导的。像摩西（Moses）一样的领导人并不总会出现，特别是当我们需要时。然而，税收从古至今经常对我们的生活产生重要影响——为了正义和邪恶。国家的繁荣与衰落经常有税收因素，这一点我们在整个历史中可以经常看到。人类权利所遭受的磨难比国家所遭受的更多——税务人员想得到什么就能得到什么，包括我们的自由。

　　尽管税收在文明的进程中经常起到关键性的作用，但这个研究并不主张税收将会给我们提供一个新的历史哲学。已经有很多有志之士，特别是在过去的几个世纪，宣称已经揭示了能够引导历史的秘密计划、模式，甚至一股力量。在这里我们不会做出这种宣称。我们所做的一切是给予税收应得的地位，即作为一种塑造和引导文明的重要因素，作为一种导致正义和邪恶的力量。

　　税收是人民的一股强大的动力，超过了政府，无论我们是否承认或者是否认识到。愤怒的纳税人可以成为建立压迫性税收的政府的致命威胁。纳税人会出于本能地反抗：造反的第一个警告阶段就是广泛的逃税以及为了避税而逃离；第二个阶段则会产生骚乱；第三个阶段就是暴力了。对于逼迫纳税人太甚的任何政府而言，生存最终都会是灾难性的。当第一个阶段发生时，政府的反应是"打垮"这些大胆反抗的纳税人。随着时代的发展，正如英国法官布莱克斯通（Blackstone）所观察到的，随着折磨工具而引入的是刽子手。在现代，税收政策制定者喜欢制造一些虚构的重罪来恐吓纳税人。

第一个不幸事件我们将称为"沉默寡言的税收"总是成为特权者；第二个不幸事件是国家的财产和力量。我们称为沉默寡言的税收，而罗马人则称为"无法无天的负担"[1]。约翰·亚当斯（John Adams）使用"灾难性的税收"[2]来描述导致美国革命的英国税收，约翰·斯图亚特·穆勒（John Stuart Mill）则使用"合法的抢劫"[3]来描述累进所得税。我们将所有这些税收都贴上盗窃的标签应该不会有太大的错误。

我们并不是在会话的意义上使用沉默寡言的，也不是愚蠢的同义词。沉默寡言意味着缺少基本的要素。从历史上来看，"沉默寡言的船舶"是驳船，因为它与普通的船舶不同，没有船帆。沉默寡言的税收因此指税收缺少基本的要素。并不是增强人民的力量和繁荣——人民假定这是税收最基本的职责——沉默寡言的税收反而削弱甚至破坏它们被假定要保护和加强的社会秩序。缺少这种要素，他们是"沉默寡言的"。

这一研究将会审查历史上的很多重大事件，我们的注意力放在税务人员身上，为了做到这一点，我们将学到很多税收厌恶的人。随着我们观察我们祖先造反的历史，我们会认识到税收在文明的进程中是一个多么强大的力量。今天，除了中华人民共和国以外的所有地方，我们的起义都是惊人的，与我们的祖先相比，也是令人尴尬地温和。我们非常害怕税务人员——对此，我们的祖先拥有恶意的预谋。但是，就像研究人类会让人着迷一样，研究税收起义也会让人着迷，税收在历史的重大事件中所起的作用甚至比我们看到的还要迷人。事实上，它好像是隐藏在大部分重大历史事件——国家的繁荣与贫穷，起义与革命，自由与奴役，以及大部分战争——背后的自明之理；税收起到了重要的作用，但这一作用很容易在戏剧性的重大事件中隐藏起来。

现代文明的三个起源——古代希腊、罗马和以色列——涉及的很多历史都充满着以税收为核心的戏剧性事件。《圣经》中的上帝不断惩罚他的

〔1〕 A. H. M. Jones, *The Roman Economy* (Oxford, 1974), p. 86.

〔2〕 Adrienne Koch and William Peder, eds., *The Selected Works of John and John Quincy Adams* (New York, 1946), pp. 24~27.

〔3〕 John Stuart Mill, *Principles of Political Economy* (New York, 1961, reprint of 1885 edition), p. 808, n. 2.

选民，将税收作为他的鞭子。自主和自由这两个词——我们将之视为如此珍贵——是从古代人民那里传给我们的，古代人民经常使用这两个词来描述一个城市的税收地位。

税收在古代中国起到了决定性的作用，在中国，皇帝为了维护其合法性——他的天意（Mandate of Heaven）——不得不将他的税收政策与孔子和道家的教条保持一致。

税收在中世纪并一直到现代社会，都起到了关键性的作用。在英国内战、美国革命和法国革命中，税收问题都是最重要的，甚至连儿童的学校教科书都关注税收问题。在美国内战中，是税收导致南方脱离联邦以及激发林肯对南方联盟进行战争的事实很少被人提起。废除奴隶制这出戏是重大历史事件，但是如果你在 1861 年问大部分南方人，战争的背后实际上是什么，诚实的回答就是税收。奴隶问题只是表面现象，正如我们要维护统一一样。

在这些历史研究结束时，我们会试图从 5000 年的历史中找到意义和方向。如果我们要保护我们引以为自豪的自主和自由并将其传递给我们的子孙——这也是我们的前辈传递给我们的——我们必须将注意力集中到税收制度及其破坏力上，这种力量远比任何外部的侵略者更危险。

CONTENTS

目　录

"税收是我们为文明社会所支付的对价。"这是镌刻在位于华盛顿特区的国内税收署大楼入口处的奥利弗·温德尔·霍姆斯（Oliver Wendell Holmes）的名言。但是，我们是如何征税和用税的，在很大程度上决定着我们是繁荣还是贫穷、自由还是奴役，以及，最重要的，正义还是邪恶。

门上的大字是"国内税收署",门上的小字是"进来"。

第一部分
税收：它们是什么？它们从何时开始？

　　前面一页的漫画是詹姆斯·史蒂文森（James Stevenson）发表在《纽约》杂志上的一幅作品，它不仅幽默风趣，而且含义深刻。因为它不仅揭示了税收的本质，而且描绘了自从有记录的历史以来人们是如何感受税收的。这幅漫画几乎不需要作任何修改就可以让古罗马的纳税人或者几个世纪以来重税社会中的纳税人露出微笑。这幅漫画所生动表现的强盗与税收的类比在公元前几个世纪就已经很流行了。

　　征税官与强盗之间的这种相似性也可以从税收这个词的本义中找到：勒索。"勒索"的字面含义是"强迫交出"。相比之下，其关联词"敲诈"的含义是"拧出"。税收并不是债务，尽管事实上我们总是漫不经心地将其称为债务。获得公平价值的原则——这是在法律上具有强制力的债务的基础——在税收争议中是没有立足之地的。我们之所以应当纳税仅仅是因为政府命令我们纳税。除此以外，什么都不需要。因此，税收的本质就是政府从我们手中拿走货币、财产，甚至劳务，却不支付任何对价。如果政府拿走一块土地用来建造学校，但为该土地支付了相应的价格，这种拿走就不是税收。

　　无论是年长者还是年幼者，人们都会凭直觉将征税的人称为强盗，因为他们是采取威胁和恐吓的方式来征税的，并且他们在拿走税款时不需要支付任何对价。因此，强取豪夺并不像其表面看起来那样毫无道理。对于我们的情感而言，征税的人就是一个具有官僚作风的罗宾汉式的绿林好汉：他会取走他所能发现的一切财物，并且也像绿林好汉一样，经常用他拿走的财物做很多好事。因为，如果没有税收的话，政府就会垮台，我们所熟悉的社会就会消失，随之而来的就是动乱。当然，征税官员与罗宾汉式的绿林好汉是不同的，因为他的强取豪夺行为是合法的。

　　税收是推动文明进步的燃料。在现在已知的文明中，没有不存在税收的。

2 我们所知的最早的文明开始于 6000 年前的苏美尔，这是位于现代伊拉克底格
   里斯河与幼发拉底河之间的一片富饶的平原。历史的萌芽与税收历史的萌芽
   都记录于在苏美尔的拉喀什（Lagash）所挖掘出的黏土圆锥体之上。拉喀什
   人们在一次残酷的战争期间开始征收沉重的税收，但是战争结束以后，征税
   的人拒绝放弃他们的征税权。从一块泥土的一边到另一边，这些黏土圆锥体
   这样记载："存在征税官。"一切都要纳税。即使是死人，也必须先纳税才能
   埋葬。这段征税的历史直到一位名叫乌鲁卡基纳（Urukagina）的好国王"认
   可了人民的自由"才得以结束，此时，黏土圆锥体上再次出现了这样的记载：
   "此时没有征税官。"[1]这或许并不是一个英明的政策，因为随后不久这座城
   市就被外国侵略者毁坏了。

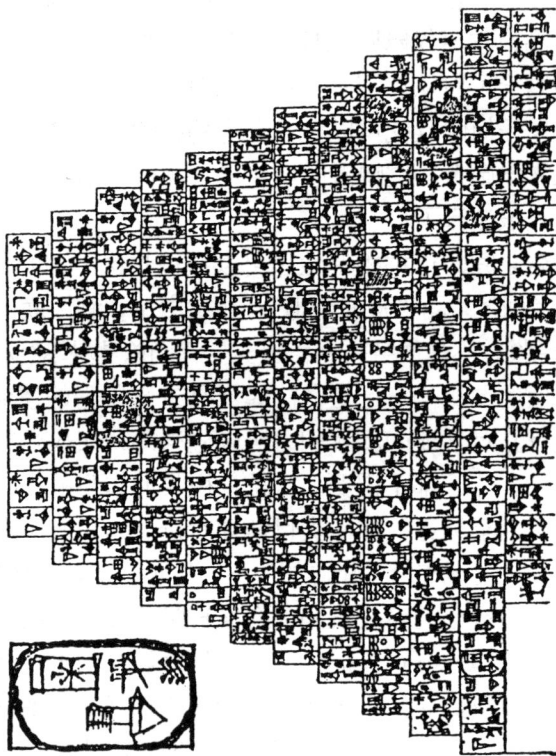

在拉喀什挖掘的黏土圆锥体上镌刻的楔形文字包含着乌鲁卡基
纳的自由法律，该文字删除了记载"征税官"的泥土。环绕在这些
楔形文字周围的是象征苏美尔人自由的符号。

---

〔1〕 Samuel Karmer, *History Begins at Sumer* (New York, 1959), ch. 7.

同样来自这一消逝文明的另外一块黏土片上有一个关于税收的格言：你的头上可能有一位领主，也可能有一位国王，但真正让你害怕的人是征税官。[1]

很明显，时间并未改变这一事实。我们仍然害怕征税官，最近在全国流传的一副漫画就证明了这一点，在这幅漫画里，一位纳税人正敦促其会计师尽快完成对其进行的税务审计，因为"他的止痛药快用完了"。

古代税收历史中有很多与现代世界具有惊人相似性的事件。在这六千年中，征税官与纳税人并未发生多大变化。现代的计算机几乎没有超越埃及抄写员无所不包的监视能力。现代人关于税收正义的观念落后于罗马人。分税制并不是现代才出现的现象；它是由希腊人发明的，而且在运行中丝毫没有导致官僚主义。古代犹太人与税收恐怖主义展开了一场斗争，最终使得伊斯兰教的极端分子看起来更加温和一些。

从古代人那里我们能学到很多，特别是有关人权方面的知识。自由权起源于希腊人，他们认为暴政是非正义税收的结果。罗马人对希腊人的观点做了一个补充：一旦自由与税收发生冲突，自由就会让步。

当我们考察人类悠久的历史时，我们就不会对税收以及税收对文明（而我们通常假定文明是由税收来维持的）的潜在威胁产生错觉。一旦我们征税，我们就在玩火，如果不加以适当控制和小心看护，我们就很容易烧毁我们已经创造的一切，我们关于美好世界的希望也会随着烟火一起灰飞烟灭。另一方面，适当控制的税收不仅创造了伟大的国家，也给其居民带来了福祉。在古代社会，正义的税收创造了希腊的辉煌，缔造了罗马的伟大，甚至奠定了恺撒成功及其伟大声望的基础。

在古代的国际政治中，税收起到了决定性的作用。各个帝国为了争取对失败者的征税权而产生冲突并进而发动战争。和平协议和条约所关注的核心问题是胜利者能够获得多少税款。小国为了税收利益而造反或者参与国际阴谋。

在古代，税收是文明社会最重要的事业。各个阶层的人们都在为税收而斗争。本书讲述的就是税收的故事。

---

[1] M. Davidson, L. Cottrel, eds., *Lost Worlds* (New York, 1962), p. 154.

第1章

~~~ ᴏᴏ ~~~

古代埃及：无所不在的抄写员

> 抄写员是人上人。以抄写为业的他是不需要纳税的。只要登记
> 一下税款就万事大吉了。
>
> ——埃及人纸莎草纸上的记载，公元前1200年

　　最近，埃及古物学者的发现成了各大报纸的头条新闻。被人遗忘的坟墓、咒语的传说以及令人难以置信的金银财宝都会像今天的太空旅行一样激起人们极大的想象。人们对于古代埃及秘密的兴趣从来都没有消减过——至今仍有一些教派认为宇宙的秘密就隐藏在巨大的金字塔和坟墓之中。所谓的法老的智慧很可能是人们猜测的，也是难以理解的；更具体的是有关埃及税收传说的信息。

　　埃及文明最显著之处是其持续时间之长久。公元前3000年，在尼罗河两岸，人类文明的高级形态已经处于全盛时期，并且一直持续到罗马帝国的覆灭。该文明只有两次进入动乱状态，一次发生在公元前2200年左右，一次发生在公元前1800年左右，但是每一次都恢复到了其最初的辉煌状态。在公元前13世纪，也就是法老埃赫那顿（AKhenaten）——他因为试图强迫人们信奉一个上帝而在历史上留名——统治时期及其之后一段时期，税收制度发生了较大变化。虽然推行一神教的努力失败了，但是税收制度的变革却保留了下来，在接下来的数千年中，埃及开始了漫长的衰退期，在这一段时期，很多外国人都曾经统治过埃及。然而，埃及文化的辉煌吞噬了他们，在经过短暂的同化时期以后，他们中的大部分看起来都像埃及人，他们中的大部分也像埃及人那样讲话、做事。尽管埃及文化非常先进，但是埃及民族从来没有恢复其曾经的辉煌。这一衰退的历史都源于一个税收故事。

6　　大部分人会将古代埃及想象成一块由残忍的统治者统治并且压迫奴隶的土地。这都是因为我们所熟知的《圣经》中《出埃及记》这本书所描述的摩西（Moses）的故事。但这一故事起源于动乱时期的埃及。象形文字的现代译文表明古代埃及的生活一般情况下是幸福的、和平的。这是一片富饶的土地，在收成好的时期，所有人的生活都很好。古代埃及人是一群快乐的人。男人和女人是平等的；他们沉浸在幸福生活之中，也沉浸在他人的幸福生活之中。在埃及人的一首情歌中，一位浪漫的男子这样唱到："如果我吻她，她张开了嘴唇，即使没有啤酒，也会令我兴奋不已。"[1]顺便说一句，啤酒在当时是一种被课以重税并且由国家垄断的饮料。我们经常看到伟大的法老们与他们的王后们手牵着手，这是他们在死亡以后所希望的生活。工人们并未被奴役——有历史记载的第一次罢工就是由埃及人为抗议拖欠工资而发动的。工人们修建神殿和金字塔的主要原因可能是他们对神和法老的热爱，就像欧洲和拉丁美洲的农民修建了伟大的教堂一样。

　　埃及的繁荣可以追溯到伟大的尼罗河对于这片土地的恩赐。尼罗河每年一次的泛滥给这里的土地带来了源源不断的养料，大多数情况下也给人们带来了丰收。在古代埃及这块土地上，不仅每年遭受尼罗河的泛滥，也在遭受着征税官的泛滥。他们被称为抄写员，他们使用铁拳一样的控制手段来统治社会，就像共产党统治前苏联一样。如果说苏美尔的拉喀什之所以被人们所怀念是因为他给人们带来了"没有征税官"的自由，那么，埃及之所以被人们所记住是因为这块土地上的征税官像"大海中的沙子"（当时的人就是这样说的）一样不计其数。由于"自由"这个词在古代社会是指一个人不用纳税的状态，因此，在埃及的语言中没有发现这个词就一点也不奇怪了。

　　埃及人通过观察得知，自然是有规律的，尼罗河是这样，太阳每天以及每年在天空中所经过的轨迹也是如此。他们得出了这样的结论：太阳作为宇宙的中心应当在这个国家有一个对应物，这个对应物就是法老的职责。大法老塞索斯特里斯一世（Sesostris I）——其统治时期大约在公元前2000年左右——这样描述他的职责："上帝之所以选我作为这块土地上的牧羊人，是因为他知道我能替他维持这块土地上的秩序。"这一秩序是由抄写员维持的，他们贯彻执行法老的征税法令，而他们征税的数额也要接受每年一次的审计。

　　埃及人每年一次的税收审计对于刚刚接受过审计的现代纳税人而言应该

---

[1]　A. Erman, *Literature of the Ancient Egyptians* (London, 1927), p. 244.

是相当熟悉的。不愿纳税的纳税人将被强迫带到政府税收代理人面前，税务局的账簿和记录也同样送到政府税收代理人那里。税务局的代表会使用棍棒强迫纳税人到场，这是与现代社会的税收传唤相对应的古代税收传唤形式。

与现代社会相似，埃及纳税人在抵制抄写员作出的征税决定方面并不是很成功。抄写员有自己的税务法院，而纳税人甚至不允许聘请律师作为他的代表出庭。[2]正如我们所知道的，古代埃及的税收审判在审理程序上与现代社会一样简短。

埃及人几乎对任何事物都征税：销售、奴隶、外国人、进口、出口、经商都要纳税。农产品要缴纳20%的重税。这并不是一个丰收税，它的征税对象包括家庭菜园以及手工业——包括一些可以想象到的所得，就像我们现在的所得税一样。抄写员在日常生活中征收的苛捐杂税达到什么程度呢？只需要想象一下他们对于炒菜的油都要征税就足够了。他们对所有的厨房都进行定期检查，以确保家庭主妇们使用的每一滴油都已经纳过税。

大部分的耕地都属于国家，国家将这些土地出租给农民，农民需要缴纳农业税，农业税并不是根据实际的产量来征收的，而是根据应该达到的产量来征收的。农业税的计算依据是国家对农民取得土地所核定的产量。毫无疑问，欧几里德（Euclid）的几何学来自抄写员长期积累的测量土地的实践。尽管欧几里德是希腊人，但实际上他生活在埃及，并且在亚历山大（Alexandria）写出了其著名的数学论著。他不过是简单地总结了埃及人来自征税的智慧并将其系统化而已。

大约写于公元前1200年——在大拉美西斯（Rameses）家族统治时期——的纸莎草纸上描述了抄写员在埃及社会的优越地位。学生们请老师就他们如何选择职业给出一些建议。其中一些学生准备成为农民。下面是老师告诉他的学生的内容：

> 请想象一下农民的生存状态：蛇盗窃了一半庄稼，而河马则吃掉了剩余的庄稼，但农民仍然要缴纳丰收税。老鼠在田间肆虐，蝗虫又从天而降。麻雀也给农民带来了灾难。打谷场边缘的稻谷又进了小偷的腰包……现在，抄写员登上河岸，开始征收丰收税。他的助手拿着渔叉和棍棒，口中喊着"交出粮食"，尽管农民手里已经没有粮食了。农民先被

---

〔2〕 M. Rostovtzeff, *The Social and Economic History of the Hellenistic World*,（Oxford, 1967）, vol. 2 p. 1094. 以下简称 "Rostovtzeff, *Hellenistc World* 2"。

暴打一顿，然后被捆起来扔进水井中，他浸泡在水中并一直被监禁在那里。他的老婆也被绑起来与他关在一起，而他的孩子则被带上枷锁。他的邻居不会理会他。因此，他的粮食都被抢走了。但是，抄写员是人上人。以抄写为业的他是不需要纳税的。只要登记一下税款就万事大吉了。[3]

当然，抄写员也并非总是如此残忍。他们也被告诫：作为大法老的官员应当友好地对待穷人和手无寸铁的群众。因此，一份古代的教科书这样教导抄写员："如果贫穷的农民欠税了，减免2/3的税款。"[4]

法老的征税官——到处都有人在窥探、调查、记录和扣留财产——甚至要检查鸽子窝并认真清点鸽子蛋的数量，以确保法老能够得到20%。

另外一本教科书则告诫官员们"应该努力让群众振奋起来，并让他们处于良好的情绪之中"，"如果有人正在遭受征税的巨大压力或者已经处于穷困潦倒的境地，你们一定要放过他"。[5]

这种在困难时期减免税的政策是一个惯例，这一惯例最初叫做"philanthropa"，我们现在所说的"philanthropy"（慈善）就来源于这个词。对法老歌

〔3〕 Alam Gardoner, "Ramesside Tests Relating to Taxation of Corn", *Journal of Egyptian Archeology*, vol. 27 (London, 1941), pp. 19~21.

〔4〕 Cyril Aldren, *The Egyptians* (New York, 1963), p. 180.

〔5〕 Victor Ehrenbrg, *The Greek State* (New York, 1960), p. 153.

下埃及 Khiti 坟墓里的图画描绘了公元前 2000 年左右埃及的抄写员。

9

征税——纳税人在抄写员的办公室请求减免税收。

纳税人在税收立法者的手中——在田地里，一位纳税人被法老的征税官粗鲁地捆绑着。

笞刑——一位拖欠税款的纳税人被他的朋友按在地上，即将遭受粗暴的棍棒之刑，但是随着纳税人大声哭叫，棍棒却并未落在纳税人的身上。笞刑是一种惩罚的方式，而不是一种刑罚——是税收破产的一种。

功颂德的文章大都这样描述法老：他们减免了赋税，以减轻人民的负担。在埃及3000年的历史中，随时都可以看到充满人道主义并且宽容大量的税收征管制度。

这种税收减免制度在我们的社会中几乎没有听过说。我们关于减轻债务人责任的法律对于税收债务并不适用。大部分征税官会将有10个孩子的寡妇从其简陋的小屋中赶出，然后将该小屋卖掉抵税。法律允许她保留的只有她身上的衣服。古代埃及税法中所体现出的人道主义在我们的税收法典中是找不到的（参见《美国税法典》第6334节）。

法老赋予抄写员的巨大减免税的权力在不同的时期产生了严重的问题。
10 腐败总是不受约束的权力无法避免的结果，特别是对于税收官员而言，这是我们尚未吸取的教训。法老必须训练特别的官员来控制税收机构中的腐败。税收机构中的抄写员受到来自领导层的一群特别抄写员的监督。这些监督员的职责是督察税收机构中的所有官员，以免他们使用错误的尺度、砝码或者账目来欺骗纳税人。他们最初的工作就是受理纳税人的投诉与控告。

在我们所熟知的年轻国王图坦卡蒙（Tutankhamen）死后不久，一位强有力的法老哈伦海布（Haremhab）在他的特别官员中发现了根深蒂固的腐败。他们与税收领域的抄写员——正是他们监督的抄写员——非法分享税收收入。哈伦海布法老在听说了这一内部阴谋的传闻以后展开了秘密调查。法老制定了九部新法来打击这种腐败。如果发现征税官超额征收纳税人的税款将被处以割掉鼻子的刑罚，并且将被流放到荒无人烟的阿拉伯半岛。这并非是漫无目的的恐吓。古代的记录提及了阿拉伯半岛的一个殖民地，这里的人们都具有脸部残疾。另外一位法老则提高了抄写员的薪酬，这样他们就没有必要通过欺诈纳税人而自肥腰包了。这或许仅仅是刺激了他们取得更多报酬的胃口，这正是人类的本性。

我们不清楚是否是埃及人发明了贡品，但是他们却在摩西之前很早就创立了一套相当先进的贡品制度，而且他们非常成功地长期维持这一制度，以至于我们都很奇怪他们是如何做到这一点的。后来，贡品成了一种丑陋的殖民形式。就我们所知，在埃及早期，随着埃及权力达到极盛，这一制度运转得相当顺利，没有遭到过任何反抗。这一制度是"温和与仁慈统治的明证，再加上时刻保持的警觉，埃及帝国就这样建立起来并一直维持着"。[6]

---

〔6〕 James Baikie, *A History of Egypt*, vol. 2（London, 1929）, p. 313.

贡品在我们最早的历史记录中是一种聪明的税收，但是在公元前 1000 年左右，它变得丑陋、野蛮和残暴。然而，它却是一个在历史的长河中似乎要不断重演的古老故事。我们知道，农业税就经历了这种从一个优良的税种逐渐退化变质的过程。在现代社会的早期，强大的西班牙帝国随着其国内消费税演变成对纳税人的敲诈勒索而衰落了。进入 20 世纪，我们的税收政策制定者在所得税问题上似乎在走同一条道路，所得税在 19 世纪刚刚出现时被普遍认为是一个优良税种。这不禁让我们产生这样的疑问：难道这是所有的税种都必须要经历的一条不归路？

贡品最早的形式是每年缴纳一次固定数额的财物，学者称之为一揽子贡品。这种贡品由地方官员负责征收并在隆重举办的盛大典礼中呈献给统治这个国家的国王。作为交换，国王赏赐给呈献贡品的城市的统治者一些礼物，通常也会举办一场展现国王威力与仁慈的盛大游行与阅兵。后来，在公元前 4 世纪，那时，贡品早已失去其仁慈性，国家开始雇用外国的税收代理人来直接核定征收税款。抄写员开始进入需要缴纳贡品的领土来核定和征收税款。这是一种天生的压迫制度，它要求在殖民地上实行广泛的监视制度。持不同意见者将被告密者和军事强制所消灭。告密者可以获得逃税数额的一定比例，就像美国今天的制度一样。

《圣经》间接提到了埃及殖民地的告密者。在《传道书》中，犹太被描述为一个充满压迫的土地。那时，犹太人在埃及领土的统治之下，我们得到了犹太人处于随时可能出现告密者的埃及殖民地税收制度统治之下的共鸣。到处都是法老的间谍，以至于"空中的鸟都可以带走你的声音"（《传道书》10：20），如果你暗暗诅咒国王的话。犹太人诅咒的正是国王的苛捐杂税、抄写员以及告密者。当然，那时并没有电子窃听器，但是，抄写员已经将告密者安排在各个角落，因此，即使是秘密会谈以及诅咒也能被监听到并转述给抄写员。告密者可以获得奖励，发牢骚的犹太人将受到惩罚。

最初，法老是上帝在人间的化身。无论是尼罗河的泛滥，还是农作物的丰收都可以归于法老的神力。在进贡的领土范围内，甚至彩虹也被视为法老将尼罗河的部分水抛到天空的结果。宗教是维持法老荣耀与威力最持久的力量。一旦法老的威力黯然失色，他的王国也会随之崩溃，而这也正是历史的事实。导致法老威力黯然失色的不仅有宗教信仰，还有税收。事实上，古代帝国的崩溃为保罗·肯尼迪（Paul Kennedy）的论文——《大国的崛起与没落》（1987）提供了佐证：帝国在崛起以后所建立的税收制度无法为其提供足够的税收收入。

埃及作为一个帝国是在著名的法老埃赫那顿统治时期崩溃的，埃赫那顿试图改变深深扎根于埃及的多神信仰系统，而代之以仅信仰唯一的神——阿托恩（Aten），它是太阳的化身。这一改革最终毁灭了埃赫那顿，也耗尽了他的财富。不幸的是，他的改革运动最终失败，随之也终结了具有两千年历史的埃及殖民帝国的统治。最终，外国人统治了埃及，在随后的几千年中，亚述人（Assyrians）、巴比伦人（Babylonians）、波斯人（Persians）、希腊人（Greeks）以及罗马人（Romans）轮流统治着埃及。埃赫那顿做了什么事情以至于带来如此巨大的变化并最终导致埃及帝国的灭亡呢？资料表明他的税基减少了一半。随着税收收入的锐减，帝国的衰落也是不可避免的。

埃赫那顿首先失去了位于叙利亚（Syria）和巴勒斯坦（Palestine）的富饶进贡领土。由于法老不知出于什么原因而放弃了他的统治权，希泰帝国（Hittite empire）接管了这两块土地。我们找到了他的地方特使写的几封信，信中恳请法老派出较大数量的军队并请求法老亲自访问这些进贡的城市。法老对此并未给予回应，埃及古物学者将原因之一归结为官僚主义：

> 逐渐地，随着叙利亚的形势不断恶化，人们开始强烈同情这位忠诚的 [特使] ……他在如此艰苦的环境中、面临着最终走向灭亡的命运仍然尽最大努力地抗争。他的狂怒使得他看起来更加具有人性，因为使他狂怒的事物是曾经使得整个世界狂怒的东西，然而，他仍然需要忍耐——办公室中的小人物目中无人的愚蠢。[7]

或许正是"办公室中的小人物"——埃及的外交官——没有对埃赫那顿忽略帝国所导致的不可避免的结果进行评价；或许正是他对自己的宗教改革疯狂地痴迷才最终导致了他对自己的帝国和贡品失去了兴趣。一位沮丧的特使曾经指出，法老已经20年没有出现过了，人们对他的荣誉和力量的信仰已经丧失殆尽了。法老的附属国也不再要求军队集结以保卫国家，因为他们的宗教信仰使得他们确信法老的仁慈和赐福可以维持他们的地位并保佑他们。但是这一制度也需要经常举办盛大的表演——就像前苏联五一劳动节上的阅兵表演，他让每一个人都看到了这个国家的军事实力。希特勒喜欢这样做，毫无疑问，他的这种做法威胁了每一个人。他向全世界展示的阵容强大的阅兵给人们留下了深刻的印象，显示了其强大的军事实力，正因为如此，他在

---

[7] Baikie, *History of Egypt* 2, p. 299.

慕尼黑实现了其梦想。

埃赫那顿已经有很多年没有展示其自己，也没有展示其军队了。他的领土与子民失去了对他的信仰，甚至他的地方特使都不得不为了自身的安全而逃亡。在这种权力真空中，希泰人很容易取而代之，他的贡品也很容易永远消失。

我们发现一些附属国的领导人在通信中抱怨法老赐给他们的礼物过于吝啬。进贡制度的另一个侧面就是给予征收和贡献贡品的统治者报酬和赏赐——一种贿赂制度，这种制度在当时是非常合法的。如果没有这些慷慨的赏赐，地方领导人为吝啬的法老征收贡品的动力也就不会存在。在不长的时间内，位于巴勒斯坦和叙利亚的所有富裕的城市全部落入希泰人的统治之下，随后又落入亚述人的统治之下。

在国内，由于新法老企图将所有异教徒的神庙以及伟大的建筑物都变成新的面孔以提升新的、唯一太阳神阿托恩——它是太阳的化身，国家的税收收入在国内就耗尽了。这些改革耗尽了法老的财富，或许也由此导致了他给予其进贡领地的领导人非常吝啬的报酬和礼物。

埃赫那顿的改革失败后，新任统治者不得不摧毁他的工作成果，甚至同时要破坏他新建的首都。最重要的是，他们要摧毁法老官员的力量，以确保他们不再威胁新任统治者。未来，法老必须尊重他们的自治和权力，而做到这一点最好和最安全的方式是剥夺其全部的征税权。神庙和僧侣享受税收豁免特权，未来的法老们不是木偶就是傀儡。对于所有的埃及人而言，作为神的化身的法老已经一去不复返了。他仍然是一个神，但不再拥有超越地球上所有人的最高权力。

免税的神庙和僧侣在数量上是巨大的，因为埃及 1/3 的土地属于神庙，也因此是免税的。古希腊历史学家希罗多德（Herodotus）曾经到过埃及，在他所处的时代，他这样报道当时的情形：每位僧侣都可以获得 12 轭（yoke）免税的土地，大约相当于 100 腕尺（cubit）乘以 100 腕尺的面积。[8]一腕尺是从肘部到手指尖之间的距离，大约 12 英尺。位于阿蒙（Amun）的一座巨大的卡纳克（Karnak）神庙所行使的管辖权可以与法老的权力相媲美。这一神庙统治着超过 90 平方英里的富裕土地和村庄。

法老哈伦海布（Haremhab）是埃赫那顿之后首位强有力的领导，他承认

[8]　Charles Eliot, ed., *The Harvard Classics*, vol. 33; Herodotus, "*Histories, Bk. II*", trans. G. C. Macaulay, p. 85.

了属于神庙的大部分免税土地；他甚至将自己的很多士兵、牲畜和耕地工具送给了神庙。结果，"他对于阿蒙僧侣的慷慨赏赐为阿蒙僧侣阶层的暴政铺平了道路，最终也导致了埃及的灭亡"〔9〕。伴随着这种新型暴政的免税制度是否是导致埃及灭亡的致命一击呢？

埃及的普通纳税人并未从僧侣与法老的抄写员之间的竞争中获得多少好处。一旦耕种神庙的免税土地，工人不必缴纳工薪税，农民不必缴纳收获税，但是单单是进贡给神庙的宗教贡品就是一个承重的负担。对于宗教的免税政策已经穿越了历史。中世纪教皇与国王之间的斗争大部分都是围绕着教会是否免于受国王的征税官的管辖而展开的。

只有法老的总征税官的坟墓可以在壮观和华丽程度上与法老的坟墓相媲美。这一幅出自公元前 1400 年底比斯（Thebes）的一位征税官的坟墓的壁画向我们展示了叙利亚人向埃及缴纳贡品的情形。不到 50 年后，随着一神教的法老埃赫那顿放弃其在叙利亚和巴勒斯坦的富饶贡品以后，这一场景就结束了。他的继承者被迫承认神庙在埃及所拥有的大约 1/3 的土地获得免税特权。税收收入的丧失最终导致了这个古代的强大帝国不可避免地衰落下去。

---

〔9〕 James Baikie, *The Amarna Age*, *A Study of the Crises of the Ancient World*（London，1926），p. 428.

神庙不仅享受税收豁免特权，神庙的土地和建筑也是人们逃避政府追捕的避难所，特别是逃避征税官的避难所。这种被称为流亡的权利是公民权利的替代，在今天多国外交关系中，它依然存在。一位匈牙利的红衣主教长期生活在美国位于布达佩斯的大使馆，享受着美国大使馆全体人员根据国际法所享受的外交特权。攻克并统治埃及上千年的外国人迅速取消了神庙的税收豁免权，结束了这些僧侣所享受的特权，但是并没有取消流亡的权利——这很可能是深思熟虑的结果。如果他们被推翻或者在战争中被打败，他们就能够在最近的神庙中找到避难所并因此得以保全自己。流亡权利最常见的使用者是拖欠税款的纳税人，他们跑到神庙的大门口，躲避正在追捕他们的征税官。当纳税人跑赢了这场比赛，安全地躲到神庙的大门后面时，他是否曾经想过：他接下来应当往哪里跑呢？他在面对沮丧甚至懊恼的征税官时又当如何启齿？但不管怎样，即使在今天，很多纳税人仍然希望能有这样一种选择。

古代埃及的税收故事向我们展示了在一个实行集权主义税收制度的社会中会出现什么结果。告密者、征税官以及——最重要的——普遍监视的暴政是这种制度所内含的东西。每一项应税交易都被记录下来并且要接受税务检查。结果，个人生活的方方面面都必须提交给政府接受税务稽查。

古代埃及没有现代复杂的会计制度，他们使用抄写员来监督法老税收制度的运作。抄写员是现代银行记录、计算机、税务代码以及现代征税机关的其他设施的替代者。在这样一种制度下，无论在哪里，隐私和自由都将作出让步。抄写员无处不在——他们在探听、监视和记录。我们不应当批评这种探听制度过分苛刻。我们现代社会的制度在本质上与它们是相同的，它们都在追求相同的目标，使用在当时可用的一切手段和工具。改变的是工具，而非制度。例如，1975 年美国联邦最高法院判决联邦税务代理人有权使用无记名传票（John Doe summon）来探听任何事情。持反对意见的法官波特·斯图亚特（Potter Stewart）强调了我们税收制度的渗透性：

> 事实上，这个社会中的所有人或者事物……都可能有税务问题。我们的经济活动每天都产生成千上万的销售、贷款、赠与、购买、租赁、遗嘱以及类似的交易，这就表明了某个人出现税收问题的可能性。我们经济的每一个细节几乎都与税收相关。（*U. S. v. Biscaglia*，420 U. S. 141，156〔1975〕）

一位国内税务局（IRS）的代理人匿名写道："关于你的所有重要信息中，

15

没有哪一条是禁止我去搜索的。"[10] 这不正是古代埃及税收制度中最重要的特征吗?我们社会中的所得税审计官在任何方面不都是法老的那些无所不在的抄写员的现代版本吗?

16

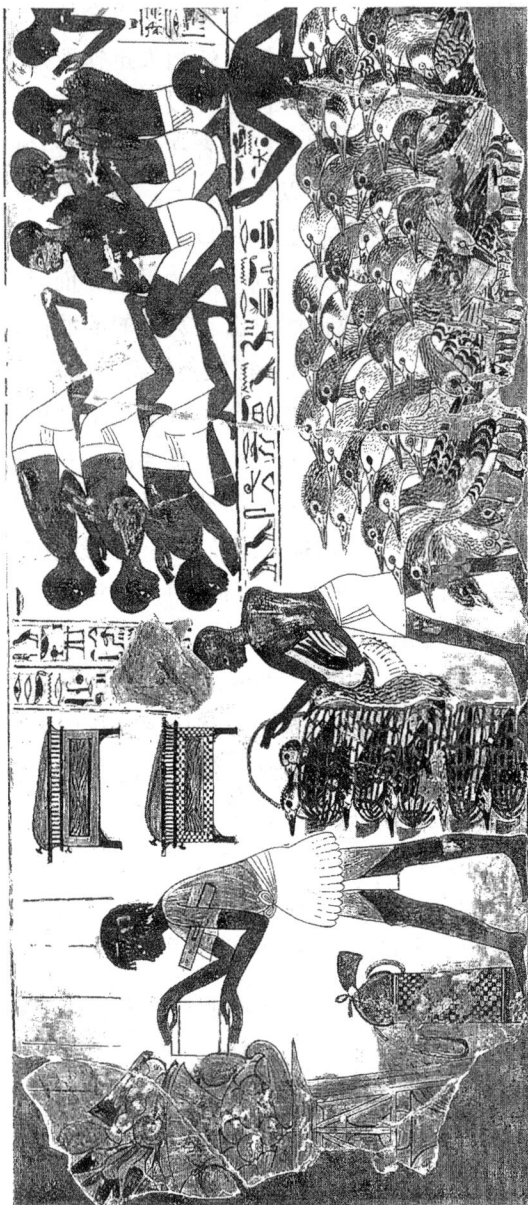

来自底比斯坟墓中的一幅画记录了"正在记录阿蒙地区谷物的抄写员",这些谷物来自神庙所拥有的免税土地。在这里,抄写员记录下一定数量的谷物和一群鹅作为贡献给僧侣的税收。对于农民而言,这是一个永远没有胜利希望的状况,当他们拜倒在神庙抄写员的面前时就需要向僧侣缴纳他们的贡品。

〔10〕 Diogenes, *The April Game* (Chicago, 1973), p. 122.

第2章

罗塞塔石碑讲述的税收传说

> 他［托勒密五世（Ptolemy V）］所免除的埃及人们的欠税数额
> 是巨大的，具体数额有多少无人知晓。
>
> ——罗塞塔石碑（Rosetta Stone），公元前 200 年

拿破仑（Napoleon）雄心勃勃的军事生涯是以企图攻克埃及为起点的。英国人立即否决了这一企图，但是在他们这样做之前，拿破仑的士兵洗劫了诸多坟墓并将尽可能多的遗物运回法国。随着这些遗物在欧洲的上流社会中不断流传，埃及古物学诞生了。

随着罗塞塔石碑的发现，我们关于古代埃及的知识开始从想象走向历史事实。它是由拿破仑的一个士兵从位于埃及北部的罗塞塔挖掘的。拿破仑制作了一个复制品并将其散布到整个欧洲。英国从法国抢走了这块石头，目前这一石碑陈列在伦敦的大英博物馆中。这是一块黑色的玄武岩——一种类似于大理石的坚硬岩石——石板。石碑上的信息分别用象形文字（在顶部）、古埃及通俗文字、另外一种已经失传的埃及文字（在中部）以及希腊文字来表述（在底部）。借助于我们所熟悉的希腊文字，我们已经破译另外两种已经失传的埃及文字。埃及人中有众多作家，很多埃及著作已经流传下来并为我们所破译，这些著作为我们讲述了古代埃及的真实生活故事。

大部分人都是在我们的第一节古代历史和地理课上听说罗塞塔石碑的。这一石碑是所有时代埃及考古学最重要的发现。很明显，有人会对在罗塞塔石碑上镌刻文字提出很多疑问。为什么以三种不同的文字来镌刻这些信息？为什么镌刻在石头上而不是写在纸莎草纸上？镌刻在石头上的信息一定是非常重要的信息，但为什么要将这些信息译成希腊文？

罗塞塔石碑上面的信息是用三种文字来表述的——象形文字（顶部）、古埃及通俗文字（中部）以及希腊文（底部）——这是揭示古埃及故事，包括对于少年国王托勒密五世的税收起义的反应的关键信息。

罗塞塔石碑镌刻在公元前200年，即自称为伊比法尼（Epiphanes）（神显的意思——作者注）的托勒密五世统治时期。此时，埃及已经处于希腊托勒密王朝的统治之下，托勒密王朝已经存在超过一千年了。该王朝的建立者是亚历山大大帝（Alexander the Great）的一位军事统帅。在亚历山大意外去世以后，他的将军们瓜分了他的帝国。托勒密抢占了埃及并成为埃及的国王。

一个新的王朝建立了，直到埃及女王克利奥帕特拉（Cleopatra）的去世。从总体上来讲，托勒密王朝都是好国王，他们努力延续法老们所确立的仁慈的专制统治的传统。希腊文化的影响当然是不可忽视的，但是，在托勒密王朝经历几代国王以后，托勒密国王们越来越像埃及人，而不太像希腊人。

在镌刻罗塞塔石碑的时期，埃及已经被内战折磨了几十年。这场内战从埃及士兵在东方取得军事胜利并回到国内开始。这些士兵认为埃及被沉重的税收负担所束缚。而且，这种税收负担又被强悍的希腊人进一步强化，这些希腊人非常善于经商。这些士兵的起义最终导致了内战的爆发，他们试图恢复少年国王托勒密五世所建立的统治秩序，这位国王曾经发布过"和平宣言"。其中最重要的条款是对于造反者的大赦。欠缴税款的人以及因拒绝缴税而造反的人将从监狱中被释放出来。纳税义务予以免除。禁止强迫参加海军。逃亡者被邀请返回祖国并且返还被没收的财产。最后，免除神庙及其农作物和葡萄园的纳税义务，就像在法老统治时期一样。这一宣言是给饱受战乱的民族带来和平的勇敢举措。这也是政府对于造反者和僧侣的部分妥协。

这一宣言的最大受益者是僧侣。在尼罗河下游的孟斐斯举行的一次庄严的集会上，他们决定将这一宣言镌刻在"坚硬的石碑上，使用神圣的文字和希腊文字，并树立在每一个具有永久的国王雕刻的神庙的前面"。从这里的记载我们可以推测出曾经有过很多块罗塞塔石碑树立在靠近少年国王的雕像的神庙附近。为什么？

其原因就在于和平宣言中的税收条款对于僧侣而言是一条致富之路。自从埃及在公元前700年左右被亚述人攻占，随后被波斯人攻占，最后被希腊人在公元前300年左右攻占，神庙已经丧失了它们在古代所享有的免税特权。现在，在500年的外国人的统治之后，免税特权又失而复得。神庙的经济权力和独立的前景是一种例外。一些人怀疑，为了表达对国王的尊敬，罗塞塔石碑强调了神庙所获得的巨大税收利益。再加上流亡权，这一权力他们从来没有丧失，现在神庙拥有了一个光明和繁荣的前景。实现这些权利的主要障碍就是国王的征税官们目无法纪。你在法律上享有的权利——就像今天一样——并不足以阻挡国王征税机关中的那些具有野心的成员。为了阻止国王的征税官进入神庙，在所有神庙的门口都有一个用希腊文写的巨大标语：神 20 庙圣地，闲人免进！[1]

---

〔1〕 Rostovtzeff, *Hellenistic World* 2, p. 901.

[PTOLEMY V REMITS ARREARS OF TAXATION]

N 13 gerḥu   åru   un   kher   hamemet
{The arrears of taxes} of them   which lay on the people

nu Baq-t   ḥå   ....   sa-neb   un   em kheṇt
of Egypt, and on .... {person every (foreigner?)} being under

åaut-f menkḥ-t er - åu-s   erta-sen   ḥem-f   er   ta
his rule {gracious, all of them (?),} {laid them His Majesty on the earth (i.e. he remitted them)}

em   åp-t   åa   ån   rekh   tenu-sen   khu-nef
an amount immense, not is known {how many they were.} He pardoned

seshep
those who had been

N 14 Seshep-iu   unen   ḥer-t   ḥå   ai   sa-neb
arrested [and] who were in prison, and person every

....   unen   em   åri   rer (?)   åu
{because (?) of [some]} crime committed time long [ago].

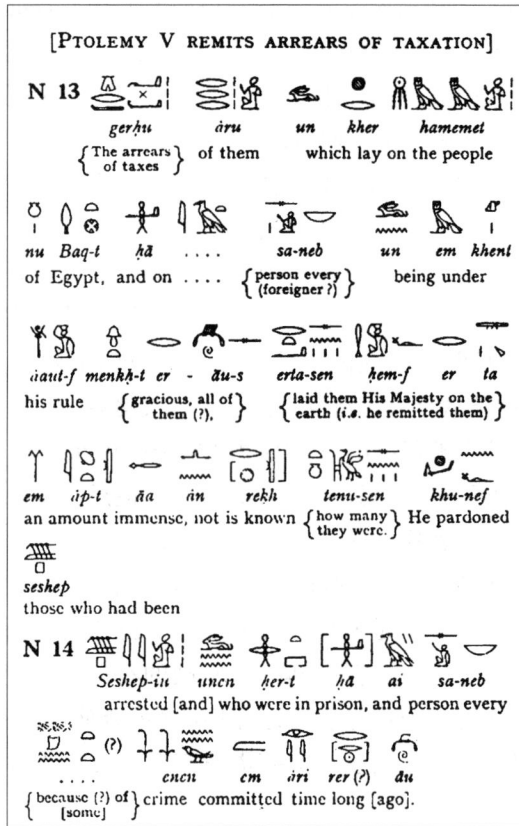

沃利斯·巴奇爵士（Sir Wallis Budge）——大英博物馆埃及古物的前首席专家——翻译的罗塞塔石碑的摘录。

　　为了加强这一标语的作用，神庙在国王雕像前树立了罗塞塔石碑。如果关于征税官是否有权进入神庙发生疑问，征税官们可以自行到罗塞塔石碑前，自己阅读关于神庙有权禁止征税官进入的规定。罗塞塔石碑上的希腊文翻译进一步解释和支持了位于顶端的希腊文标语"禁止非法入侵"。

　　看到罗塞塔石碑的起源原来与税收有关的这一事实，请不要惊讶。所有古代文献的大部分内容都是与这种或者那种税收有关。研究古代文献的历史学家们有一项工作就是从税收记录文献中搜寻资料，以期发现令他们感兴趣的信息。尽管现在一般看来税收记录是一种令人讨厌的资料，但总有一天历史学家们会发现税收记录可以告诉我们隐藏在文明社会中的真实故事。人们是怎样被课税的？谁被课税？什么活动被课税？这些问题告诉我们的正是关于一个社会的事实。税收习惯可以成为文明，而性生活的习惯只能成为一种

21

个性。它们是社会行为最基本的线索。

在罗塞塔石碑授予神庙税收豁免权的背后是在公元前 200 年左右的埃及到底发生了什么事情。有些人可能从这些线索中推测出年轻的统治者背后有一位睿智的摄政者，他敏锐地意识到必须减轻税收负担以刺激经济并结束内战。也有可能这位摄政者是一位具有相当正义感的人，他对于埃及背负沉重税收负担的工人们深表歉意。

当然，这些都是我们一厢情愿的思考结果。统治者是不会出于善良而减轻税收负担的。权宜之计和贪婪造就了高税负，通常，它需要一个迫在眉睫的巨大灾难才能减轻高税负。

罗塞塔石碑所提到的《和平宣言》表明沉重的税收负担正在摧毁埃及。尚未缴纳的税款已经累积到令人无法忍受的程度。对于私人财产的大量没收已经成为这个国家的灾难：村庄成为无人区，农场被荒废，尼罗河上的关键大坝严重失修。洪水在严重威胁着埃及。将欠税的人从监狱中释放表明监狱已经人满为患，同时，这个国家严重缺乏劳动力。大赦表明社会上满是逃亡者，他们离家出走以躲避拒绝纳税的惩罚。总之，罗塞塔石碑所赋予的税收豁免制度向我们描绘了一幅埃及人悲惨的生活场景，同时也表明她的统治者被迫采取这种孤注一掷的措施来结束沉重的税收制度所导致的社会和经济混乱。

同时期的很多其他文献确认了我们的这种解释。我们发现国工收到了纳税人就征税机关对其采取的严厉措施提出的无数救济申请。监狱里的纳税人请求宽恕——并不是因为他们是无辜的，而是因为他们在监狱里无法为国王提供有价值的劳动。例如，我们发现一个被税务机关逮捕的人提出的申请，此时，在外交事务上急需此人。国王甚至发现自己的谷物都受到了威胁，因为税务部门逮捕了在国王的土地上劳动的王室农民。僧侣们则就非法进入神庙的行为提出了申诉。

最终，在某种意义上也是令人费解的，一些申诉就征税官对于诚实的纳税人所进行的逃税的错误指责提出了抱怨。埃及人不太喜欢对其人格的攻击，22 即使该攻击来自一个腐败的征税官员。今天，我们或许也在考虑这一传统的起源。然而，即使在现代社会，也有相对应的制度。一个因税收违法行为被指控犯罪但尚未被定罪的人往往会比一个普通的谋杀犯受到公众更多地关注。

伴随着被压迫纳税人所提出的洪水般申诉的是一封写给全体征税官员的公开信，这封信提醒他们国王和王后希望他们公平对待所有纳税人。这种官方的宣言中提到了女王，这一点表明此时的埃及女人与男人具有平等的地位。当然，不应当对这种宣言给予太多的关注。国王让其税务官员的最高首长对所有尚未征收的税款负责。制度顶层的压力毫无疑问会传递到最底层的纳税人身上。国王陷入了国库亏空与纳税人造反的两难抉择。在这种情况下，国王讲话就没有立场了。

托勒密和其王后所写的这封信从本质上来说是一个公共关系的冒险行为。从维护良好的公共关系的角度出发，当愤怒的纳税人发出强烈的抗议时，政府应当发出抚慰宣言。纳税人因此会确信征税官员的行为被推定为公平和公正的。然而，他们的行为是否是公平和公正的则取决于制度顶层的税务机关施加多大的压力。残暴的征税官通常会对来自上面的压力作出反应。这一观察的真理性在 1960 年代得到了验证，那时，国内税务局在一份官方的公开裁定中宣布税务审计官并不是税收的守护者或者政府的辩护人，而是公平、公正的法官。大部分征税官会告诉你他的首要职责是"保护税收"（这也正是他们被告知的首要职责），也正是这一税收裁定所宣布的他不应该做的。

这种告诉纳税人一件事情但却指示征税官做相反事情的表里不一正是古代埃及所发生的事情。制度顶层所施加的这种巧妙的压力在底层产生了压制——这是征税官员必须知晓的事实。

类似于罗塞塔石碑中的和平宣言在接下来的一个世纪里被重复了至少三次。罗塞塔石碑的成功促使政府使用税收豁免作为制止国内骚乱的经常性药方。随着时间的推移，埃及政府给所有的纳税人都授予了相当可观的民事权利。

学者们曾经试图找出埃及在托勒密王朝到底出了什么问题，为什么一个存在了 3000 年的帝国竟然很容易地衰落和灭亡了。当罗马入侵埃及时，他们几乎没有遇到任何抵抗。埃及并未遭受军事惨败、饥荒或者瘟疫。尼罗河流域仍然是世界上最富裕的地区。托勒密王朝有很多好国王。埃及应当是罗马最强大的劲敌而不是最容易打败的敌人。

一些学者认为所有的文明都有一个生命周期，就像植物和动物一样，埃及的灭亡就是因为年老了。希腊历史学家波利庇乌斯（Polybius）认为使埃及无力抵抗的内战是由于希腊人在政府中占统治地位而导致的。波利庇乌斯在某些方面是正确的，但是使埃及人痛苦的并不是希腊人这一因素自身，而是希腊人的税收实践。

关于埃及灭亡最引人注目的分析来自伟大的俄罗斯学者罗斯托夫采夫

（Rostovtzeff）。[2]经过一生的研究，他认为埃及社会的衰亡主要是官僚机构，特别是税务机关违法乱纪的结果。国王无法约束它们，官僚机构的秩序也被忽视了。罗斯托夫采夫认为，埃及征税官员持续和有增无减的横征暴敛导致了全国性的激励衰退。埃及工人和农民失去了工作的积极性——大量的耕地荒废了，大量的商人破产了，大量的工人流失了。由于恶性通货膨胀破坏了资本的生存环境，健全的货币制度消失了。大地上充满了劫匪，他们破坏贸易并给普通民众带来了恐惧和绝望。沿着尼罗河划船或者航行变得与夜晚在纽约和底特律的黑街上行走一样危险。最后，盗窃并不仅仅存在于税务系统，它们已经无处不在。

托勒密王朝对埃及 300 年的统治随着公元前 31 年马克·安东尼（Mark Anthony）和克利奥帕特拉（Cleopatra）被屋大维（Octavian）在亚克兴（Actium）击败而终结。在对亚历山大城进行短暂的围城以后，屋大维进入了该城，罗马的统治开始了。我们并不知道屋大维进入这座伟大的城市时受到了怎样的欢迎，但是他所感到的是他受到了民众的欢迎，因为他让埃及民众摆脱了奴役。在托勒密王朝的最后一个世纪里，曾经慈祥和仁爱的国王已经无法控制无人性的希腊官僚机构并且也已经了解"民众在没有受到暴君过多威胁的情况下会遭受多大的压迫"。[3]在这几十年期间，国王的宝座实际上是由一系列冷酷无情的名叫克利奥帕特拉的王后来控制的，她们会毫不犹豫地杀掉与她们竞争的兄弟、姐妹、爱人，甚至儿子。[4]

屋大维，随后变成了恺撒·奥古斯都（Caesar Augustus），开始着手恢复埃及的经济。他的军队变成了主要的建设企业。士兵投入了修补大坝和清理沟渠的工作之中，这些沟渠在过去一个世纪中已经积满了淤泥。在奥古斯都的带领之下，埃及获得了重生，再次出现了繁荣景象。他很明智地将埃及留给自己，甚至禁止任何罗马参议员在未获得其通行许可的情况下访问埃及。[5]

他一定在税收制度方面进行了翻天覆地的改革，因为国内的动乱结束了，24 埃及成为罗马帝国中最忠实、最和平的省。[6]对此，我们从赫罗德·阿格里

[2] Ibid., pp. 705~36.

[3] Ibid., p. 914.

[4] Edwyn Bevan, *A History of Egypt Under the Ptolemaic Dynasty* (London, 1927), chs. Ⅷ~ⅩⅢ.

[5] Suetonius, *The Lives of the Ceasars*, Bk. Ⅱ, ⅩⅧ, vol. 1, trans. J. C. Rolfe (London, 1979), p. 149.

[6] Jack Lindsay, *Daily Life in Roman Egypt* (London, 1963), p. 253.

帕（Herod Agrippa）与犹太人的对话中得到了一些线索，这一对话是督促他们通过学习埃及的典型经验来忠诚于罗马的税收制度：

> 当很容易从你们的邻国埃及学习经验的时候，在哪些关键的时刻可以向你们展示罗马帝国对边远国家的力量呢？……然而，屈从于罗马政府并不是一件令人害臊的事情，尽管埃及存在一个对于造反而言是巨大诱惑的亚历山大……它1个月向罗马帝国缴纳的贡品比你们1年缴纳的还多；它除了用货币来缴纳贡品以外，每年还向罗马运送一些粮食以供罗马4个月的使用。[7]

罗马的统治和税收政策遵循的是埃及的模式，这一点与托勒密王朝是不同的。在罗马衰落之时，它也变得异常颓废和压迫，甚至达到了奴役百姓的地步。当17世纪穆斯林的军队到达时，他们很容易就攻占了埃及，因为他们给税负沉重的埃及人不仅带去了减税的优惠，而且对于信奉伊斯兰教的埃及人带去了免税的优惠。在罗马帝国覆灭、古代社会终止之时发生的这一段波澜壮阔的历史将在下文详细探讨。

---

〔7〕 Flavius Josephus, *The Wars of the Jews*, Bk. II, trans. William Winston (Philadelphia, 1936), ch. XVI, para. 4, p. 692.

· 26 ·

第3章

恐怖税收时代

——古代以色列永不屈服的税收反抗

> 犹太的国王在尼布甲尼撒（Nebuchadrezzar）的威胁之下胆战心惊；他用金钱购买了和平，也带来了他必须支付的贡品。
>
> ——约瑟夫斯（Josephus），《犹太人的古迹》

犹太人创造了唯一保留到今天的前基督教文明。犹太人的历史可以追诉到五千年前。与此相比，讲英语的民族的历史最多可以追诉到两千年前。作为一个民族，犹太人在数量上是非常少的，但在人类文明进程中的影响是巨大的。撇开犹太历史的宗教方面不说，他们的经济和政治故事也是一部不断反抗令人无法忍受的苛捐杂税的历史。

犹太人的税收历史可以分为三个主要的时期：以色列王朝时期、犹太独立时期以及被驱赶民族时期。随着希特勒解决"犹太人问题"的第一个政策——对犹太人采取没收税收——的实施，犹太人的税收历史终结了。希特勒的特别犹太人税收完全摧毁了犹太人在德国的力量，随后犹太人又遭遇了灭绝运动。

犹太人的税收历史很可能是从《出埃及记》中所记载的以色列部落在雅各（Jacob）的儿子约瑟（Joseph）去世以后被法老奴役开始的。我们知道，以色列人是居住在埃及的很受尊重的外国殖民者，他们从法老那里获得了很多恩惠。在约瑟去世以后不久，新法老囚禁了以色列人的孩子，但是《圣经》的记载并未回答他们为什么被囚禁。《出埃及记》是这样记载的：

> 以色列人生养众多，并且繁茂，极其强盛，满了那地。
>
> 有不认识约瑟的新王起来，治理埃及，对他的百姓说："看哪，这以

在尼尼微（Nineveh）*的墙上发现的一幅壁画展示了以色列王国的人们被带走予以囚禁并被遗忘的场景，他们将成为"失踪的以色列十部落"（Lost Tribes of Israel）。

> 色列民比我们还多，又比我们强盛。来吧！我们不如用巧计待他们，恐怕他们多起来，日后若遇什么争战的事，就联合他们的仇敌攻击我们，离开这地去了。"……于是埃及人派督工辖制他们，加重担苦害他们。他们为法老建造两座积货城，就是比东（Pithom）和兰塞（Raamses）。[1]

犹太历史学家约瑟夫斯在1900年以后对于该事件增加了这样一个情节：

> 现在埃及人变得虚弱和懒惰，由于极其小心，且热衷于其他的娱乐活动，特别喜爱增加财富。他们也开始对希伯来人不怀好意，由于嫉妒他们的繁荣。[2]

两位古代的作者似乎都在强调两点。其一，犹太人是一个繁荣和逐渐强大的政治少数民族；其二，控制着政治制度的埃及人垂涎于犹太人的财富。

---

* 古代亚述的首都。——译者注

〔1〕 Exodus 1：7~11.

〔2〕 Flavius Josephus, *The Antiquities of the Jews*, Bk. 2, ch. 14, para. 1.

当法老决定"巧妙地"对付他们时——现代用语应当是"机灵地"——他的目的是盗窃犹太人的财富以遏制他们日益强大的力量。法老是如何做到这一点的呢？我们不能认为他只是简单地命令将希伯来人囚禁起来，因此，他们就成为奴隶了。法老是埃及法律的最高执行者，埃及法律来源于神赐，是不能改变的。他不得不使用公元前 1700 年时期埃及所遵循的"正当法律程序"或者"国家利益"原则将希伯来人囚禁起来。

根据那时的法律制度，一个人可以因以下原因被囚禁：犯罪、战俘、因过错而拖欠税款或者债务。[3]

以色列人并不是一个外来的民族，没有理由认为他们不是忠实的埃及居民——埃及居民需要缴纳 20% 的收获税和生产税。由于所有的以色列人都被囚禁起来了，因此，一定存在一笔巨额的他们无法偿还的公共债务，或者他们公开反叛法老。作为一个外国的殖民地，可以要求整个团体作为一个整体缴纳贡品。贡品具有内在的任意性。法老可以将贡品的数量设定到无法承担的高度。反抗这种税收或者仅仅是迟延缴纳就足以使法老有权将所有希伯来人的财产充公并将以色列的孩子变为奴隶。《圣经》中所使用的"重担"一词很可能就是指税收。在整个古代文献中，税收通常被称为一种负担或者重担，有时也被称为羁绊。[4]通过使用他的征税权，法老很可能奴役了希伯来人并因此上演了摩西和《出埃及记》中的故事。

历史充满着类似的情节——一个人数不多的没有政治权力的富裕阶层被课以重税，直到他们被遗忘、移居境外或者造反。因此，法老"巧妙地"对付以色列人最自然和最合法的手段就是施加不可忍受的税收负担。

摩西领导以色列的孩子脱离奴役以后，他们在约书亚（Joshua）的领导下定居在巴勒斯坦。每一个部落都得到了一块特别的领地，他们组建了小政府，由士师*决定政府需要什么。我们在《士师记》（*Book of Judges*）（17：6）中

---

〔3〕 H. Graetz, *History of the Jews*, vol. 3 (Phila. 1895) p. 108；Hugo Grotius, *The Law of Peace and War* (Oxford, 1925), BK. 2, ch. 5, xxxii, 1625 edition, p. 259；*Encyclopedia of Religion and Ethics*, ed. James Hastings, vol. 11, pp. 595 ~ 631；C. H. W. Johns, *Babylonian and Assyrian Laws*, *Contracts and Letters* (Edinburgh, 1904), passim.

〔4〕 Hosea 8：10；Amos 5：11；Isaiah 13：1；Ezekiel 12：10；2 Chronicles 10；1 Kings 12：4；Josephus, *Antiquities*, Bk. 8, ch. 8. Then compare with the text on the Egyptian "burdens" in Josephus, *Antiquities*, BK. 2, ch. 9；Exodus 6：6.

＊ 在以色列进入迦南到第一位国王产生这一段时间里以色列经历了士师时代。"士师"一词，希伯来原文是"审判官"的意思。这些人为神所选派，有真神的灵赐予独特的能力，奉命作百姓的领袖。他们的工作不仅是裁判案件，最重要的是拯救以色列国民脱离外邦仇敌之手。——译者注

看到这样的记载:"那时以色列中没有王,各人任意而行。"换句话说,那时没有政府来规制人们的行为,因此,也可以认为当时不存在向中央政府缴纳的税收。这种社会秩序存在了大约 400 年。

大约在公元前 1000 年,在人民的呼吁之下,大政府终于建立了。人民希望有一位国王,就像其他人都有一位国王一样。但是,先知撒母耳(Prophet Samuel)反对这种政治制度。上帝不希望他的人民拥有一位国王,他让撒母耳将这一想法告诉给他的人民。尽管上帝不希望这样,人民仍然想要一位国王。上帝让撒母耳告诉人民在国王统治之下的生活是怎样的——特别是,他们的税收生活是怎样的。在《撒母耳记·上》中,撒母耳给人民讲述了在英明的国王和税收统治之下栩栩如生的生活场景:

> 管辖你们的王必这样行:他必派你们的儿子为他赶车、跟马,奔走在车前;又派他们作千夫长、五十夫长,为他耕种田地,收割庄稼,打造军器和车上的器械;必取你们的女儿为他制造香膏,作饭烤饼;也必取你们最好的田地、葡萄园、橄榄园,赐给他的臣仆。你们的粮食和葡萄园所出的,他必取 1/10 给他的太监和臣仆;又必取你们的仆人婢女、健壮的少年人和你们的驴,供他的差役。你们的羊群,他必取 1/10,你们也必作他的仆人。[5]

然而,人们没有被在国王和征税官统治之下的生活场景所改变,以色列的孩子们仍然希望有一位国王,上帝告诉撒母耳让他们拥有一位国王,并且让他们遭受不利的后果。撒母耳随后让扫罗(Saul)成为受膏者,即以色列的国王。

公元前 1000 年,以色列的孩子们拥有的似乎与西方文明的孩子在公元 2100 年所拥有的基本相同。我们希望拥有一个大政府,就像以色列人希望拥有一位国王一样,拥有一位国王也意味着大政府。如同古代的希伯来人一样,我们也背负了沉重的税收负担,也尝到了随后带来的苦果。

撒母耳省略了沉重税收负担场景下最坏的情节——将最野蛮的惩罚施加到逃税者的身上。在以色列的第一个国王扫罗以及第二位国王大卫(David)之后,所罗门(Solomon)在两代之后将那种家庭生活场景带给了以色列人民。他通过压榨式的税收积累了巨额的财富。耶稣(Jesus)对于"所罗门空前绝后的荣耀"的评论指的是他的豪华法庭和后宫。一位古代的作者记录了

---

[5] Samuel 8:11~17.

这个人：

> 尽管所罗门变成了所有国王中最荣耀的一个，上帝最宠爱的一个，在智慧和财富方面均超过了在他之前的希伯来人的统治者，但是，他并没有将这种幸福的状态坚持到他去世。……他疯狂地爱着他的女人……不仅爱恋本国的女人，还从国外娶了很多老婆。[6]

我认为他的疯狂来自他拥有 1000 个妻子和妃子。他能应付得了这么多的女人也是令人难以置信的。很明显，他并没有处理好这些女人。在《传道书》（*Book of Ecclesiastes*）（献给所罗门）中，他暗示自己几乎无法从这群人中找到一个好女人。[7]他的老婆们很可能提出这样的反驳：所罗门没有在她们中的任何一个的身上花费足够多的时间，因此他不是一个合格的裁判者。他的老婆数量如此之多，以至于他在每个老婆身上花费一晚上的时间都要耗费 3 年才能轮流一次。他"对女人的爱"看起来更像是一个收藏家，而不是一个爱人和伴侣。而且，他与女人的关系也不可能是柏拉图式的纯精神友谊，因为他"对自己的欲望从来不加约束"。[8]更坏的是，他的外国老婆竟然开始偶像崇拜，而他最终也参加到偶像崇拜的行列。

所罗门的老婆和荣耀是需要付费的，这一笔沉重的费用落到了希伯来人的身上。古代的经典文献将所罗门施加在人民身上的负担称为"羁绊"。为了征收所罗门的税收，除了需要鞭打之外，一些圣经学者认为本章特别提到的撒母耳刻画的税收恐怖故事事实上是后来写的，这是对所罗门为了建设其伟大和奢侈王国而强制实施的税收制度的描述。[9]

所罗门去世时，他的儿子罗波安（Rehoboam）将成为他的继承者。为了获得这一宝座，他被传唤到示剑城（Shechem）*，这是约书亚选择的以色列部落的统治者集会的地点。部落的首领询问他们的税收是多少，同时，他们也督促罗波安废除所罗门施加在他们身上的一些沉重的税收，这些税收已经使他们处于"奴役"状态。以色列一些年长的智者还给罗波安提出了这样的忠告："如果你对他们说一些好话，他们会成为你的仆人。"[10]罗波安说，要留

---

〔6〕 Josephus, *Antiquities*, Bk. 8, ch. 7, para. 5.

〔7〕 Ecclesiastes 7：28.

〔8〕 Josephus, *Antiquities*, Bk. 8, ch. 7, para. 5.

〔9〕 E. W. Heath, *Solomon's New Men* (New York, 1974), p. 55.

＊《圣经》中的地名，示剑城位于腹地的中心，城市被以巴路山和基利心山环抱。——译者注

〔10〕 II Chron. 16：17.

给他 3 天的时间来考虑这个问题，然后会给他们答复。在这 3 天的时间内，这些领导人起了疑心，因为他们觉得没有什么理由要考虑这个问题 3 天。罗波安随后出现在人民的前面，他发表了令所有人都恐怖的演讲，他要增加税收，对于反抗者，不再使用鞭打（这是前任领导为了征税而必须使用的手段），他要使用"蝎子"，这是一种更加野蛮的鞭打刑罚，锋利的刺会撕裂人的皮肉。

这太过分了："人民听到这样的演讲就仿佛被榔头狠狠地敲打了一下。他们听到这些话如此伤心，仿佛他们已经感受到了这些话所带来的痛苦。"[11]一个组织严密的税收起义在现场立即爆发了，这一起义一定是在集会之前就事先计划好了。罗波安得到了这样的警告，他不可能做国王了，他能够拥有的仅仅是"他父亲已经建造的神庙"。[12]为了发泄他们的愤怒，他们发布命令，大卫的任何子孙永远都不能再统治他们。罗波安并没有意识到他的人民是多么愤怒。他派总征税官（所罗门的）去努力控制事态并平息这些暴徒。他们用石头将这位总征税官打死，很可能是因为人们已经受够了这位所罗门税务机关的领导所带给他们的痛苦。[13]由于担心自身的生命安全，罗波安"立即钻进了他的敞篷双轮马车并逃到了耶路撒冷（Jerusalem）"[14]以到他被允许前往的神庙寻求政治庇护。

罗波安控制了耶路撒冷，王国分裂了。罗波安的统治仅限于犹太的一个小省。作为一个更小的王国，犹太王国为了保持和平开始向以色列和其非大卫的国王缴纳贡品。

这些希伯来人的王国变成了亚述与埃及之间起缓冲作用的国家，亚述与埃及是当时的强国，这有点类似于欧洲处于俄罗斯和美国之间。后者是在斗争中形成的，其中部分是意识形态方面的斗争；在公元前 800 年，这种斗争部分是经济方面的斗争。贡品就是对胜利者的奖励。

希伯来人的各个王国在前亚述人和前埃及人之间来回摇摆。先知们建议实行严格的中立。通过保持中立并缴纳他们被要求缴纳的税收，希伯来民族便可以生存下来。与埃及或者亚述任何一方的联盟都会导致灭亡。"靠刀剑而生存的国家最终也会被刀剑所毁灭。"这一谚语在古代以色列非常流行，很明

---

[11] Ibid., BK. 8, ch. 8, para. 3.

[12] Josephus, *Antiquities*, Bk. 8. v. 3.

[13] 2 Chronicles 10：18.

[14] Josephus, *Antiquities*, BK. 8, ch. 8, v. 3.

显出自建议与任何一个强国都不实行联盟政策的先知们之口。

亚述很快变成超越所有的城市和民族的强国，埃及除外。亚述王撒幔以色三世（Shalmaneser III）的黑色方尖石塔展示了以色列国王向亚述人鞠躬并运送贡品到尼尼微的情景。但是，这并不是一个令人高兴的安排，一旦能够反抗，以色列人就会起来反抗。当公元前 750 年以色列人停止缴纳贡品后，亚述的恐怖国王提革拉毗尼色四世（Tiglath-Pileser IV）在尼尼微狂怒，带兵袭击了以色列，并索要 1000 塔兰特（talent）*白银（1 希伯来塔兰特相当于116 磅）。被征服的以色列人顺从了并屈服于亚述人的要求长达 15 年。公元前734 年，他们联合所有向亚述帝国进贡的地区再次发动反抗。这次，愤怒的亚述人摧毁了以色列并带走了所有的以色列战俘。这些战俘从历史上消失了。仅有少数人继续留在撒马利亚（Samaria）**。但是在 10 年以后，他们又起来反抗了，这次亚述人围攻撒马利亚长达 3 年。最终，在公元前 721 年，亚述人攻破了城墙，捕获了城里的居民并将他们赶出城市囚禁起来。

以色列王国人民的消失激发了犹太人和基督教徒长达 2500 年的想象。他们变成了"失踪的以色列部落"。很多早期现代学者——他们被称为古文物研究学家——认为美洲印第安人来源于这些失踪的部落。也存在关于他们凯旋归来的预言，一条公路延伸过来为他们提供了一条从他们消失的北方国家返回的皇家道路。这种民间传说大部分都消失了，尽管还有少数宗教团体，例如摩门教徒仍然坚持这一信仰并且期盼着失踪的部落返回的那一天。

作为一个历史事实，失踪的部落是由于一次勇敢但不成功的反抗非正义税收的起义而消失的。作为一个"太空飞鼠"（Mighty Mouse）与超级强国进行斗争的典型例子，以色列的反抗和挑战给税负沉重的世界带来了希望。在以色列被打败以后，亚述人将其边界延伸到整个已知的世界；甚至埃及都要屈从于恐怖国王。就像一个粗暴的黑手党教父，亚述人可以书写他们自己的税单。

更小的希伯来人的犹太王国——其首都在耶路撒冷——在以色列王国被消灭以后遵从于亚述人的要求。但是当埃及承诺资助贫困的犹太人时，亚述的压榨式税收最终激起了反抗。一如既往，法老们鼓励顺从、抵制反抗。先

31

---

*　古代中东和希腊-罗马世界使用的质量单位，当用作货币单位时，塔兰特是指 1 塔兰特同重的黄金或白银。一些权威学者估计罗马人衡量贵金属所用的塔兰特的实际质量大约在 20～40 千克之间。——译者注

**　古代以色列北部都城。位于今耶路撒冷以北 67 公里处。——译者注

知以赛亚（Isaiah）给犹太国王希西家（Hezekiah）提出了这样的忠告："你们得救在乎归回安息，你们得力在乎平静安稳。"[15]

换句话说，不要与外国联盟，不要反抗。

屈服于亚述人对于希西家而言是无法忍受的。他处于这样一种地位：他要亲自在亚述国王面前匍匐在地上，然后给他的人民施加沉重的税收负担。对他而言，中立就意味着作为亚述人的总征税官。因此，犹太人会蔑视他。对于他而言，违背先知们的忠告、参与到国家的联盟中并摆脱亚述人的税收重负是迟早的事。

公元前 703 年，新的联盟开始了反抗。亚述国王塞纳克瑞布（Sennacherib）很快征服了反叛的各个城市。一个又一个犹太人堡垒落入了他的不断推进的军队手中。战争失败了。希西家祈求和平，但是亚述人决定占领耶路撒冷。他们包围了已经处于恐慌中的耶路撒冷城。先知以赛亚出现了并发出了这样的预言：亚述国王"必不得来到这城，也不在这里射箭，不得拿盾牌到城前，也不筑垒攻城"[16]。

突然，亚述人拆除了军营并离开了——耶路撒冷得救了。预言应验了。希腊历史学家希罗多德（Herodotus）*记载一场鼠疫（斑疹伤寒）降临到亚述人的军营。无论如何，它是对犹太人结束战争的号召。战争的结束在事实上完全冷却了犹太人宣扬反抗的头脑发热行为。由此，也开始纳税了。

亚述的恐怖国王们像噩梦一样成为往事，留下了冷酷无情的恐怖税收记录，这一记录使得他们成为所有时代最坏的帝国主义之一。[17]每一个附属的城市看起来都非常气愤，也都决心要反抗。最终，巴比伦人在希伯来人失败后继续进行反抗。公元前 612 年，他们在尼尼微领导了一次强有力的进攻，结束了强大的亚述帝国。

巴比伦取代亚述成为东方的强国。一位雄心勃勃的年轻国王尼布甲尼撒二世（Nebuchadnezzar）在巴比伦开始了亚述式的征税运动。当他来到犹太王国时，希伯来人的国王没有进行任何抵抗。用约瑟夫斯的话来说，他"用金

---

〔15〕　Isaiah 30：15.

〔16〕　Isaiah 37：33.

*　希罗多德，公元前 5 世纪（约公元前 484～公元前 425 年）的古希腊作家和历史学家，他把旅行中的所见所闻，以及第一波斯帝国的历史纪录下来，著成《历史》一书，成为西方文学史上第一部完整流传下来的散文作品。——译者注

〔17〕　多伦多大学的学者最近翻译的亚述人的记录表明了这些统治者是多么野蛮。参见 A. Kirk Grayson, *Assyrian Rulers of the Early First Millennium BC* I (1114～859BC)（Toronto, 1991）, passim.

钱购买了和平"，也就是说，他同意缴纳贡品税，就像在亚述统治的时代一样。4 年后，在埃及的鼓励下，犹太人造反了。埃及人像以往一样退缩了，犹太人发现他们要独自面对尼布甲尼撒二世的庞大军队。犹太人祈求和平，缴纳他们的税款，与巴比伦签署了税收协议。为了防止新的税收抵制，尼布甲尼撒二世选择了一位新的犹太国王，名叫泽德凯亚（Zedekiah）。拥有了一位他自己选择的国王，尼布甲尼撒二世认为犹太的形势彻底处于他的控制之下。

8 年以后，泽德凯亚声明废除其与巴比伦的税收协定。当尼布甲尼撒二世知道他自己亲自挑选的国王也不能信任时，他对犹太人失去了耐心。他进攻并摧毁了耶路撒冷。泽德凯亚因为违背税收协定而被定罪判刑。为了惩罚他，他的儿子们在他的眼前被杀害，随后，他的眼睛被挖掉，一切都是亚述式的。希伯来人与他们的瞎国王一起被带回巴比伦以示惩罚。被称为巴比伦之囚的历史时期开始了。

事实上，他们在巴比伦的生活并不差。犹太人兴旺繁荣起来，享受到了波斯人的知识和文化。大约六十年以后，新波斯国王居鲁士大帝（Cyrus the Great）命令犹太人返回耶路撒冷。对于很多犹太人而言，犹太王国荒凉的边疆根本无法与巴比伦的文明生活相比——就像今天在美国的犹太人不愿意返回充满战争、争斗和社会主义的以色列一样。

让犹太人返回耶路撒冷并不是一个慈爱和友好的命令。居鲁士大帝是一位狡猾的征税官。如果他能引导犹太人重建耶路撒冷，他就可以合理预期给他的领土增加一个繁荣和可以征税的资产。并不是所有的犹太人都被要求返回，其中显然不会包括富裕的和成功的犹太人。犹太人社区中的 15 万成员中仅仅有 1/4 被要求返回耶路撒冷。[18]

从公元前 1000 年到公元前 500 年的文明史是围绕两个超级大国——亚述和巴比伦——而发展的，但是这一表演却被两个主角——以色列和犹太——悄悄承担了。他们一再反抗这些征收恐怖税收的帝国。他们没有从失败中吸取任何教训。希伯来人能够从这些恐怖国王所实行的种族灭绝的政策中生存下来，他们总有一天会再次崛起并且一旦有机会，就会再次反抗。

---

〔18〕　Max I. Dimont, *Jews God and History* (New York, 1962), pp. 66~68.

　　亚述的恐怖国王之一萨尔贡一世（Sargon）与他的总征税官。两个人相同的大小表明国王的税收主管的较高等级，因为一般情况下，国王在雕像中都会比任何人刻画得更大一些。

从宗教的视角来看，犹太人的失败和遭受的苦难都是上帝计划的一部分。
对于世俗的历史学家而言，四面楚歌的犹太人进行了一场历史上时间最长也 34
是最不成功的税收反抗运动，这场运动延续了几个世纪而不是几十年。希伯
来的这些税收反抗者的大无畏精神给古代社会遭受压迫的人们点燃了希望。
今天，我们记住了古代以色列的经典，记住了他们对于上帝的信仰，记住了
他们在宗教中没有偶像崇拜。难道我们不应该因为他们反抗非正义税收的不
屈不饶精神而记住他们吗？

尼布甲尼撒二世的军队正在攻陷耶路撒冷的城墙，他们将犹太人带回巴比伦囚禁起
来，因为犹太人拒绝纳税。

35　**第 4 章**

以色列的最后时刻：从光明节的荣誉到巨人的胜利

> 他［约瑟（Joseph）］通过征收农场税集聚了巨额财富，获得了
> 巨额收益。……他带领犹太人走出了贫困和卑贱状态，进入了一个
> 辉煌的时代。
>
> ——约瑟夫斯，《犹太人的古迹》，公元前 200 年

犹太人读者可能会惊讶地发现，他们所对应的圣诞节（Christmas）和光明节（Hanukkah）实际上都来源于希伯来人的税收斗争。故事始于亚历山大大帝征服波斯帝国之时。亚历山大大帝去世以后他的帝国陷入了分裂，他手下互相竞争的将军们纷纷建立了他们自己的小帝国。托勒密将军夺取了埃及，塞琉古（Seleucus）将军占领了巴勒斯坦和小亚细亚（Asia Minor）。希腊人并没有给犹太人带来自由。犹太人的贡品仅仅由向波斯国王缴纳转变为向希腊国王缴纳；就连税率也没有发生变化：种植农作物的 33% 以及果园和葡萄园收获物的 50%——无论用什么标准来衡量都是令人无法忍受的。

两位将军之间的竞争类似于早期埃及与亚述之间的竞争，只是竞争没有那么残酷而已。犹太人从来不知道第二天应当向谁缴纳贡品。此时已经没有税收反抗了，先知们的智慧最终占了上风，同时，人们的常识也发挥了作用。为了托勒密在亚历山大建立的伟大图书馆，犹太人为他们的经典准备了一个希腊文的译本，这一译本一直流传到今天。为了对这一神圣的礼物表达感谢，托勒密释放了在埃及的所有犹太人并从自己的财产中支付他们自由的费用。

36　但是，犹太人的忠心还是倾向于塞琉古王朝，它的国王是安提柯（Antiochus）。当安提柯大帝与托勒密四世（罗塞塔石碑作者的父亲）进行战争时，犹太人的军队支持了安提柯并且帮助他们打败了埃及人。作为奖励，安提柯

免除了犹太人社区 3 年的赋税。免除收获税 10 年，免税期结束以后，所有的税率都降低 1/3。在古代社会，站在胜利者一边是值得的。就像第三世界国家为了自身的利益而围绕在前苏联与美国周围，古代社会的弱小民族支持庞大的殖民帝国可以获得税收利益。

不幸的是，这种无税的特别时期并没有持续下去。由于享有免税特权，犹太人对安提柯而言没有任何价值。当他的漂亮女儿克利奥帕特拉嫁给托勒密并随后签订和平条约以后，安提柯就把犹太人作为结婚礼物送给了托勒密。这一聪明的花招最终导致犹太人丧失了免税特权。托勒密可以任意给自己新得的领地书写税单。对于犹太人而言，这是一个痛苦的时刻。犹太人追求了 500 年的自由和减税梦想成了水中月、镜中花——犹太人重返被压迫的群体之中。

这一聪明的花招本来应该导致战争的爆发，特别是由于犹太人的统治者——一位衰老的名叫奥尼阿斯（Onias）的高级僧侣——断然拒绝向托勒密缴纳任何贡品。托勒密派了一位大使到耶路撒冷以查看犹太人是否失去了理智。这位大使以不可质疑的口吻警告犹太人，如果他们不立即缴纳贡品的话，埃及人的军队会占领犹太并且通过武力来征收贡品。

当这位高级僧侣的侄子——名叫约瑟——来到埃及拜见托勒密并且这位大使也劝告埃及人忍耐一下时，灾难被阻止了。这位大使这样劝告埃及人："原谅他吧，看在他的年龄的份上；因为你不能确信是否明白这一点：那个老人与孩子的想法非常类似。"[1]

约瑟知道如果没有他叔叔的支持，他是不可能征收贡品的。他的策略是平息托勒密的愤怒，争取时间，设计一个向埃及人缴纳贡品的计划。反抗虽然是正义的，但是从来没有被考虑过。

约瑟计划获得对托勒密位于叙利亚和巴勒斯坦的挣钱的应税农场经营的控制。如果能够成功，犹太人的税收就可以通过这些利润来支付。每年，应税农场的经营权都通过在国王宫廷的拍卖会来销售：

> 　　现在，在这一时刻，所有的重要人物和统治者都站出来为叙利亚和腓尼基（Phoenicia）城市的征税权而出价；每年，国王都将它们出售给在每一个城市中最有实力的人。[2]

对于约瑟而言，不幸的是，所有的出价都必须提供保证人，保证人要保 37

---

〔1〕　Josephus, *Antiquities*, BK. 12, ch. 4, para. 1~2.

〔2〕　Ibid.

证能够征收到全部的税款。由于这些税款按照今天的标准会达到数以千万美元，出价的人仅限于最富有的人。约瑟不可能提出一个能够被接受的报价。

当关于叙利亚和巴勒斯坦应税农场的征税权的报价停止在 8000 塔兰特（232 吨白银！）时，约瑟站了起来，他告诉托勒密，所有的出价者都已经串通好了，8000 塔兰特太低了，他可以出价 16 000 塔兰特。国王知道存在串通，对于希腊的应税农场主而言，串通投标是标准的运作程序，他将这一合同奖赏给约瑟，而没有让约瑟提供保证人。为了帮助约瑟，托勒密给了约瑟两千名最好的士兵。

约瑟的麻烦并未结束。最有实力的应税农场主密谋联合起来挫败他的征税努力，并且由于没有提供保证人，托勒密将会一无所有。当约瑟到达叙利亚的第一座城市时，他们拒绝纳税。由于有两千名埃及士兵供他指挥，约瑟首先逮捕了 20 名最富有的市民，将他们处死，将他们全部的财富贡献给托勒密。托勒密非常高兴。

约瑟的名声迅速传遍开来。他刚刚抵达叙利亚的第二座城市时，人们就"打开大门，热烈欢迎约瑟，并缴纳了税款"。当他走遍叙利亚、撒马利亚（Samaria）和腓尼基所有的城市时，他已经征收到了足够的财富来向托勒密支付他的 16 000 塔兰特税收，另外还积累了巨额的利润。就像他在《创世纪》中的那位同名同姓的人一样，这位约瑟也发现了拥有一位埃及国王的巨大好处。

在过去五百多年的历史中，犹太人第一次兴旺发达起来。用一位古代历史学家的话来说："他（约瑟）通过征收农场税集聚了巨额财富，获得了巨额收益。……他带领犹太人走出了贫困和卑贱状态，进入了一个辉煌的时代。"[3]

一代人以后，光明节的故事最终没有继续下去。希腊人从托勒密手中重新获得了犹太，犹太人再次向安提柯纳税。在犹太人社区，由于竞争高级教士的职位而展开了一场残酷的斗争，高级教士可以控制约瑟担任托勒密的总应税农场主以来所获得并埋藏在寺庙中的巨额黄金。

一位犹太人竞争者试图通过在耶路撒冷传播希腊文化而取悦于希腊人。在耶路撒冷出现了异教徒的偶像，同时还建立了一个希腊人的体育场，在这里，犹太人的男孩和女孩可以裸体参加体育比赛。这些做法震惊了虔诚的犹太人。最后，安提柯行动起来反对寺庙并试图夺取埋藏在神圣密室中的黄金。

---

〔3〕 Ibid., para. 10.

这对于争论不休的犹太人而言太过分了。他们团结在一个年轻的激进家族——马加比（Maccabee）——的周围。一场圣战随之而来。在马加比家族的领导下，希腊人被从犹太王国驱赶出去。为了纪念这一伟大的胜利，马加比家族清理了寺庙并且用油在寺庙中点燃了永不熄灭的火焰。灯台中加满了足够燃烧一天的油，然而这个灯台燃烧了整整 8 天，直到为该灯台添加了新的油。这被视为上帝承认和赞许清理寺庙行动的象征。为了庆祝这一奇迹，犹太人在圣诞节上设置了一个有 8 个支架的烛台，每天在每个支架上放置一根蜡烛，一直持续 8 天，直到 8 个支架上都有蜡烛再将其点燃。

38

在犹太人击退希腊人的反击并恢复犹太王国以后，他们协商签订了和平条约。我们发现了希腊国王写给乔纳森·马加比（Johathan）[犹大（Judas）的弟弟]的两封信，乔纳森参与协商了最终的和平条约。在这些协商中没有谈到任何关于宗教实践的问题。核心问题是税收。在他写给乔纳森的信中，希腊国王提出彻底减轻土地和收获税，用他的原话来讲就是"国王以前从他们（犹太人）土地上收获的农产品以及树上结的果实中所收到的"。[4]

关于"土地上收获的农产品以及树上结的果实"纳税协商的结果是每年种植农作物缴纳 33% 的税、果园和葡萄园每年缴纳 50% 的税。

马加比反抗的胜利是一个复杂的祝福。清除寺庙中的偶像崇拜是一件好事，但是战胜塞硫古帝国又给了犹太人一种觉得自己很有力量的错误感觉，这种感觉是几个世纪以来遗传下来的。马加比在全国重新制定了大卫和巨人（Goliath）史诗，并且支持这样一种幻想：犹太人用简单的武器和纯洁的心总能击败残酷而愚蠢的巨人。安提柯并不是巨人。他只是一位懒惰的征税官。他的军队是雇佣的，由于拖欠薪水而擅离职守并濒于崩溃。与马加比作战军队的主体被调遣到波斯去征收拖欠的税款以作为战争的经费。犹太人的历史学家忽略了这一关键性的事实。

小大卫对巨人取得的胜利在犹太人的民间故事中存在了很长时间。不幸的是，大卫与巨人的故事在现实生活中很少发生。古代的强国按照惯例总是会与敢于挑战的以色列进行战斗并最终摧毁以色列。

古代犹太王国历史的最后一章也是悲惨的一章，它所讲述的故事是真正的巨人杀戮了干预公然反抗的大卫。这一次犹太人在受挫后再也没有站起来，在过去，他们也一直是这样。在接下来的 19 个世纪中，他们变成了散布在世

---

[4] I Maccabees 11：34；M. Rostovtzeff, *The Social and Economic History of the Hellenistic World*, vol. 1（Oxford，1967），p. 467.

界各地的人们，没有自己的祖国。这一故事缺少英雄；犹太王国及其领导人都蜕变成了一个小丑的社会。

公元前64年罗马人来到巴勒斯坦，他们不是来攻克和占领这一地区的，而是与这一地区的城市和民族缔结友好互助条约的。罗马将军庞培（Pompey）刚刚平定了第二次米特里达特（Mithridates）税收起义（参见第9章），这一起义所涉及的地区是今天的希腊和土耳其。他随后将其罗马军团带到了这一地区，以表明罗马维护和平的武装力量。各个城市和国家的领导人被"邀请"到大马士革（Damascus）与庞培会谈，这就意味着他们带着大量的礼物去参加会谈会更好，最好的礼物就是黄金。

有兄弟二人竞争希伯来民族的领导人，此时，希伯来民族是独立的，甚至聚集在了一个很小的自己部落的领地上。他们有相当规模的军队，没有理由不能与罗马人达成一个非常令人满意的安排，此时的罗马人希望拥有一个友好与和平的犹太王国，因为他们已经将其注意力转移到了富裕的埃及与波斯。

兄弟二人来到庞培那里都主张对犹太王国的统治权。对于庞培而言，这个民族很明显处于内战的边缘；他建议兄弟俩避免战争，他会回去解决他们之间的分歧。同时，他与纳巴泰人（Nabateans）的阿拉伯王国有着更加重要的交易，他们控制着通往东方的贸易道路，对所有的贸易征收非常重的税收。庞培不久就听到了其中一个兄弟准备造反的风声，他已经聚集了相当规模的军队并隐藏在耶路撒冷的墙后——挑战罗马将军。庞培暴怒了。他取消了将军队派往东方的行动计划，反过来围攻耶路撒冷以消灭希伯来民族那些自命不凡的暴发户。耶路撒冷的城墙最终被攻破，他的罗马军团进入了耶路撒冷城，庞培去查看寺庙中还有什么，但是所有的东西都留在那里，丝毫未动，就连储藏室的黄金都没有动。希伯来人被赶到一个部落的领地上，这一领地被重新命名为犹大（Judea），这就是对希伯来人的惩罚。他们的殖民帝国被拿走了，他们被降低到一个被占领的省的地位，一位罗马统治者来监督他们的事务以及贡品的缴纳。这一悲剧带给我们的启示就是蹩脚的领导会导致被围困的人民。这一愚蠢的反抗给犹太王国带来了灾难性的结果。如果有一位机敏的政治领袖，他们完全可以与罗马人缔结联盟，维持他们的小帝国，保持税收独立的地位。但是，历史从来不允许假设。

罗马人安排了一位阿拉伯人来负责希伯来人的事务，他比之前的犹太人领导更有悟性。他与罗马人合作，尽力协助朱利叶斯·恺撒（Julius Caesar），他是在庞培之后负责罗马事务的领导人。恺撒让这个人成为罗马市民并且赋予他终身免税特权。对于希伯来民族而言，恺撒大大降低了他们的贡品负担并且允许他们在耶路撒冷城周围重新修建被庞培破坏的城墙。这可能不是一件好事，因为它为犹太人最后一次反抗提供了舞台，而这最后一次反抗则摧毁了这个民族。

犹太人并不喜欢他们的新领导，特别是他的儿子——赫罗德（Herod）。希伯来人向罗马人缴纳的税收是以赫罗德家族的礼物形式赠送给罗马人的。使事情更糟的是，赫罗德还谋杀了一些希伯来人，这导致了希伯来人的最高法院（Sanhedrin）试图以谋杀罪审判赫罗德。由于害怕，他被宣告无罪，这一结果更加助长了赫罗德的谋杀气焰。这就是希律王。他在耶稣出生以后下令屠杀伯利恒（Bethlehem）的所有男性婴儿。除了《圣经》以外，我们还有其他的历史资料来证明这一历史事件。希律王有些多疑症，他命令其暗杀团队谋杀了曾经审判过他的最高法院的所有成员。他甚至暗杀了他的妻子和儿子中的3个，他会杀掉一切可能威胁其王位的人。他被称为"大帝"，死于公元4年。

罗马人继续支持希律王室在犹太的统治。除了这种当地的君主政体，罗马人还派了代理人来监督这一省，保证贡品持续不断并监控任何可能出现的反抗事件。耶稣就曾经被问到这样一个问题："向恺撒缴纳贡品是否合法？"这是一个意味深长的问题，否定回答将被认为是叛逆，可以判处死刑。

犹大是一个需要监管的艰苦的边远民众聚集区，因此，只有罗马代理人中的糟粕会被任命到这一地区。罗马代理人是罗马财政的一种地区指导官，他拥有广泛的帝国权力。他们的职责是在尊重地方习俗和宗教实践的基础上维护地方和平。征税是地方性事务，但是腐败监督官员可以鼓励额外征税并分享部分赃物。西塞罗（Cicero）在其著名的警句中将大部分税收腐败监督官员称为"堕落与邪恶的巨大海湾与流沙"。

在朱利叶斯·恺撒减轻罗马人施加在犹太人身上的税收负担以后，犹大又招来了不幸。公元66年，在犹太人大起义的前夕，犹太纳税人受到普遍性的打击已经有好几年了，罗马代理人弗洛鲁斯（Florus）正处于采取军事行动的边缘。希律亚基帕（Herod Agrippa）是罗马人任命的统治犹大的国王，他督促希伯来人缴纳他们欠缴的税款以避免罗马人的惩罚：

> 就算罗马官员残酷到了不可忍受的程度，这也并不能代表所有的罗马人都不公正地对待你了，当然，更不能代表恺撒。如果因为一个人的

原因而给整个民族带来战争，因为一点微不足道的委屈就向如此强大的
政权动武，这是多么荒谬啊。[5]

41　　这些话起到了作用。犹太人纷纷前来缴纳欠缴的税款。然而，弗洛鲁斯
并不是真的希望如此。造反可以给他提供一个夺取耶路撒冷寺庙中黄金的机
会，那里是罗马世界最富裕的储藏点之一。长达几个世纪以来，世界各地的
犹太人每年都会向他们伟大的寺庙支付税款。寺庙已经成为犹太人的一种世
界银行。对于犹太人而言，他们的安全保障以及未来的世界都在这个寺庙中。
如果弗洛鲁斯能够激起犹太人造反，他就可以夺取寺庙中的黄金并带着这些
财富回到罗马，这样他就可以与罗马最富有的人相媲美。否则，他就仅仅是
罗马各省统治者中的一个。

　　在逾越节庆典上，弗洛鲁斯扣押了高级祭司的神圣法衣并且嘲笑这一宗
教庆典，这激起了一场骚乱。作为补偿，弗洛鲁斯要求得到寺庙中的半吨黄
金。这一要求将分裂的犹太人激进分子奋锐党（Zealots）团结起来，他们攻
击罗马人并将他们赶出了犹大。皇帝认为有必要组织其最强大的罗马军团并
由其最好的将军泰特斯（Titus）和维斯西巴安（Vespasian）来率领。自从两
个世纪之前的米特里达特起义以来，罗马皇帝还没有看到这样的起义。

　　罗马军团慢慢征服了犹大王国的各个乡镇和城市，重新夺回了失去的领
地。当泰特斯到达耶路撒冷时，看到其已经增强的城墙，他试图与奋锐党进
行和平谈判，以防止不可避免的大屠杀。泰特斯爱上了美丽的犹太公主。她
请求泰特斯努力保护她深爱的城市以及那些固执的居民。为了取悦她，泰特
斯提出了停止围攻的两个条件：犹太人必须承认罗马对于犹大的统治（这早
已成为事实了）以及按时向罗马缴纳税收。回过头来看，幸存者们一定希望
他们接受泰特斯提出的条件，由于公主的原因，这两个条件实际上都是确保
他们不会反对的。税收是争论的焦点，因为它们是适用于整个罗马的规则；
或许这就是古代以色列无可避免的结局，因为它是犹太人在过去一个世纪中
最大的税收起义。

　　对于罗马人而言，耶路撒冷的灭亡在很多方面都是 7 个世纪以前历史一
幕的重演，那时，尼布甲尼撒二世攻破了城墙，将城里的居民带走并囚禁起
来，甚至在很多方面也是更早时期亚述人对待撒马利亚历史一幕的重演。在
所有这些围城中，决定性的因素都是食物的缺乏以及守城者因饥饿而缺乏抵

---

〔5〕 Flavius Josephus, *The Wars of the Jews*, BK. 2, ch. 16, para. 4.

抗力。犹太人的历史学家喜欢称赞这些守城者的战斗精神并且指出他们"几乎就要胜利了"。在斗争和战争中，几乎就要胜利了意味着你失败了。

　　奋锐党拒绝了泰特斯提出的仁慈的条件。他们确信他们会胜利，上帝会像以前一样前来助他们一臂之力（尽管上帝并不总是这样）。就像他们以前那样愚蠢，他们遭到了全军覆没的灾难。

42

　　多连灯烛台——犹太人崇拜的七分支烛台——是战争的战利品之一，它是在罗马人摧毁耶路撒冷以后在通过罗马的游行中所展示的战利品。

　　泰特斯凯旋回国，今天我们仍能看到的位于罗马的巨大拱门就是纪念他的伟大胜利的。在他进入罗马的时候，犹太人的公主陪在他的身边。

　　剩余的奋锐党并未结束。他们逃到了马察达（Masada），这是一座天然的堡垒，它是靠近死海（Dead Sea）的一个平坦的山头。从这个堡垒，他们可以对罗马的征税活动实行游击战袭击。对于罗马人而言，这是不能容忍的，因此，他们又一次派遣了他们最好的将军占领了马察达。罗马人围攻了两年并且不得不建造了一个泥做的斜坡以到达这一天然堡垒的顶部，今天我们仍能看到这个斜坡。当他们进入这一堡垒时，当地的居民全部自杀了。由此，在战争中结束了最后一批犹太居民，也因此结束了位于巴勒斯坦的犹太王国达 2000 年之久。

43　　　　愤怒的罗马人禁止犹太人重建耶路撒冷城。希伯来人的大部分土地分给了罗马士兵，他们将犹太农民变成了佃农。其他的仍然保留土地的农民则需要支付沉重的抵押借款，其状况也好不了哪里去。

除了失去土地和城市以外，犹太人又背负了一种新的税收——犹太税（fiscus judaicus）——这一税收适用于整个罗马帝国的犹太人。前面已经提到，以前所有的成年男性犹太人每年要向寺庙支付半舍客勒（shekel）*；现在所有的犹太人——男人、女人、儿童——都要向罗马寺庙支付两个银币（drachmas）以信奉其朱庇特神（Jupiter）。这一税收是半舍客勒税的 4 倍，再考虑到其广泛的税基是包括妇女和儿童的，这是非常沉重的。它将两次税收起义的负担都施加到了下一代人的身上。就像税收是令人难以承受的一样，它也是令犹太人愤怒的，他们被迫为偶像崇拜付费。对于犹太人而言，他们早晚会揭竿而起，摆脱这一沉重的羁绊。

从罗马人的角度来看，这也是一个恶税。因为随之而来的起义耗尽了罗马扩张的精力，也损害了其天下无敌的名声。他们又一次胜利了，但也遭受了沉重的打击。并没有胜利的进行曲来到罗马。在波斯的军事扩张与行动必须取消，而这一行动以后再也不会上演了。从这些角度来看，帝国必须停止扩张，开始谈判。

犹太人在公元 115～117 年的起义是世界性的，其对罗马的打击是毁灭性的，其危害后果远甚于被泰特斯平定的耶路撒冷的起义。这些起义被平定以后不久，犹太人在公元 132～135 年又起义了。最后，犹太人被禁止踏入耶路撒冷半步，他们的阶层中被安排了大量的间谍。巴比伦人的《犹太法典》讲述了在公元 132 年起义过程中 3 只兔子讨论罗马间谍出现的故事。第一只兔子称赞罗马人提供了桥梁和美丽的城市；第二只兔子沉默了；第三只兔子说所有这些都是因为征收了罗马税。罗马人称赞了第一只兔子，驱逐了第二只

---

* 古希伯来重量单位，约相当 7.13 克。《创世纪》中谈到重半舍客勒的金环，两个金镯重 10 舍勒，按《出埃及记》等处记载，1 舍客勒相当 20 季拉。舍客勒又是波斯流通的银币名，每个舍客勒重 5.6 克，20 个舍客勒等于 1 个达利克。——译者注

兔子，将第三只兔子判处死刑。[6]

在两百多年的期间，犹太人不断挑战罗马人。每一次，他们都失败了，不仅失去了战争，也失去了自由。每一次，税收都变本加厉，自由都越来越少。最后，大卫和巨人的民间故事只好暂时歇一歇。在犹太人最后一次起义后的18个世纪的漫长历史中，犹太人接受了他们的负担，接受了他们被驱逐、被降级，无论居住在哪里在政治上都低人一等的现状。他们最终遵循了早期先知们的教导。

古代以色列人的历史，从公元前8世纪恐怖国王税收时期到罗马人摧毁 44
和驱散以色列人民，其特点是不断重复的冲突状态，这一状态在现在社会仍然存在。有主战的派别，也有主和的派别，每一派都希望用自己的方式来处理国际事务。很明显，主战一派应当对反抗亚述人、巴比伦人以及罗马人的税收而遭致的骇人听闻的毁灭负责，但是他们也应该为马加比起义的军事胜利之后所带来的自由和繁荣记上一功。何时反抗压迫、何时寻求和平是那个时代的挑战——但是，这又何尝不是所有民族、所有人民在一切时代和一切时期所面临的挑战？

---

[6] Moses Hadas, "Roman Allusions in Rabbinic Literature", *Philological Quarterly* 8 (1929), p. 373.

45 第5章

中国：天意

　　中国除拥有传奇历史以外，还拥有超过 3000 年的有记载的历史。毫无疑问，它是地球上最古老的文明之一。其历史最重要的特点是，中国始终被专制皇帝所统治。在这种政府形式下，中国存在一个连续的潮起潮落的税收政策。

　　中国的税收智慧可以追溯到孔子（公元前 500 年）。他提出了一种延续两千多年的税收哲学。毫无疑问，正是在中国有记载的历史中存在了几个世纪的税收滥用才导致了这位伟大的圣人概括出了重税所导致的恶果。他提出了税收正义的原则，这一原则限制了皇帝在制定税收政策时的任意妄为。但是，除了造反的威胁以外，并没有任何力量能够强制皇帝们遵守这些原则。

　　中国人民与他们的哲学家们之间达成了一种共识，即存在一种理想的政府治理模式和征税模式。皇帝拥有一种天赐的权力，这一权力的行使取决于天意。儒家为所有的统治者制定了一个需要遵守的征税指南，这一指南可以维持这种天意的统治权。

　　如果皇帝滥用他的权力，并且背离了儒家的这些理想，他不仅会被中国的圣人们猛烈地批评，而且天意也会有所折损，他的暴政将会导致造反——人们会揭竿而起进行战斗并最终推翻他的统治。英文中的"revolution"用中文来表示就是"革命"，其字面的含义就是"上天命令的改变"。由于中国的皇帝是"天的儿子"，即天子，他很像埃及的法老，受到天的规则的约束，但46 是又不像法老和西方的皇帝，如果他压迫人民——通常意味着肆意征税、背离儒家的理想，他就会失去他的天命，上天就会结束他的生命。推翻皇帝的造反者是在执行天意。

孔子，中国的圣人，他提出了理想的公平税收制度，他设定的税率是 10%。

　　儒家提出了理想的税收制度，其税率是 10%，与《圣经》中的什一税以及罗马的什一税相同。统治者永远不应屈服于偏离这一税收政策的诱惑。即使是令人恐惧的成吉思汗在掠夺俄罗斯时所要求的也仅仅是 10% 的税收，以与孔子的理想保持一致。

　　孟子（公元前 372～前 289 年）是仅次于孔子的第二位圣人。他的著作《孟子》是一本儒家经典，学者们都要求完全背诵本书。其中有很多税收故事，这些故事解释了为什么孔子的税收哲学在皇帝的政治制度中居于统治地位超过两千年。下面是《孟子》书中讲述的一个税收故事：

　　　　齐宣王向孟子提出了这样的问题："你能向我解释什么是你所谓的王政吗？"孟子说："古时，文王维护着齐国的和平，农民缴纳他们产品的 1/9 作为税收。……在市场的大门口有监督检查但并不征税；那时并不禁止在

47

　　孟子，孔子的继承人。第二位圣人将孔子的 10% 的规则发展为井田制。

池塘里捕鱼。……文王总是保证照顾到四个阶层（鳏寡孤独）。"[1]*

　　在孟子的另外一段教诲中，他的学生向他请教最高明的统治者是如何征税的，一个圣明的君主应当如何征税。孟子说:[2]

　　第一，关于工商业，就其源泉征税，而不要就其全部收入征税。（换句话说，就是对净所得征税，而不要就毛收入征税。）

　　第二，如果已经征收了土地税，就不要再对土地上收获的产品征税，这样，全天下的商人都会乐意到你们的市场中来做交易。**

　　第三，如果在关口只检查而不征税，全天下的旅行家都会很乐意在

---

　　[1]　*The Sayings of Mencius*, Trans. James R. Ware（New York, 1960）, p. 55.

　　*　这段文字出自《孟子·梁惠王下》，原文如下: 王曰:"王政可得闻与?"对曰:"昔者文王之治岐也，耕者九一，仕者世禄，关市讥而不征，泽梁无禁，罪人不孥。老而无妻曰鳏，老而无夫曰寡，老而无子曰独，幼而无父曰孤。此四者，天下之穷民而无告者。文王发政施仁，必先斯四者。诗云，'哿矣富人，哀此茕独。'"──译者注

　　[2]　*The Sayings of Mencius*, Trans. James R. Ware（New York, 1960）, p. 68.

　　**　出自《孟子·公孙丑上》，原文为:"市廛而不征，法而不廛，则天下之商皆悦而不愿藏于其市也。"──译者注

你的国家旅行。*

第四，对于农民而言，如果你不向他们征税，全天下的农民都会乐 48
意到你的田地里耕种。**

第五，如果老百姓的住宅不需要缴纳人头税，全天下的人都会乐意
成为你的臣民。***

1	2	3
4	9	5
6	7	8

九块地中，中间一块地用来纳税的井田制。第一块地到第八块地分别留给不同的八户
农民耕种，通常这八户农民在耕种时需要互相协作。

上述税收政策的好处是能够带来国内和平并且可以保证你在整个世界范
围内都不会有对手。这样一位统治者就是上天的执行官，永远都是圣明的
君主。

孟子为中国人提出了这样一个原则：人民拥有为反抗暴政而起义的神圣
权利，就像托马斯·杰斐逊（Thomas Jefferson）为美国人所做的那样。孟子
认为一切政府都来自上天，这就意味着所有的统治者都应当向上天和人民负
责。政府的目的是提升人民的幸福与福祉。重税无法实现这 目的。任何使
人民处于痛苦之中的统治者都应当遭到人民的罢免。人民是一个国家最重要
的因素；其次是政府官员；最后才是皇帝。

孟子发展了孔子的税收思想并创造出了井田制税收。根据孟子的思想，
理想的君主政体经济模式是平均分配土地，大约有10%的土地留给政府。根
据这一制度，每一平方"里"大约等于900英亩（1.4平方英里）。每一
"里"分成9份，每一位农户耕种大约100英亩的土地。中间一块土地是政府
的"公共土地"，围绕该"公共土地"的8块土地分别属于8个农户。农户们
合作耕种政府的"公共土地"。这就是他们缴纳的税收。[3]

---

* 出自《孟子·公孙丑上》，原文为："关，讥而不征，则天下之旅皆悦而愿出路也。"——译者注
** 出自《孟子·公孙丑上》，原文为："耕者，助而不税，则天下之农皆悦而愿耕于其野
矣。"——译者注
*** 出自《孟子·公孙丑上》，原文为："廛无夫里之布，则天下之民皆悦而愿为之氓矣。"——译
者注

[3] Fung Yu-Lan, *A Short History of Chinese Philosophy* (New York, 1948), p. 75.

后来，出现了拥有大块土地的私有者，采取井田制的方法来合作耕种土地就不适宜了。随后又发展出了均田制。根据这一制度，政府将土地出租给单一的农户，同时也存在私人土地所有者。无论在哪种情况下，农民或者私人土地所有者都将收获农作物的10%支付给政府作为税收。

当然，就像在西方历史中一样，一些皇帝不会遵循上天安排的这种税收制度。建立大政府和扩大政府支出范围的热情影响着很多中国的统治者。但是，他们也在抵制这些伟大圣人的智慧，这些圣人不像以色列的先知们，他们常常看到自己的智慧被搁置一边。

孟子的教导就经常被忽视。秦始皇建立了中国第一个统一的王朝（秦朝，公元前221~前207年），他是万里长城的主要建造者。为了建造这样一个具有深远纪念意义的建筑，他将税收从10%增加到50%，最坏的是，他征募了成千上万的劳工来修筑长城（一种劳役税）。随后就出现了起义，他也因此失去了天意。仅仅10年的时间，他就被罢免了。

从这一时期起，就开始流传着一个民间传说：一位农民被征募去修建长城，他的妻子去修建长城的地点寻找他，却发现他已经死了并埋在尚未修建完的长城的地基下。在他的妻子痛苦的哭泣声中，长城倒塌了，露出了她丈夫的尸体。在哀悼了他的亡夫之后，她跳进了附近的海里自杀了。

在第一位皇帝灾难性的统治以后，一位睿智、爱民的皇帝——景帝（公元前157~前144年）——以自由主义拥护者的身份开始了统治。这被称为"无为而治"。通过不干涉政策和低税率制度，景帝取得了其帝国统治的繁荣。他的税率如此之低，以至于它们都偏离了10%的孔子税率而降低到大约3%的程度。（今天的自由主义者会发现景帝也是他们的一员，而供给学派则会更加欣喜若狂。）由于实行低税率，他的粮仓装满了粮食，他所面临的主要问题是防止粮食腐败变质。

在中国历史繁荣与贫困、重税与轻税的交替更迭中，可以预见的是，中国的"无为"皇帝之后一定会紧接着出现一位最坏的税收暴君，他们名列中国最坏的皇帝之中。武帝从公元前141年到公元前87年统治了四十多年。帝国背负了一个挥霍无度的皇帝，其欲望是无止境的。他堪比很多贪婪的西方君主，例如亨利八世（Henry VIII）或者《圣经》中的所罗门。他将大量的税款花费在为其数百个妃子和妻子的奢侈宫殿和后宫之中。他花费巨款用于修建他自己想象的建筑项目和巨大的花园。不久，他的国库就空虚了，因此，他就采取了一切贪婪的统治者都会采取的措施——提高税率并增加新税，然后想出各种各样的方法榨干老百姓口袋里的钱。

武帝将对商人征收的税提高了 5 倍；将对制造贸易征收的税提到了 2.5 倍。他对船舶征税，甚至对手推车都征税。当他得知逃税泛滥时，他创设了税收侦查和告密制度——就像美国今天的制度一样——告密者可以分享追征的税款。如果农民逃税，他就会没收他们的土地。但是，这还没结束。他随后进入市场领域，垄断了盐、铁和酒的生产。随后，他又进入粮食市场，控制价格，采取低价购买、高价卖出的方法获利。他又转向贵族，要求他们缴纳黄金，如果哪位贵族无法足额缴纳，他就会剥夺他的贵族头衔。

这是一个相当戏剧性的例子：一个优良的低税制度仅仅过了一代就变坏了，就像历史上其他时期经常发生的变化一样，即使在我们的时代也仍然存在这样的变化。在 19 世纪，在和平时期的所得税税率仅仅在 3% 左右；到 20 世纪，所有的欧洲国家和美国，和平时期的所得税税率都提高到 50% 以上，甚至达到 90%——在历史上，这是一个古老和常见的故事。

今天，你可能会说我们已经处于武帝征税和挥霍的时代。我们可能被迫行使孟子和我们的杰斐逊所阐述的神圣起义权利。我们的领导已经失去天意了吗？这是一个中国式的"革命"的时代吗？税收改革团体不仅在美国，在全世界都迅速增长的现象是否意味着我们的"天命"早就应该改革了呢？

武帝的故事确实有了一个令人皆大欢喜的结局。革命，尽管有正当理由，但并未发生。武帝晚年对自己的税收和财政支出政策所犯的过错感到后悔。他制定了一个新的低税率、少财政支出的政策，他的继承者对此的回应是返回到当时很受尊重的孟子的井田制以及均田制，两种制度都将税率限定在 10% 并不再提高。中国的历史学家将这一阶段称为私人所有权的黄金时期。和平时期的税率再次降低到 3%，繁荣再次出现……至少是一个季度。

孔子 10% 的税收理想在中国的宗教教导中是根深蒂固的，即使到现代也仍是如此，历史上曾经出现很长时期的繁荣，也有很多圣明的皇帝遵循孔子的低税率规则。即使是中国的第二大宗教——道教——也深受孔子的 10% 税率以及不增税的精神和哲学的影响。从一份古代道教的文献中我们了解到这样一个故事，一位启蒙圣人对一位深受税收收入不足困扰的统治者给出了这样的税收建议：

一位国君在与一位精神导师的谈话中提出了这样的问题："当我的政府没有足够的资金来做一切重要的事情的时候，我该怎么办呢？"

这位精神导师回答："使用古时很受尊重的税收政策，即从人民的收入中征收 1/10 的税。"

"征收 2/10 的税尚不够用，更何况征收 1/10 的税呢？"国君说。

"降低税率，吸引人民来你的国家耕种土地和投资。也就是说：通过降低税收而增加税收。当所有的人都富足时，政府也就富足了。当人民食不果腹时，政府的税收收入怎能够用？过高的税收相当于抢劫自己，这样怎能养育用来纳税的人民呢？"[4]

道家的伟大创始人老子在 2500 年前这样写道：

一个人管制得越多，他所能取得的理想结果越少。……世界上的限制和禁止越多，人民就会越贫穷。……制定的法律越多，盗贼和强盗就越多。[5]

如果税收过高，人民就会饥饿。

如果政府干预过多，人民就失去了他们的精神。

为人民的利益行事就相信他们，给他们自由。[6]

治理一个大国就像烹饪一盘小菜一样；如果搅拌得过多就会破坏它。[7]

我们在介绍古代希腊时再来讲述中国的税收故事，让我们看看希腊在他们黄金时期的智慧是否能赶得上中国古代的伟大圣人和统治者。

---

〔4〕 Ni, Hua-Ching, *Stepping Stones for Spiritual Success*（Los Angeles, 1989）, p. 66.

〔5〕 Fung yu-Lan, p. 102.

〔6〕 Tzo Te Ching, Trans. Stephen Mitchell（New York, 1985）, No. 75.

〔7〕 Ibid., No. 60.

第 6 章

~~~ᗕᗢᗒ~~~

善于创造发明的希腊：苛政与税收

你们必须缴纳贡品，否则我将恐吓你们的城市并且摧毁它。

——阿里斯托芬（Aristophanes）关于雅典（Athenian）
贡品的评论，Wasps 671

截至公元前 6 世纪，赛勒斯（Cyrus）领导下的波斯人统治着整个文明社会，包括埃及。希腊大陆是唯一不需要缴纳波斯税收的地区。大约在公元前 490 年，波斯国王大流士（Darius）派遣大使到希腊城邦，命令他们向波斯缴纳贡品。这些城邦都是互相独立的，并且做好了被强大的波斯人接管的准备。波斯人觉得这些希腊富人们没有理由不像其他所有人一样追随着大流士。

但是，希腊人拒绝了，两个处于领导地位的希腊城市雅典（Athens）和斯巴达（Sparta）与各个小城邦形成了防御联盟。雅典联盟征收的税款存放在一个公共金库中，他们的军队也有共同的统帅，类似于北约（NATO-style）。在这一统一阵线的领导下，希腊人在马拉松（Marathon）打败了波斯人。马拉松战役是历史上最重要的军事事件。希腊文化控制了文明并且自此以后在历史发展中起到了决定性的作用。我们至今仍然在复制希腊的建筑和艺术，开展他们的比赛，学习他们的哲学，崇拜他们对于自由和民主的热爱，仰慕他们的科学。任何一种科学理念、哲学理论或者艺术建筑几乎都可以追溯到才华横溢的希腊哲学家、数学家或者艺术家。

在哥白尼（Copernicus）诞辰 500 年之际作出这种大惊小怪的论述可能会让人感到有些奇怪。他在 1800 年后才来到这个世界实在是太晚了。在公元前 3 世纪，希腊天文学家就发现太阳是我们太阳系的中心，他们中的一位佼佼者——埃拉托色尼（Eratosthenes）甚至测量了地球的周长大约是几百英里。

54　　另一方面，哥伦布（Columbus）也错误地计算了地球的周长为 1 万英里。1492 年，当他到达巴哈马群岛（Bahamas）时，他以为自己已经接近日本了。

　　希腊人在知识领域取得的成就是古代社会真正的奇迹。他们拥有一种超乎寻常的能力，可以在有限的事实数据的条件下对宇宙作出精确的判断。这种特殊的洞察能力是希腊人最值得称赞的天赋。

　　希腊人将他们的聪明才智应用到了政治和经济领域。他们发明了民主并且建立了一套非常发达的资本主义制度。我们对于自由的理想和热爱是希腊人留给我们的遗产。在希腊文明之前，所有的文明都是在暴君政府统治下取得的——文明与自由是不相容的。在最近东方与西方的斗争中，两种制度唯一的最重要区别是共产主义制度通过高度集权主义的官僚体制发展出了一种高度文明的生活方式。西方国家的政府对于他们市民的约束很少，结果很多人身自由留给了人民。希腊人最大的天赋可能就在于他们拥有在不丧失自由的前提下创建文明社会的能力。

　　希腊民主和自由是从某些错误经历中发展而来的。在古代希腊民主兴起之前，暴君和苛政统治着希腊。希腊人将过多政治权力会导致的邪恶告诉了世人，但是我们很少有人听。暴君和苛政使文明染上了瘟疫，他们潜伏在所有政府的门厅旁，等待着统治的机会。

　　暴君采取各种压迫手段来行使统治权力。一旦授予某个政府部门或官员过度的权力，暴政就会随之而来。授予现代税务部门权力的集合使得他们成为暴政的温床。今天，我们会因为税收违法行为而遭受严厉的惩罚，这些税收违法行为通常被归入与各种犯罪相同的范畴。然而，我们文明的伟大智者——亚当·斯密（Adam Smith）、孟德斯鸠（Montesquieu）以及威廉·布莱克斯通（William Blackstone）——都批评过将税收违法行为变为犯罪的制度，因过于沉重的税收负担而指责过政府，这些做法无疑会导致反抗、斗争和欺诈。

　　希腊人开创了历史的研究。希腊历史学家们行走各地、采访见证人、收集事实，从民间传说中自由书写第一部历史。但是，希腊历史学家所做的远远超过了现有的事实。他们认为历史是一个人生存下来的最重要的工具。历史中有很多经验需要学习，历史不断重演是因为人们在类似的环境下按照既定的模式而生活——政客们拥有的权力太大，以至于他们可以不必顾虑其良心而成为暴君。

55　　希腊历史学家将东方专制制度与希腊的民主制度进行了比较。为什么希

腊是一个自由的民族而波斯人生活在专制主义统治之下？希腊人得出这样一
个结论：私有财产是一个重要的因素。帕里斯大学（University of Paris）的历
史学教授古斯塔夫·格洛兹（Gustave Glotz）得出了这样的结论：雅典人尊重
财产是因为他们尊重自由[1]。具有敏锐洞察力的希腊人得出了这样的结论：
暴政是税收制度的产物。如果要保存自由，就必须不计成本地预防暴君的税
收制度。对于古代雅典人而言，税收制度是任何社会自由的晴雨表。[2]

对于希腊人而言，自由的标记是间接税。个人不是征税的对象；征税对
象是商业活动，如销售、进口，或者使用公共设施，如道路、桥梁、海上航
线或者港口。税收之所以具有正当性是因为需要资金来支付维持这些设施的
成本。2%的港口税之所以具有正当性是因为希腊军舰不断巡逻、打击海盗，
以确保商船的安全。对于那些遍布海盗、很难巡逻的海上航线则需要按照
10%的税率纳税。还有一些税收是针对拍卖、奴隶和不动产销售而征收的。
住宾馆也需要纳税。大部分的税收是由那些成群结队到雅典做生意的外国人
缴纳的。

逃税者将按照所逃税款的10倍缴纳税款。外国人还将面临额外的没收财
产的处罚。法律鼓励人们举报逃税者，举报者将获得50%的罚款作为奖励。
使用雅典法院资源的人需要缴纳诉讼费。外国人和雅典市民在法律面前享受
相同的待遇。

在雅典成为世界商业大都市的过程中，货币起到了关键的作用。德拉克
马（drachma）是当时世界上最受人们尊重的货币。它是使用纯银铸造的。希
腊人像今天的瑞士保护其瑞士法郎一样保护其货币的价值和纯度。简言之，
良好的法律制度保护着私有财产，维持着优良的货币，守护着安全的海上航
线，而低税负是希腊繁荣与自由的基础。

很多希腊城邦处于暴君的统治之下，他们都是独裁者。对于希腊民主而言，
暴君本身就是一种恶。即使一位暴君是一个优秀的统治者，针对他的刺杀也被
认为是正人君子的正义之举。诛杀暴君总是正义的。[3]对于希腊民主制度最大
的威胁是暴君的税收制度。对于系列民主而言，直接税和暴君是一个东西。

暴君一般诉诸强硬的警察手段来征收直接税。没收、监禁以及各种各样

[1] Gustave Glotz, *Ancient Greece at Work* (New York, 1967), p. 154.
[2] M. I. Finley, *The Ancient Economy* (Berkeley, 1973), p. 95.
[3] Polybus, *The Rise of the Roman Empire*, BK. II, 56; trans. Ian Scott-Kilvert (London, 1979), p. 169.

的欺骗手段都派上了用场。关于对这些古代暴君的评论，一位历史学家作出这样的结论，这一结论用来描述现代的政治家们的做法也非常适当：

> 所有形式的直接税都会导致暴君们短命，尽管他们试图通过辉煌的官殿、巨大的建筑工程以及偶尔向劳动群众的施舍来让他们的臣民们保持一个好心情。[4]

我们不应当将暴君仅仅视为丑陋的独裁者。当然，其中有一些是很精明的政治家，例如雅典的庇西特拉图（Pisistratus of Athens）——他在民主制度盛行之前统治雅典（公元前550年）。庇西特拉图向他的人民宣布自己是民主主义者，也是穷人的救星，因此在人民中获得了广泛的拥护。他掌权以后成为希腊意义上的雅典暴君，但是他在使用其权力时还是非常谨慎小心的。他建造了图书馆和辉煌的公共建筑。就像所有的暴君一样，他征收了10%的直接税，即便如此，他也承受了巨大的压力。

生活在两个世纪以后的亚里士多德（Aristotle）讲述了另一个关于庇西特拉图的税收故事，那时的庇西特拉图已经获得了雅典人们的尊敬。庇西特拉图在农村微服私访，以便获知其臣民的真实想法。一次，他遇到了一位农民，这位农民正努力在充满岩石的土地上耕种庄稼。当伪装的庇西特拉图问这位农民，他希望从这一农场中获得什么时，这位农民说："痛苦和烦恼，但庇西特拉图也应该得到1/10的痛苦和烦恼。"庇西特拉图对于这位农民的坦率和勤劳非常满意，因此他命令这个农场以后永远不需要纳税，这就是有名的"无税农场"。[5]庇西特拉图曾经被罢免两次，但是每次他都依靠广大社会民众的支持而重返宝座，这主要得益于其惠民政策。他的敌人将其称为危险的人和伪君子。他宣讲的是民主，但实行的是暴政——这是在任何时代和社会，对于政治家而言并不陌生的特点。

希腊民主鄙视直接税，包括人头税以及向缴纳贡品的附属城邦征收的10%的收获税。某些受人鄙视的职业，如卖淫、占卜和行医也需要缴纳直接税。10%的收获税很可能是对通常收获量的测算，因为土地的质量和面积都被认真考虑过。如果收获税是对于真实农作物产量的准确比例，那么，土地的面积和状况就是不重要的了。正如我们所知道的，平面几何学并不是由欧

---

[4] Victor Ehrenberg, *The Greek State* (New York, 1964), passim; Gustave Glotz, *The Greek City and Its Inhabitants* (London, 1929), pp. 113~16.

[5] A. R. Burns, *A Pelican History of Rome* (New York, 1987), p. 124.

几里德（Euclid）发明的，而是由古代的征税官为了征收收获税而在确定土地面积时发明的。河流与洪水改变了农场土地的自然边界并导致了很多不规则的形状，由此才产生了几何学以及关于土地测量的技术和规则。很多古代统治者由于在丰收年份没有增加收获税的隆恩而受到称赞。这就表明收获税是一种定额税，而非根据真实产量征收的比例税。而且，根据真实产量征收比例税也会导致非常猖獗的逃税，除非在收获庄稼时政府拥有大量的征税官。因为大部分庄稼都是在相同的时间收获的，在收获同一种庄稼的同一天，政府必须在每一块土地上配备征税官。这就意味着政府所拥有的征税官的数量与农场主的数量应当相同，而这是不可能的，至少在古代希腊是不可能的。

　　尽管雅典人厌恶直接税，但他们却毫不迟疑地将其用到外人身上。雅典生活着大批外国商人和工人。这些外国人被称为客籍民，他们需要按月缴纳人头税。男人需要缴纳一德拉克马＊，女人需要缴纳半德拉克马。客籍民是指其父亲和母亲均不是雅典人的任何人。只有其父母都在雅典出生的人才能成为一个真正的免税的雅典人。由于有大量的外国人生活在雅典，本国人与外国人通婚是不可避免的。雅典父母自然希望其子孙后代能够享受雅典公民权。因此，经常有人伪造出生记录。雅典公民权不仅意味着可以免缴人头税，也意味着可以拥有土地所有权。只有公民可以拥有土地，土地是免税的。如果客籍民被发现拥有土地或者逃避人头税，该土地就会被没收，该客籍民就会被处以罚款。告密者可以得到50%的财产，就像我们已经指出的那样。对于客籍民征收的人头税具有一种羞辱性的含义。在希腊，任何性质的直接税都具有羞辱性，人头税被认为是所有直接税中最丢人的。

　　这种歧视外国人并对他们征收特别税的制度在现代社会也存在，甚至连对半公民的不公正待遇在现代社会也不缺乏。在19世纪的美国，具有一半黑人和印第安人血统的人与全血统黑人和印第安人享受相同的待遇。在第二次世界大战期间，日本人和美国人的后代以及日本人和加拿大人的后代也受到了相同的待遇。在太平洋海岸驱逐出境的命令适用于所有具有日本血统的人。

　　任何人都不能免于缴纳非常财产税（eisphora），这是一种雅典战时突发事件税，但是其总是保持特别战时突发事件税的特性，而这种情况是很少发

　　＊　德拉克马是古希腊银币名。德拉克马在古代西方既是重量单位又是货币。作为重量单位，古希腊的1德拉克马约重4.37克。作为银币单位，其重量在不同时期和不同地区有所变化。比如早期的雅典四德拉克马银币重17克多，到公元前3～前2世纪时减重到15克以下。这一点和中国的半两和五铢钱情况类似。——译者注

生的。几乎所有能带来巨额财政收入的战时突发事件税在突发事件结束以后都继续存在了下来。希腊人是历史上为数不多地能够成功将突发事件税限制在导致其产生的突发事件时期的民族。

这种税收的运行是非常巧妙的，值得对其做些简要评述。所有公民被分为 100 组，每组人数相同。每组自我约束。他们选举一位指挥，两位副指挥。然后，每位公民公布其所有的财产。根据公民自己宣布的财产来征税，同时该公民应当对其公布财产的真实性宣誓。在这一点上，这一税收制度发展出了独一无二的转折点。三位官员必须立即缴纳该组所有成员应当缴纳的全部税款。然后，这些官员再向每位成员征收他们各自应当缴纳的税款。由于这些官员所征收的税款是用来弥补从他们口袋里缴纳的税款，因此，我们可以确认他们会非常勤恳，在程序方面也会很有技巧。这一制度在任何方面都是自我管理的。它倾向于让每个人变得诚实，税款的征收也变得非常迅速。在整个运作过程中不存在纳税的农民，也不存在政府机构。

客籍民和其他外国人也需要缴纳非常财产税。由于它是一种受鄙视的直接税，雅典人特别讨厌它，因此，战争一结束它就被取消了。如果战争中获得了任何战利品，这些战利品将被用于返还或者退还所征收的非常财产税。

与其他普通税不同，这种特别税收制度是无法预测的。下面的文字来自公元前 5 世纪的雅典人，尽管在整体上对于生活有一些愤世嫉俗，仍然准确地指出了其对于非常财产税的担忧：

> 任何人，如果很在乎其所拥有的东西并将其作为生活稳定的保障，这就大错特错了。因为非常财产税可以夺走他的财产，如果他被牵涉进一场官司，也会倾家荡产……如果他准备赞助一场演出，那么他就不得不在向合唱团供应金色的演出服以后穿着破旧的衣服……在远航到某处时可能会被监禁，在走路或者睡觉时可能会被谋杀……总之，没有任何事情是确定的。[6]

贡品是一种税收制度的教父。它几乎从来都不是自愿的。弱小的城镇需要向强大的城镇缴纳贡品，后者有能力强行征税。弱小的城镇也相应获得了保护。雅典人并不在乎贡品税，因为他们处于收取货币的最末段。他们在马拉松战役中的胜利使得由他们来负责几乎 200 个城邦的防御联盟。联盟的所有成员都必须向位于得洛斯岛（Delos）的共同金库纳税，因此，这一联盟就

---

[6] Rostovtzeff, *Hellenistic World* 2, p. 620.

古代希腊征收农业税的情形，这种税用谷物来缴纳。征税官——很可能是雅典人——在军队的护卫队下从免税的雅典以外的希腊小村庄中征收农业税。

叫得洛斯联盟。并非所有城邦都是自愿加入这一联盟的。联盟开会时每个城市拥有一个投票权，但是雅典控制着联盟的军事和财政事务，这就意味着他们决定一切事情。

联盟任命了一位受信任的雅典将军来监督联盟的税收制度。他被称为正义的亚里斯泰迪斯（Aristides the Just）。所有的联盟城邦都按照他所核定的数额来缴纳税款，这一数额受到大家的尊重和尊敬。著名的古代传记作家普鲁塔克（Plutarch）这样描述亚里斯泰迪斯的税收：

> 希腊人为了维持战争而缴纳了一定的费用。他们希望按照他们应当负担的份额一个城市一个城市地课税。他们请求雅典的亚里斯泰迪斯按照他们的授权测量国土、检查税收，按照他们的税收负担能力以及他们所得到的来课征税款……他在征税时不仅遵循审慎和公正的原则，而且按照所有的城邦都感到他们被公正地课税的方式来征税……亚里斯泰迪斯征税的时期是雅典联盟的黄金时期。[7]

这是一个引人注目的评论，不仅因为亚里斯泰迪斯是一位伟大的政治的、正直的征税官，而且因为他是根据税收负担能力和拥有的财产数量，按照让每个人都满意的方式来征税的。量能课税很可能就起源于亚里斯泰迪斯，他可以被称为正义税收之父。这是历史上第一次依据"正当比例"、税收负担能力和财产提到税收，这些原则在现代社会仍然被视为正义税收制度的标准。税收伦理并未超越亚里斯泰迪斯。

亚里斯泰迪斯的黄金时期是不能持续的。不幸的是，他是凡人，总有一死，他的继任者就不像他那样公正，也不像他那样不容易腐败。他们甚至将联盟金库的财产挪到了雅典的帕台农神殿（Parthenon），这样联盟的财产就变成了雅典的财产。得洛斯联盟现在已经变成了雅典联盟，或者更确切地说是雅典帝国。税率翻倍了，随后又翻倍了。不费吹灰之力获得的税收必然导致腐败。雅典人将这些财产都用在自己身上，提高他们自己的生活水平，并由此建立了历史学家所称赞的希腊黄金时代。这一时代是建立在盗窃来的税款的基础之上，它的存在必须依赖压迫性的贡品税收来维持。东方帝国主义的贡品和奴隶时代来到了希腊——而这正是几年前希腊人与波斯人进行战斗所努力避免的东西。

---

〔7〕 作者的翻译。参见 Charles Eliot, *The Harvard Classics*, vol. 12, p. 105, "Plutarch's Lives", trans. Arthur Clough（New York, 1909）.

当雅典人处于权力顶峰时，他们可以毫不费力地维持这种缴纳贡品的城邦体系。一旦由于大量土地赐给了免税的雅典农民，这些土地从纳税名册上删除而导致贡品减少，减少城市缴纳的贡品总额就是很自然的。

退出联盟是不可能的。米洛斯（Melos）岛曾经试图退出联盟，因此导致了灾难性的结果。雅典人为了复仇而降低了这个岛屿的地位。他们屠杀了所有的男人，并将妇女和儿童卖为奴隶。为了惩罚这个岛屿，雅典人将这一岛屿变为荒岛，同时也将其作为可能有类似想法的其他城市的警告。这是几个世纪前亚述恐怖王在小亚细亚做法的重演。热爱自由的希腊人堕落成了一切时代最坏的税收暴君。与斯巴达人（Spartan）的竞争以及对斯巴达人的恐惧可能也是雅典残忍报复米洛斯的其他因素之一。雅典人用以下语言向斯巴达人解释这一状况：

> 首先，对于波斯的恐惧是主要的动因，尽管我们也想到了我们自己的荣誉和我们自己的利益。……最后，一个新的时代即将来临……在这个时代中，如果我们让帝国任意发展，特别是让我们联盟的成员有可能跑到你们那一边，我们就不再有安全了。[8]

在这种古代强国争斗的时期不能发展出第三世界，任何一方都不可能享受和平共处。斯巴达挑起了一场预防性的战争，以制约日益增长的雅典帝国主义，同时也预防雅典侵入斯巴达的势力范围。斯巴达人用公元前 5 世纪的多米诺骨牌理论来论证其战争的正义性，美国也用同样的理论来论证其侵略越南战争的正义性。战争持续了数十年；它演变成了可怕的伯罗奔尼撒战争（Peloponnesian War）。斯巴达最终取得了胜利，但它既没有统一希腊的愿望，也没有统一希腊的能力。内战在各城邦之间继续进行，希腊开始衰落，外国人占领希腊的条件成熟了。

古希腊哲学家和作家将雅典的失败归结于上帝对于雅典人夜郎自大和帝国主义的裁判。这一分析在实质上是正确的——至少在夜郎自大和帝国主义上是正确的。雅典通过古代的得洛斯联盟强迫弱小的城邦加入联盟并且施加沉重的贡品义务已经变成了帝国主义强国。作为一个强国，随着雅典财富的不断增长，雅典希望得到更多贡品和更多臣服于自己的城市的胃口也越来越大，其与斯巴达的矛盾是不可避免的。战争的结果有时的确掌握在上帝手中。

61

---

[8] Thucydides, *History of the Peloponnesian War*, trans. Rex Warner (New York, 1972) pp. 79~80, Bk. 1. 75.

　　雅典正义的黑暗面。来自雅典卫城阿克罗波利斯（Acropolis）的雅典税收法令的
片段，这一法令规定了在雅典联盟中从各个城镇征税的程序。如果有拖欠税款的行为，
就会有"五人帮"的雅典人到访。至少会有一名人质被带走以确保及时纳税。反对征
税的领导人会被控告犯罪并按照叛国罪进行处罚。

一场可怕的瘟疫袭击了雅典，伯里克利（Pericles）死去了，缺少领导才能的将领继续领导这场没有希望的战争。萨巴达试图与雅典和平共处，但雅典希望胜利。强大惯坏了他们的头脑，也惯坏了他们的胃口。

尽管雅典领导人在领导一场无意义战争中存在愚蠢思想，尽管他们奴隶了他们的盟友，斯巴达在伯罗奔尼撒战争中击败雅典仍然是文明的一种损失。古代社会最受人尊重的文明消失了。斯巴达强迫雅典放弃她的帝国以及他们缴纳的贡品。这些贡品在战争期间已经变得让人无法忍受，在当地的海军被俘虏以后，这些贡品已经增长了3倍。一些城镇造反了，不知道自己的自由在哪里的城镇离开了。作为造反的米蒂利尼（Mytilene）城邦的领导人，他这样说：

> 只要雅典人在他们的领导中能够尊重我们的独立，我们就会充满热情地追随他们。但是，当我们看到他们越来越……热衷于奴役他们的盟友时，我们就害怕了。[9]

米蒂利尼与米洛斯一样，因其试图退出联盟并加入斯巴达而遭受了最高的刑罚——男人被屠杀、妇女和儿童被卖为奴隶。

斯巴达从他们的联盟中不征收任何贡品，因此，很多雅典的盟友试图加入斯巴达并希望斯巴达获胜以获得他们的自由。雅典联盟中的任何城邦根本不能称为盟友，甚至这一组织根本就不能称为联盟。他们没有热爱、没有忠诚，甚至希望雅典被打败。这些城邦中至少有165个心怀不满并准备造反，雅典失去了一个其早就失去的战争一点也不奇怪。雅典毕竟拥有人口、财富和海军的优势——所有这些因素都会导致他们赢得这场战争，都会赢得对他们帝国的忠诚和拥护。他们是因为压迫性的税收和征税过程中的奴役而失去忠诚的。希腊的故事和崩溃是优良和智慧的税收政策——正义的亚里斯泰迪斯的政策——逐渐变化的早期经典例子。

在水门事件中，18世纪的历史学家阿克顿勋爵（Lord Acton）的论述被大量引用，尽管这些论述通常不是很准确。阿克顿说："权力往往会导致腐败，绝对的权力往往会导致绝对的腐败。"这一名言中的"往往"通常被省略，很可能是因为它不够强烈；使用"招致"可能更合适。权力会招致腐败，同时还附带着对于腐败本身的视而不见。雅典人很明显成为希腊民主和自由的典范，正因为如此，他们击败了波斯人。来自他们周围的弱小城邦的贡品

63

---

[9] Ibid., p.198, Bk.3, 10.

意味着诱人的财富、奢侈的公共劳力以及数千名公职人员的薪水。现在可以向陪审员支付报酬了，也可以向雅典海军中上万名划船人支付报酬了。可以雇佣雕刻家和建筑师在城市郊区的阿克罗波利斯设计和建造辉煌的帕台农神殿。弱小的城邦所遭受的暴政是不重要的，因为这些税收给雅典带来了经济利益。至今仍然在用这种推理来论证压迫性税收的合理性。

第7章

足智多谋的希腊：没有官僚机构的公共税收

> 富人通过礼拜仪式运用他们的财产来供养这个国家。
>
> ——亚里士多德，《政治学》第四章

古希腊不仅发明了没有专制的文明，而且发明了不需要官僚机构的税收制度。在古希腊，从富人手中转移到公共财政的财富远远大于我们今天倾向于社会主义的民主社会。希腊人在不向人民征税、不监督人民、不强迫人民的情况下做到了这一点。在整个财富转移的过程中，希腊人甚至从来都没有动用过警察权力。这些听起来可能是不可思议的，但它的确是希腊人聪明才智的另一个例证。

希腊的税收制度是累进的，这就意味着越富的公民所负担的政府公共开支和维持社会成本的比例越大。农场主不是很富裕。希腊是一个农业比较落后的国家，但是一个拥有大量土地和奴隶的农场主也应当纳税，一旦他将所拥有的剩余粮食和奴隶用于商业交换。但是，基本的生活资料，特别是穷人所拥有的生活资料是不纳税的。穷人也免于缴纳非常财产税，这是在上一章所提到的在特别时期所征收的财产税。商业承担了大部分税收，因为雅典是一个以商业贸易为主的国家。一个人所拥有的财产越多，他越有可能从事商业贸易，也就应当缴纳越多的税收。

然而，并不是税收制度从富裕的市民那里征收到大量的财产。这一目标是由礼拜仪式来实现的——自愿选择累进税收。

当一座城市需要一个新的公共建筑，如一座桥梁，或者一场公共活动，如一次聚会或者演出，处于领导地位的公民就被召集起来提供所需要的财产。这并不是征税，也不是任何种类的没收。这被称为礼拜仪式，它是对市政府 66

的一种自愿捐赠。它仅仅依靠传统和强大的公共舆论来执行。公共娱乐、体育比赛和军事装备都由富裕的市民购买后捐赠给城市。每位富裕的市民都会被预期缴纳一定数额的财产，但大部分市民都会多给一些。

　　现在让游客们敬畏的希腊神庙曾经被用作保护税收财产的金库。伟大的帕台农神殿持有雅典联盟的财产并且由从联盟金库中盗取的财产来资助。

　　希腊作家和苏格拉底（Socrates）研究者色诺芬（Xenophon）记载了苏格拉底和一位富裕市民之间的谈话，在谈话中，苏格拉底提醒他的这位富裕朋友：

　　　　我注意到这个城市已经在向你征收很重的财产，让你们供养马匹、资助比赛、修建体育馆和重要的设施，如果战争爆发，我知道他们还要将海军军舰的成本以及士兵的薪水施加到你们身上，那时的捐赠就会大到你很难承受的水平。[1]

　　这种礼拜仪式的推理逻辑是拥有财产的人应当自愿承担他们城市的维护费用。通过这种礼拜仪式的公开慷慨捐助行为是他们享受这一社会团体中较多比例财富所应尽的义务。从整体来看，富人们做事都不太小气。古代社会很多奢侈的公共建筑都是通过富人之间为荣誉而互相比赛捐赠的方式而建造的。在色诺芬的著作中，苏格拉底提到了一位雅典富人对城市财政所做的贡

　　　〔1〕　Xenophon, *Oeconomicus* II, 5～8, recorded in M. M. Austin and P. Vidal-Nagaet, *Economic and Social History of Ancient Greece*（London, 1977）, note 97, p. 320.

献："如果人们认为你懈怠履行自己应尽的职责，我知道雅典人就会像你偷了他们自己的财产一样惩罚你。"[2]

私人捐赠的军舰使得雅典海军成为文明社会最好和最强大的海军。他们确保希腊周围的海上航线免受海盗的侵袭。这一时期的很多著作都提到了富裕希腊人的慷慨，这表明很多富裕希腊人所捐赠的数额是他们被希望捐赠数额的 3~4 倍。一旦出现了负面的人物，没有自愿和慷慨捐赠的富人将受到公众的鄙视。公众的意见是一个非常强大的力量，它在我们社会中被使用的频率已经远远不及其应当被使用的频率。政府总是试图控制它，而不是听从它。希腊人使用它如此成功以至于都没有必要使用累进税制了。

我们所拥有的与礼拜仪式的实践最接近的现象是虔诚的宗教徒向他们的宗教所进行的捐赠和献祭。与此类似，市政府是每一个市民最热爱的人。即使是穷人，也愿意捐赠他们的一文钱。对于那些没有多余财产的人，他们可以选择为城市服务和劳动。这种礼拜仪式要求自愿捐赠财产和劳动是雅典领导人伯里克利在其著名的演说中所提到的，当时他说：

> 如果违反这些不成文法，人们都认为是一种耻辱……我们都将财产视为应当用到适当地方的东西，而不是将其视为可以用来自吹自擂的东西……每一个生存下来的人都应当欣然为（雅典）的利益而辛勤劳作。[3]

这种礼拜仪式的实践创造了私有财产的一种新观念。拥有财产的人是以一种自愿信托的方式为城市而持有财产。财产所有权不仅意味着一种权利，也意味着一种义务。这是希腊人为政府所有权以及官僚控制而找到的另一种出色的替代制度，而政府所有权和官僚控制不仅是当时东方封建主义的代表性制度，也是当今政府的代表性制度。根据自然法则，理性主义认为财产应该赐给最有能力获得和管理财产的人，但是获得财产的人也有义务将财产用于整个社会，当社会需要它们的时候。这一制度允许市民个人可以为整个社会管理多余的财产，而不需要一个官僚体系——这是一种除了古代希腊以外没有任何其他民族有能力实行的制度。根植于官僚主义血液中的浪费与低效率被为公共利益服务的个人事业心所取代。

私人捐赠者在事实上管理和引导了公共进步或者公共活动。如果社会需

---

〔2〕 Ibid.

〔3〕 Thucydides, *Peloponnesian War*, pp. 145~48.

68

要一座桥，富裕的市民就会真的建造一座桥。捐赠者因为他的劳动和金钱而受人尊敬。市政府除了推动该项目的进行以外没有任何事情可做。在这一制度下，社会公众从捐赠者的金钱中获益最多。他的管理才能是免费获得的。

今天，我们通过沉重的税收和政府管理的公共支出将私人财产的很大部分投入公共领域。这一过程的成本是巨大的。更坏的是整体运作的精神。捐赠者既不会因其捐赠而受人尊敬，也不会因其捐赠而感到自豪。事实上，无论纳税人负担了多高的税负，他都不知道他所缴纳的税款流向哪里了。他之所以愿意纳税是因为如果不纳税，等待他的就只有监狱，而他也永远不会缴纳超过法律所要求的税款。缴纳法律所要求数额的 3~4 倍的税款，在我们这个社会是没有听过说的。政府以所有者的傲慢态度来征税，就像路易十四（Louis XIV）通过其助手所表达的一样："他的臣民的所有财富都是他的财富，因此，当他拿走这些财富的时候就像拿走本来属于自己的东西一样。"这是专制暴君的态度，希腊人对此心知肚明，并努力通过礼拜仪式来避免这种制度。

学者们有强烈支持也有坚决反对这种礼拜仪式的。但是无可置疑的是，希腊人正是通过这种礼拜仪式，在没有专制暴政的前提下实现了文明。当政府通过暴力获取财产并宣称自己的权利时，它就倾向于践踏人民的财产和自由。另一方面，如果在花费私人财产时没有对个人铺张浪费的社会良知，少数人的财产就会遭受损失并常常被迫采取暴力和革命的方式来维护自己的利益。礼拜仪式就是对于政府过多或者过少干预私人财富积累的两难境地的解决方式。公共利益与私人利益实现了合理的平衡。礼拜仪式尊重私人财产，它同时也引导富人勇挑重担，以满足社会的公共需要——这一制度的天才之处就在于它并不需要警察来实现这些目标。

在礼拜仪式制度下，不存在我们的税收制度所内在的避税和逃税问题。法律漏洞、避税技巧和税收滥用根本没有生存的空间。每一个市民都会公平地负担他所应当承担的政府运作以及满足社会公共利益需要的成本。这种爱国主义并不是狭隘的，没有这种爱国主义，礼拜仪式是不可能运作起来的。

希腊的礼拜仪式在城邦之间顽强生存下来。但是，当罗马人依靠其罗马军团的力量要求被攻克的城邦进行礼拜仪式时，这已经不再是自愿的捐赠了。现在，它已经成为合法的抢劫，或者更加含蓄一点地说，为政府使用而没有合理对价地剥夺私有财产。

我们想知道的是，是否能在我们现代的工业社会中使用某种形式的礼拜仪式。我们可以首先考虑从为政府提供服务而不拿工资或者只拿很少的工资开始，例如从最高领导人进行无私服务开始。政府领导人和立法机构的成员可以为其他人做个表率，他们只为了中等生活而为政府工作。我们的年轻人可以为公共服务贡献一年的时间，并不为了谋其其他利益，仅仅是维持政府最基本的运作，就像在加拿大定期出现的那样，罢工使得经济瘫痪并且取消了社会运作所必需的公共服务。公共领域的无私自愿服务会影响私人领域。自愿服务将会为自愿捐赠铺平道路。它们二者会齐头并进。

如果我们不取消税收制度和军事征兵制度中的不公平待遇，礼拜仪式不可能取得大的进展。并不是每个年轻人都被迫在军事时期服兵役，也不是每个有能力纳税的人都被要求纳税。在我们的征兵制度和税法中有无数例外，这些例外使得避免承担服兵役和纳税义务成为合法行为。逃税行为，尽管政府极力反对，但很少被认为是道德堕落行为；相反，对于遵从法律的行为也几乎没有任何道德上的激励。但是，礼拜仪式最核心的因素则是强烈的公共责任感促使人们无私地从事公共服务、无私地承担纳税义务。如果没有这种信仰，我们就不得不像后来者罗马人一样，依靠严格的惩罚，而这样就违背了我们的初衷，我们首先必须拥有政府。

如果纳税人起义、禁止增加税负，或者如同在加利福尼亚发生的那样，降低核定征税的标准，礼拜仪式的精神或许还能挽救某些我们可能失去的社会服务。自愿公共服务是高税负或者减少社会建设项目的替代方法。对于各种各样的公共建设项目，我们的社会的确期盼（和接受）自愿服务，只要它们不是政府主导的。我们自愿地为童子军（Boy Scouts）和营火女孩（Campfire Girls）服务，却不愿意为战争服务或者为社会而工作。对于任何数量的公共服务项目而言，我们将躲在铁锹后面出汗，而使用十字镐弄得满手起泡，但是，如果我们失去了工作，我们宁愿享受社会福利也不愿意接受汗水和起泡去自我谋生。总之，我们都希望从社会的饲料槽中填饱肚子，即使我们能够通过其他方法填饱肚子。社会保险或者社会保障应当局限于那些没有积蓄来养活自己的老年人。

礼拜仪式只能依靠市民的无私奉献精神来维持，依靠每一个市民都能为了社会公共利益而舍弃自己或者自己的财产。它使得沉重的税收负担及其所产生的一切邪恶都没有存在的必要。这也正是希腊人值得我们敬佩的原因之一。

希腊人研制了另外一种征税的制度，叫做包税制（tax-farming），这一制

70　度具有悠久和迷人的历史。[4] 税收承包人是签订合同的一方当事人，他在公共拍卖中取得了征收某种税的权利，例如港口税，酒店或者宾馆税，或者销售税。由于以前年度保留了准确的记录，除去某些灾难以外，税收的数额可以准确的计算。经营具有一定的风险，但看起来都是有利可图的。在城邦中，包税制被证明是优于政府的税务机关的。就像用私人合同来完成公共工程会比政府来承担公共工程更加节省成本一样，税收承包人在征税方面会做得更好、更有效率。私人财产在雅典法院得到了很好的保护，我们没有看到纳税人对于这种制度进行抱怨的任何历史记录。顺带说一句，在由暴君统治的城市是没有税收承包人的。

　　包税制是资本主义最激进的阶段。与市民个人签订合同来征税的政府就如同在雇佣私人军队去进行一场战争。这些都是主权的最极端的授权与委任。由于在希腊的民主社会中税负很低，包税制并不是一项主要的事业。城邦的地理面积也很小。税收承包人可以固定地在城邦的大门或者海港征收关税。2% 的间接税是针对进口商，通常是外国人，来征收的。因此，并未出现后世实施的包税制所固有的弊端。对于早期的希腊人而言，这是一种简单、高效的征税方法，在这一制度中，逃税是得不偿失的。对于这一制度最严重的滥用来自税收承包人。为了制约腐败行为，希腊人发明了公共会计制度。[5]

　　由希腊民主城邦所最初创建的适度包税制与后来在公元前 3 世纪到 1 世纪统治整个中东的希腊国王实行的包税制具有很大的不同。我们听到过整个世界都在可怕的税收承包人的压迫下痛苦呻吟的记录，这是在罗马人控制这一制度之前所发生的事情。在特定时期和特定地点运行良好的制度到了另外一个环境中被乱用就有可能带来灾难。

　　科斯岛（island of Cos）是一个由后来的希腊国王统治下的典型希腊岛屿。从大陆派来的税收承包人负责征收岛上的税收。这些税收承包人都是恶棍。即使是人们在家里的私生活也难逃他们的眼睛。"税收承包人一来，每家的门都会颤抖"，[6] 一位受人尊重的来自科斯岛的女士在公元前 200 年这样写到。在后来的希腊和罗马人的世界里，最受人痛恨的社会阶层就是税收承包人。关于那一时期的领军现代历史学家罗斯托夫采夫（Rostovtzeff）用这样的语言

---

　　〔4〕 Carolyn Webber, Aaron Wildavsky, *A History of Taxation and Expenditure in the Western World* (New York, 1985), pp. 57 ~ 59.

　　〔5〕 Ibid., pp. 128 ~ 31.

　　〔6〕 Rostovtzeff, *Hellenistic World* I, pp. 243 ~ 44.

来描述他们："古罗马的税收承包人是残酷的征税官，危险和无耻的商业竞争者。他们经常不诚实，很可能总是很残忍。"[7]

发明包税制的希腊民主人士如果知道在几百年以后他们那简单的私人承包税收的制度会演变成压迫人的怪兽，他们一定会震惊。如果他们知道包税制已经在西方文明社会以很多奇异的方式繁荣了2500年，并最终在20世纪的第一次世界大战中退出历史舞台，就会更加震惊。然而，今天，税收承包制度已经在很多州和地方政府中重新出现，不仅为了协助征税，甚至在税收的审计和核定中也出现了。如果历史还有一些价值的话，这就是一个古老且危险的实践。

最有名的包税制的滥用发生在托勒密（Ptolemies）统治时期的埃及。当亚历山大大帝在公元前340年将希腊文化推广到已知的世界，他并未将希腊民主和免除直接税的思想包括在他所推广的希腊文化之中。他的父亲，菲利浦（Philip），来自马其顿（Macedonia），就是今天的希腊北部和南斯拉夫（Yugoslavia）。菲利浦统治的王国离希腊城邦思想非常遥远。大约在公元前350年，他征服了这些城邦并将希腊人带到了他的王国。他英年早逝，他年幼的儿子继承了他的帝国梦。

亚历山大是一位决心通过军事专制来建立一个地域广阔的帝国的皇帝，他自己就是这个军事官僚体系的最高统治者。他捡起了希腊文化——但并不是她的民主思想——并推广到他的新帝国中。包税制是他从城邦文化中获得的一个经济工具。他制定了法律来规范包税制，在这一制度中还引进了警察和军事力量。征收最多数额的税收是那个时期大部分帝国的主要目标，具有实力的税收承包人被证明是最有效的制度。专业的私人税收承包人远远超过了最好的政府征税官。

当希腊的托勒密在埃及取得统治地位以后，他修改了在希腊实施的包税制。希腊之所以拥有税收承包人是因为政府没有税务机关。在埃及，这位新的希腊统治者继承了世界上发展最完善的征税制度。埃及政府已经高效征税达两千年之久。他们并不需要税收承包人。然而，精明的希腊统治者发现了一个可以让税收承包人发挥作用的地方，不是作为一个征税官，而是确保所有的税收应收尽收的保证人。税收承包人是监督税务机关的特别制约人，他们可以确保征收到所发现的最后一个银币。他的工作就是既监督纳税人，也

[7] Ibid. 2，p. 818.

监督征税官。他与国王签订协议，确保完成一定数量的征税任务。如果没有完成这一征税任务，税收承包人需要自己承担这笔损失。抄写员不再拥有免除穷人和不幸者的纳税义务的权力。如果一切运行良好，而且还有一些剩余，那么，这些剩余的税款就可以进入税收承包人的腰包。而且，税收承包人还可以获得其承诺的征税数额的 10% 作为其基本的佣金——即使没有任何剩余，也可以获得该笔佣金。

72　　包税制是一个具有巨大潜力的庞大经营项目。通常，包税制是通过合伙企业或者有组织的公司来运作的。这是那个时代非常庞大的经营项目。能够获得合同的承包权是当年最轰动的商业事件。

税收承包人并不仅仅是一个专业的私人税收承包商。他的一个次要的经营都可能是比征税更有利可图的项目。税收承包人是银行家，他们贷款给纳税人以承担其纳税义务。他们可以作为农民产品的经销商，而这些农民的产品正是他们的征税对象。他们是粮食和葡萄酒的经纪人。即使是将应税的货物运往世界各地市场的商队也都是属于这些最富的税收承包人的。简而言之，税收承包人就是古代社会的克虏伯（Krupps）、罗思柴尔德（Rothschilds）以及杜邦家族（du Ponts）。

托勒密发明的包税制是天才的，但是也是具有破坏性的。这种处于中间人地位的保证人提高了埃及税收制度的效率。国王现在拥有两批互相独立的团队来监督其税收收入。两个团队都要对任何税收收入的短缺负个人责任——逃税是不可能的。政府征税官身上常见的欺诈和散漫对于税收承包人的影响是相反的，作为一个典型的私人承包人，他会比政府的征税官更有效率。这种带有强烈的资本主义色彩的激励制度带给埃及税收制度强烈的一击。在这种双保险的制度安排中最大的失败者是纳税人，他们是埃及的农民。

由于在埃及沉重的直接税制度中又引入了税收承包人，造反是不可避免的。这种温和压迫式的税收制度统治埃及人已经 2500 年了，现在变成残酷的了。在本书第 2 章我们提到了将埃及带入混乱和崩溃的内战，这种内战很可能就是在税收制度中引进税收承包人的结果，因为埃及的税收制度本身已经将其推到了内战的边缘。

古代希腊人对于他们所生活的世界提供了神奇的洞见礼物。几乎没有那种理论或者伟大的思想不是源于古代希腊人的思想的。作为人类而言，他们是古代社会的巨人。

历史学之父——希罗多德（Herodetus）发展了东方和西方冲突的理论，在这一理论中，他将其解释为专制主义与自由主义的冲突。与此相同的冲突理论仍然主导着今天西方世界对于共产主义与自由世界冲突的解释。希腊人深入研究了这一冲突，并试图发现导致东方的社会制度产生奴役的关键因素。他们发现，社会的专制主义或者自由主义可以通过其税收制度进行最好的测量。在对税收制度的分析中，希腊人远比我们看得深远。我们似乎很乐意接受立法者所选择的任何税收制度。阶级政治产生了税法，立法者可以选择他们最满意的任何形式的税收。我们的税法最多只能算作粗糙的正义。10世纪早期的叫做苏达（Suidas）的百科全书或许最精确地表达了希腊人的观点。它这样解释，税收是专制的，因此也是非法的，如果它们是通过"傲慢和强制"来征收的，但是如果它们基于"合理与爱的关怀"来征收就是正义的。[8]很明显，我们已经从这些崇高的思想后退了很多。

希腊人关于税收的理想在希腊曾经短暂存在过，但是在罗马从来没有实现过。希腊文化和理想迷住了罗马人。希腊的家庭教师全部生活在富裕的罗马人家庭中。罗马人很快就接受了希腊人的思想，禁止对罗马公民征收直接税，并且在以后近500年的时期内继续推行这种制度。直到20世纪，欧洲人和北美人才开始尊重希腊人的税收思想。美国和加拿大的宪法中都曾提到"直接税"。关于所得税是直接税还是间接税的争论至今仍在进行。

希腊人将税收放在道德的大平上，要求其必须符合正义的标准。在实践中，希腊人痛苦地失败了。税收的公平与正义都是根据阶级来判断的。只有市民才能免于缴纳令人憎恶的直接税。我们不应该苛求希腊人。控制政府的人总是承担最轻的税收负担；在民主社会中，这就意味着有投票权的阶级会加重没有投票权的阶级的税收负担。今天，最高的税率档次仅适用于少数人，而不是大多数人，在这一点上，希腊人并不比我们更坏。让人感到奇怪的是，一个民主和自由的民族却不愿意将他们的产品出口到国外，也不愿意在内部与少数民族分享——特别是他们关于税收正义的理论。或许在奔尼撒战争中，上帝之所以惩罚雅典人，不是因为他们对于希腊的弱小城邦滥用进贡政策，而是因为他们蔑视希腊人所拥护的正义原则。雅典帝国主义更加可恶，因为雅典人知道得更多。

希腊税收制度中最亮丽的闪光点是税收征管制度。税收的核定与征管都

---

［8］　Ehrenberg, *Greek Stare*, p. 178.

是由纳税人自己来完成的，没有庞大的政府机关来参与。或许，更重要的是富人对于公共需求的反应。他们与社会大众共同分享财富，他们毫不犹豫地让他们生活的城市与他们的市民分享上帝赐予他们的礼物。这难道不就是希腊思想所取得的最伟大的成就吗？

　　　　罗马人在他们的统治下几乎给世界带来了一切，同时也留下了
一个帝国，这个帝国超越了今天所存在的一切国家。在这一过程中，
我将详细解释这种超越一切的高度是如何获得的，同时，我也会向
大家展现那些喜欢学习的人能从严肃的历史研究中得到哪些巨大的
好处。

　　　　　　　　　　　　——波利庇乌斯（Polybius），历史学家

　　学者在提到罗马税收时经常将其称为"或多或少组织起来的抢劫"，在提
到罗马征税官时经常将其称为"一群强盗"。[1]但是罗马税收并不总是坏的。
罗马文明的鼎盛时期长达 200 年，在此期间的税收还是比较适度的。某些罗
马领导人应当因其实行的特别人性化和诚信的税收征管制度而受到赞扬——
特别值得一提的是一种从未听说过的慈善行为：他们从自己的口袋中拿出财
产来负担政府的大部分开支。各种各样的税收——也有无税的时期——为罗
马各个时期打上了烙印。在罗马故事中，税收与古罗马军团、元老院（Senate）
以及恺撒一样重要，一样不可预料。半疯的尼禄（Nero）曾经提议取消所有
的间接税并且"为人类提供一份美丽的礼物"。[2]在他所有的疯癫行为中，这
一件是最疯狂的。

　　罗马 1000 年的文明被历史学家们分为两个相等的部分。第一时期被称为
共和时期，此时，罗马元老院拥有实权。这一时期大约结束于公元前 30 年，

---

　　〔1〕　M. Rostovtzeff, *The Social and Economic History of the Roman Empire*, vol. 1（Oxford, 1971），
pp. 419, 515, 530; Ferdinand Lot, *The End of the Ancient World*（New York, 1961），pp. 70, 174 ~ 76.

　　〔2〕　Tacitus, *The Annals of Imperial Rome*, trans. Michael Grant（New York, 1977），p. 308.

76

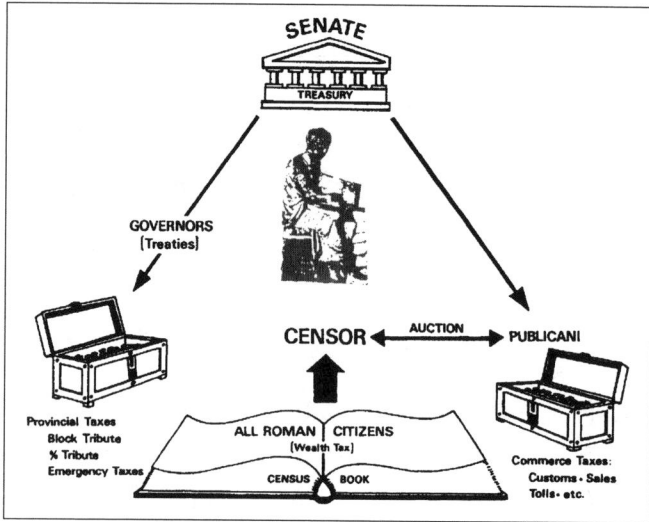

罗马税收第一时期：市民的战争税。

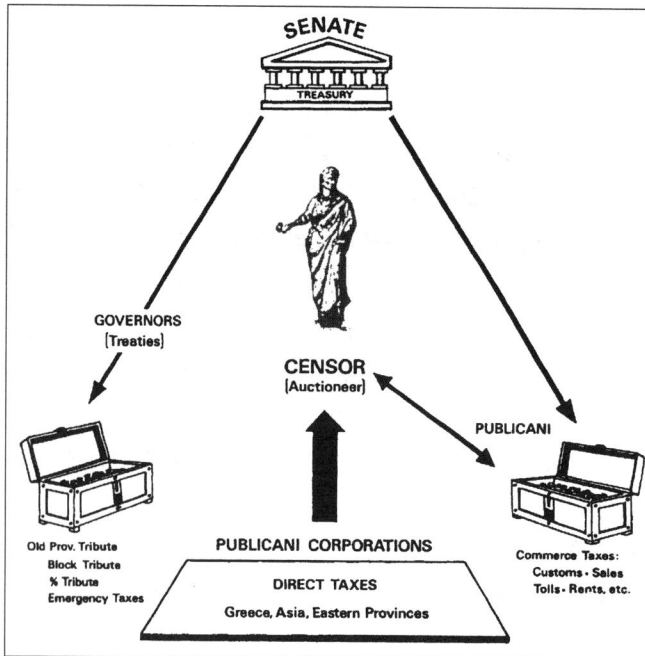

罗马税收第二时期：包税官谋利的人。

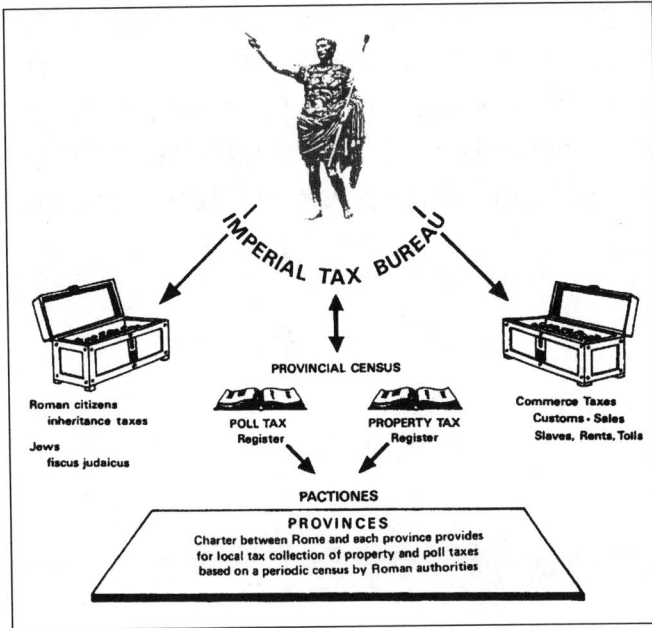

罗马税收第三时期：奥古斯都（Augustus）——精通税收策略。

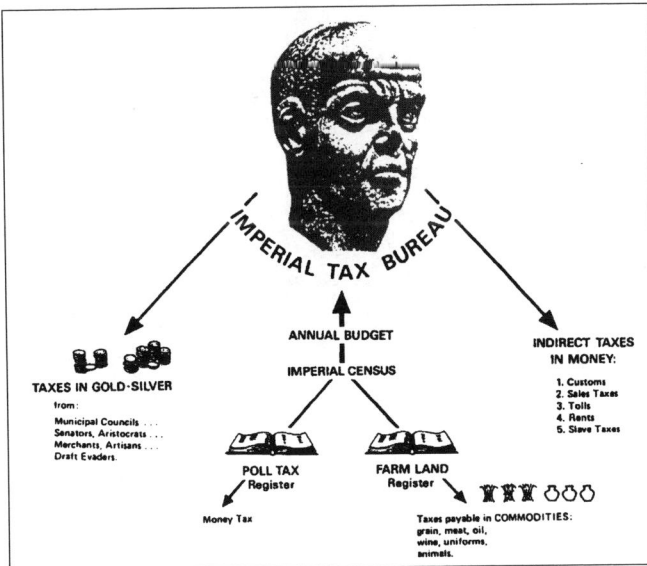

罗马税收第四时期：戴克里先（Diocletian）的新秩序——奴隶。

此时，恺撒·奥古斯都（Caesar Augustus），罗马第一位皇帝取得了辉煌的胜利。帝国时期结束于公元 476 年，此时汪达尔人（Vandal）超越了罗马人。在研究罗马的税收故事中，这些分界线是有用的，即使在罗马历史中税收有一个稳定的进化历程并在有规律的几个时期改变颜色和形式。

为了给读者提供某些规律和展望，我们将罗马税收历史分为四个时期，在本部分最后一章结束前，我们会深入考查罗马的灭亡并且增加一个更加重要的原因：逃税。

第8章

～❀ ❀∽

早期共和：市民的战争税时期

　　早期罗马共和国仅征收很少的税收，因为它主要靠义务劳动来运作。军队——在每个社会中都几乎是最耗费钱财的机构——是市民的军队，他们由财产的所有者组成，每个人义务服兵役一年。他们甚至自己提供服装和武器装备。这种爱国主义精神产生了不可思议的战斗力量，这种力量击败了所有反对它的人并且将罗马带进了文明世界的中心。这种为公共服务自愿劳动的精神鼓舞了所有的政府官员。即使是地方行政官员也无偿地为城市服务。对于这种古代实践的重要性，无论怎样强调都不为过，特别是在我们现在的时代，如果没有丰厚的薪水，似乎没有一个人愿意为政府贡献举手之劳。减轻税收负担的理想方法就是在所有市民的思想中植入为公共利益无私奉献的精神。没有必要缩减公共项目和服务；唯一有必要缩减的是影响公务员和公共合同承包商的谋利想法。

　　早期罗马并不是完全无税运作的。某些公共开支还是必要的。它们由一些间接商业税来提供，这些税收在整个罗马历史中始终存在。罗马最早的税收是对于进出口征收的关税。几乎所有的经过海港由船舶运输的贸易都需要纳税，因此这些税的名字就叫港口税。罗马人对于税收采取实用主义的态度。随着罗马获得新的殖民地，他们保留了现存的税收制度。在西班牙，关税税率是2%；在西西里岛（Sicily）、非洲和阿尔巴尼亚（Albania），关税税率是5%。

　　古代文明的延续依靠的是人力，而不是马力。道德问题从来就不是大问题；奴隶在经济上的价值被犹太人和早期的基督教徒所认识。奴隶，如同贡品，是战胜掠夺的一部分。

　　税收触动了奴隶制度的方方面面。大部分奴隶是通过拍卖的方式销售的，

来自卢浮宫（Louvre）的浮雕表现了一位罗马审查员正在为征收战争税而进行市民人口普查。

这就会产生2%~5%的销售税。当奴隶到达港口时，需要缴纳关税。当奴隶获得自由时，需要按照其价值缴纳5%的税。奴隶在缴纳人头税时可以降低税率，类似于《美国宪法》按照自由人的3/5征收奴隶的直接税。

为了让读者对于奴隶贸易的规模有一个概念，单单希腊海岸得洛斯（Delos）的自由港就可以同时容纳一万名奴隶。罗兹岛（Rhodes）上更大的商业设施可以容纳更多的奴隶。对于奴隶所征收的税款是所有政府主要的财政收入。在和平时期，海盗是主要的奴隶贸易交易商。被海盗劫持的任何船舶上的船员都是货物的固定组成部分。一旦一个被劫持的人进入奴隶贸易的渠道，要想证明自己曾经拥有自由的权利是非常难的。

私人征税员同时也是奴隶交易商。东罗马省的一位国王曾经向元老院抱怨：他不能为罗马军团提供男人，因为罗马的税收承包人已经将他们多余的男性臣民带走并且卖掉了。这一故事经常被引用，以证明罗马的税收承包人在各省进行一个巨大的绑架奴隶的贸易。这或许不是这一记录的正确解释。这位国王很可能将其多余的男性臣民抵押出去以担保其用于纳税的债务。如果由于歉收而无法偿还债务，税收承包人就会取消这些抵押品的赎回权，就像任何高效的银行家那样。

随着罗马军队击败几乎所有敢于挑战他们的对手，军费开支也在逐渐增加。在古代社会，即使对于成功者而言，军事开支也是巨大的。这一巨大的财政支出的需求由爱国市民的战争税来满足，这一税收被称为贡品。这一称呼可以用于向罗马进贡的很多种类的物品；因此，我们不再使用这一称呼。

战争税是一种财产税，每5年核定一次财产额。每位公民都有义务站出来宣布其全部财产的数额。对于欺诈或者拒绝宣布者会给予惩罚——如同我们今天的所得税。其中一种惩罚措施是被审查员卖为奴隶。[1]战争税类似于希腊的非常财产税，区别之处是非常财产税免除穷人的纳税义务，但是不免除外国人的纳税义务；而罗马人免除外国人的纳税义务，不免除穷人的纳税义务。

经济学家喜欢将税收分为累进税、比例税和累退税。如果富人比其他人缴纳更高比例的税款，该税收就是累进税；如果该比例是相同的，该税收就是比例税；如果穷人比富人缴纳更高比例的税款，该税收就是累退税。我们的所得税显然是累进税，因为税率是不断提高的。销售税、关税和财产税是比例税——对于每个人而言，税率是相同的。人头税和许可证照费是累退税——固定的数额占穷人财产的比例会大于占富人财产的比例。

战争税是累进税，但其累进的方式是独一无二的。奢侈品，如金银珠宝、妇女的贵重首饰以及迷人的四轮马车都按照其实际价值的10倍来核定。其他的物品可以按照其实际价值的2~4倍来核定。结果，1%的1/10的低税率是具有迷惑性的。对于富人而言，这一税率可以高达1%，相当于穷人适用税率的10倍。[2]而且，富人被强迫在缴纳基本的战争税以外提供贷款。最后，这一税收还具有可返还的因素；如果战争中取得了战利品，这些战利品会被用来返还所缴纳的税款。难怪早期的罗马政府会这样深受人们爱戴。

关于战争税的历史记载全部是在其取消以后的100年之后进行的。西塞罗表达了对该税收的蔑视：

> 当持续的战争导致罗马国库空虚时，我们的先辈经常采用征收财产税的方式来弥补。我们必须采取一切措施来防止类似的事情发生；必须采取一切预防措施来确保永远不需要采取这样一步。……但是如果任何政府发现它自己有对财产征税的必要，它必须采取一切措施向全体国民

---

〔1〕 Hugo Grotius, *Law of Peace and War*, p. 259.

〔2〕 Livy, "History of Rome" 39. 11. 44; *Roman Civilization*, *Sourcebook I*: *The Republic* (New York, 1966), p. 405. （以下简称"*Sourcebook I*".）

82 清楚地阐明这样一个结果：这是现存的唯一避免整个民族崩溃的可替代
方案。[3]

  西塞罗是在希腊思想统治罗马文化时期写下这些话的。如果这一税收让
人如此无法忍耐，为什么要免除外国人的纳税义务？即使是寡妇和孤儿都要
缴纳这种税，他们所缴纳的税款是专门用于骑兵部队的。隐藏在这一税收背
后的推动力量是强烈的爱国主义精神，就像在罗马军团中服役一样。从一开
始，这一税收就不是被鄙视的，而是自豪地缴纳的。

  战争税是由审查员负责征收的，他是罗马共和时期最重要的人，其重要
性甚至超过了元老院议员。他们是由全体罗马公民大会每5年一次选举的前
任元老院议员和执政官，年长政治家。他们拥有任命和罢免元老院议员的权
力。这些人不是通常的税收核定员，后者在任何人的名人名单中都不会处于
非常高的地位。

  古代社会经常使用伟大的人物来负责税收的核定。希腊人使用伟大的将
军，如正义的亚里斯泰迪斯。请想象一下，如果今天我们的资深政治家们负
责税收的核定会发生什么现象？温斯顿·丘吉尔（Winston Churchill）作为一
名税收核定员可能看起来会很奇怪，但是如果他生活在古代社会，他将在这
一岗位上结束其杰出的事业。纳税人热爱和尊敬这些审查员，毫无疑问，这
些伟人的诚实和廉洁也会感动纳税人。相反，现代的税收制度使用职业的公
务员来管理纳税人，他们使用的是广为宣传的能够让人产生恐惧而非灵感的
技术手段。

  但是公元前2世纪中期，战争税被取消了。自此以后，大约四百年，生
活在罗马的罗马公民被免除了直接税的纳税义务。不考虑西塞罗所说的那些
话，战争税之所以被取消是因为现在各省可以支持罗马军团了。攻占的土地
变成了罗马的土地，这些土地被出租出去并且征税。贵金属从被占领的矿山
流向了罗马国库。粮食来自西西里岛。罗马变成了繁荣的商业中心，对于商
业所征收的税收也不断增加。然而，最富饶的是新近获得的东部和北部的一
些省。在所有的省中，正是在这里，罗马人充分展现了他们伟大的政治才能，
或者我们可以杜撰一个更好的词：征税才能。罗马殖民主义的漫长生命是其
新颖和高效治理殖民地的结果，与此相对照，希腊殖民主义则是麻烦不断的

---

  [3] Cicero, "On Duties II", from Cicero, *On the Good Life*, trans. Michael Grant (New York, 1971),
p. 162. 关于不同的翻译，参见 Naphtali Lewis and Meyer Reinhold, *Sourcebook I*, pp. 254~55.

历史。

古代社会盛行的进贡制度有一个内在的缺陷。为了解决这一缺陷，罗马人的治国天才开始展现。对于每个进贡的国家缺少直接的控制，由此导致组织叛乱变得很容易。亚述人耗费了其大部分精力来组织军队对抗其殖民帝国上的税收反抗。为了防止进贡的国家再次发生反叛，亚述人唯一能做的似乎就是清理当地的居民。这种粗暴的政策解决了反叛的问题——正如犹太人所了解的残酷方式一样——但是它也取消了未来的贡品。为了纠正以前进贡制度存在的缺陷，罗马人发明了行省制度。

伟大的罗马律师，西塞罗，他传播希腊思想反对直接税；这些税收是自由的敌人，只能在让人民确信为了避免整个民族的崩溃已经没有其他方案可选择的情况下才能引进直接税。

从罗马派出的总督在各省具有独裁的权力，而这一权力是由驻扎在各省的罗马军团来支持的。叛乱各省的军队被解散。这种新的制度确保了罗马人可以剥削殖民地的臣民长达几百年。从罗马派出的军团沉重打击反叛殖民地的威胁——这是亚述人的制度——并不是在任何地方都像在每个省派驻军团作为永久卫戍部队所带来的威胁有效。

84   在罗马的进贡制度中也存在一些公平的因素，与其他帝国之前的做法有所不同。对于新取得的领地，罗马人一般不改变其税收制度或者税收负担。如果当地习惯缴纳人头税，罗马人就会继续征收人头税。如果当地已经有了按照产品的 1/10 征收的收获税，罗马人就会继续征收收获税。当地的税收承包人也不会失业。这种纳税的逻辑对罗马人而言是非常合理的：罗马人提供了军团，而该军团给一个充满危险的地方提供了和平与秩序。唯一公平的方式就是各省缴纳维持这些带来利益的军事力量的费用。对罗马的贡品只不过是应当支付的小费而已。

西塞罗将西西里岛称为"帝国皇冠上的第一个珍珠"。西西里岛是罗马与迦太基（Carthage）战争中没有预料到的战利品。管理这块罗马第一个海外殖民地的大部分罗马总督都是掏自己的腰包来养活自己的，他们已经"习惯于在总督的任期内不把任何东西拿回家，只带走当地臣民的感谢以及罗马公民的赞许"。[4]

在罗马人到来之前，西西里岛大部分地区是免税的。这一状况在罗马人来了以后也没有改变。贡品仅仅从西西里岛之前已经缴纳的税收中提取，这些税收包括 10% 的收获税、20% 的果园税以及 5% 的关税。罗马人从来不改变征税的方法。罗马人的包税公司被禁止参与当地的税收承包拍卖。罗马地方行政官员主持这些拍卖，参与竞拍的人仅限于当地的税收承包人。城市的竞拍者只能取得征收他们自己的贡品的权利。在这种方法下，来自包税制的佣金可以用来支持这个城市的发展。

罗马人几乎是依靠由西西里人的收获税而缴纳的粮食生活的。西塞罗引用智者卡托（Cato the Wise）的话，将西西里岛比如成"罗马人的仓库和奶妈，罗马人是由这位奶妈的乳汁哺育的"。[5] 拥有这样一个富饶、忠诚殖民地的惊喜让罗马人感到了殖民主义的好处，也刺激了罗马人获得更多殖民地的胃口。这一制度看起来是连傻子都会的，非常简单。在理论上，它也是如此。

并非所有的罗马总督都是慈善的统治者。得益于西塞罗的写作热情，我们可以详细了解他所起诉的威尔斯（Verres）的细节，这位总督采取压迫性的税收来掠夺西西里岛，其总督的职位是从元老院那里骗取的。他鼓励他的朋

---

[4] Cicero, "Second Speech against Verres", See *Sourcebook I*, p. 347.

[5] Ibid.

友以高价格购买税收承包合同，然后再要求回扣。他通过篡改税收记录而将5%的关税据为己有。对于威尔斯的成功起诉是历史上将政治腐败完全暴露在世人面前的极少出现的情景。

审理威尔斯的贪污法庭（Extortions Court）是为了惩罚贪污的总督而专门设立的，其所惩治的总督包括征收超过批准的条约所规定的税款或者侵占所征收的税款。很不幸的是，这个法庭的效率非常低。据说一位总督在回国时必须从其殖民地的居民身上敲诈 3 笔财富——一笔为自己，一笔为军队，一笔为了贿赂贪污法庭。

罗马与迦太基的战争也将西班牙带入了罗马殖民帝国。但是西班牙与西西里岛不同，反抗的烈火燃烧了 150 年。麻烦起始于罗马军队离开平民驻扎并且征收贡品，这种贡品采取大块的形式，叫做津贴。西塞罗将这一贡品称为"胜利者的果实或者对于参与战争反对我们的惩罚"。[6]罗马人支持军队离开西班牙居民区的惯例正是西塞罗评论的根源：当罗马军队占领冬季军营时，一个小镇所遭受的劫难就像受到了一场风暴的袭击。[7]

首先，根据征服将军西庇阿（Scipio）的命令，位于西班牙的罗马军队离开居民区驻扎。由于腐败的税收承包人，元老院所承诺的给养并未到达。当西庇阿将军请求紧急援助时，元老院雇佣了 3 个税收承包公司向西班牙运送给养。税收承包公司购买了破烂不堪的陈旧船只并且装运了没有价值的货物；这些船只在离开港口不久就沉没了。税收承包公司随后向元老院申请资金来替代丢失的船舶和货物，并且欺骗元老院，说这些船舶都是良好的，并且都装满了运送给西庇阿将军的贵重货物。[8]

尽管粮食是来自西西里岛的奖品，金银则是来自西班牙的果实。从公元前 206～前 197 年的 10 年期间，罗马人从西班牙矿山中运走了 130 000 磅白银和 4 000 磅黄金。这些贵金属构成了罗马未来几个世纪的货币制度的基础。

最后，这些殖民地的收货物激起了很多罗马人的野心，他们想在其他地方推广殖民地的做法。任何事情也没有一个成功的殖民经验更能激励一个民族沿着殖民主义的道路走下去了。美国在 1898 年放弃了反对殖民主义的中立政策，因为此时，美国在西班牙与美国的战争中只用了不到 700 人伤亡的代价就夺取了古巴、波多黎各、关岛以及菲律宾。

---

[6] Ibid., p. 349.

[7] P. A. Brent, *Social Conflicts in the Roman Republic* (London 1971), p. 115.

[8] Livy, "History of Rome" XXV. iii. 9, *Sourcebook* I, p. 226.

第9章

包税人导致共和国走向毁灭

> 整个世界都在包税人的统治下呻吟。
>
> ——罗马作家，公元前 2 世纪

　　在公元前 2 世纪，并非贵族阶层的罗马商人开始成为罗马国家的统治者。元老院的权力缩减了。这些商人就是古代社会的政客与骗子，他们紧随罗马军团的车轮来到了最新攻占的省。税收承包是他们奋斗的主要目标，但是从税收承包所获取的财富很快就让他们可以垄断商业、银行业和船运业；简而言之，一切经济活动。在各省，他们的经营逐渐采取残酷和奇怪的方式，这些殖民地的剥削者也逐渐变成了古代社会的"丑恶罗马人"。

　　这些被称为包税人（publicani）的商人通过罗马人的部落大会（Tribal Assembly）逐渐取得了权力。贵族的元老院拒绝接纳平民。部落大会不能通过法律，它只能否决侵犯平民权利的法律。大约在公元前 130 年，部落大会开始制定法律。但是这种活动只持续了几年，它所制定的大部分法律很快就被废除了。但是有两项改革保留了下来：向下层民众免费分配面包；在富裕的希腊和其他东部各省实行新的税收制度。得奇码税（decuma），也就是 10% 的收获税将取代罗马元老院的税收协定。这种收获税将由包税人根据 5 年期的合同来独家征收，由审查员负责监督。这些合同非常大。部分价格需要预先支付，这样，罗马政府就可以预先获得现金。当包税人开始征收得奇码税时，由于罗马政府已经获得了预付的现金，他们就必须执行包税人的要求。这种巨额的合同需要一个储存资金的蓄水池，这就催生了世界上第一个 公司，称为有限合伙企业（societates publicanorum）。股东和经理的职权在法律上进行了明确的区分。元老院的议员可以取得股份，但是他们不能参与公司的经营管理。我们现代的公司法也遵循了与此相类似的模式。这种公司的股份在古罗马城镇的广场上出售，这里变成了世界上第一个华尔街。包税人股份的收益是相当诱人的。如果一个公司陷入了财务困难，很容易通过游说议员让元老院通过法令降低包税人的合同价款。包税人的股票是当时最好的投资——"十分有把握的事情"——公元前100年具有魔力的股票。

包税人对于各省的剥夺逐渐变得不受约束了。"包税人是令人讨厌的家伙"，或者"每个诚实的管理者都有义务反对他们"，[1]这就是当时最流行的语言。后来（公元14年），罗马历史学家李维（Livy）这样谴责他们："有包税人的地方，就没有对公共法律的尊重，就没有各省的自由。"[2]但是政府不能取消他们。政府的财政收入依赖他们，也没有设计出更好的可以替代这一制度的方法。西塞罗在给他的兄弟昆塔斯（Quintus）——亚洲行省的总督——的一封信中强调了这个问题：

> 然而，虽然你有良好的愿望以及细心周到的政策，最大的障碍存在于包税人身上：因为，如果我们反对他们，我们就会使我们自己以及国家远离一个规则，这一规则给我们带来了很多利益，它与我们所奋斗的国家也紧密联系在一起；如果另一方面，我们在各方面都完全遵从他们，我们就会允许这一规则完全毁灭，而我们的福利和利益与这一规则是紧密联系在一起的。[3]

这些支持包税人以及容忍他们所带来的邪恶的争论仍然陪伴着我们。纵观整个历史，如果某种税收已经发展到对财政收入是有利的，但对纳税人是压迫性的（如所得税），这一税收就会继续存在。国家的财政需要压倒了大部分宪法、道德和文化理想。

罗兹岛巨像的没落

罗兹岛是爱琴海上最大的希腊岛屿之一。它蜿蜒在土耳其海岸附近。随着公元前4世纪雅典的灭亡，大部分的东方贸易都转移到了罗兹岛，这一岛屿远离希腊的战争地带。罗兹岛变成了古代社会的瑞士。随着罗兹岛的商人

---

〔1〕 Rostovtzeff, *Hellenistic World* 2, p. 965.

〔2〕 H. H. Scullard, *From the Gracchi to Nero* (London, 1976), p. 270.

〔3〕 Cicero, "Letters to his Brother Quintus", *Sourcebook I*, p. 353；Rostovtzeff, *Hellenistic World* 2, p. 965.

发现中立的智慧，银行业和商业开始繁荣起来。整个古代社会的国王和法院都尊重罗兹岛的商人，它在国际政治中是坚定的中立派。

89   商业和贸易带来了和平与稳定。战争会摧毁贸易。即使在今天，黎巴嫩的巨大损失仍然是她曾经繁荣的金融贸易。即使和平明天就能到来，银行家们也不会返回。瑞士金融成功的最大秘密就是她不惜一切代价远离战争、保持中立的政策。这就是商业从古至今所追求的生存环境。

罗兹岛也处于一个非常关键的地理位置上。为了从东方到达罗马和希腊，很多船舶必须在罗兹岛停留，补充给养或者卸下他们的货物。所有的船舶都应当按照他们货物的价值缴纳2%的港口税，即使这些货物停留在甲板上不卸下船。在那时，免费的港口是没有听说过的。

罗兹岛的繁荣让世界各国的商人惊羡不已，他们建造了一座高度超越100英尺的青铜巨像，它成了古代世界七大奇迹之一。传说这个巨大的阿波罗雕像横跨在主要港口的入口处，驶入港口的船舶必须从阿波罗的两条腿中间通过。现代学者对此有争论，认为这位巨像屹立在港口的一边，像一座灯塔。

大约公元前225年的一场地震摧毁了这个巨像，巨像掉进了海港。随着罗马军团进入罗兹岛，我们就很少能听到关于罗兹岛的事情了。是什么导致了这个伟大的商业中心的覆灭？是地震的后果还是罗马军事力量的袭击？事实上，它是一股可能更加强大的力量。罗马商人如何摧毁这个商业巨像的故事是古代社会最吸引人的税收故事之一。

在罗马与马其顿进行战争的期间，罗兹岛具有一个从罗马获得庇护的良好机会。罗马人希望罗兹岛成为他们与波斯之间的缓冲器。为了加强这种地位，罗马将环绕波斯帝国的一些进贡领地交给了罗兹岛。对于两个国家而言，这是一个非常好的安排。

不幸的是，当罗马与马其顿的菲利浦进行争斗时，在罗兹岛有一个反罗马的政治团体在掌权。罗兹岛采取了中立的立场，并且提议与罗马和马其顿签订和平协议。罗马人将这种中立视为他们曾经大力资助的同盟国的背叛行为。罗兹岛错误估计了罗马的力量，当罗马人打败马其顿以后，他们就面临了一个愤怒的罗马。罗兹岛迅速向罗马派遣了他们最有名的亲罗马外交官，试图阻止一场军事对抗。

罗马元老院没有原谅罗兹岛。他们收回了已经给予罗兹岛的领地。罗马包税人看到这是一个超越罗兹岛在东方至高无上商业地位的好机会。他们说
90 服元老院在得洛斯岛建立一个无可匹敌的免税港以挑战罗兹岛。他们邀请希

腊商人来经营这个免税港。罗马人建立了新的港口设施和商业服务以与罗兹岛的设施和服务相竞争。最重要的是，这个新的港口应当是免税的。货物可以进来并且离开，不需要缴纳2%的港口税，而罗兹岛是收取港口税的。东方的贸易立即从罗兹岛移到了得洛斯岛。一年之后，贸易下降了85%。每年的税收收入从通常的大约1 000 000个银币锐减到150 000个银币。[4]

东方的商业巨像已经没落了，因为商人们发现他们可以轻松规避2%的港口税。罗马人运用简单的税收制度就完成了一场地震都无法做到的事情。罗兹岛可以神奇地从地震中恢复过来，但是不可能从竞争对手的免税港面前恢复过来。当罗马建立世界上第一个避税港（tax haven）时，古代世界的瑞士就被摧毁了。

然而，罗马人在摧毁罗兹岛时犯了一个严重的错误。罗兹岛是维护东方和平与经济繁荣的强大力量。征收2%港口税是为了维持强大的海军以免船舶的航道受到海盗的侵扰。罗兹岛会毫不犹豫地使用他们的军事力量来制约任何试图限制贸易或者对于使用航道的商船征收高额税收的海上力量。罗兹岛第一个倡导自由使用公海。他们在商业领域与罗马人在战争领域一样精明。罗马人需要罗兹岛在东方的影响和力量。

罗马包税人没有看到这一点。他们仅仅将罗兹岛视为一个需要消灭的竞争对手，如果有可能的话。他们没有看到，一旦罗兹岛没落了，海盗就会占领东方，使贸易陷入瘫痪并且几乎能取得独立国家的地位。对于航运和贸易的这种破坏最终迫使元老院授予庞培将军特别军事权力来摧毁海盗。结果，将军和他的继承者（恺撒）摧毁了比海盗更多的东西——共和国本身最终也会屈从于他们的力量。

包税人无情地剥削各省必然会引起反抗——这是明显的。但是不明显的是，反抗的烈火和破坏会带来罗马文明。

米斯里戴帝斯王（Mithridates the Great）

米斯里戴帝斯王统治着一个小国，这个小国位于今天的土耳其。他有一项特殊的才能，可以挑起不愉快的纳税人的不满并且组织一场规模大的不可想象的反抗。他计划在公元前88年的某一天进行秘密攻击，这一攻击涉及亚

〔4〕 Polybius, *The Histories*, Bk. 30. 30, trans. W. R. Paton, vol. vi (Cambridge, 1927), p. 156.

洲和希腊的大多数城市，包括雅典。古代的历史学家告诉我们，在第一天，8万罗马包税人被处死，2万罗马和前罗马希腊商人在得洛斯岛被屠杀，这一岛屿再也没有恢复。这些数字很可能是夸大了的约数。[5]罗马震惊了。当消息到达罗马城镇广场时，包税人的股票很可能会出现巨大的恐慌，就像华尔街1929年的大崩溃。

米斯里戴帝斯王最主要的承诺就是消灭包税人并且赋予参与起义的每个城市5年的免税特权。这是不难获得支持的。但是，最重要的问题是他是否有能力战胜罗马军团。他的动机是错误的，那么，他的军队又如何呢？

米斯里戴帝斯王的胜利号召元老院必须采取行动。他们任命了一位忠诚的、反包税人的将军苏拉（Sulla）负责集结军队并恢复罗马在东方的主权。由于具备卓越的领导才能，苏拉经过4年的斗争成功了。在国内，包税人被剥夺了权力，元老院恢复了其在政府中的关键地位。

在平定叛乱以后，苏拉命令叛乱城市的领导人到以弗所（Ephesus）来见他。苏拉说："不会有报复和野蛮的行为，我只是要求你们立即支付5年的税收，连同这次战争给我带来的损失和开支。"[6]为了强制执行这些税收，苏拉建立了一个"特别代理人"的分支机构，它们拥有征收这些苛捐杂税的特别权力。他们的特别权力被称为讲师（lector）的司法权。（讲师拥有鞭笞和砍头的权力，这些权力足以使任何纳税人老老实实地配合。）[7]

到此为止，我们已经在历史上看到了自我核定的税收征管、私人税收征管、军队征税官以及通常的政府征税官。苏拉的"特别代理人"——他自己是这样称呼他们的——都是经过特别训练的专家，他们拥有官僚主义的傲慢态度和军事刽子手的权力。纳税人要想逃避这种联合权力是没有任何可能性的。特别代理人已经超越了时空，在历史上再次出现了，现代的"财政警察"（fiscal police）或者简称为"特别代理人"使用的就是两千年前苏拉授予他们的头衔。

米斯里戴帝斯王在他最终在历史上消失之前还组织了两次叛乱。其中一次是在土耳其北部海岸的卑斯尼亚（Bithynia）进行的小规模的骚乱，但是这个故事值得讲一讲。

---

〔5〕 参见 Brent, *Social Conflicts in the Roman Republic*, p. 38.

〔6〕 Appian, "Roman History" XII. IX, 61~63; *Sourcebook I*, p. 203.

〔7〕 Rostovtzeff, *Hellenistic World* 2, pp. 963, 994. 当马克·安东尼掠夺亚洲各省时也使用了特别代理人（第1006页）。

银币上印着罗马最可怕的税收反抗者米斯里戴帝斯王的头像。他对罗马在亚洲和希腊殖民地的征税权提出了挑战，他的反抗差一点推翻了罗马在东部内陆地区的统治。他在反抗罗马的斗争中从各个城市获得了强烈的支持，这些城市所得到的是 5 年免税。

当卑斯尼亚国王去世以后，他将其整个王国留给了罗马元老院。卑斯尼亚人在米斯里戴帝斯王第一次叛乱时仍然忠诚于罗马并且享受到了免税的特权。将王国赠与罗马看起来就像是对曾经康凯的元老院表示欣赏的适当方法。

国王没有认识到在他的遗嘱中将其王国送给罗马人的法律含义。作为一个新的罗马领地，卑斯尼亚不会再拥有免税的特权。现在，它与那些因叛乱而遭受罗马惩罚的被没收的土地拥有相同的法律地位。卑斯尼亚需要根据元老院的意愿来实行新的税收制度或者租金制度。国王的律师所犯的这个错误可能是历史上遗产规划最坏的一个例子。

罗马包税人不久就来到了卑斯尼亚征税，带着他们通常具有的傲慢态度。

93 惊讶不已的居民开始造反了，并且请求米斯里戴帝斯王提供帮助。最终，罗马军团赶来平定了叛乱，米斯里戴帝斯王逃走了。我们既没有看到对叛乱王国进行任何报复的记载，也没有看到在那位起草遗嘱的蹩脚律师身上发生了什么事情的任何暗示。

其他的城市失去了对包税人的免税特权。当罗马大会授予包税人在东方征收 10% 的收获税的专属权力时，这一法令在事实上取消了很多授予免税特权的元老院宪章和条约。来自这些城市的反抗被忽视了。从那时开始，包税人就不断给元老院施压，迫使其违背在条约中的承诺。西塞罗向元老院这样谴责这些行为："对于我们的政府而言，这是多么丢人的事情！此时，即使是一个海盗也可以对元老院的诚信指手画脚。"

议员们则以他们需要钱以及这仅仅是权宜之计来回答西塞罗。对于这些回答，西塞罗回击说："但是，人们是否会根深蒂固地永远只看到错误中的优点？如果没有好的声誉以及对他们盟国的诚信，政府寸步难行。因此，不得人心和声名狼藉怎么可能是他们的优点？"[8]

西塞罗对于罗马元老院背弃它所签订的税收条约的谴责也可以在今天用在美国的身上，美国也因为同样的原因做了同样的事情。美国参议员保罗·萨班斯（Paul Sarbances）（马里兰州）就像罗马的议员们一样，对于这些行为提出了更加无耻的理由。他这样推理：既然其他国家已经注意到美国政府在其税收条约上使用的语言是无效的，他们为什么不抱怨呢？[9]超级帝国罗马背弃其税收条约中的诺言与美国所做的事情之间具有惊人的相似，而它们所提出的理由也是相似的，两千年后，对于那些研究历史具有重复性的独特案例的人而言，也一定会被这种现象所迷倒。

元老院在其条约中授予的免税特权并不意味着完全不用缴纳罗马的税收。突然冒出来的 2% 的财产税有可能被用来为通过任何免税地区的罗马军队提供军费。

当苏拉开始使用特别代理人在希腊征收惩罚性税收时，包税人的地位开始下降。随后，在各省出现了敌视他们的行为并逐渐扩大。一位名叫伽比尼乌斯（Gabinius）的亚洲总督拒绝审理涉及包税人的任何诉讼案件。缺少警察权的征税官或者收税员无异于一位负责捐款的募捐者。伽比尼乌斯甚至不能

---

〔8〕 Cicero, *On Duties* III, "Is Honesty Always Necessary?", Cicero's Selected Works, trans. Michael Grant（New York, 1966）, p. 193.

〔9〕 2 *Tax Notes International*, 687, 1 130（July, November 1990）.

忍受在其访问的任何城市出现包税人。在苏拉之后，他将政府重新拉到了税收领域，但不是运用特别或者通常的税务代理人。

包税人变得懒惰了并且开始分包对于应税城市所征收的税款。城市可以自行征税，然后将税款支付给包税人，包税人再缴纳给罗马，同时留下一大部分利润作为中介费。在伽比尼乌斯看来，包税人根本就没有必要存在。[10] 过去，包税人从事了核定税款和征收税款等困难的工作——这就是为什么要向他们付费的原因。而现在，由于使用了分包人，他们变成了无用的中间商，在征税的过程中榨取钱财，因此减少了政府的财政收入，同时也增加了纳税人的负担。总而言之，包税人已经过时了。伽比尼乌斯感觉到了这一点，并且开始取消包税人与城市的分包合同。之后，他立即与城市签署了相同的合同，取消了包税人，给所有人带来了利益。

罗马共和国在苏拉之后爆发的内战中灭亡了。这些战争是在苏拉的几位强有力的继承人之间展开的。共和国没有皇帝的位置，但是那个时代的政治危机产生了权力真空，并最终孕育了独裁。当人民希望或者相信他们需要一位独裁者的时候，宪法对于专制暴君就起不到制约作用。罗马将军带着那些盲目忠诚于他们的士兵回国了。他们首先是苏拉的士兵或者是恺撒的士兵，其次才是罗马的士兵。他们所享受的战争中的战利品来自他们的统帅，而不是来自罗马元老院。

在混乱时代的这些半自私的军队必然会产生一个军事独裁者。西塞罗在恺撒去世以后，在自己被残忍杀害之前总结了这种悲惨的状态：

> 我们都被公正地惩罚了。因为，如果我们没有允许那么多的犯罪行为不受惩罚，这个人就不敢这样为非作歹、无法无天。几乎没有人继承他的遗产，但是很多恶棍继承了他的野心……在罗马，只有她的宫殿的墙壁还屹立着……我们的共和国已经永远地离去了。[11]

西塞罗评论所具有的预言性是他自己都无法想象的。强人、国王和将军会引导文明发展的进程——不仅是在整个罗马时代，而且是在接下来的两千年中。在公元19世纪之前，民主和共和都没有在文明的发展中起主导作用。

在苏拉之后是两个强有力的将军——庞培和朱利叶斯·恺撒。正如我们所提到的，庞培被派往东部打击海盗，这些海盗在罗兹岛没落之后控制了海

---

〔10〕 Rostovtzeff, *Hellenistic World* 2, pp. 982~83.

〔11〕 Cicero, On Duties II, 8.

上航道。为了资助他的军队，庞培在东部各省征收了很重的税收——对于所有的男人和奴隶征收人头税，家庭税，以及为他所需要的任何一件东西进行军事征用。为了支持这些征收行为，他仿照苏拉的做法建立了"特别代理人"。他扣押包税人的钱作为"贷款"，即使这些钱是交给元老院的贡品。当庞培完成任务后，西塞罗这样描述希腊："过去曾经繁荣的城市如今在我的眼前都已经成为断壁残垣。"西塞罗还有一个特殊的令其痛苦的原因。他自己存在以弗所包税人那里的钱财也被庞培扣押作为"贷款"了。[12]

朱利叶斯·恺撒取代了庞培并采纳了一种新的税收政策。他相信通往各省和平的道路是适度的税收，而不是掠夺。对于征服的城市不能按照苏拉和庞培的方式用沉重的税收来摧毁。恺撒用降低税率和返还来购买忠诚。在亚洲，他返还了前一年包税人征收税款的1/3。他向伽比尼乌斯学习，开始与城市签署税收协议。在恺撒的新制度下，犹太人喜气洋洋。约瑟夫斯曾经说过："恺撒，执政官，已经颁布了法令，犹太人应当拥有耶路撒冷，也可以在城市周围建筑城墙……他们所缴纳的贡品也不会被承包出去，他们也不会总是缴纳相同数额的贡品。"[13]

恺撒的制度是有弹性的——如果收成不好，已经谈好的税收数额也可以重新协商。由于这种仁慈的税收政策，犹太人填满了恺撒位于西顿（Sidon）的军事粮仓。在过去一百五十多年的历史中，罗马与他的富裕的东部各省的关系第一次实现了和平——但是随后出现了公元前44年的3月15日（Ides of March）刺杀事件。

恺撒被刺杀使得东方的税收故事再次陷入了黑暗。布鲁图（Brutus）从一个城市跑到另一个城市，掠夺他所能拿走的任何东西。敢于抵抗的城市都被卖为奴隶。在罗兹岛，海港中的所有船舶都被拿走了；所有人都被判处死刑，他们被迫交出所有的白银、黄金和珠宝。特别代理人掠夺了居住在那些地区的罗马公民和包税人的财产。苏拉残酷做法的重演是亚当·斯密（Adam Smith）所观察到的一个古代例子："一个政府能够从另一个政府那里迅速学到的艺术就是从人民的口袋里掏钱。"[14]

马克·安东尼（Mark Anthony）甚至更坏。在他击败布鲁图以后，他要求

---

〔12〕 Rostovtzeff, *Hellenistic World* 2, p. 995.

〔13〕 Josephus, *Antiquities*, Bk. 14. ch. 10, para. 5.

〔14〕 Charles W. Eliot, ed., *The Harvard Classics*, vol. 10；Adam Smith, *The Wealth of Nations*（New York, 1909), p. 532（这里是指18世纪早期印花税发明后迅速被各国采纳）.

每个城市都要向他缴纳布鲁图所征税款 2 倍的税款，一位犬儒学派的门徒（cynic）这样回答他："如果你能在一年之内征收两次税，你就应该给我们两个夏天和两次收获。"东部的人们将安东尼形容为"鲁莽和铁石心肠的强盗"，[15] 他掠夺了希腊的金钱、奴隶、牲畜和粮食。克提乌姆海战（battle of Actium）结束以后，胜利的屋大维来到希腊确立他的主权。他被人民的悲惨状况惊呆了，以至于他将自己储存起来用于军队给养的全部粮食送给了当地百姓。

屋大维给予希腊人的粮食毫无疑问是受到人民欢迎的，也是人民所急需的，但是，他带给世界的和平才是他给予人民最大的礼物，与此同时，还有税率的降低以及罗马包税人的彻底取消。但是，这并不是没有代价的。所有的代议制政府消失了。恺撒们还将统治未来的 15 个世纪。对于这些悲剧，我们应当谴责谁，谴责什么呢？包税人的税收制度。

---

〔15〕　Rostovtzeff, *Hellenistic World* 2, pp. 1006 ~ 7.

第10章

奥古斯都：控制税收的战略家

> 在战神的领域，雕刻在"奥古斯都和平"之上的辉煌变化的标准是这样一个事实：和平战胜了战争，战争不再是奥古斯都统治的突出特征。
>
> ——罗斯托夫采夫（Rostovtzeff），《罗马帝国》

如果我们要选择所有时期中最杰出的罗马人，恺撒·奥古斯都很可能是一个合适的人选。在一个由战争统治的时代，他选择了和平，而且他实现了人类曾经享受到的最长时期的和平。他也解散了具有 500 年历史的具有战争倾向的共和国，停止了罗马帝国主义前进的步伐。当神圣的头衔和皇帝的皇冠授予他时，他拒绝了这种赞美，而是接受了一个简单的第一公民（First Citizen）的头衔。奥古斯都的政治成就，以及他的持续和平，都是他精明的税收管理制度的产物。奥古斯都可能是一切时代最聪明的税收战略家。

奥古斯都通过更改税款的现金流而摧毁了罗马共和国的权力。过去，它是流向元老院的；未来，它将流向第一公民。曾有人认为直到近代，来自古老元老院制的各省的税收仍然处于元老院的控制之下，但是最近的学者指出，这仅仅是一个仪式。传统的财政金库是面向元老院的，而现在将向奥古斯都开放，就像他是所有人一样。

奥古斯都并未改变政府的形式。元老院仍然是国家的最高统治者，但是，奥古斯都是事实上的皇帝，如果在法律上还不是的话，在任何问题上，他的权力都超越元老院。他给一个有战争倾向的共和国带来了和平与秩序。他所属军团的军国主义精神——这一精神铸就了世界上最善战的力量——变成了新罗马政府的精神，无论你是否喜欢，它的确起作用。或许奥古斯都的和平

时期可以用亚里士多德的理论来论证，他认为最好的政府形式是专制君主制，如果专制君主是英明和正义的。 98

当奥古斯都控制下的税务机关成立时，行政管理机构最重要的变化出现了。从庞培和恺撒开始，政府的权力已经转变为军权，因为税收收入的流向已经从元老院变为将军。元老院为什么会没落、共和国为什么会消亡之谜可以通过下列问题的答案来揭开：谁控制了税款。元老院的财政源泉在内战中耗尽了。当战争结束之时，拥有资金来运转政府的是第一公民，也就是说，给罗马民众提供面包和娱乐、给军队提供军费、进行公共建设以及满足其他一切市政需要的是第一公民。

直到最近，我们都不知道奥古斯都是如何截断元老院的现金流的。在共和国时期，总督向元老院提供一个他们征收贡品的账户，这些贡品存放在由元老院控制的特殊金库之中。然而，强大的将军仅仅向自己汇报账户，而不会向任何其他人汇报账户。庞培和恺撒征收税款以后就用在他们认为合适的地方。恺撒在东方取消包税人的主要原因不是为了讨好殖民地的人民，而是为了掠夺元老院的资金。根据拍卖合同，包税人是代表元老院的；而一旦除去了包税人，恺撒不需要对任何人负责。

埃及为我们提供了可能发生事情的另一个线索。当奥古斯都从安东尼和克利奥帕特拉手中夺取埃及后，世界人最富裕的地域就在他的掌握之下。这个伟大的国家成了他个人的财产。来自埃及收获税的粮食可以供养罗马人。来自托勒密金库的黄金被铸造成了金币，上面有奥古斯都的头像。元老院只能在一边看着。

来自古老的元老院制各省的财富也处于奥古斯都的控制之下。他通过任命一位私人的财政代表来负责贡品和税收事项来实现这一目标。一旦包税人被取消，他就遵循其父亲的做法，与城市和各省协商税收。总督可以根据他的意愿随意更换，税收也不再处于总督的控制之下。元老院制的各省，如同元老院的金库一样，变成了有名无实的摆设。

包税人随着共和国而逝去了——不是因为他们的恶劣行为，而是因为政府可以直接参与协商它自己与各省城市所签订的关于地方贡品征收的合同，这种合同被叫做公约（pactiones）。这是一个职业被新技术取消的古代例子。关于间接税——关税、销售税、租金等——中央政府通过任命精力旺盛的商人去征收商业税而取代了大部分包税人，这些征税的商人被称为管理人（conductores）。最初，他们还会获得一份任命书，但是过了一段时间，他们

恺撒·奥古斯都，罗马的第一位皇帝，很可能是一切时代最杰出的税收战略家。

就像在公共服务领域中的爱国、独立富裕公民那样自由地工作了。

在共和国时期，各省的纳税义务是由各省与元老院签订的宪章来规定的。现存的制度很少发生变化；它的简单变化只是为了更好地为罗马人工作。为了保护罗马人的利益，在该制度中引入了税收承包人。这使得税收制度变成了一个大杂烩，这个大杂烩迅速在帝国蔓延开来。包税人似乎是这个制度的唯一共同分母。

为了发展出一种更加统一的制度，奥古斯都命令整个帝国都必须为税制改革进行评估。即将开展一场对所有人和所有事进行登记的伟大人口普查。这次人口普查在《新约》（New Testament）中有记载：

> 当那些日子，恺撒·奥古斯都有旨意下来，整个世界都应当被征税。……众人各归各城，报名纳税。约瑟也从加利利（Galilee）的拿撒勒城（Nazareth）上犹太去，到了大卫的城，名叫伯利恒，因他本是大卫一族一家的人，要和他所聘之妻马利亚（Mary）一同报名纳税。那时，马利亚的身孕已经重了。（《路加福音》2：1~5）

雅各王（James）的版本用了"被征税"这个词，这就意味着为了纳税而被登记上册。约瑟和马利亚仅仅被登记了他们的财产，目的是未来进行税收的核定。

奥古斯都命令开展登记并不意味着税收是由中央政府来控制的。人口普查涉及税收制度的地方分权。整个帝国的个体纳税人再也不用面对罗马的征税官了。征税变成了地方事务，由当地老百姓自己管理。人口普查可以让罗马政府知道在帝国内有多少财富、有多少人口。拥有这些信息以后，罗马政府就可以为每个城市核定更加合适的税收并且将征税留给地方来管理。以前，罗马包税人造成纳税人与中央政府直接相连。奥古斯都的新制度使得罗马政府脱离了税收核定的过程，征税仅仅在个人的层面进行。

新制度的主要创新是采纳了分承包合同的最终包税人制度。皇帝的财政代表可以与每个城市协商签订合同或者公约，协商的基础是人口普查的数字。对于这种没有包税人的新制度不会产生任何抵制。历史学家罗斯托夫采夫这样说：

> 各个城市都很高兴能摆脱包税人的剥削。他们曾经采取了一切可以忍受的措施来与这些可恶的贪婪狡猾之徒进行斗争，因此，现在他们很

101   乐意帮助政府来征收他们本地的税收。[1]

各个城市可以自由采取他们乐意采取的任何方式来征税。我们仍然能够听到包税人和 1/10 或者 1/5 的收获税。地方政府可以采取地方的税收承包人制度，如果他们愿意。马太（Matthew），基督教的使徒，也是一个地方的包税人，或者叫做征税员。当耶稣召唤他的时候，他显然正在他的税收办公室征收关税（《马太福音》9：9）。

卡拉瓦乔（Caravaggio）的《圣徒马太的召唤》（The Calling of St. Matthew，1597 年）。基督向马太做手势，此时的马太是一位地方征税员，他正坐在税务桌前与他的同事们一起计算税款。一束亮光号召马太走出黑暗，开始新生活（《马太福音》9：9）。

新的税收制度推动了所有政府的地方分权。来自罗马的政客和骗子开始消失。如果在罗马与地方民众之间出现了问题，处理该问题的大部分是当地的市政府。这种地方分权很可能就是罗马和平（Pax Romana）成功和长久不

————————————————

〔1〕 Rostovtzeff, *Roman Empire* 1，p. 388；同时参见 Rosrovtzeff, *Hellenistic World* 2，pp. 1016～17.

衰的关键因素。

继承税是由奥古斯都制定的，其目的是为军队提供退休基金。它针对继承的所有遗产征收5%的税款，但是留给子女和配偶的遗产除外。这一税收的收入也是相当可观的，因为很多富裕的罗马人都将他们的遗产留给了朋友和养子女。现代的遗产税法就是起源于奥古斯都的这一制度。英国和荷兰在17世纪采纳这一制度时就将它们叫做奥古斯都遗产税。对于留给子女和配偶的遗产免税或者降低税率也是共同的做法。

罗马的销售税补充了继承税。对于奴隶销售而言，税率是4%，对于其他销售而言，税率是1%。当罗马人抱怨这些新的税收时，奥古斯都则威胁说要恢复古时候实行的公民战争税。奥古斯都去世以后，销售税的税率减半。公元40年，销售税连同大力宣传的繁荣时期都被卡里古拉（Caligula）给取消了。后来，它又恢复了。但是我们没有记载是由哪位皇帝在什么时间重新开征销售税的。

罗马包税人公司的税收承包制并没有被奥古斯都以及早期的罗马皇帝彻底取消。罗马历史学家塔西佗（Tacitus）在公元100年左右写作的著作中描写了罗马元老院议员在公元58年劝说尼禄（Nero）放弃他的取消所有间接税（关税）的想法，因为在共和国时期建立的"很多公司"还在征收这些税收，而且，为了保证"收支平衡"，也有必要保留这些间接税。[2]罗马人遇到了预算赤字，就像我们今天一样。不幸的是，关于这些包税人，我们一无所知。他们很可能仍然在西部地区活跃，在远离东部内战和骚乱的地区，这些内战和骚乱导致包税人在东部内陆地区的消亡。

作为税制改革的替代方案，尼禄进行了一些改进，这些改进也得到了元老院议员的喝彩：

1. 税收法规，以前是秘密的，应当公开。
2. 对于欠税行为的追缴，应当设定一年的期限。
3. 罗马的所有民选官以及各省的总督必须放弃针对征税官的"特权"。
4. 商船应当免于缴纳财产税。

塔西佗说："还有其他出色的规定，但是它们很快就被规避掉了。"[3]我们不知道这些出色的规定是什么，也不清楚它们是怎样以及为什么被规避的。

---

[2] Tacitus, *Annals*, pp. 308~9.

[3] Ibid.

三位罗马征税官和四位纳税人。在桌子上有：一本税务账册、一篮子钱币以及一堆钱币。第一位纳税人看着远处。第二位纳税人得到了一个钱币，或许是改变了他所缴纳的税款；第三位纳税人用手指着嘴唇，与第四位纳税人正在交流思想，或许是关于那一堆黄金。

罗马人在几个世纪的漫长历史中始终在努力改革他们的税收制度，这些税收制度也经常失灵。一个循环出现的政策是制裁犯了错误的税收官员。[4]

与我们今天的做法不同，在罗马最好的时期，纳税人的利益是主要的考虑因素。大约在公元 35 年的某个时候，皇帝提比略（Tiberius）接到了一个增加各省税收的请求。我们不知道增加的是什么税，但是，提比略这样回答：总督应当仅仅"让我的羊剪些羊毛，而不是剪光所有的毛只留一张皮"。[5]

罗马新闻界也参与攻击这些压迫人的税务官员。以下是当时的一位罗马作家写的内容：

> 城市的统治者不能再用不断加重的税收来勒紧城市的脖子。……他们故意挑选最残忍的征税官，一点人性都没有……
>
> 最近一个人被任命为我们这里的征税官。当那些欠税的人有一些逃走了以后……他用暴力掠走了他们的妻子和孩子，他们的父母以及他们家里所剩的一切。这位征税官直到用拷问台和车轮折磨完他们的身体，再用最新发明的处死装置将他们处死以后才释放他们。[6]

事实上所发生的事情可能没有报道的那么残酷，但是，其所强调的重点是新闻界、皇帝以及人民都不愿意再忍受征税官的虐待。对征税官的袭击是如此频繁，以至于大部分征税官都必须派士兵保护——不是为了帮助他们征税，而是保护他们免受纳税人的袭击。在大英博物馆有一些纸莎草纸上的古代文献残片（第 10171 号纸莎草纸）显示一位为非作歹的征税官就在他作恶的地点被人们钉死在十字架上。

最后，雇佣告密者来侦查贪污的财政官员。对于超额征税的罚款是其超征数额的 10 倍，其中 40% 会给予告密者。这些针对贪污税务官员的严厉惩罚措施是维持各省和平以及保证和平罗马时期长久的关键。毫无疑问，纳税人的满意是比税款的征收更重要的事情，这一点与现代社会的实践不同。

如果收成不好，经常会出现暂缓缴纳税收的现象。皇帝会宣布暂缓征收税款若干年。以下是哈德良（Hadrian）（公元 135 年）给埃及的诏书（第 786

104

---

〔4〕　纳税人被税务代理人虐待在整个罗马历史中占据很长时间。参见第 11 章和第 38 章，注释 1 和注释 4。

〔5〕　Suetonius, *The Lives of the Caesars*, Bk. III, ch. XXXII, vol. 1, trans. John Rolfe（London：Loeb Classics, 1979），p. 341.

〔6〕　S. M. Rostovtzeff, *Journal of Economic and Business History* 1（1928～29），pp. 353～55；*Sourcebook II*, p. 399.

号纸莎草纸）：

> 既然我已经获知今年，与往年一样，尼罗河的泛滥更加不充分和不完整。……我觉得有必要授予农民一些恩惠。……祝愿好运会降临到你们头上！今年的税款应当分期缴纳……在未来的 5 年，每年缴纳 1/5。……允许每半年缴纳一次的方式，如果你们希望这样。[7]

如果有任何农民逃亡了，这个村庄的税款也会被减少。一份关于逃跑的通知也被村民作为档案收藏了起来：

105

> 致……村秘书们……我的兄弟……逃走了，没有留下任何可以征税的财产。因此我提出这一记录，请求将他的名字列入提比略 60 年逃亡穷人的名单之中。[8]

经常出现的税收延期以及适当的调整措施也是保持纳税人满意的重要安全阀。米特里达特起义告诉罗马人，愤怒的纳税人对于和平的威胁比北部的野蛮人更加厉害。历史上，从来没有哪个政府如此真诚地努力以使其税收制度为纳税人所满意。罗马的和平实际上就是一个长期的罗马税收和平。

在公元 2 世纪，请求完全免除拖欠税款的声音萦绕在皇帝们的耳边。当已经很明显地看出，这些税款不可能再缴纳的时候，哈德良在公元 118 年，以及马尔库斯·奥列里乌斯（Marcus Aurelius）在 50 年后，用喇叭在罗马广场上宣布取消那些欠缴的税款。为了使得这一法令无法取消，禁卫军们烧毁了当时皇帝的税收记录。

历史学家认为，从奥古斯都到马尔库斯·奥列里乌斯的 200 年间（公元前 30 年到公元 180 年）是罗马盛世的高潮时期。吉本（Gibbon）说，这是人类所享受到的最伟大的和平与繁荣时期。罗马人的城市延伸到欧洲达一千英里。它们都是宜居之地，那里有铺设良好的街道、宽阔的清水渠、市场以及很少出现的犯罪行为。体育活动场所、庙宇、体育馆以及圆形露天剧场是大部分城市的骄傲。海盗和强盗消失了。很少有人怀疑过去的历史学家对这一时期辉煌成就的赞美。

和平的罗马并非总是和平的。丑恶与压迫人的罗马行政官员导致了叛乱，而这又需要采取强有力的军事行动。公元 60 年，在大不列颠群岛，包迪西亚

---

〔7〕 Edict of Hadnan, *Sourcebook II: The Empire* (New York, 1966), pp. 396～97.

〔8〕 Oxyrhynchus Papyrus No. 252, *Sourcebook II*, p. 397.

皇帝哈德良在罗马广场宣布取消所有的税收债务。

（Boadicea）——东爱西尼（East Anglia）的女王领导了一次叛乱，他们屠杀每一位罗马士兵达 100 英里。伦敦被占领，80 000 人被杀。历史学家将包迪西亚描写为拥有"女性少有的伟大聪明才智"。她组织了 230 000 人的军队：

> 她的个子很高，外表看起来有些恐怖……围绕其脖子的是一条巨大的金项链……现在，她抓住了一杆矛，说出了下面的话：
>
> "自从这些人在大不列颠出现，我们遭受了最大的羞辱和最悲惨的待遇。我们大部分的财产都已经被抢劫一空，然而这些人还要让我们纳税。
>
> 如果我们将全部财产用于喂养他们，我们拿什么来缴纳每年的贡品？如果我们能够成为主人，而不是仅仅拥有空洞的自由权利，而且必须每年将自己赎回一次该多好！与其走到哪里头上都有纳税义务，还不如直接被人杀了更痛快！"[9]

即使是罗马的历史学家，他们从来不重视女性的心理，也不得不承认，"作为一位女人"，她是非常聪明的。遗憾的是，她的男性将军们不是罗马将军的对手，他们被数量不多、但领导得力的罗马军队所击败，由此也导致了包迪西亚的死亡。

在包迪西亚被打败以后，尼禄设立了一个特别委员会去开展一项研究。这一委员会谴责了腐败的罗马行政官员。尼禄任命了新的领导。和平随之而来，大不列颠安静了下来，接受罗马长期的治理。

10 年之后，公元 70 年，在法国的一场叛乱也是由腐败的罗马行政官员引起的。在叛乱被平定以后，罗马将军科瑞阿里斯（Cerialis）（他也曾经打败包迪西亚）对法国人民发表了以下演讲：

> 人民安居乐业离不开军队，没有军费就没有军队，没有税收就没有军费。……只要有人类就会有邪恶。但是它们不会长久，而它们也会由不断的太平盛世来补偿……好运的教训总是两个方面（好的和坏的），希望它可以提醒你们不要追求叛乱和毁灭，而要选择服从和安全。[10]

大不列颠叛乱并没有带来报复行为。罗马的政治智慧再次说明对于叛乱的纳税人只能采取抚慰和说理政策。

---

〔9〕 Dio Cassius, *Roman History* LXII. iii, *Sourcebook II*, p. 415. Compare with Tacitus, Annals of Rome XIV pp. 34~38.

〔10〕 Tacitus, *The Histories* Bk. IV, LXXXIV, vol. 2, trans. W. H. Fyfe（Oxford, 1912）, pp. 187~88.

包迪西亚，因在双轮战车上领导她的英国军队参加战争而闻名于世，呼吁他们推翻罗马在英国的统治，将英国的土地从罗马税收中解放出来。

读者应当注意到包迪西亚劝告她的人民抵制罗马税收的讲话与科瑞阿里斯将军提出坏的税收与领导的演讲之间的对比。这两个演讲分别提出了叛乱的理由以及和平忍耐坏的税法的理由。纵观有文字记载的五千年文明史，这一直是受邪恶税收压迫的纳税人的两难推理，对于纳税人而言，没有简单的答案。

随着马尔库斯·奥列里乌斯（Marcus Aurelius）在公元 180 年的去世，罗马和平的伟大时代也消失了。在马尔库斯掌权之时，罗马帝国的衰败已经不可避免。他的《沉思录》（Meditations）充满了他努力奋斗挽救罗马的沮丧情绪。如果曾经存在一位拥有柏拉图设定才能的哲学王，他就是可怜的马尔库斯。如果无私的付出是优良政府的关键，那么，在马尔库斯治理下的罗马应该没有任何问题。当他的国库空虚时，他没有增加税收，而是花了几个月的时间去拍卖其巨额的私人财富来支付政府运转的费用。马尔库斯看出税收是罗马困境的根源。他选派顾问到各省去说服当地政府少花钱、少征税。当他与多瑙河（Danube）沿岸的部落缔结和平的时候，他做出了绝对史无前例的事情：他授予他们免于缴纳罗马税收的特权。马尔库斯接受了野蛮人的请求：税收是对他们自由的公然冒犯。

马尔库斯被税负太高的思想所困扰。当他的士兵在一场伟大的胜利之后要求额外的报酬时，他做出了著名的回答："你所得到的超过通常标准的任何报酬都不过是从你的父母和亲戚那里压榨的血汗钱。"[11]

整个帝国都在向马尔库斯要求更低的税负。当授予一些城市一些小的减免税时，一位议员在元老院说出了以下热情洋溢的话：

> 因此，我提议向两位皇帝表达我们特别的感谢，他们通过有益健康的补偿，丝毫不顾国库的利益，恢复了破碎不堪的城市以及领导人的财富，他们曾经在彻底毁灭的边缘颤抖。[12]

纳税人和士兵在叛乱的边缘，而马尔库斯和他空虚的国库被夹在中间。他取消税收债务可以平息愤怒的纳税人，但是它又加重了政府的财政赤字。罗马和平的伟大时期走到了尽头，因为帝国的财政已经处于风雨摇摆之中，没有任何慈善能够纠正税收的经济缺陷。

或许马尔库斯最大的悲剧错误是他所选择的继承人。纵观整个和平罗马

---

〔11〕 Dio Cassius, *Roman History* LXXI. III. 3; Rostovtzeff, *Roman Empire* 1, p. 373.

〔12〕 Rostovtzeff, *Roman Empire* 1, p. 392.

时期，皇帝都是从整个帝国最有能力的人中挑选继承人。在马尔库斯之前，罗马帝国并不是一个君主国。他任命他的儿子康茂德（Commodus）作为他的继承人。他的儿子没有继承其父亲任何伟大的素质，印证了日本的谚语："伟人无伟大的子女。"伟大的领导才能有可能挽救罗马，但是伟大是康茂德不具备的素质。在他被他的最亲近的顾问谋杀了以后，残忍、谋杀和无能的阴影就一直笼罩着帝国的皇位，罗马在下一个世纪中也进入了军事混乱状态。

111 # 第 11 章

戴克里先的新秩序

> 它的毁灭故事是简单和明显的；不需要探讨为什么罗马帝国会
> 被摧毁，相反，我们应当为其能够坚持这么长时间感到惊讶。
>
> ——吉本（Gibbon），《罗马帝国的衰亡》

如果我们生活在公元 3 世纪，我们也有可能去哀悼罗马帝国的可怕衰落和即将到来的灭亡。令人惊奇的两百年和平罗马已经逐渐演变成了混乱。一个军事政变紧接着一个军事政变降临到帝国的皇位上。每个皇帝平均的寿命只有 3 年，或者直到一位新的军事强人可以给士兵提供更多的钱财。这种轮流做皇帝的现象很像一场拍卖，士兵们将自己的忠诚出卖给最高的出价者。皇帝塞普提米乌斯·塞维鲁（Septimius Severas）（公元 193 ~ 211 年）在其给儿子的遗言中总结了这种状况："生活在和谐中，让士兵富裕，嘲笑其他所有人。"[1]

罗马帝国能够幸存这么久很可能是由于其城市的力量。奥古斯都时期进行的透彻地方分权将帝国的力量转移到了城市。当中央政府进入混乱状态之后，帝国大部分地方人民的福利并未受到影响。

正如我们预料的那样，奥古斯都的税收制度崩溃了。税收的延缓缴纳、税收记录的焚烧以及皇帝个人财产的拍卖都表明了这一制度的失败。即使如此，真正的崩溃是在第三世纪才到来的，此时，罗马政府实施了加速货币贬值的政策，货币贬值已经达到了罗马金银币在事实上已经变得毫无价值的程度。截止到塞普提米乌斯（Septimius）时期（公元 210 年），罗马银币的含银

---

[1] Dio Cassius, *Roman History* LXXVI. xv. 2, *Sourcebook II*, p. 419.

量仅仅是之前纯银币的50%；60年以后，其含银量仅仅为之前的5%。自然，价格开始飙升了。公元200年，一蒲式耳小麦的价格是10迪纳里（denarii），70年以后，其价格是200迪纳里。公元344年，一蒲式耳小麦的价格达到了200万迪纳里。[2]

112

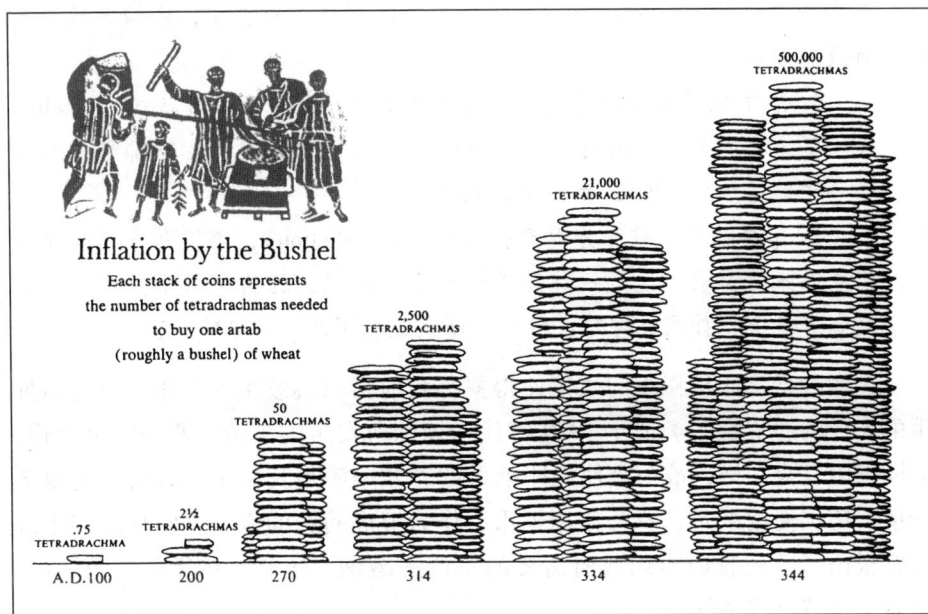

用蒲式耳来衡量的通货膨胀。

　　奥古斯都税收制度的基础是稳定的通货。各省的税收是按照迪纳里来缴纳的，而迪纳里不断贬值。重新估价赶不上通货膨胀的速度。为了生存下来，政府又重新依赖四种隐蔽的财政收入工具：金皇冠、礼拜仪式、继承税以及军事征用。

　　1. 金皇冠或者皇冠金（aurum coronarium）。在共和国时期，为了庆祝罗马将军的胜利，会赠送黄金做的皇冠作为贺礼。恺撒有一次曾经收到2 992个这种皇冠，重达22 414磅。这些财富被立即融化掉，铸成带有恺撒头像的金币。从金皇冠诞生之日，它一直存活到今天，世界上很多君主国的铸币中都有。

　　当皇帝需要它们的时候，金皇冠变成了强制性的义务：儿子出生、

──────────

〔2〕 "Inflation by the Bushel", *Horizon* (Summer 1976), p. 20.

军事胜利或者任何足以触发征收这一税的任何其他真实和虚幻的事件。最后，它变成了每年固定的事件，价值 1600 磅，由帝国的各个城市进行分担。

2. 礼拜仪式又复活成为另一种强制性的义务。每个城市的 10 位领导人被称为十人长（decurions），他们被选派到城市议会中，而城市议会要对政府的需要负责。

3. 继承税开始普遍征收了。公元 212 年，皇帝卡拉卡勒（Caracalla）授予每个人罗马公民的身份，这样他们就都可以适用奥古斯都继承税法了。税率增加到 10%，而且没有免税。

4. 军事征用，被称为财产征用昭示（indiction），给罗马军团提供他们最基本的需求。这是一种最武断的征税形式，因为它总是落在不幸的受害者身上，如果你碰巧在附近，而且正有军队所需要的东西。

这四种抵抗通货膨胀的政策使得罗马政府得以继续生存下来。罗马所发生的失控的通货膨胀类似于 1920 年代在德国所发生的事情。罗马的金银币，如同德国马克一样，被一个使用印纸币的方式来满足其需求的政府变得毫无价值。德国使用纸币；罗马使用铜币。作为解决问题的方法，罗马政府不理会金银币了。税收应当用政府需要的东西来缴纳。毕竟，在货币发明之前，税收本来就是这个样子。

私人经济领域的商人在政府这样做之前早就放弃了金银币。金银币只是用于支付的很多方法之一。当财政系统崩溃的时候，人们出于本能地转向这些最原始但是最值得信赖的交换媒介。1980 年，当通货膨胀正在肆虐的时候，投资者转向黄金和白银以代替那些毫无价值的货币。

随着罗马金银币不断凋谢，这些新的税收制度为帝国的巨大变化提供了舞台。当时需要一位领导将这些新的税收制度变成一种永久的、可行的模式。这位领导就是戴克里先（Diocletian）。与奥古斯都一样，他重组了帝国并且恢复了罗马的秩序——但是，与奥古斯都不同的是，他实行集权化、国家化和民族化来实现其目标。奥古斯都通过解散军队、地方分权和降低税负实现了和平。奥古斯都是自由主义的保护人。戴克里先朝着相反的方向前进——国家集权、提高税率并且将一切人、一切事国家化、民族化。罗马公民在经过800 年以后最终失去了他们的自由——不是因为一个外族的力量，而是因为一个声称要保护自由的政府。

在戴克里先重组的前夕，帝国处于一种完全无序的状态。政府即将因为毫无价值的通货而崩溃。士兵拒绝接受贬值的铜币作为薪水，征税官也拒绝接受它作为缴纳税款的货币。法律和秩序崩溃了，海上充满了海盗，路上充满了强盗。还有可怕的农民起义，农民被"贪婪的征税官"赶出了家，因为征税官拒绝接受皇帝的货币作为法定的支付货币。政府，无论是军队还是公务员，都返回到强制征用和强制劳动的方式上。他们没有其他的选择。公元245年，一位名叫菲利浦的阿拉伯领导人向皇帝请求帮助，抱怨这些非法的抢夺：

> 我们正在遭受……出于各种原因的……非法抢夺……士兵、来自城市的恶霸，以及我们自己的官员都离开了光明正道，突然袭击我们，把我们从工作岗位带走，夺走了我们的犁和牛，非法抢走本不属于他们的东西……我们的资源正在枯竭，我们的土地正在荒芜。[3]

历史学家经常谴责戴克里先浇灭了希腊人和罗马人通向文明之路上的自由火炬。但是这种控诉有可能在整体上是不公平的，如果挽救罗马帝国也是重要的话。军事法律不仅是治理无法控制状态的可接受工具，而且是已知的唯一工具。戴克里先正是采用了这一广为人知的方法来对付无秩序：强制。

戴克里先用军事命令来控制通货膨胀。他下令物价必须保持稳定，否则将面临死刑的处罚。令戴克里先惊讶的是，物价仍然不断上涨。当价格控制不起作用以后，他采取修正的方式重新启用了军事征用。政府应当使用一种合适的征用制度来取代迪纳里。货币不再作为缴纳税款的法定支付手段。小麦、大卖、肉、酒、油以及衣服都是用来纳税的物品。简而言之，为什么不让纳税人用政府需要的东西来纳税呢？为什么一定要使用货币呢？罗斯托夫采夫给出了这样的评论：

> 抛弃几个世纪运行良好的"罗马税收制度"，采用之前早已存在的最原始和最粗糙的税收征收制度可能会更加简单。每个士兵都能理解它，尽管任何傻瓜都可以看出，在这种情况下，简单并不是公平和正义。[4]

为了建立这种分门别类的税收制度，戴克里先从奥古斯都开始的地方出发了：他进行了人口普查。当人口普查员到来的时候——就像他们每隔几年就会做的事情那样——人民知道税收也要来了。过去，土地的价值要重新评

---

[3] Stephen Williams, *Diocletian and the Roman Recovery* (New York, 1985), p. 30.

[4] Rostovtzeff, *Roman Empire* 1, p. 518.

估，税额也会与时俱进，随之提高。这一次事情不同了，首先，所有的意大利人都必须参加。不会再有税收豁免。生活在意大利的罗马人将失去他们已经享受了大约500年的免于缴纳直接税的自由。

在进行了人口普查以后，罗马政府开始了漫长和枯燥乏味的评估农产品的工作，评估的基础是农民应当生产什么，而不是他们实际生产什么。古老的货币术语，如金银币被产品的单位所替代，它被称为轭（iugum）。在叙利亚已经发现了土地分类目录。一轭是12.5英亩一级土地、25英亩二级土地、37.5英亩三级土地。你能想象出区分一位农民的土地是一级、二级还是三级土地的标准是什么吗？随着时代的发展，人们也设计出了各种各样的方法与标准。作为一个相对简单的税收思想一旦运用到现实中去就变成了弗兰肯斯坦怪物（Frankensteinian monster）。但是这一制度也不能过于武断地评判，至少不是由我们来评判。与我们今天的所得税法相比，戴克里先的制度是简单的。

戴克里先的制度产生了一个可怕的官僚机构。在很多古代文献中，政府税务官员的数量似乎都比纳税人的数量还多：

> 征税人的数量是如此之大以至于超过了纳税人的数量，这一切都是因为巨大的税收核定工作量。承租土地农民的资源耗尽了，土地荒芜了，耕地变成了荒地。[5]

4世纪的作家拉克坦西（Lactantius）也说法院被税务诉讼所淹没：

> 民事案件几乎没有，只有定罪和不断的没收，在征税过程中存在的不是经常而是永不停息地对无数事物的强征以及无法容忍的错误。[6]

农民开始抛弃他们的农场，如果他们不喜欢他们的分类。新制度受到了所有的罗马公民都享有的迁徙到他们所喜欢的帝国内的任何地方的基本权利的威胁。自从一千年前在台伯河（Tiber）发现罗马以来，迁徙自由就已经成为罗马公民的基本权利。这种自由将罗马农民与埃及的皇家农民区分开来。不幸的是，除非每个人都呆在他们现在所在的地方，否则，戴克里先的新制度是不能运转的。只有农民呆在他们的土地上才能征收土地税。为了使这一制度能够运行，有千年传统的罗马公民自由迁徙的传统被取消了。所有的农

---

〔5〕 Lactantius, "On the Death of Persecutors", vii, *Sourcebook II*, p. 459.
〔6〕 Ibid.

民，他们的子女，他们子女的子女都必须永远固定在土地上。极权主义是戴克里先给农民制定的新秩序中的最后一个秩序。这并不是偶然的。随着时代的发展，读者会发现民事自由总是随着税收制度而改变；而税收制度从来不会因为民事自由而改变。

由于不可能为未来的财政年度储存剩余的税收，这一制度产生了历史上第一个政府预算。食品会腐败，因此税率应当限于政府的当前需要。中央政府每年都会命令所有的罗马行政官员向罗马提交未来一年他们的需求。预测的总需求将平分分配到帝国的税收单位上。9 月份，政府会首先宣布每一轭的税率。这是收获的时间。没有农民会提前知道他应当缴纳的税款是多少。对于国家而言，执行变成了生死攸关的问题。税款必须收上来，否则士兵就会造反，并随之抢劫农村。迟延缴纳税款是不能容忍的。不仅纳税人受到强制，征税官也是如此。对整个制度、纳税人和征税官强制执行的主要工具就是死刑。

埃及官方通告是这样来介绍这一税收的：

> 戴克里先和马克西曼（Maximian）……已经认识到公共税收的征收是杂乱而随意的，因此，有些人轻易就逃避了纳税义务，而有些人则被加重了税收负担，为了各省的利益，他们决定彻底根除这种邪恶和有毒的做法，为此发布了税收应当遵守的"释放—带来"规则。相应的，每一轭的征收也将按照土地的分类进行。……每个城市的行政官已经奉命向每个村庄、每个地方发送一份神圣的官方命令，连同这一分类一起。每一个税种的征税官都被提醒要全神贯注地认真遵守税法；因为，如果任何人被检举违反了税法，他将面临死刑的危险。[7]

这份官方通告最迷人之处是其序言，这一序言听起来好像是戴克里先要引入一次法律改革，以弥补缺陷并降低税负。现代的政府也在做着同样的事情。通过"改革"而增加税收的新税法通常都带有一个能给纳税人带来好消息的前言。

康斯坦丁（Constantine）在戴克里先之后，将基督教带到了罗马世界。他也可能给世界带来了商业领域的第一个所得税。古代社会的产品税绕过了商人，因为他没有生产任何东西。公元 306 年，康斯坦丁为商业和工业引入了一种普遍征收的税收，这是一种几乎没有人能够逃脱的直接税。在安提俄克

---

[7] *Egyptian Papyms*, trans. H. C. Youfe, University of Michigan; *Sourcebook II*, p. 461.

（Antioch）有一位补鞋匠，其唯一的财产就是一把刀，但他也被列入纳税人之列。这一税收每4年缴纳一次，很明显是基于商业经营的价值。吉本说，这种税收的"征收非常严格"，纳税人经常"被即将落下的鞭子所逼迫而不得不采取令人厌恶的以及很少采用的方法来筹集税款"。这就意味着很多纳税人为了筹集必要的资金而不得不将自己的孩子卖为奴隶。为什么呢？因为这一税收是用金银来缴纳的，而金银正是奴隶贸易最常见的支付手段。吉本在1788年对这一税收的分析可以精确地适用于现代商业领域的所得税：

> 商业的秘密财产以及艺术和劳动以前的利润都是可以随意估价的，这些很少会违背国库的利益……税款的缴纳，在土地税的情况下，有可能通过扣押财产来实现，在其他税的情况下，除了肉体惩罚以外，其他方法很难实现。[8]

吉本想努力指出的是土地税只能采取扣押和留置的方式来征收，而所得税除了需要采取扣押和留置的方式以外，还需要肉体的惩罚。没有人会因为拒绝缴纳土地税而被处以罚款或者监禁的惩罚，而我们的所得税则依靠监禁的威胁作为其主要的征税方法。

罗马征税官可能使用了拷问台和鞭子来征收这一税收。为了迫使父母将其孩子卖为奴隶，进行某种形式的折磨是必需的。康斯坦丁之所以出名是因为他禁止使用折磨人的手段来征收税款，这就说明了这种做法并不是很常见的。在需要使用折磨人的手段的时候，康斯坦丁建议使用一种"宽阔的、通风的地方作为监禁的场所"，由此形成了关于对逃税行为进行监禁的第一次记载。这种"自由和开放的监禁"实际上是一种家庭拘留。17世纪以后，即使是对于逃税的监禁也被取消了。在一份取消监禁的经过反复修改的诏令中，康斯坦丁说："对于欠税的纳税人而言，通过扣押其抵押品使其认识到缴纳税款的必要性就足够了"（公元353年）[9]。没有必要惊讶，监禁最初是用于强制执行针对商业领域征收的某种所得税的。事实上，监禁在当时是很人性化的。戴克里先经常使用的惩罚手段是死刑。基督教的很多殉道者在这一时期被执行死刑，他们之所以被执行死刑可能主要不是由于宗教犯罪，而是由于税收犯罪。惩罚基督教徒的诏令经常包含这样的语言："我们命令没收他们的

---

〔8〕 D. Saunders, ed., *The Portable Gibbon*, *The Decline and Fall of the Roman Empire*（New York, 1973), p. 378.

〔9〕 C. Pharr, ed., *Theodosian Code*, XI 7, 3; A. D. 320（Princeton, 1952); *Sourcebook II*, p. 477.

财产，上缴国库"，或者"必须保证他们的财产属于我们的国库，他们被交给费诺（Phaeno）的矿山"。[10]

议员的财产是免税的，但是，为了成为一名议员，必须每年缴纳一种特别的税，叫作土坷垃（gleba），它是按照8个单位、4个单位和2个单位来缴纳的，这个单位或许是若干磅黄金，但是我们不确信是否如此。不能缴纳最低税款的议员将被要求从元老院辞职。

最后，还有一种税可以避免动物或者男人被征兵到罗马军团。由于一次征兵最基本的是免除一个劳动力的税收，因此，避免被征兵的税收就是免税特权税。这种税必须用黄金缴纳；因此，只有富人才有可能合法地避免服兵役的义务。

康斯坦丁成为基督教徒后增加了黄金的供应。他掠夺了帝国境内所有非基督教寺庙中的黄金，将他们熔化铸造成金币，随后税收可以用金币缴纳，为罗马规定了黄金的标准。从那时起，黄金就成为所有合理财政制度的基础，尽管现代政府有相反的论点。自从尼克松（Nixon）开始，将瑞士法郎与其他货币的价值相比较，由此美元取代了黄金标准。所有瑞士法郎都由固定比例的黄金来支持，这种做法受到了位于伦敦、渥太华以及华盛顿的精力充沛的财政神童的嘲笑，但是在世界上的投资者和银行家的眼中，黄金永远是合理通货的基础。

农民的奴役身份最终延伸到了工人和工匠的身上。补鞋匠及其后代子孙将永远做鞋子。他的儿子们只能娶补鞋匠的女儿们。最终的结果就是罗马经济阶级的完全奴隶化——他们变成了使得这一税收制度能够运作的社会等级制度：

> 公元4世纪的皇帝们以及戴克里先都是在暴力和强迫的气氛中长大的。……他们很认真地履行自己的义务，推动他们前进的动力是他们对自己国家真诚的热爱。他们的目标是挽救罗马帝国，而他们也的确做到了。……他们从来没有问过这样一个问题：为了挽救罗马帝国而将数以百万计的人投入监狱是否值得。[11]

118

---

〔10〕　J. Stevenson. ed., *A New Eusebius*, *Documents Illustrative of the History of the Christians to A. D. 337* (London, 1968), pp. 295, 302～3.

〔11〕　Rostovtzeff, *Roman Empire* 1, pp. 531～32.

第 12 章

罗马的覆灭：是逃税惹的祸吗？

> 一个危险的邪恶怪圈开始形成了。军队、官僚机构和社会福利导致国家开支不断增长，由此又带来已经无法忍受的税收负担不断增加。税收负担越来越重，逃税的倾向也越来越严重——非法的或者合法的——其中还有高官和大地主……国家最终走向了终点。
>
> ——奥雷利奥·伯纳地（Aurelio Bernardi），
>
> 《罗马帝国衰落时期的经济问题》

在 1942 年的最初几个月中，美国报纸的头版头条报道："复活岛（Wake Island）沦陷"，"克里基多岛（Corregidor）沦陷"，"新加坡（Singapore）沦陷"。在第二次世界大战那些最黑暗的日子里，这些标题震惊了同盟国。如果伦敦也沦陷了，那么，它就会产生与公元 476 年野蛮部落的国王奥多亚克（Odovacar）攻占罗马相同的震惊效果。

这已经不是这个城市第一次被入侵者占领。奥多亚克攻占罗马之所以重要是因为其政治含义。几百年来，西方文明的中心一直集中在罗马——永恒之城。公元 476 年以后，罗马已经不再那么重要。后起的新星正在崛起。

被极力渲染的罗马的覆灭已经被作家们戏剧化了几个世纪。据说，每一代人都要探询导致罗马帝国灭亡的原因。我们深思罗马灭亡的原因，就像我们深思某些大的灾难一样，它不仅给我们带来了震惊，而且是人类所面临的凶兆。

罗马文明并没有随着罗马帝国的灭亡而终止。当罗马城作为一个统一和占统治地位的政治力量开始衰退时，这些人的伟大文明开始了新的起航。即使在今天，罗马文明仍然非常活跃。我们仍然像罗马人那样治理我们自己、进行战争和征收税款。如果认为罗马已经消失了，这是非常荒谬的，就像认为埃及已经消失了一样。消失的只是这个城市的政治力量；其他的继续存在，只不过变了一种形式。在过去的 15 个百年中，恺撒们流浪在地球上。在历史上，我们随时都能感受到我们身边至少有一位他们中的一员。

曾有人认为，罗马的灭亡是由于疾病、战争、土地退化、过度征税或者其他灾难所导致的人口减少。这些导致罗马帝国衰亡因素的名单是非常长的，也包括诸如过多的财富、阶级斗争、种族自杀——罗马民族掺杂了太多的少数民族——社会等级平等化、贫穷的将军以及野蛮民族的涌入。你可以选择你所喜欢的任何一个原因，并且指出那就是导致罗马帝国崩溃的原因。在公元 15 世纪，帝国经历了很多与早期不同的变化。有一大批因素导致罗马帝国灭亡，但任何一个单一的因素又都不是罗马帝国灭亡的必要条件。

18 世纪牛顿（Newton）以及其他早期科学家的发现对于历史研究产生了重要影响。人们认为推动星球运动的因素也会有一个推动历史进程的相应因素存在。法国哲学家孟德斯鸠（Montesquieu）——其哲学思想曾经影响了美国的建国之父——在当时表达了这样的思想：

> 在每一个君主国家都有一个一般性的因素在起作用，道德的或者物理的，它们在提高或者维持这个君主国家或者左右它的衰亡；所有的偶然事件都是这些因素的结果；如果一场战争的出现——也就是说，一个偶然的因素——毁灭了一个国家，也总有一个一般性的因素在起作用，这一因素将使得这个国家在一场战争中毁灭。[1]

孟德斯鸠在做出上述结论时，心中想的是罗马帝国。导致罗马帝国灭亡的深层次社会和经济因素一直是争论不休的主题。另一方面，直接因素也并不明显。

英国历史学家爱德华·吉本（Edward Gibbon）在那个时代承担起了这一挑战，当时，他写出了标志性的巨著《罗马帝国的衰亡》，这本书现在仍在印刷。今天，学者和历史学家羞涩地躲开他们称为"吉本难题"的难题，仿佛它已经与我们无关。我们假定历史学家们都去研究事实性问题去了，避开了这种象牙塔的追求。不这样做的历史学家被认为是激进派，他们的学术成果有时被贴上华而不实的标签。

在导致罗马灭亡的"因素"的目录中，必须加上一个主题：逃税。对于

---

[1] Montesquieu, *Considerations*, p. 169.

汪达尔人（Vandals）而言，罗马帝国灭亡的直接原因就是在罗马国家中存在的猖獗和无法控制的逃税。如果罗马政府在当时有充足的财政收入来维持足够的军事力量，野蛮民族流窜抢劫的一帮人就不会进入意大利半岛，更不用说袭击罗马了。罗马城的灭亡是因为他不能抵抗第三阶级的军事力量。社会上有足够的财富可以用来养活和维持一支强大的军事力量，但是这种军事力量并未存在——因为逃税者拥有所有的资金。

　　问题始于戴克里先以及他那伟大的社会和经济改革。这些改革为罗马大大增加了军队和民事官僚机构。在随之而来的世纪中，罗马繁荣昌盛起来。由于拥有超过 50 万人的军事力量，奥多亚克根本没有机会成功，任何其他人也没有机会战胜罗马。罗马毫无疑问是战无不胜的，完全有能力抵抗任何侵略者。戴克里先的改革让罗马强大起来。军队的力量成倍地增加，但是，这个国家对财政资金的需求也在成倍增加。为了支持庞大的官僚机构，对税收的需求不断增加，人们所拥有的规避重税的自然本能推动罗马经济走向了逃税的漩涡。

　　4 世纪的大部分时期，戴克里先税收制度的奴役性质使得征税官变成了奴隶的主人。皇帝康斯坦丁的第一家庭教师描述了征税官是如何将农民召集到城镇广场、如何施加折磨以及如何让孩子提供证据反对他们的父母、妻子反对她们的丈夫、仆人反对他们的主人；他们通过夸大纳税申报来敲诈勒索，他们甚至将孩子与老人放在小规模农民的纳税名单上将纳税申报提得更高。[2]

　　除了承担自己的税收负担以外，小型的独立农民还生活在这样一种恐惧之中：由于联合纳税责任，他邻居的税款也可能转移到他的头上。如果某些农地荒芜了，征税官就会将这些土地转移到临近的农民身上，连同它们的纳税义务。对于小规模农民而言，私人所有权变得无法忍受。为了获得解放，小规模农民发现他们可以将他们的土地转移给最近的军事首领或者大的土地所有者，然后免除纳税义务。这些农民的状况好转了。与他的土地联系在一起，他仍然可以住在原来的房子中，耕种同一块土地，使用同样的牲畜。唯一改变的是征税的景象。征税官现在不得不与他的主人打交道，而他的主人拥有足够的资金和手段来对于任何罗马征税官。

------

　　〔2〕 Ferdinand Lot, *The End of the Ancient World and the Beginnings of the Middle Ages* (New York, 1961), p. 174.

为了制止小型土地拥有者的流失，罗马政府通过法律禁止小规模农民合并到大的不动产中。但是，大的土地所有者可以通过行贿以及各种合法窍门的搭配来轻松规避这个法律。如果没有意外，大的土地所有者可以通过强制税收销售的方式购买小规模农民，或者仅仅通过向政府缴纳任何欠缴的税款，如果合并被合法化。

大的土地所有者通过各种合法和非法的手段来逃税。他们通常使用行贿的手段来获得较低的税收核定。最主要的手段是税收豁免。下列年度的秋季之前都进行了税收豁免——公元401年、411年、434年、445年、450年以及458年，这些暗示了罗马国库不可能收到太多的税款。税收豁免的问题在一次公共燃烧事件中再次突显出来，例如："我们要求将不必要的税收核定文件烧毁"或者"我们希望关于欠税的清晰记忆从地球上消失"。[3]税收豁免通常涉及累积的欠税。大的土地所有者可以很容易地敷衍征税官，然后使用他们的影响力通过元老院来游说另外一种税收豁免。与此同时，土坷垃，或者叫议员税，连同销售税和继承税也一同被取消了。志在逃税的说客们不遗余力地游说工作为破坏当时的税收制度起到了重要作用。

我们首先来看在帝国早期的十人长，那时，每个城市10个最富的人被任命到这个城市的议会，叫作地方会议（curia），由这个议会来照看罗马的税收制度。后来，这一团体变成一种城市参议会，人数也扩充到每个城市最富的100个人。除了征税以外，他们还负责军事征兵、政府邮政、粮食运输以及任何其他需求。地方会议，与小规模农民一起构成了罗马国家的支柱。

如同小规模农民一样，地方会议的税收负担也变得无法忍受，他们也开始逃跑。富人中的领头人可以在元老院购买一个席位，从而永远享受免税待遇。富裕程度稍差一些的就面临了更加困难的工作。为了逃税，一些人变成了军团的官员，一些人变成了牧师，还有一些人加入了罗马公务员队伍。还有很多人或许加入了农民的行列。

为了制止富人中的领头人逃跑，政府制定了一系列法律，命令他们返回到他们所在城市的议会中。在这些新法中，有一个20年地位限制的规定。逃跑的富人中只有那些已经在新的岗位上工作20年以上的才允许留在新的岗位上。

正如人们所预料的，巨大的逃税竞赛导致礼拜仪式的终止。富人们不再

〔3〕 *Theodosian Code* XI. 28. 1 – 17（Tax remissions A. D. 363~436）.

　　艺术家眼中的在广场烧毁税收记录。罗马的灭亡部分是由富人阶层和特权阶层逃避纳税义务而导致的，他们有能力让政府取消税收债务，随后就在广场上烧毁他们的欠税记录。

与社会公众一起分享他们的财富。财富再分配的过程走向了反面。而且，逃税竞赛和斗争还产生了一个腐败的议员阶层，他们的财富是他们滥用税收制度以及在公共职务上腐败的能力所带来的。这些并不是擅长商业或者农业的精力旺盛和有创造力的企业家的财富，而是擅长贿赂、欺诈和政治操纵的政客的财富。

　　没有了税收负担或者公共礼拜仪式，这些大的土地所有者建造了无数庄园，这些庄园都是自治的、挥霍的和坚固的，同时他们还为数以千计的农民建造了监狱住所，他们已经变成了农奴。这些逃税者与他们所祸害的罗马国家一样腐败、一样吝啬。戴克里先的丑恶罗马变成了无数小罗马，每一个都拥有自己的恺撒、军团和奴隶。罗马就像一个原始癌细胞，她将其恶毒的性质传递给了她的子孙们。用恶毒来描写它们可能都不够充分。罗马灭亡之时，马赛（Marseilles）的大主教萨尔维安（Salvian）描写了这一税收制度给一个曾经热爱自由的人性化社会所带来的颓废、残酷和邪恶。即使假定存在某些夸张，萨尔维安所描述的灭亡前夕的罗马也是一个缺少所有文明因素的社会。

任何有一点点人性的个人都会逃向野蛮民族。[4]随时时间的推移，拥有强大庄园的罗马贵族已经变成了中世纪的庄园领主。这里离中世纪只有一步之遥。

很多有能力的皇帝试图纠正税收制度的滥用以阻止纳税人的逃跑。告密者已经过时了。压迫人的税务代理人有可能在公共场合被活活烧死。总督将要对税务代理人的报告进行特别审计。公元320年，康斯坦丁发布了一个诏令使得税法不再属于刑法：

> 与到期税款的缴纳相联系，没有人再害怕他将在邪恶和愤怒的法官手中遭受监禁、鞭笞、重压等折磨以及那些傲慢法官所设计的任何其他折磨。监狱是为罪犯准备的。……根据这部法律，纳税人的人身安全将得到保障。[5]

不仅纳税人的错误不再受到刑事处罚，而且后来由康斯坦丁颁布的《狄奥多西法典》（Theodosian Code of Laws）规定："如果任何人在法庭上抱怨其被征收了超额的税款或者他遭受了任何傲慢的对待，如果他能证明这是事实，对于这位征税官将给予严厉的惩罚。"[6]

罗马皇帝所制定的纠正税收滥用的法律是令人敬佩的，但是需要纠正的邪恶正是这一税收制度本身。结果，这部立法尽管在形式上非常严厉，但在实际生活中根本没有任何效果。

朱利安（Julian）的政策（公元360年）是其他皇帝所采用的解决罗马税收问题的惩罚方法的例外。朱利安的方法放在任何时代都是异乎寻常的。为了降低政府开支，他解散了大批政府工作人员。税率降低了，最重要的是，税收豁免、免税以及延期纳税等也被取消了，因为这些政策都不能给小规模农民带来任何利益。数以千计的小块土地被卖给了贫穷的农民。

对于士兵而言，朱利安拒绝给他们涨工资，但是他保证士兵们可以及时拿到工资。他通过征募优良的军队试图增强驻扎在边境的卫戍部队，他渴望领导他们参加战斗，以增强他们的士气。

关于城市的富人领导，他下令金皇冠税应当自愿缴纳，就像它们最初的性质一样。为了降低军事开支，他寻找了新的武器和军事装备，这样，军事人员的数量可以降低，但并不削弱军队的战斗力。他甚至向学者请求建议，

---

[4]　Salvian, *On the Government of God*, *A Treatise*, ed. and trans. Eva M. Sanford（New York, 1930）, pp. 141～49.

[5]　*Theodosian Code* XI. 7. 3, p. 299；*Sourcebook II*, p. 477.

[6]　*Theodosian Code* XI. 28. 2.

向他们请教如何降低政府开支。朱利安认为罗马的问题是经济问题和财政问题，而根源在于错误的过分开支与税收政策。当朱利安的高卢（Gaul）（法国）地方行政官员要去赋予自己增加税收的权力，因为（就像他所声称的）土地税和人头税尚不充分，朱利安回答他说，"他宁愿舍弃自己的生命"，也不会增加税收。朱利安随后亲自进行了调研，最后得出结论认为通常的税收已经足够了，因此，他拒绝增加任何新的税收。同时代的历史学家阿米安（Ammianus）报道了这一事件并且给出了这样的评论："因此，一切就这样过去了，通过解决一个勇敢的人，再也没有人试图在高卢开征新税。"[7]

如果朱利安还活着，或许他就可以挽救罗马了。不幸的是，他的继承人很快就取消了他那些具有建设性的方案，重新回到强制解决罗马税收问题的政策上来。对于小规模农民而言，逃避这个国家蛮横征税的两条唯一的出路也被关闭了。古老的流亡（asylia）权利——这一权利自从法老时代就开始用来保护被虐待的纳税人——也被一位基督教皇帝在公元 392 年给取消了。几年前，另外一个基督教皇帝下令下列行为非法：小规模自由农民或者商人或者工人为了将自己处于大地主的恩惠之下并因此而逃避纳税义务而宣布放弃自由权利的行为。对很多人而言，成为征税官的奴隶（税收奴隶）比成为领主的奴隶（家财奴隶）更悲惨。

朱利安去世后不久，政府再次引入军队协助征税。军事税收官僚机构的成本也很高，为了支付这些成本，税收翻倍了，支付给军事征税官的税款增长了 100%。苏西莫斯（Zosimos），一位生活在君士坦丁堡（Constantinople）的希腊历史学家，在他的《历史新星》（Historia Nova）一书中描写了逐步发展的对于小商人征收 5 年金银税的恐怖情景：

> 随着决定最终命运时刻的到来，城镇里到处都是撕扯和哀嚎。当征税期来临的时候，鞭子和拷问台被用来对付那些其所有财产也不能缴纳这些邪恶税收的穷人。母亲卖掉了他们的孩子，父亲将他们的女儿卖为妓女，通过这种悲惨的交易筹钱纳税。[8]

在共和国早期，属于公民的小规模农民出于爱国很乐意不要报酬地服兵役。在几个世纪中，他一直是世界上最好的斗士。在帝国的最后一个世纪中，军团的素质改变了。驻扎边境的卫戍部队要么是由来自意大利的流民组成，

---

〔7〕 *Ammianus Marcellinus*, Bk. XVII. 3. 5, trans. John C. Wolfe (London, 1963), pp. 315～17.

〔8〕 Lot, *End of the Ancient World*, p. 175.

要么是由野蛮民族的人组成，他们所关心的是保卫他们自己的领地，而不是保卫帝国。君士坦丁堡变成了税收避难所。农民按照在他们的土地上干活的工人的数量来征税。当需要新兵入伍时，农民就会将他们的流民派去当兵或者购买一些没有价值的奴隶来满足政府的需要。通过这种方法，他们留下了最好的工人，赶走了最坏的工人，也降低了自己的税负。政府最终决定，购买奴隶来满足征兵义务的行为是违法的。

好的军队驻扎在国内具有足够的影响力。如果是流民组成的军队就应当派到境外参加战斗。他们是如此笨拙，以致一个古代的作家悲叹道：看着他们战斗是多么可怜啊，"根本不知道他们值多少钱"。[9]罗马军团力量和士气的衰落已经持续了 200 年。塔西佗在 2 世纪早期经过观察得出了这样的结论："由于奢侈，他们的力量在不断衰退，特别是与古时候的纪律和我们父辈的行为准则相比，那时，英勇而非金钱构成了罗马国家的良好基础。"[10]

这种有严重后果的税收制度的盛行导致很多历史学家在罗马灭亡之前就预测，罗马与很多伟大的帝国一样，会因征税而导致自己的灭亡。最近，灭亡的税收理论在很多学者那里已经不流行了，或许是因为我们自己对于重税的忍受能力越来越强了。当我们设计现代税收立法时，没有人会认为我们正在写自己的讣告。如果我们的文明被摧毁，我们希望它将按照好莱坞式的方式发生——就像一场原子弹战争、生物学大错或者其他剧烈变化的突然爆发事件。当然，不会是像每天征税这种如此简单和乏味的事件。

现代学者中已经很少有人坚持将税收理论作为罗马灭亡的原因。一位卓越的剑桥学者用这种方法总结了罗马的尴尬境地：

> 军队不能再扩充了，因为土地已经不能再承受进一步的人力消耗；土地状况已经恶化了，因为税收太重；税收之所以太重是因为军队的需求在增加。[11]

其他的欧洲学者也同意这种观点。牛津大学（Oxford）的琼斯（A. H. M. Jones）是罗马经济学者的领头人，人们在他尚未发表的手稿中发现了一篇论文，标题为"沉重的税收与罗马的灭亡"，这篇文章已经连同他的其他关于罗

126

---

〔9〕 Aurelio Bernardi, "The Economic Problems of the Roman Empire at the Time of its Decline", in Carlo Cippola, ed., *Economic Decline of Empires* (London, 1970), p. 72.

〔10〕 Tacitus, *The Histories*, Bk. II, LXIX, trans. C. H. Moore (Cambridge, 1980), p. 271.

〔11〕 M. I. Finley, "Manpower and the Fall of Rome", in Cipolla, ed., *Economic Decline of Empires*, p. 90.

马经济的研究成果一起发表了。他将高税负作为罗马灭亡的重要因素之一，他引用了基督教历史学家拉克坦西的话："农民的资源被各种各样的沉重税收压榨完了，土地荒芜了，耕地变成了荒地。"[12]为什么？因为纳税人已经逃走了。很多人逃到了野蛮民族的土地上去了。正如一个团体所说的："我们会逃到我们可以像自由人一样生活的地方。"[13]同时期的学者，法国马赛的萨尔维安（Salvian），在公元440年写道：哥特人（Goths）（法国的野蛮民族）的正义和人性远远超过了罗马人——无论是政府的还是公民的。他认为即将来临的罗马崩溃，最核心的弱点就是支离破碎的税收、残忍的统治阶级以及政府的贪欲。"罗马的富人在哪里？帝国的财政处于穷困的状态，而国库也穷得可怜。"[14]

127　　一位现代意大利学者事实上精确地指出逃税是关键的因素。他指出了一个恶性循环：纳税人采取一种或另一种形式不断消失，税收官僚机构为了对付逃税行为又不断增加成本。当农民不断逃走的时候，富裕阶层正在通过合法和非法的手段逃税。小型纳税人的逃走与大型纳税人的逃税

　　　　在15世纪的过程中展现了自己。少数特权团体，在他们逃税的同时，积累了巨额财富同时在他们庄园的周围建立了一个经济与社会的小世界，这一小世界与中央权威完全隔离，与此同时，巨大的政府破产了。这是罗马世界的终结。这是中世纪的开始。[15]

　　一个更新的理论认为，罗马的灭亡来自不断提高的死亡率导致农民的数量不断减少。[16]农民死于营养不良，因为没有足够吃的食物——类似于1930年代，斯大林时期的苏联数以百万计的农民死亡。当征税官拿走农民的大部分粮食后，罗马农民就没有足够的粮食来吃。大部分学者很少分析的问题是，在如此多的"原因"背后，都能发现税收的因素。无论是因为饥饿而死亡还是逃亡到哥特人那里，税收都起了作用。即使是人性的灭失——罗马人互相之间的恶毒与残忍——也不过是政府对所有公民纳税人恶毒的反应。

　　自由所遭受的侵蚀也是很严重的。帝国的人民有伟大的自由传统，这一

---

〔12〕 A. H. M. Jones, *The Roman Economy* (Oxford, 1974), pp. 82～89.

〔13〕 Rostovtzeff, *Roman Empire* 1, p. 398; Salvian, *On the Government of God*, pp. 141～49.

〔14〕 Bernardi, "Economic Problems of the Roman Empire", p. 66.

〔15〕 Ibid., pp. 81～83.

〔16〕 Jones, *Roman Economy*, pp. 134～35; 关于其他理论请参见 D. Kagan, ed., *Decline and Fall of the Roman Empire*: *Why Did It Collapse?* (Boston, 1962).

传统从共和国时期就一直存在，这些自由传统反应在西塞罗关于帝国法律的著作中，这些著作是在优士丁尼皇帝（Justinian）的《法学阶梯》（*Digests*）中找到的，西塞罗说："自由是不能用任何东西来估价的财产。"[17] 还说："自由被人热爱，超越一切事物。"[18] 自由女神出现在罗马硬币上。古代的历史学家不时提到自由庙宇，其中，自由女神是核心人物，但是，他们所提到的自由在当时就是指罗马公民免于纳税的自由。[19] 当戴克里先和后来的罗马皇帝用税收来奴役罗马公民时，这些硬币和庙宇已经消失很长时间了。自由女神在美国的硬币上重新出现以及纽约海港上巨大的自由女神塑像并不仅仅是来自法国的礼物，而且是一个来自罗马的概念。

在关于灭亡的分析中，最重要的是，罗马的灭亡很可能是基于一种心理因素。公元 476 年汪达尔人攻占罗马以后，并没有群众运动要求恢复帝国。后继的皇帝也试图努力过，但由于缺乏群众支持而失败了。爱国主义、牺牲精神和对国家的热爱，这些都是孟德斯鸠所看重的，[20] 都消失了——它们早已被戴克里先的税收制度窒息致死。各阶层的人们不再需要罗马政府，她的人民也不再关心她是否能够生存下去——永恒之城首先已经不存在于她的人民的心中。

128

---

〔17〕　Justinian Digest L. XVII, Paulus on Edict II；*Sourcebook II*，p. 539.

〔18〕　Ibid.，Gaius on Provincial Edict V.

〔19〕　Livy, xxiv. 16. 19；Ovid, *Fasti*, iv. 623., Dio Cassius xxxviii. xvii. 6，报告了在西塞罗被克劳狄乌斯（Clodius）放逐以后，一座自由庙宇是如何在西塞罗住房的原址建立起来的。在恺撒被庞培打败，后来又被提比略打败以后，元老院建立了自由庙宇：Dio Cassius, xliii. 44. 1；lviii. 12. 5. 最后一次提到这位女神是在朱庇特庙宇被恢复以后，奥古斯都在这里为她建立了一个特别的会堂。

〔20〕　Montesquieu，*Considerations*，最后一章。

第三部分
中 世 纪

　　到公元 8 世纪，大部分罗马税收在西方都消失了。中世纪欧洲早期的王国都没有运行罗马税收制度的专门技术。如果某位国王想消灭某些人，古罗马的土地税的确能起到一些作用。那些不受欢迎的人将被任命为土地税的征税官并被派去征收那些拖欠的土地税。这些不幸人很少能活着回来。在 7 世纪的《佛莱德加编年史》（Chronicals of Fredegar）（我们关于北欧中世纪早期知识的主要来源）中，我们了解到法兰克人的女王清除掉一位竞争对手的计划，其中这样记载："因此，波索德（Berthold）不久就会迅速死去，他们派他去确定王国内的城市和地区，其目的是征税。"[1] 然而，波索德并没有死，因为他在去的时候，还带了 300 名全副武装的保镖来保护他。

　　间接税和人头税为封建领主提供了他们所需要的财政收入。但是这些税收扼杀了商业，西方文明的衰落很可能就是这些税收制度带来的恶果，就像我们在未来的世界所过分强调的那样。

　　拜占庭（Byzantium）以及基辅罗斯（Kievan Russia）变成了文明的中心。他们也增强了其他世界，但是他们关于商业的税收很轻，也欢迎投资。贸易在东方非常活跃，也很健全，而在西方则几乎不存在。这也解释了为什么东罗马帝国又存续了一千年。

　　当公元 7 世纪伊斯兰教（Islam）在世界上突然爆发之时，在衰落的罗马世界，减税的承诺比伊甸园即将到来的承诺更有吸引力。当皈依宗教不再提供税收优惠时，伊斯兰教的传播也停止了。难道这仅仅是一个巧合吗？

　　在中世纪，税收习惯僵化为对于政府和纳税人固定的宗教需求。随着现代的来临，这些税收制度变得越来越不能适应时代发展的需要。国王渴望得

---

〔1〕 Ferdinand H. H. Grapperhaus, *Taxes*, *Liberty and Properly* (Amsterdam, 1989), p. 35.

农民正在缴纳过桥费。这幅画来自 15 世纪比利时图尔奈（Tournai）教堂的玻璃彩饰。

到更多的财富，但是创造"不为人所知的税收"的国王也会引来反抗。国王不得不在当地基督教民众以外寻找提高财政收入的新方法。他们转向了犹太人世界，不断掠夺他们，直到他们的财富所剩无几。他们会从教会盗窃财产，如果有必要的话。最终，当所有其他林荫大道都穷尽了以后，"经过同意"的新税收概念终于被发现了，它将作为应对"不为人所知的税收"

的新方法。

　　获得纳税人同意征税的国王必须回报纳税人一些东西。这种税收的交易变成了政府运作的基础，运用这一方法，我们的先辈们用纳税购买了他们的自由，随后，又将这一方法作为遗产传给我们。

第13章

〜∽◦⌒

伊斯兰教：异教徒只有两条路可供选择
——死亡或者纳税

> 以上帝的名义，仁慈和富有同情心的。变成穆斯林，得到救赎。
> 否则，接受我们的保护，缴纳人头税。否则，我将把这样的人带给
> 你：他喜欢死亡就像你喜欢葡萄酒一样。
>
> ——穆斯林将军致波斯人，公元633年

罗马帝国在西方灭亡以后不久，一个崭新的、激动人心的宗教在世界上
爆发了。它具有年轻的活力以及神学上的简明易懂，因此很快成为各个年龄
段的基督教徒羡慕的对象。用《古兰经》（Koran）和刀剑武装起来的穆罕默
德（Muhammad）的军队横扫了中东、北非和西班牙。他们占领了罗马帝国的
大部分领土，但是不幸的是，他们内部产生了分歧。他们巨大的帝国分崩离
析，分裂为独立的众多王国以及哈里发的辖地。

首先，穆罕默德们是以解救者的身份到来的，他们的到来解救了罗马世
界被沉重的税收压得喘不过气来、已经成为奴隶的居民。结果，穆斯林军队
在战斗中总是数量领先，而且不断取得胜利。大部分地区根本没有发生激烈
的战斗。

在波斯，新的信众就是袄教徒（Zoroastrian）；正是从这一宗教开始，占
星家或者智者开始尊敬位于伯利恒的圣母玛利亚的儿子。然而，袄教徒正背
负着沉重的税收，对于他们而言，接受伊斯兰教并不难。[1]但是，新的信众
中的大部分人来自基督教徒。在超过250年的时间里，基督教一直是罗马的

---

〔1〕　Daniel C. Dennett, Jr., *Conversion and the Poll Tax in Early Islam* (Harvard, 1950), ch. II.

国教，因此，罗马帝国——穆斯林扩张的帝国——是基督教徒的帝国。然而，基督教徒被残忍的罗马税收制度带上了沉重的枷锁。第一位伟大的哈里发对他们说："凡是接受这一宗教并虔诚祷告的人将免于缴纳人头税。"[2]这并不是一个选择基督教还是伊斯兰教的提议；它实际上是一个选择奴役还是自由的提议。很容易理解，基督教为什么失败了。一位同时代的早期历史学家得出了这样的结论："由于沉重的税收和悲惨的负担，很多富人和穷人都放弃了基督教信仰。"[3]

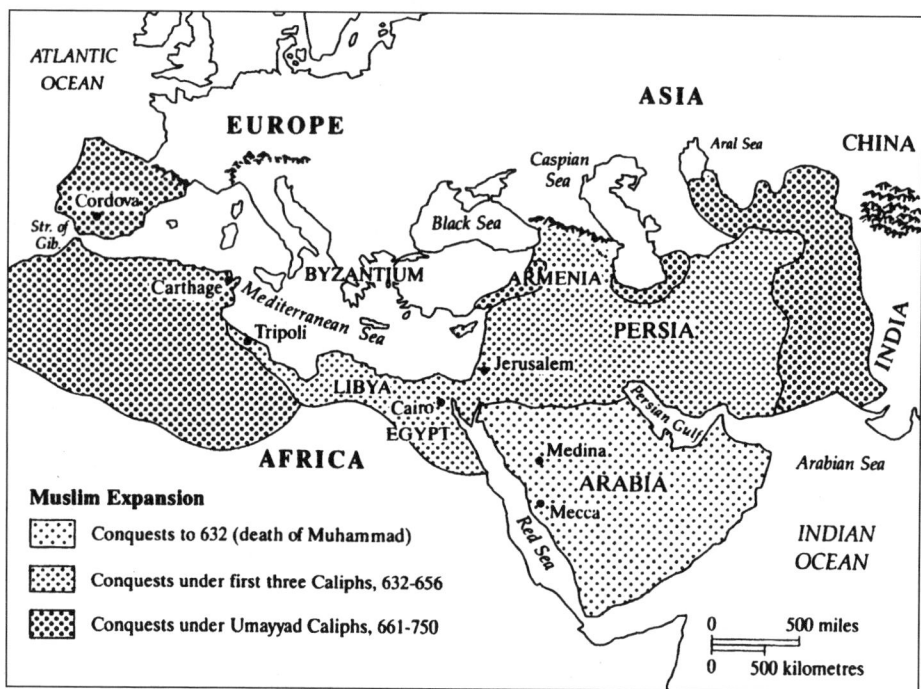

在不到120年的时间里，由于提供了免税的待遇，伊斯兰教传播得非常迅速，向东传播到印度，往西则一直传播到大西洋。最大的输家是基督教，因为它与压迫人的罗马税收制度联系在一起。无论是之前还是之后，没有哪个宗教能够传播得如此遥远，如此迅速。是宗教观念还是免税导致了这一超越自然的神奇信仰大转变？

一旦掌权，穆斯林们通过斗争努力建立一个有效的政府。他们缺乏罗马人的天赋——特别是缺乏奥古斯都那样的天才——他告诉这个世界，在任何

---

〔2〕 Ibid., p. 10, citing *History Patriarchs of the Coptic Church of Alexandria*, ed. Evetts (1910). pp. 189~90.

〔3〕 Ibid.

时候，一个有效的统治者必须能够紧紧抓住公众的钱袋子。穆斯林的统治者都是至高无上的独裁者，远远超过了奥古斯都，但是他们犯了致命的错误，将税收承包给了地方的将军和总督。正如我们能预料的那样，这些统治者榨干了帝国的大部分税收血液，返还给中央政府的只是涓涓细流。哈里发们的帝国由于税收贫血而衰退了，随后，伊斯兰世界分裂为很小的苏丹帝国、维西尔（visiers）以及地方税收酋长。

伊斯兰世界的中心集中在罗马帝国的东部地区。他们占领了伊朗（波斯）、伊拉克、叙利亚、巴勒斯坦、埃及、北非、西班牙和欧洲的一些小块土地。土地税和人头税牢固地扎根于这些地区，这要感谢戴克里先和康斯坦丁。穆斯林们对于这些税收没有进行大的更改，但是他们的确使它们更人性化一些并适当降低了税收负担。

穆斯林税收政策的精神在一位穆斯林地方行政官员所写的故事中进行了很好的阐述，这个故事是该官员根据哈里发的命令所编纂的关于土地税的一本书的前言。

> "请注意你们要征收他们所应当缴纳的全部土地税。请小心以免你让他们丢失了什么东西，请小心以免你被他们看出了任何缺陷。"然后，他说："中午到我这里来。"因此，我中午到他那里去，他对我说："我只能给你在你就职时我给你的那些忠告。……但是请注意，当你到他们那里去的时候，不要没收他们的财产，不要殴打他们，也不要让他们依靠自己的力量去征税。不要卖掉属于他们的任何东西去缴纳土地税的任何部分，因为你只有权征收他们的剩余部分。如果你不遵守我的命令，上帝会惩罚你。"……然后我离开了，按照他命令我的那样去做，当我回来的时候，土地税一点都没有少收。[4]

当穆斯林攻占埃及以后，也采取了类似的政策。当时，只能用黄金和白银来缴纳沉重的土地税。整个社会都要纳税，同时还征收人头税。穆斯林统治者阿慕尔（Amr）将税收的征收和管理工作交给地方的本国官员。农民可以用他们认为适当的任何形式来纳税。纳税不一定需要黄金和白银，用实物纳税也可以。长满红花草的土地可以免税，如果允许阿拉伯人在春季到这些土地上放牧。只有非信徒的商人才需要每年缴纳两个第纳尔（dinar）的人头

---

〔4〕　Abu Yusuf, "Advice to a Caliiph", *Islam from the Prophet Muhammad to the Capture of Constanti-nople*, vol. I. trans. Bernard Lewis (New York, 1974), pp. 167~68.

税，但在萧条和不景气的年份可以免除。[5]

穆斯林税收政策中的人性化因素非常重要。阿拉伯人给税负沉重的世界带来了和平与彬彬有礼。他们将古代的罗马世界从衰落、压迫和腐败的税收制度中解救出来。没有哪些事情可以证明这些制度比公元 636 年他们在巴勒斯坦对于基督教徒和犹太人所实行的税收返还制度更优越。当时，穆斯林已经攻占了犹太的大部分地区，但是他们的武力扩张有些过分，一支庞大的罗马军队已经从安提俄克出发。在一次战争议会上，穆斯林决定放弃他们所攻占的大部分地区。这一决定作出以后，穆斯林领导人召集了首席征税官并向其作出了如下指示：

> 因此，你应当将从他们那里征收的全部税款返还给他们，并告诉他们，我们与他们的关系仍会保持不变，只是现在我们不能保证他们的安全了。由于人头税仅仅是受到保护的对价，因此，应当退还给他们。[6]

相应地，从基督教和犹太教社会征收的所有税款又返还给他们。这一举动对基督教徒的感动如此之深，以至于他们泪流满面，他们还激昂地宣称："上帝会把你们重新带回我们的身边。"这一举动对犹太人的影响更大。他们痛哭流涕，并愤怒地说："根据法律和先知，只要我们还有一口气，我们就不能让罗马皇帝夺取这个城市。"[7]可惜的是，今天的犹太人和穆斯林已经没有这种感觉了。

穆斯林通过税收来促使宗教信仰的转变。曾经有人将穆斯林的传播归因于刀剑，很多历史学家也对穆斯林的口号"让无宗教信仰者去死吧"喋喋不休。《古兰经》（9：29）当然能够证明这一行为的正当性。事实上，穆斯林的做法与此是完全相反的。即使是最激进的穆斯林，其通常的行为模式也不是屠杀。被征服者往往有三种选择：死亡、纳税或者改变宗教信仰。因为有了这些选择，被征服者并不必然丧失他们的脑袋或者宗教信仰。

穆斯林修改了罗马的人头税：降低税率，将纳税人限于穆斯林的非信众。这种新的税收政策可能比刀剑或者《古兰经》更能给穆斯林带来更多的信众。

---

〔5〕 M. A. Shaban, *Islamic History, a New Interpretation* (Cambridge, 1971), p. 39.

〔6〕 作者不能确定其原始来源。然而，关于这个问题，在下列文献中得到了确认：Dennett, *Conversion*, pp. 55~57, 引用了伊斯兰教的资料。人头税是保护货币的；当它不能提供这种保护时，就需要返还。参见 "Islam and the Jews", Jacob. R. Marcus, ed. *The Jews in the Medieval World, A Sourcebook* (New York, 1975) pp. 13~19.

〔7〕 Ibid.

金第纳尔，非信众每年缴纳的人头税。这是在科威特（Kuwait）国家博物馆展出的第纳尔。右边的一个刻着这样的文字："没有上帝，但上帝是独存的。他没有伙伴。"在背面，刻着这样的文字："以上帝的名义，这一第纳尔铸造于 870 年。"（穆斯林历法开始于公元 622 年，也就是穆罕默德在麦地那起兵的那一年。）

信仰伊斯兰教是避免纳税绝对安全和确定的方法。随着时间的推移，所能征收到的税款很少，因为异教徒很少。我们有这样一个记录：一位埃及统治者向哈里发请求允许他改变宗教信仰以免于缴纳人头税。由于税收收入迅速减少，他不得不从自己的个人财产中拿出 20 000 第纳尔来补充国库。[8]改变宗教信仰已经成为税收制度中的一个严重漏洞。这是过度使用避税工具的一个早期例子。最后，穆斯林统治者不得不堵上这一漏洞，即使这意味着取消了一个重要的公共政策。传播宗教信仰是所有穆斯林的高贵追求，但是，当陷入减少税收收入的陷阱中时，这一高贵的追求也不得不让步。在上帝与税收的对立中（类似自由与税收的对立），即使是上帝也必须让步。

人头税，也叫迦离亚（jaliya），仅仅针对非伊斯兰教信众征收是基于他们与穆斯林主权者之间的一个协议。这个协议被称为迪马（dhimma）；它与奥古斯都的公约很类似。[9]这一协议规定了双方的权利和义务。非信众的主要义务是缴纳迦离亚，不能侵袭穆斯林男人，禁止触摸穆斯林妇女。对于穆斯林旅行者，他必须做一个善良的撒马利亚人（Samaritan）。如果他做到了这些

135

---

[8] Desmond Stewart, *Early Islam* (New York, 1967), p. 63.
[9] Lewis, *Islam from the Prophet Muhammad* 1, pp. 234~35.

事情，穆斯林世界就会确保他的安全。他可以信仰自己的宗教、毫无约束地旅行、居住在自己喜欢的地方、做他喜欢的工作。

不同时间，不同地点，迦离亚的税率是不同的。最早的账目表明这一税收是固定的。在埃及，每个成年男性异教徒缴纳两个第纳尔。在其他地区，经济欠发达地区，大部分只缴纳一个第纳尔，以上信息是在第比利斯（Tiflis）发现的公元642年介绍人头税的早期账目所体现出来的。（第比利斯是前苏维埃格鲁吉亚共和国的首都。）

> 以仁慈而富有同情心的上帝的名义。这是一封哈比比·马斯拉玛（Habib ibn Maslama）写给第比利斯居民的信，他们在胡尔木兹（Hurmuz）的土地上，给予你们、你们的孩子、你们的家庭、你们的女修道院、你们的教会、你们的宗教以及你们的祈祷者安全的引导，其前提条件是你们接受缴纳迦离亚的约定，其税率是每个家庭一个第纳尔。你们不能将不同的家庭结合在一起，以少缴你们应当缴纳的税款，我们也不会分割你们的家庭以增加我们所能收取的税款。[10]

换句话说：你们不允许避税，我们也不会加重税负！

当穆斯林第一次进入波斯时，阿拉伯军队的领导人给波斯人提前发布了一个通知，要求他们变成穆斯林，或者在死亡与人头税之间做一个选择。对于大多数波斯人而言，穆斯林所要求的人头税比之前的税收负担要轻。只有那些有权的人士遭受了损失，因为之前他们几乎不纳税。一个世纪以后，当穆斯林对付剩下的波斯的大本营时，他们采取了更加艰难的路线。当时，已经有相当数量的穆斯林群众因为他们的宗教信仰而受到歧视。穆斯林攻占者开始着手改变这一状况。这里是公元739年在波斯的一座城市发现的介绍人头税的内容：

> 事实上，巴拉姆斯（Bahramsis，波斯国王）曾经支持骑教僧侣（Magian）；他支持他们、保护他们并且将他们应当缴纳的税收转移到穆斯林身上。艾时戴德（Ashbdad），格雷戈里（Gregory）之子，曾经支持基督教；犹太人艾奎娃（Aqiva）曾经支持犹太教并做了相同的事情。但是我支持穆斯林；我支持他们、保护他们，并且将他们应当缴纳的税收转移到多神论者身上。

---

[10] Abu Uboyd, "Tiflis（A. D. 642 ~ 643）", *Islam from the Prophet Muhammad*, vol. 1, pp. 239 ~ 40.

　　到下一个周五之前，30 000 名穆斯林找到他，他们都需要缴纳人头税，同时，80 000 名多神论者承担了他们的人头税。他将穆斯林的税收转移到他们身上。然后他组织征收土地税——海拉吉（kharaj），将其施加在其所属的地方，按照休战协议的规定来征收。[11]

　　上文所提到的犹太人也享受到免税优惠很可能发生波斯北部的信奉犹太教的卡札尔人（Khazars）王国，这一王国正是在这一时期建立的。卡札尔人仿照穆斯林的做法，对非信众（基督教徒和穆斯林）征税。这种做法扎根于西方文明，持续了一千年。这一做法来源于希腊的征税实践，希腊对外国人所征收的税与对本国公民所征收的税不同。这种根据宗教信仰的不同而征收的外邦人税（metoikion）被西方社会的所有宗教团体用作主要的财政收入来源，也作为促使信仰转化的兴奋剂。税收优惠政策是经济发明，一旦一个民族发现了一个新的高效税收工具，其他民族就会很快照着做。威廉·皮特（William Pitt）的所得税以及哈考特（Harcourt）的遗产税是现代税收发明，这两个税给整个世界所带来的革命性变化远远超过爱因斯坦的理论。

　　波斯的人头税与埃及的人头税有很大的不同，或许因为埃及经济是建立在土地之上的，因此，土地税是主要的税收来源。波斯是一个商业民族，因此，商业税是最重要的。在波斯，修订人头税的主要目的是给商业增加一些税收负担。商人每年按照其交易货物价值的 10% 缴纳人头税。农民和工匠也需要缴纳人头税。设计这一税收的目的是对整个民族的商业性财产按照比例征税，也就是说，这一税收是基于纳税人的纳税能力而设计的。对于穷人有最低税率，对于富人有最高税额的限制，这一制度允许一位富裕的商人缴纳最高限额的税款，从而避免审计和评估。

137

　　穆斯林继续了波斯人的做法，即在纳税人的脖子上用不可涂抹的墨水盖上已经纳税的印章。犹太历史学家反对这一做法，因为它是侮辱人的，但是它的确有一些优点。纳税人脖子上无法抹去的纳税印章是一个非常好的税收记录。这既能保证纳税人不被征收两次税，又是纳税人安全出行的个人通行证。丢失或者错误位置的税收印章会导致严重的问题。考古学家们发掘了一位不幸犹太旅行者的信件，他的旅行陷入了困境，因为他丢失了税收印章。这是一封绝望的恳求信，恳求他的家庭能送给他另外一个税收印章，这样他

---

　　〔11〕　al-Tahari，"On Collecting Taxes，（A. D. 739）"，*Islam from the Prophet Muhammad*，vol. 2，p. 133.

就可以回家了。税收印章是非信众在伊斯兰世界的通行证。没有这个印章，旅行者将面临巨大的风险。

攻克伊拉克的故事再次展示了人头税领域的无秩序和不统一。当穆斯林进入伊拉克后，他们攻击了罗马总督的总部，而忽视了其他城市。他们聪明地认为，如果他们能占领首都并驱逐罗马统治者，整个国家就将落入他们的手中。他们包围了这个城市，一天夜里，罗马总督和他的随从逃到了山里。所留下的全部是本地的阿拉伯民众。

在与剩下的阿拉伯民众签订的和平条约中，穆斯林的表现非常符合绅士的风范。他们首先提供给他们一个条约，其中所规定的税收不超过他们所能负担的。当地的阿拉伯人不准备屈服于这样一个不确定的税收制度。早期的记录这样说："当地民众认为，如果他们同意按照他们的能力来纳税，那么，他们现在所拥有的财产和所得都将消失。因此，他们仅同意按照固定数额纳税。"[12]当穆斯林指挥官看到他们坚决的态度和抵抗的力量时，他接受了他们的条件，这个城市进入了伊斯兰统治之下。

伊拉克毗邻波斯的其他地区所签署的条约与此不同。当这些国家第一次变成穆斯林的土地，人头税的标准是一个第纳尔，再加上一定数量的小麦、葡萄酒和食醋。继任者穆斯林统治者被通过税收可以如此轻易地积累财富所感动了，因此，他们大大增加了税负。这里记录了他们是如何做到这一点的（公元637~641年）：

> 发现税收征收得不充分，他计算了当地的人数。确保每个人都在他手下工作，他大体估计了他的年收入，扣除他们花在食物、调味品以及衣服上的开支，扣除这一年的祭日。他发现每个人还能剩下四个第纳尔。他因此将这一数额确定为每个人所缴纳的人头税的标准，所有人一视同仁。……然后，他根据土地的远近征收土地税。他对于100加里布（jarib）耕地（大约3英亩）征收1第纳尔的税，如果这块耕地比较近；如果比较远，则对200加里布耕地征收1第纳尔的税。他对于比较近的100棵橄榄树征收1第纳尔的税，对于比较远的200棵橄榄树征收1第纳尔的税。他将超过一天的路程确定为"远"，将一天以内的路程确定为"近"。

138

---

[12] Abu Yusuf, "The Conquest of Mesopotamia（A. D. 631~634）", *Islam from the Prophet Muhammad*, vol. 1, p. 230.

叙利亚和摩苏尔（Mosul）也按照这种方式征税。[13]

后来，在叙利亚和埃及引进了累进税率。税率分别是 4 个、2 个和 1 个第
纳尔，取决于纳税人的税收负担能力。这种三级税率制度盛行了大约 500 年。
税率不时发生变化，但是三级税率仍然保持了相同的比例关系。在这些地区，
所有超过青春期（15 岁）的男人都要纳税。下列人员可以免税：政府与军队
工作人员、牧师、隐士、病人以及生活困难的任何人。

对于土地税（海拉吉）很难进行分类。一些领导人坚持取消对信众征收
土地税，就像人头税一样，土地税的名称应当经常交替使用。毫无疑问，任
何人都需要缴纳土地税，除了伊斯兰纪年的第一个世纪。大批当地民众宗教
信仰转变为伊斯兰教导致纳税人的数量大大减少。穆斯林所征收的很少的税
收以及十一税（tithes）很难满足王国的实际需要。贪婪的苏丹和哈里发要求
所有的税收收入都应当最大限度地榨取，因此，宗教性的税收豁免消失了，
土地税再次落到农民身上。沉重的税收变成了伊斯兰教国家的秩序，一个新
的轻税负时代进入了黑暗时期。

当穆斯林占领西班牙的时候，穆斯林世界达到了它的极限。比利牛斯山
（Pyrenees Mountains）是一个他们无法成功穿越的障碍。历史学家曾经说过，
这座山是无法超越的。或许根本就不是这座山的原因。伊斯兰帝国主义之所
以在西班牙陷入困境是因为在那个地区的税收制度已经变得非常腐败。这里
是一个早期的对于伊斯兰在西班牙的失败原因进行的供应经济学政策的
（supply-side）解释：

亚雅（Ja'far ibn Yahya）说："土地税是王国的漏洞。从正义的角度
来看，它变得越大，就越具有压迫性。

"摧毁一个国家最快的方法就是荒废耕地、摧毁居民以及通过暴政和
敲诈的方式停止征收土地税。给自己的纳税人施加沉重的税收负担，以
至于他们不能耕种土地的统治者就像是在饥饿的时候割下自己身上的肉
并吃下去的人。他一方面变得更加强壮了，另一方面变得更加虚弱了，
他带给自己的痛苦和虚弱远大于饥饿给他带来的痛苦。他对自己的居民
征收超过他们所能负担的税款就像一个人用自己房子地基上的泥土来修
缮房顶。习惯于在帐篷上打洞的人会使得帐篷越来越虚弱并最终摧毁帐
篷。如果耕种的人变得虚弱，他们就无力耕种土地，他们就会离开。随

139

[13] Ibid., pp. 231~32.

后土地荒芜了，耕种越来越少，税收随之也会消失。这会导致军队虚弱，一点军队虚弱了，敌人就会觊觎这个王国。

我听西班牙的一些老人——这些老人来自军队以及其他地方——说，穆斯林一定可以胜过他们的敌人，他们的敌人是虚弱和低下的，只要能够善待纳税的农民……将土地分给军队。他们开垦土地，善待农民，像商人照料自己的商品一样照料他们。土地繁盛起来，金钱非常充裕，军队配备了优良的武器装备，已经超过他们所需。但是，在他最后的日子里，阿比·埃米尔（Ibn Abi Amir）为军队重新引入了按月固定的薪水制，他们通过武力获得金钱，向土地派去征税官来征税。他们折磨居民、乱用金钱并最终耗尽了金钱，因此，居民逃走了，没有人耕种土地。税收削弱了苏丹的威信，军队变得虚弱，敌人变得强大，他们占领了穆斯林的很多土地。穆斯林变得弱小，敌人获得了胜利。"[14]

以上说明解释了为什么伊斯兰帝国主义在西方熄火了。这是在一千年以前写的，现代人所联想的比利牛斯山是不可逾越的障碍并未进入这一画面。穆斯林帝国主义的机器变得腐败和带有压迫性，因此也窒息了伊斯兰教的发展。

另外一个导致西班牙反对穆斯林税收的因素可能是5%消费税的引入，这或许是世界上第一个消费税。不幸的是，我们对此毫无所知，直到若干世纪以后它在帝国主义的西班牙重新出现。

伊斯兰教的主要精神和世俗统治者是哈里发，他是穆罕默德以及东方专制暴君的继承者。穆罕默德的头脑中并没有这样一个官员，当他的简单而朴素的宗教在世界各地宣讲普天之下均为兄弟时。哈里发和苏丹不可能是普通阿拉伯人的兄弟。

哈里发的贪欲不断膨胀，他拥有富丽堂皇的宫殿、无数后宫美女、黄金、白银和珠宝玉石。来自税收的财富腐蚀了他们。在他们对财富的贪欲中，哈里发犯了致命的错误，即将税款的征收承包给地方总督（苏丹）以及将军，哈里发获得20%的税款，其余80%的税款留给地方统治者。重大天灾既影响地方税务总管，也影响哈里发。后来，他们又发展出法院和富人与哈里发相竞争。

---

[14] Al Turtushi, "On Taxation and Its Effects（Ninth to the Twelfth Centuries）", *Islam from the Prophet Muhammad*, vol. 1, pp. 134～35.

伊斯兰帝国的第一个致命缺陷就是其税收制度。由于缺乏对税收的控制，哈里发变成了一个精神领袖，其几乎没有任何世俗权力。由于没有有效的审计控制，地方苏丹会保留大部分税收用于个人挥霍，哈里发应当分取的20%实际上仅有不到5%。

由于过多的税收财富所导致的腐败工作是伊斯兰世界第二个致命的缺陷。随着贪婪的苏丹从他们的居民身上搜刮越来越多的税收，对于税收的不满情绪迅速传遍整个帝国。伊斯兰军队不再带来自由，带走压迫人的税收。他们开始成为地方征税总管的助手，给当地居民带来残酷的肉体折磨，无论是异教徒还是信众。公平引入了税收制度，不是公正对待所有人的公平，而是压迫所有人的公平。这种相反方向的公平影响了这个世纪的大部分共产主义世界。

在埃及，地方苏丹试图增加5%的税收，由此引发了一次大规模的叛乱。为了回应他征收更多税收的要求，一位勇敢的顾问告诉苏丹，他不应该从人民那里征收更多的税收，"当苏丹的妻子在她儿子的割礼上穿着价值30 000第纳尔的裙子时，而这仅仅是一件裙子、一个妻子而已！"[15] 很偶然的，一个第纳尔在穆斯林世界最初相当于一个金币的价值。每年一个第纳尔的人头税已经是一个不小的数目，因此，30 000第纳尔的裙子一定超过了欧洲最富的君主以及罗马皇帝的昂贵服装。

迄今为止，一直被忽视的穆斯林历史的一个方面，或许这一方面就是伊斯兰教惊人增长的关键，就是使用税收作为信仰转化的兴奋剂。穆斯林的税收政策是宗教世界已知的最伟大的诱导转变宗教信仰的工具。过去的基督教作家曾经影响了我们的历史并且将穆斯林的成长解释为——也为基督教的衰落进行了辩解——对伊斯兰教对非信众的死刑判决的误解。学者们现在认识到，这并不是真实的故事：

> 促使他们转变宗教信仰的动力并不来自基督教论战者过去坚持的"刀剑"，但是来自这样一个奖励：基督教徒和犹太教徒需要缴纳一种特别的税收，而穆斯林（伊斯兰教徒）则可以免税。[16]

大部分阿拉伯人和转变宗教信仰的人都是基督教徒；很多人是文盲，不

---

〔15〕　Bernard Lewis, *The Arabs in History* (1960), found in Cipolla, *Economic Decline of Empires*, p. 114.

〔16〕　Malise Ruthven, "1001 Arabian Years", *The Wilson Quarterly* (Washington, D. C., Summer 1991), p. 97.

141 可能阅读和理解《古兰经》——但是没有任何人因为是文盲就不理解这种简单的无税制度以及对非信众所征收的土地税和人头税。基督教从伊斯兰世界消失了。仅过了一个世纪，所有这些都改变了，信众和非信众都要向贪婪的苏丹纳税。每年1个金第纳尔的税收负担很快增长到4个第纳尔。一位穆斯林牧师论证说，对于基督教徒和犹太教徒的所有财产征收 2/3 的资本税是有利于帝国的。结果，25% 的庄稼税和相当沉重的资本税像枷锁一样束缚了每一个人。随着税负不断增加并逐渐扩展到信众身上，帝国的扩张开始下降。这并不是巧合。

除了税率和税基的迅速增加（每个人都变成了纳税人），征税的方式也逐渐转向压迫性的方式。人头税迦离亚的征收所采取的是侮辱基督教徒和犹太教徒的方式。在埃及，我们发现了一些纸莎草纸的残片，其中记载，非信众在纳税时必须向征税官鞠躬，随后，征税官在他的脖子上吹一声，而站在他旁边的警卫会"将他粗鲁地赶跑"。[17] 穆斯林又将世界带回了它开始的地方，只是名字发生了变化。穆斯林的征税官在结束时可以与罗马帝国的邪恶征税官相媲美。或许若干世纪之前写作的穆斯林征税总管的画像最好地阐述了他们税收制度的产物：

> 他们是残忍的流氓，发明了上千种非正义、傲慢以及专横。……他们是他们那个时代的鞭子，他们的嘴里总是发出一些无缘无故的谩骂。他们是专门用来压迫那个时代的人民的，他们的存在给人性带来了耻辱。[18]

〔17〕 Salo W. Baron, Arcadius Kahan, et al. , *Economic History of the Jews*, ed. Nachum Gross (New York, 1975）, p. 26.

〔18〕 Lewis, *Arabs in History*, p. 113.

第14章

143

中世纪税收：上帝站在纳税人一边

> 上帝当然会惩罚那些重新建立旧税收制度的任何人，在那一天，重新恢复土地税的那些人的儿子会染上热病并在 3 天后死去。
>
> ——教皇圣格利高利一世（St. Gregory I），
>
> 《对话》（Dialogues），大约公元 600 年

罗马灭亡以后，小型农民和工匠仍然屈服于大的土地所有者和军事首领，只不过这一过程是由农村的无政府状态和无法律状态推动的。税收奴隶转变为家财奴隶开始变成一种运动，这是在封建世界生存下来的一种生活方式。

封建制度是基于契约的。最初，只有很少的税收是由封建契约产生的，这是一种三方安排，其中上帝是第三方。在封建契约中，税收条款是不可改变的。例如，图尔斯（Tours）国王制定了一个公约，"他永远不会给人民增加新的税收"（与现代的政治家很类似）。他王国里的一位伯爵在国王不知情的情况下开征了一种新的人头税。一个早期的编年史这样记载："国王惊呆了"，害怕上帝因其违约行为而发怒。国王废除了这一新的人头税，返还了已经征收的所有税款，并且为他的罪行而忏悔。[1]

图尔斯国王的行为是可以理解的。在中世纪，上帝站在纳税人这一边。今天，我们假定宪法站在我们这一边，但是，回过头来看，我认为纳税人在那个时代拥有一个优越的地位。他们拥有神圣的供应经济学观点。中世纪的一个宗教教条是过分征税的国王会招致罪恶，会受到上帝的惩罚。当图尔斯国王退还多征的税款时，他正在试图保持其繁荣昌盛的状况，因为这一教条 144

---

〔1〕 Roy Cave and Herbert Coulson, *A Source Book for Medieval Economic History*（New York, 1965）, p. 355.

的另一个方面是对于适度和正义征税的国王，上帝会祝福他的儿子们，会给他的领地带来财富，会让他的国库充盈。[2]这不正是供应经济学政策告诉我们的经济规律所要做的事情吗？在中世纪，能够带来繁荣的是上帝的法律，但是二者之间真的有区别吗？

中世纪的税收经常基于统治者与其臣民之间的契约，其中，上帝是重要的第三方。超额征税是违背上帝意志的邪恶行为。为了惩罚这种邪恶并且清楚他们的罪过，统治者们，如荷兰的威廉处死了犯了错误的征税官。关于这种惩罚的生动的肖像图，《威廉执行的正义》(*Administration of Justice William the Good*)，是 17 世纪荷兰画家尼古拉斯·伽林（Nicolaas van Galen）唯一幸存下来的杰作。这一事件发生在上瑟尔省哈瑟尔特的市政厅。

那位未经批准就征收人头税并令图尔斯国王不安的伯爵，其下场可能会比荷兰的威廉国王（William the Good）手下的那位在其领地上超额征税的征税官的下场好一些。威廉直接要了这位征税官的头。一位伟大的荷兰大师所

---

〔2〕 Kunwar Deo Prasad, *Taxation in Ancient India* (Delhi, 1987), pp. 30～31.

创作的关于这一执行过程的画作，今天仍然可以在荷兰上瑟尔省（Overijssel）哈瑟尔特（Hasselt）的市政厅看到。

对于新税和超额税的严厉惩罚措施起源于公元614年的《巴黎敕令》，有 145 时与《大宪章》（Magna Carta）联系在一起。这是法兰克王国的几位互相竞争的国王之间签订的协议，法兰克王国覆盖了大部分北欧，包括法国、低地国家（Low Countries）*和德国。很多公民集合在一起重新组织了这个王国。值得注意的是在这份敕令中关于所有新税的规定：

> 无论何处，如果开征了一个邪恶的新税并引起人民的抵制，应当调查此事件并取消这一邪恶的税收。[3]

中世纪严格禁止的任何"未听说的税收"或者强制纳税（exactio inaudita）在这个敕令中可以找到根基，这一官方命令可以被描写为中世纪欧洲的早期宪法。随后，任何关于某种税收是强制纳税的指控都足以击败大部分任何税收。这一禁令的效力显然来自上帝在中世纪的宪章和公约中所扮演的角色。

法兰克王国的最后一批国王之一的名字是达戈贝尔特（Dagobert）。《巴黎敕令》之后25年，这一时期的一位圣徒讲个一个故事，这个故事表明了这个敕令在中世纪的生活中所具有的力量，特别是当你认识到达戈贝尔特是统治大部分西欧的最有力量的国王之一时。这位圣徒告诉我们，达戈贝尔特被贪婪所推动命令一位流氓去"做罪大恶极之事"，也就是征税。没有一点点的怜悯，他对于布尔日市（Bourges）（在巴黎南部大约一百英里）的居民征收了人头税，这一措施是"违反惯例的"。这一故事的剩余部分如下：

> 居民充满了厌恶，很多人跑到了上帝（这位圣徒）面前，悲痛地请求他帮助他们。出于同情，但是不能制止他们的呜咽和眼泪，这位圣徒命令斋戒3天，并恳请神圣的上帝来帮助那些受压迫的人民。然后，他派遣他的一位执事到国王那里用所有的谦卑和悲痛请求王室的祷告，以便使他抵制这些邪恶的行为。国王（达戈贝尔特已经去世，此时是一位新的国王）非常恐惧，他命令停止征收这一税收，立即废除已经编好的税收账簿。布尔日市的居民从这一税收中解脱了出来了，今天，他们仍

---

* 指荷兰、比利时、卢森堡。——译者注

[3] Grapperhaus, *Taxes*, *Liberty and Property*, p. 46.

然像以前那样自由地生活着。[4]

这是我们所知的在中世纪征收人头税的最后的记录。少数幸存下来的这一时期的著作包含了一些学者们所不赞同的信息。孟德斯鸠在他的《论法的精神》（The Spirit of Laws，1751）一书中给我们提出了关于这一时期的一些观点。[5]这是一个强烈反税的时期，它将自由与税收等同起来，这一观念支配着美国创立者的思想。这一时期的一本编年史总结了他们的信念：只有当一个人的名字没有在纳税名册上出现时，他才是自由的。[6]由于存在这种观念，需要财政收入的国王只能依靠自愿捐赠。不仅新税毫无疑问无法开征，即使是针对土地或者个人所征收的古老的罗马直接税也让人难以忍受。

上帝之手不仅在中世纪的税收文件中可以发现，他竟然奇迹般地用来保护纳税人免受未经批准的剥削。在公元 875 年的由弗雷里大修道院（Abbey of Fleury）的修道士写的《圣徒班尼迪克的奇迹》（The Miracles of Saint Benedict）一书中，记录了下面这个故事：

> 正是神圣的大修道院（弗雷里）从法兰克国王那里得到了这个权利，采取正式的契约形式，每年允许我们的 4 条船在卢瓦尔河（Loire）上航行，免于向国库缴纳任何税收。在前面所提到的伯爵的时期，其中一条船航行到了南特（Nantes）装运盐。在回来的路上，它访问了在其航线上的很多城市和港口，感谢这个神圣宪章的保护，它没有遇到任何麻烦。最后，它到达了奥尔良（Orleans）。这个城市通行费的征收员扣押了这艘船并要求船长缴纳通行费。船长向他出示了国王颁发的免税证明。然而，通行费征收员根本不理会这个宪章，由于通行费是交给国库的，他扣押了这艘船以及船上的盐并将其交给了海港的主管，这样就可以与其他船舶一样禁止航行。这一事件发生在周日。然而，在当天的第三个小时，当所有人都在出席聚会时，我们的船，在护卫之下，与其他的被扣押在海港上的船舶一起，突然驶出了海港，没有遇到任何人类划手的干预；它到达了卢瓦尔河的中间，这里是水流最急的地方。船舶逆流而上，它到达了河流的大门，当时仍然被称为"圣徒班尼迪克大门"并停泊在那里。[7]

〔4〕 Ibid.，p. 47.

〔5〕 Baron de Montesquieu，*The Spirit of Laws*（Dublin，1751），vol. 2，Bk. 28，pp. 204 et seq.

〔6〕 Grapperhaus，*Taxes，Liberty and Property*，p. 38.

〔7〕 Ibid.，p. 56.

最初，货币在封建制度中并不丰裕。每个领主用他自己的领地来养活自己。国王拥有从这一制度中获得额外收入的优势：罚款、保护费、商业通行费以及当诸侯最大的儿子变成骑士或者他的女儿出嫁时获得的特别付款。国王和领主是婚姻的中间人，他们可以从他们的服务中获得一些报酬。一位英国的贵妇人支付了 4 英镑和 1 马克白银（8 盎司），"这样她就可以嫁给她喜欢的人"。[8]另外一个贵族，为了娶伊莎贝尔（Isabel），格洛斯特（Gloucester）的女伯爵，向国王支付了 20 000 马克。[9]伊莎贝尔显然有足够的财产。不太清楚的是，为什么一位英国的妇人"为了被允许与我的丈夫睡一晚上"而向国王支付了 200 只母鸡。[10]我们不禁想知道这到底是为什么呢？

中世纪的税收不是用来为大规模的军事行动提供资金支持的。这一时期 147的文明史主要关注中世纪国王之间的斗争，这些国王为了扩充王国的版图而发生冲突或者为了金钱而进行斗争。

在教会税收问题上，国王和统治者还不得不处理与上帝的关系。教会是免税的，这也包括教会的土地。大大小小的修道院布满整个乡村，它们往往拥有大量的不需要纳税的土地。正如我们所观察到的，对于神职人员，也是免于征收各类过桥费和过路费的，这就怂恿了很多英国商人装扮成朝圣者或者神职人员穿梭在北欧。因此，宗教的免税待遇一直延续到今天，这一政策经常被假的宗教人员所滥用，这一免税政策是与中世纪一样古老的避税方式。

因此，中世纪的统治者经常对有限的纳税人数量感到灰心，并经常被对他们的臣民开征新税的不适当性所挫败。随着他们寻找新的可以征税的资源，寻找上帝并未站在那一边的丰富的财富资源，也就是在法律之外的财富，那就是犹太人的财产。由于没有上帝的保护之手，再加上税基是流动的，犹太人成了欧洲统治者的公平猎物。事实上，他们是城镇中容易获得的唯一的猎物。

最后，在教会所属土地和财产之上的所有人和财产，就像 3000 年之前的埃及一样，应当向教会的统治者——特别是主教和大主教——纳税。这些神职人员在中世纪的欧洲拥有巨大的权力和影响力。他们的权力是基于与国王和贵族相同的征税权，如果不是更高的话。

〔8〕 Stephen Dowell, *A History of Taxation and Taxes in England*, vol. 1 (London, 1965. reprint of 1884 edition), p. 22.

〔9〕 Ibid.

〔10〕 Ibid., p. 26.

149 第 15 章

犹太人：走在最终解决的路上

> 无论在哪里，无论在哪里，只要我们看一眼中世纪犹太人的社
> 会，观察者总是能发现犹太人始终在征税官的抢夺与勒索之下。
>
> ——以色列·亚伯拉罕（Israel Abraham），
> 《中世纪犹太人的生活》（*Jewish Life in the Middle Ages*）

在中世纪，犹太人在西方文明中起到了关键性的作用。现代资本主义和银行业很可能就是从犹太人的货币和商业实践中发展起来的。[1] 而且，在这个困难的时期，犹太人高举学习和知识的火炬。古人的智慧——无论是希伯来人、希腊人还是罗马人——都是由犹太社会从黑暗时代保留下来的。那个时期最有学问的人只能到犹太教堂里去寻找，而不能到修道院去寻找。尽管可能会令大部分读者吃惊，中世纪犹太人社会是按照教育来分类的，而不是按照财富来分类；犹太人首先是学者，其次才是商人。基督教的教育仅限于宗教教义，同时产生了对现实世界的可笑扭曲，对于那些在外面闯荡又接受了这些教义的人而言，他们很有可能在冒险中被埋葬。

犹太人提供了管理大部分政府的人才。他们是唯一在教育方面有结余的人。基督教徒，即使是那些所谓的受过教育的人士，通常在商业事项上也是不合格的。全世界的智慧已经成为犹太人社会的专属权利。

---

　　[1]　Dimont, *Jews*, *God and History*, p. 256；Werner Sombart, *The Jews and Modern Capitalism*, trans. M. Epstein（New York，1962），passim，pp. 42~43、97；but see Fernand Braudel, *Civilization and Capitalism*，vol. 2（New York，1986），pp. 159~69. Philippe Merlin, 拿破仑时代关于法国法的顶尖学者，"attributes the invention of bills of exchange to the Jews." See James Kent, *Commentaries on American Law*, vol. 3（New York，1828，reprint 1986），p. 44，note a. 汇票使得现代国际商业运作起来，也是现代资本主义与古代资本主义的不同点。

由于犹太人垄断了他们所喜欢的银行业和商业，他们非常繁荣，这也使得他们自然成为征税的目标。在整个中世纪，基督教统治者都会从犹太人那里征收特别税收。这种实践在欧洲的大部分地区持续着，直到拿破仑时期。带来财政收入的坏税收终于消亡了。 150

针对犹太人的特别税收起源于公元 72 年罗马皇帝维斯西巴安（Vespasian）所征收的犹太税（fiscus judaicus）。这种特别的犹太人由朱利安在公元 326 年取消，随后他向罗马帝国的犹太人社区发布了这样一封信：

> 在过去的日子里，在你们的奴役身份上施加了最沉重的负担，你们被迫向国库缴纳了说不清楚的金钱。关于这一点，过去我亲眼看到了很多实例，我也了解到很多，通过那些保护你们的记录。而且，当一个新的税收即将对你们征收之时，我阻止了它……我将放在我桌子上的关于你们的记录扔到了火里。（朱利安随后又讲了他是如何将那些试图强制征收犹太税的罗马官员处死的。）

> 既然我希望你们更加繁荣昌盛，我已经警告……据说在你们身上存在的征收应当禁止，没有人再拥有向你们征收这些苛捐杂税的权力。[2]

尽管朱利安的继承者废除了他的大部分改革措施，他们并没有恢复针对犹太人的特别税。朱利安非常聪明地销毁了与这一税收相关的所有记录，同时也解散了所有的征税官。一位特别的官员负责管理这一税收，同时在通常的税务机关之外还设置了专门负责这一税收征管的官员队伍。当朱利安取消这一税收时，这位特别的官员以及他的主要工作人员很可能是第一个离开的。消灭总是将不招人喜欢的政治团体从社会上去掉的最有效的方法。在 20 世纪，共产主义在运用这一方法上取得了巨大的成功。

特别犹太税由虔诚的路易斯（Louis the Pious），查理曼大帝（Charlemagne）的儿子，在公元 813 年重新引入。最初，它是一个适度的税收政策，但是就像所有没有纳税人代表同意的税收一样，它很快就加重了。一旦一个不受欢迎的少数民族被征收了不公平的税收，这一税收变成一种压迫的手段仅仅是时间问题。没有一些具体约束形式的税收是永无止境的。犹太税的故事就是这一原理的最好阐释。一位中世纪历史学家用这样的语言来总结犹太税的状况："无论在哪里，无论在哪里，只要我们看一眼中世纪犹太人的社

---

[2] Jacob R. Marcus, ed., *The Jew in The Medieval World*, *A Source Book*: *315~1791* (New York, 1975), pp. 8~9.

会，观察者总是能发现犹太人始终在征税官的抢夺与勒索之下。"[3]

151　　自公元 1 世纪罗马人解散了犹太人的国家以后，犹太人就变成了一个散居各地的民族。"流浪的犹太人"所描述的就是在那个时期以后的犹太人。犹太人一直渴望有个家，特别是当他们被贪婪的征税官掠夺了身边的包裹和行李并被遣返回来时。他们之所以流浪是因为敲诈勒索的税收制度迫使他们背井离乡。

　　在古代社会，犹太人最初是农民。在中世纪，他们的生活主要集中于贸易和银行业。犹太人经营种类的转变主要是由于中世纪的基督教社会将他们从种植业、商业和手工业中驱逐出去。根据法律，犹太人被强迫从事社会不喜欢的工作。他们是社会的征税官、刽子手和金融家。所有令人讨厌的工作都留给犹太人。而且，土地所有者在面对压迫性的税收时总是局促不安。土地有可能被征税官扣押；黄金和珠宝可以埋藏在地下。商业账簿更加安全。当犹太人被驱赶出西班牙时，市场上有如此多的犹太人农场，以至于只需要一块亚麻布就可以买到一个农场。在法国，公元 1306 年犹太人被驱逐以后，一个人用很少一点钱就获得了五十多间犹太人的房屋。地方伯爵和主教要求人们可以享受在他身边的好财运。幸运的购买者给了伯爵 5000 里弗（livres）（一个里弗最初是一磅白银）、两套房屋和一片农场。这位主教也得到了一大笔现金。

　　很快，犹太人就认识到他们不能将他们的财产投在土地上。在不稳定的时期，保留财产最安全的方法是采取移动的形式，最好能采取小尺寸容易隐藏的形式。一旦将财富埋藏在地下，征税官、君主以及盗贼都无能为力。中世纪所埋藏的大部分财产可能都是犹太人的。犹太人的经营项目转向货币和银行可以为两个方面服务。它首先满足了基督教社会的一个重要的经济需求，其次它也有助于犹太人社会的安全需要。

　　流浪的犹太人变成了一种税收造反者，但是他不是以那种暴力的形式，像他们的古代先辈一样。他们似乎已经从那些造反先辈的失败中学到了什么。做一个狡猾的纳税人比做一个死的税收造反者更好。或许有一个生存下来的直觉告诉犹太人使用一种和平的方式来对付他们沉重的税收负担。历史上，古代的以色列和犹太王国都是被不成功的税收反叛而毁灭的。犹太人学会了聪明而非好战，依靠他们的聪明才智，他们生存了下来。

────────────

[3]　Israel Abrahams, *Jewish Life in the Middle Ages* (New York, 1975), p. 40.

避税并非总是一个明智的政策。当巴格达（Baghdad）的哈里发提议取消所有的特别犹太税时，处于领导地位的犹太人银行家在社区中反对这样一个激进的减税措施，其回答是："通过这些税收，犹太人可以确保他的存在。取消这些税收以后，你就给予民众让犹太人流血的自由。"[4]犹太人经常被宽恕，因为他们拥有有价值的财产并且他们还能提供社会所需要的服务。犹太人之所以能生存下来是因为他们是大部分社会的统治者轻易取得现金的源泉。犹太人感觉到了这一点，他们将纳税作为生存下来的保护费和门票。

152

然而，即使当犹太人纳税了以后，他们仍然担心被消灭。当税收达到无法无天的程度时，他们所能做的就是祈求国王良心发现，但是一旦讨论的是税收问题，即使在今天，统治者的良心就像一片瑞士奶酪——充满窟窿！

有很多犹太税来支持基督教社会。人头税是最繁荣的一个，另外还有财产税以及一些任意的苛捐杂税，它们都是在政府缺钱的时候才会征收。宗教习惯也要纳税：结婚、葬礼、葡萄酒、清洁食物以及宗教用品。有加冕典礼税、海军税（在西班牙，犹太人要为所有的军舰提供锚）、保护税（主要是军事上的）、公共娱乐税（为马戏表演提供资金）、当犹太人使用道路、桥梁以及他们进入和离开基督教市场与庙会需要缴纳特别税。犹太人被号召为圣战（Crusade）提供财政支持，他们也被迫为教堂建设提供资金支持。简而言之，当社会需要钱的时候，犹太人就是税收制度的主要目标。

尽管有这些沉重的税收负担，犹太人仍然可以生存下来，甚至还能够致富。他们变成欧洲的银行家和金融家。利率通常高达20%。为了避免被指控为高利贷，他们经常不得不将贷款的结构安排成销售、租赁或者利润分享投资。尽管利率是非法的，贷款者却没有任何选择只能支付高额的利息，如果他们需要贷款的话。利息的罪恶感以及非法状态又进一步增加了基督教徒和穆斯林对犹太人的敌意。

犹太人并没有因为其在中世纪被驱逐和被压迫的地位而受到社会的同情。他们是那个时期最自由的人。由于被驱逐出基督教社会，他们就不需要受到呆板的封建主义的奴役和压迫。沉重的税收是他们为自己享受的自由而支付的对价。

中世纪对犹太人实行的内部税收制度是现代累进税收制度的鼻祖。为了公平区分犹太社会的税收负担，他们开发了三个基本的税收制度。中世纪犹

---

〔4〕 Salo W. Baron et al.，*Economic History of the Jews*（New York，1975），pp. 26~27.

太税在某些方面类似罗马的贡品——犹太人社区自己负责税收的征收和管理。随着时代的发展，他们找到了三种有效的方法。

153　　第一种方法被称为家长式专制主义（paternalistic）。犹太社会推举一位睿智的成员按照公平和正义的方法来核定每个人的税款。富人应当比穷人承担更大比例的税收，穷人通常与犹太教祭司、医生和教师一起被免税。与礼拜仪式相类似，这一制度是累进的。我们可以将其称为阿里斯蒂德（Aristides）制度，因为一位受人尊重的长者按照他们的税收负担能力在所有纳税人之间分配税收负担。

　　第二种方法涉及税收专家或者会计。社区的税单按照会计原则来划分。每个人缴纳自己的一份，纳税的数额是在税收专家的监督下按照数学方法计算的。如果整个社区的所得和财产价值 1000 塔兰特，而税单是 100 塔兰特，那么，每个人按照其所拥有财产的 10% 纳税。这种制度是比例税率。

　　第三种方法我们可以称为申报制（declarative）。每个人申报他的财产，然后按照比例将税单分配到每个纳税人的身上，根据他们所申报的财产数额。不需要使用税收专家。这是一种尊重人的制度。

　　我们现代的所得税制度是上述三种方式的混合。纳税人首先进行纳税申报并缴纳适当的税款。然后，由税收专家来审查这些纳税申报并对起看来错误的纳税申报进行审计。而且，我们在这种家长式的专制主义方法中增加了累进的成分，例外之处是，税收负担能力是通过武断的标准来确定的，这一标准是由我们税收的立法者来制定的。

　　莎士比亚可能从来也没有见过一位夏洛克（Shylock），文学作品中具有代表性的犹太人人物。在《威尼斯商人》（*The Merchant of Venice*）中，他的人性特点在反犹太主义的时代是独一无二的。他可以流血、痛哭、大笑，也可以具有基督教徒所体验的所有喜怒哀乐。莎士比亚用这个犹太人物来教育他的英国读者，而这个犹太人物与犹太人几乎没有多少联系，如果不是没有任何联系的话。[5] 公元 1290 年，犹太人被一位信奉天主教的君主驱逐出英国；400 年之后，他们又回来了，在莎士比亚之后，在一位信奉新教的国王的允许下。

　　英国是第一个驱逐犹太人的国家。一旦他们这样做了，其他大部分欧洲领导人也随之这样做了。当犹太人在英国时，国王设立了一个特殊的税收局

---

〔5〕　Sombart，*Jews and Modern Capitalism*，p. 16.

来管理犹太人。有一个特殊的纳税名册和犹太人组成的议会来监督和协助征收犹太税。

通常情况下，犹太税是由宗教税、贸易税、人头税和死亡税组成的。人头税是累进的——富裕的犹太人比贫穷的犹太人缴纳更多的税。死亡税是遗产的1/3。但是，严重损害犹太人社会的税收是佃户税（tallage）——一个由国王根据自己的意愿任意针对犹太人征收的税。这经常是一种财产税，按照犹太人财产的固定比例来计算，如1/3或者1/10。它也有可能是固定数额的，类似罗马的贡品。这一税收在道义上是合理的，因为犹太人是通过"罪恶的方法"——也就是银行业和资金借贷——来获得这些财产的。在法律上，它也是合理的，因为犹太人被视为国王的财产，就像那些王室的奴仆和农民一样。国王只不过是拿走了本来就属于他的东西。当一位牧师建议国王强迫犹

154

保存在伦敦档案局（Public Record Office），这幅画来自1233年英国犹太人纳税名册。对于税收记录的一种奇怪阐释，它表现了一位有钱的犹太人，诺里奇的以撒（Isaac of Norwich），他被描写为三个头。他的妻子在下面出现。恶魔正在描述他即将受到的折磨。诺里奇是犹太人在英国的主要居住点之一。托马斯·赖特（Thomas Wright），在他的《漫画的历史》（*History of Caricature*）（伦敦，1864年，第176页）中说，国王宫廷的一位职员在官方的纳税名册上画了这幅漫画。

太人进入教堂时，国王嘲笑了这一观点，他指出，如果犹太人都变成了基督教徒，那么他将"丢掉贵重的财产，而回报仅仅是一个臣民"。[6] 作为基督教徒，他们就会受到保护，无法对其任意征税，也会受到国王与其基督教臣民所签订的限制征税的宪章的约束。

155　　　在英国，组建了一个犹太人议会，专门用来批准国王要求开征的任何犹太税。这个议会的主要目的是让犹太人社会的领导人确保能够足额征收佃户税——古罗马十人长制度的重演。如果国王变得不耐烦，希望加快征收速度。他就会将最富的犹太人及其家人投入血塔（Bloody Tower）。一旦英国的国王发现他可以如此轻易地从犹太人那里征收佃户税，君主的财政需求就解决了。基督教进入了一个轻税的时代，而君主则将犹太人视为税收奴隶不断掠夺他们的财富。不幸的是，贪婪的亨利三世（Henry III）及其继承者并不知道理性的边界。例如，约翰国王（King John）命令一位富裕的犹太人，布里斯托尔的亚伯拉罕（Abraham of Bristol），向其缴纳 10 000 马克（1 马克相当于 8 盎司白银）。当这个人拒绝之后，约翰命令他的征税官每天从他那里取走一颗牙齿，直到缴纳了上述款项为止。7 天以后，7 颗牙齿没了，上述款项也缴纳了。这件事情以后，亚伯拉罕自杀了。在随后的 60 年间，犹太人社区不断遭到抢劫，直到犹太人变得一贫如洗。1290 年，爱德华国王（King Edward）命令犹太人离开英国，部分是因为他们已经不再是"值钱的财产"了。主要原因可能是由于基督教。牧师、男爵以及平民同意国王征收一大笔税收。早期的记录表明，对于所有的基督教徒而言，这种驱逐"是很受欢迎的"。在随后的 365 年，犹太人在表面上是禁止留在英国的土地上的。一位犹太历史学家用这样的语言描述了他们最后的迁移："对于被压迫的民族而言，驱逐的到来就像是一种解脱，他们的苦难早已超过了所有忍耐的极限。"尽管犹太历史学家这样说，但驱逐的命令似乎并没有带来多少解脱。这一命令要求没收犹太人所拥有的所有财产和土地，同时还命令如果在驱逐的截止日期以后在英国发现了任何犹太人，他们就会被绞死。他的确允许他们携带足够离开英国的钱财，但是在他们离开英国的口岸时，他们身上的一切财产都被抢光了。[7]

　　　犹太人可能没有犹太历史学家所说的那样一贫如洗。一个犹太人的地下

〔6〕 Dimont, *Jews*, *God and History*, p. 225；下列文献解释了犹太人作为国王财产的特殊法律地位：Pollack and Maitland, *The History of English Law*, vol. 1（Cambridge, 1899），pp. 468~75.

〔7〕 Heinrich Graetz, *The History of the Jews*, vol. 3（Philadelphia, 1894），p. 645；Leon Poliakov, *The History of Anti-Semitism*, vol. 1（New York, 1965），p. 78.

经济，如同今天一样，在中世纪的欧洲完整地运行着，他们秘密地将犹太人的财产转移到专制国家发现不了的安全储藏地点。

尽管对于法国国王而言，开征新税不太可能，因为中世纪的禁令反对开征未听说过的税，英国的驱逐政策有可能做到相同的事情，做一件比税收更有深远影响的工作。以上帝、天使和圣徒的名义，法国国王公平的菲利普（Philip the Fair）将犹太人驱赶出法国，表面上的原因是压迫人的贷款政策。如果犹太人离开了，贷款的法国人应当向谁归还贷款呢？作为一位称职的国家元首，菲利普命令皇家卫队去收取犹太人发放的贷款。随着犹太人的离去，这些金钱便合法地转移到皇家的手中。菲利普一定会为自己的足智多谋而感到自豪——他已经超越了海峡另一端的竞争对手，他没有开征新税，而且用的时间更短。

这一方案运行得并不好。犹太人是优秀的商人，他们通过优秀的商业管理来令他们的顾客满意，而国王的债务征收者都是无情的恶棍。最终，在1315年，由于"人民的呼吁"，犹太人被重新邀请回来，并给他们提供了12年的有保障的居所并免受政府骚扰。犹太人回来了，但是国王的继承者并没有遵守他的承诺。1322年，犹太人再次被驱逐。

逃离了英国、法国和中欧的犹太人在西班牙找到了落脚点。犹太人在摩尔人（Moors）统治下的伊斯兰教西班牙和平地生活了两个半世纪。在基督教占领西班牙并驱逐穆斯林以后，犹太人受欢迎的状况发生了变化。1492年，在他们与女王伊莎贝拉（Isabella）签订有利可图的征税协议后仅1年，驱逐令就下发了。一位富裕的犹太人，他在女王那里具有一定的影响力，提供了一大笔钱来取消这一驱逐令。当新闻媒体泄露了这一消息时，憎恨犹太人的人将这一交易与支付给犹大（Judas Iscariot）的30片黄金联系在一起。君主没有选择，只能食言。数以万计的犹太人生活在西班牙。对于犹太人而言，随后出现的迁徙与希特勒在欧洲的大屠杀一样恐怖。葡萄牙国王提供了一块土地作为避难所，其价格是每人1达克特（ducat）的人头税以及迁徙犹太人财产的25%。6个月以后，他将犹太人驱逐出他的国家，但保留了税款。

通往德国达豪（Dachau）的道路延伸了500年。希特勒解决"犹太人问题"的方案并不新鲜。自从中世纪开始，犹太人在说德语的欧洲所缴纳的税收、所受到的灭绝待遇比欧洲其他地方所发生的更加严重。犹太税就是从罗马时期开始，随着纳粹的灭亡而结束的。但是纳粹只是恢复了一个存在了很长时间的税收政策，这一税收政策深深植根于德国社会。

在希特勒之前很长一段时间，犹太人的人头税早已变成侮辱人的人头税。征收人头税所采取的方式是辱骂和粗鲁的。犹太人聚居区的兴起主要是为了方便征税官征税。除非纳税人能够结合成某种类型的纳税实体，否则，集体纳税负责制是没有意义的。隔离出来的一个城区留给犹太人作为一个纳税区。如果要离开犹太人聚居区，犹太人必须支付一笔特殊的通行费。犹太人社区必须自己组织起来征收他们的人头税并将征收的总税款交给国家。

犹太人聚居区，最初是一种纳税地区，经常遭到基督教暴民的抢劫。当德国统治者需要大笔资金时，他们不需要增加税收；他们只需要发布一个驱逐令，再配上一个烧毁一切的灭绝令。在 15 世纪，驱逐、烧毁以及没收财产从维也纳迅速传递到柏林、法兰克福、不来梅港市（Bremen）、德雷斯顿（Dresden）、莱比锡（Leipzig）以及整个波希米亚（Bohemia）和萨克森（Saxony）地区。萨克森对于犹太人的压迫如此之重，以至于它被称为犹太人的新教西班牙。

德国的事件非常具有代表意义，因为他们并没有平静下来。到 17 世纪，犹太人在法国、英国和低地国家都得到了接受。但是在说德语的国家，反犹太主义继续推行洗劫政策、不断增加压迫性法律以及特别税收，这些政策一直实行到 19 世纪。当希特勒上台后，不断寻找解决他所谓的犹太人问题的方法，在时间上，他并没有倒退太久。纳粹的纽伦堡（Nuremberg）敕令取消了犹太人的公民身份，这一政策可以追溯到 1343 年，当时一位德国皇帝，路易斯四世（Louis IV），他被称为"巴伐利亚人"，做了同样的事情。在税收的伪装下没收财产，将犹太人诅咒为社会的顽疾，诽谤犹太人为"恶魔"的做法既反映在中世纪，也反映为纳粹的教条。即使是"最终的解决"方法在中世纪也可以找到类似的版本。1298 年，由一位名为牛肉（Rindfleisch）的屠夫领导的犹太人杀手组织就试图采取集体屠杀的解决方法。他们在罗庭根（Rottingen）屠杀犹太人，就其本身而言，没有什么新鲜的，因为定期在整个城市进行屠杀并不罕见。但是，具有唯一性的是，犹太人杀手组织从一个城市到另一个城市，走遍了中世纪的德国，并消灭居住在那里的犹太人。一本同时期的编年史宣布 10 万犹太人被杀死："最后，仅有极少数贫穷的和流浪的犹太人仍然生活在北欧。"[8]这正是希特勒试图实现的目标。

我们不能假设犹太人按照完全诚实和忠诚的方式缴纳了所有压迫性的税

---

〔8〕 Poliakov, *History of Anti-Semitism*, pp. 99~100.

收。在这一时期，那些伟大的尚未解决的秘密就是犹太人规避这些敲诈勒索的技术和方法。犹太人采用的隐藏和保护其财产的方法，我们有可能永远无法知晓。但是他们肯定使用了隐藏的方法。我们这个时代的商业账簿就是犹太人在中世纪发明的，它们被用来对付欺诈、盗窃和征税官，也用来支持他们的贸易。

拿破仑穿着皇帝的长袍授予欧洲的犹太人免于缴纳特别税收的特权，自从最早的犹太税开始，这一税收已经压迫犹太人超过 1700 年了。

　　用来盗窃犹太人财产的无数技巧和方案可以与犹太人用来保护他们财产的技巧和方案相媲美。我们知道，在 1930 年代，犹太人的大量财富通过德国边境流入了瑞士银行，如同希特勒通过税收技术来盗取犹太人的财产一样，它们都有超过 500 年的历史。瑞士银行在 1930 年代出面支持德国的犹太人，那么，在中世纪，瑞士的同仁们做了些什么呢？很有可能，我们将永远无法了解整个故事。很明显，这些秘密和技术从来没有公开发表，而且它们已经从历史上消失了。间接提到犹太人避税实践的信息来自公元 1336 年的波希米亚（Bohemia）。国王因犹太人社区隐藏他们的财产而处罚他们。而且，这一

158

时期犹太人的《塔木德经》（Talmud）要求将金银财宝"埋藏在泥土中"。[9]

  特别犹太税在欧洲大陆继续实行，直到拿破仑时期。无论他犯过什么样的罪过，他都是犹太民族税收公平的最伟大拥护者，犹太人在心中一定会为这位科西嘉岛的将军留下一块温暖的地方。与罗马时代的朱利安一样，拿破仑在他攻克的所有国家里取消了犹太税。但是，与朱利安不同的是，他的改革并没一直持续下去。在被俄罗斯击败后，他率领大军返回到法国，古老的犹太税又回来了。一旦拿破仑的军队撤退，大炮的轰隆隆消失，中欧，特别是德国，又重新恢复了犹太税。当希特勒上台以后，他又不断重申了这一政策。邪恶的税收是很难消除的，特别是当它们指向一个富有但不受欢迎的少数民族。

---

〔9〕 Baron，*Economic History of the Jews*，p. 43.

第16章

159

中世纪英国：英国人如何用税收购买自由

> 一旦爆发战争，他就要将税收和佃户税堆到白骨上。
>
> ——约翰国王，《大宪章》之前

在英国的税收斗争中，妇女起到了非常重要的作用。我们提到包迪西亚是如何与罗马人进行斗争并在反叛中失败，没有为英国人除去罗马人的税收负担。在中世纪，罗马人离开英国很久以后，我们又看到了歌蒂瓦夫人（Lady Godiva）的传奇。编年史家文多弗的罗杰（Roger of Wendover，死于1236年）向我们讲述了歌蒂瓦伯爵夫人是如何恳请她的丈夫免除他施加在考文垂（Coventry）居民身上的沉重税收负担。由于忍受不了她的纠缠，他承诺免除税收，如果她愿意在整个城镇裸体骑马。她将其头发放下，这样仅露出美丽的大腿，骑上一匹马，在整个城镇走了一圈。税收被取消了。今天，在考文垂的盛典上，重新树立了歌蒂瓦骑马的形象。

在中世纪早期，北欧海盗沿着北海海岸抢劫了英国的村庄，掠夺和屠杀当地的居民。今天，你仍然可以看到一本古老的英国人祈祷书，其中有这样一句话："保护我们免受北欧人的抢劫。"

为了打击北欧海盗，一种特别的土地税诞生了，被称为丹麦金（dane-geld），每块土地（大约100～120英亩）缴纳两先令。这一制度并不受欢迎，一些试图在伍斯特郡（Worcestershire）征收丹麦金的征税官还被杀了。到征服者威廉（William the Conqueror）时期（1066年），这一税收被另外一种土地税取代了，这种土地税仅仅针对耕地征收，被称为卡勒凯特（carucate）。

著名的《末日书》（Doomsday Book）收录了对于英国所有土地和个人财产的完整调查。征服者威廉为了在新获得的英国征税而编辑了这本书，但是

160

"他带走了税收，他的名字永垂青史"［坦尼森（Tennyson）对歌蒂瓦的评价］。

161　从一开始各种反抗就使得这一税收的征收陷入瘫痪，英国的国王及时地停止使用这个有名的调查数据。

丹麦金是英国人缴纳的一种贡金税，用来从流动抢劫的丹麦人那里购买和平。这是一种令人感到羞耻的税，通常每块地缴纳两先令的税。

> 没有留下哪怕一块土地、一把斧子、一头奶牛或者一头猪，全部记录在案。……在第一次调查之后，又进行了其他的调查……由于王室税收的征收而导致很多土地上充满了暴力事件。[1]（11 世纪的编年史。）

骑士必须每年为国王服役 40 天，如果需要这种服役的话。随着时间的推移，可以用支付一定数额的金钱来代替这种服役。在苏格兰或者诺曼底执行一次军事任务，40 天是不够的。代替服役的税收叫做兵役免除税（scutage），

---

〔1〕　David C. Douglas，*William the Conqueror*（London 1964），pp. 348～49.

或者叫做盾牌税（shield）。

162   中世纪最具有任意性的税收是封建佃户税，这一税收仅在领主管辖的领地内征收；它不能超越封建等级制度。国王只能在他的领地内征收佃户税（包括所有的犹太人），但是他不能在男爵、公爵或者其他贵族的领地内征收佃户税。佃户税有时也被称为土地税，但是它也是一种针对个人财产征收的资本税。它可以采取人头税的形式。我们今天与佃户税最接近的事情就是立法机关拥有绝对的征税权。佃户税是一个通用的称呼，用来指那些任意征收的、压迫人的税收。一位中世纪的历史学家，孟莫斯的杰弗里（Geoffrey of Monmouth），记录了佃户税的使用："用来帮助那些人来缴纳土耳其人施加在他们身上的佃户税。"[2]

当国王有特殊需要不能用通常的税收收入来满足时，他就会来到贵族参加的大议会（Great Council of Barons）请求帮助。贵族们会讨论这一要求，如果他们认为合理，他们就会投票支持国王。但是他们经常也会向国王索要一些东西作为回报。

这种资助是国家税收的前身。如果大议会通过了一项资助，它就相当于经过了王国内封建等级制度中的较小的贵族和封建主的同意。资助具有达到整个国家的财产的潜力。

在整个中世纪，通过宪章来限制征税权是很常见的。《大宪章》的含义就是"伟大的宪章"，并不是一个新奇的文件。约翰国王（King John）遇到了严重的财政危机。教皇因其侵占教会的土地而将其逐出教会；他已经被法国从法国北部驱逐出来；最后，他的兄弟，狮心国王理查德（Richard the Lionheart），需要一大笔赎金，因为他在从圣地的十字军回来的时候被绑架了。约翰将骑士的通常兵役免除税从 1 马克增加到 2 马克。1204 年，在经过在牛津召开的骑士会议同意以后，他又将这一税率增加了半个马克。在 1210 年和 1214 年，在未经授权的情况下，他又将兵役免除税增加到 3 马克。佃户税本来是偶尔征收的，现在也变成经常征收的了。一位作家在 1211 年写道："一旦爆发战争，他就要将税收和佃户税堆到白骨上。"[3]

即使有这些税，仍然是不够的。约翰试图引入一种新颖的罚金，其数额是 3~10 马克，征收对象是不愿意参加他的军队的骑士。他通过古老的制度向那些为男爵和公爵服务的骑士征收罚金。这是一种大胆和富有独创性，但

---

〔2〕 Found under "Tallage" in *Oxford English Dictionary*, vol. XVII (Oxford, 1989), p. 588.

〔3〕 Ibid.

是却铤而走险的做法，因为他试图在不经过贵族同意的情况下就对整个王国征税。

1215 年 6 月 15 日，在兰尼米德，约翰国王面对着他的造反的贵族们。他同意在《大宪章》上签字，《大宪章》禁止任意政府，特别是在征税事项上。

　　贵族们在伦敦外的兰尼米德（Runnymede）平原上勇敢地对抗约翰，并强迫他签署了《大宪章》，这样可以制止其丝毫不顾王国的税收惯例的行为。关键的一个条款是："除了习惯性的封建贡金以外，如果没有经过王国的普遍同意，将不能征收兵役免除税或者贡金。"约翰准备在王国内征税的任何企图均失败了，但并不是完全失败。特别税收可以不经过同意就征收。随着时间的推移，同意的观念膨胀了。一个新兴的富裕平民阶层被召集到平民院（House of Commons）中来批准针对平民开征的税收，与大议会批准针对贵族征收的税收一样。国王现在变成了政治家。每当需要额外的税收时，他不需要通过盗窃的方式或者采取任意增加税收的方式，他只需要召开他的两个由纳税人代表组成的议会并提出一个征收更多税收的议案。

　　开始，同意并不意味着贵族们按照少数服从多数的方式来投票。任何贵

163

族都不受约束，除非他同意。这一点可以用 1217 年的一个早期案例来阐明，这是在签署《大宪章》后两年。温切斯特（Winchester）大主教被带到国王法庭的面前，因为他没有为国王征收一种贡金。法庭宣布大主教无罪，因为在会议投票时，这位大主教缺席了。[4] 没有人能够代表他表示同意。又过了一段时间，同意才意味着多数同意，这也是国王所获得的又一个胜利。全体一致同意是一个很难实际操作的原则，特别是对于征税这种事项。

《大宪章》中最重要和具有远见的一章是关于商人的条款，它在一个削弱了通行费和行政收费的时代创造了商业的自由。商人自由穿越和进出英国的权利，特别是在这个国家内自由通行的权利，从来都没有得到保护。商人们经常遭到地方政府以及国王的征税官残酷的征税。《大宪章》保护商业免于缴纳国内的通行费和关税，禁止在港口征收超额的通行费：

> 一切商人，倘能遵照旧时之公正习惯，皆可免除苛捐杂税，安全经由水道与旱道，出入英格兰，或在英格兰全境逗留或耽搁以经营商业。[5]

美国和加拿大的宪法都采纳这个国内自由贸易原则。对于国内的商业通行不应当征税。自由进出国家的权利也不应当缩减。俄罗斯人觉得很难理解：为什么西方这么强调这个基本人权呢？《大宪章》就是这一权利的起源。

当国王请求资助时（所有的资助都是用于战争的），大议会就要关注两件事：真的有必要吗？如果有，要求合理吗？对于战争而言，如果是必要的，它就必须是正义的、防卫性的战争。英国是一个基督教国家，让人类流血是需要给出合理性论证的。侵略性的战争是非法的；为这样的战争而征税是不适当的。简而言之，合法的税收需要正义的支出。

当国王为了佛兰德斯（Flanders）的战争，而请求议会批准他向王国内低级骑士征收兵役免除税时，贵族们拒绝了国王的请求，其理由是："无论是他们，还是他们的祖先，还是他们的先辈，都不曾在那块土地上服役。"大约在同一时期，教皇给予王室一些位于西西里岛的土地。国王再次请求资助，以保护这些土地。议会再次以相同的理由拒绝了国王。

当国王请求资助，以收复位于诺曼底的土地时，贵族们提出了这样的问题："诺曼底与佛兰德斯和西西里岛有什么区别？"国王明白了，一位优秀的政治家必须是一位优秀的辩手。他使用了一个多米诺骨牌的理论来回答议会：

---

〔4〕 Sydney Knox Mitchell, *Taxation in Medieval England* (New Haven, 1951), p. 329.

〔5〕 Magna Carta XLII.

如果不保卫诺曼底，法国国王就可以轻易侵犯英格兰。恢复国王在诺曼底的土地实际上就是保卫国民的王国，因为这些土地可以保护英格兰免受侵略。和优秀的政治家一样，贵族们妥协了，开始为国王在法国北部的军事行动批准有限的资助。此时的英国逐渐发展出了这样一种理念：用于军事目的的税收必须具有"国防"的目的。这一原则在荷兰、帝国主义的西班牙以及美国宪法中也出现了。

根特的亨利（Henry of Ghent），一位巴黎法学家，明确阐述了这一宪法原则的发展历程。他关于法学理论的著作出现在 1272～1296 年。国王不能征收特别税收，除非能够证明"明显的实用性、明显的必要性和急迫的紧急性"。[6]税收的合法性是由其用途来决定的。用于战争的特别税收必须符合上述标准。我们已经不再赞同这一观点，尽管一些越南战争抗议者已经由于拒绝缴纳所得税而进了监狱，他们认为所得税资助了只有一些暧昧的宪法基础的战争。而且，越南战争的失败可能是由于美国的大议会（国会）没有判断这场战争是否具有"明显的实用性、明显的必要性和急迫的紧急性"。尽管越南在地球的另一面，他们仍然接受了多米诺骨牌理论。如果国会对那场可怕的战争进行了充分和公开的调查，总统所提出的错误假设就可能被揭露出来。

国王也认识到，通过议会来游说一部税法并不总是一件好事。资助针对苏格兰的进攻性军事行动导致康沃尔（Cornwall）爆发了叛乱。康沃尔的居民私自处死了一些征税官，因为这场战争并不是为了保卫国土，而是一场侵略性的战争，不应当使用特别税收来合法的资助。最终，人民是税收的最高判断者，他们的观点不容忽视。议会的同意并不必然代表王国的同意。

国王与大议会之间关于税收的争论和交易最终导致了代议制政府的产生。国王需要财政收入，但是财政收入又取决于国王要求的合理性。从那时开始，议会就学会了在给予国王征税权的同时从国王那里要求一些好处作为回报。税收收入需要通过协商来获得，而这种协商的过程就变成了政治的本质。自由和权利是国王为了获得资金而回报给人民的。

为了确保从国王那里取得权利和利益的持续性，议会从一开始就认识到只能在一个较短的时期内授予国王征税权，这一时期很少超过一年。只要否定国王永久征税的权力，英国人的权利就能得到保证。关于税收问题进行争论和协商的过程每年都会重复一遍。

---

〔6〕 Gaines Post, *Studies in Medieval Legal Thought* (Princeton，1964)，pp. 262～302.

166

《大宪章》之后的英国政府是建立在权力分立基础之上的，但并不是美国人叫喊着支持的权力分立。国王可以花钱，但不能征税。议会可以征税，但不能花钱。只要征税的权力与花钱的权力是分开的，英国人的权利就会永远存在，特别是免于缴纳压迫性税收的权利。今天，权力分立的原则已经具有了非常不同的含义。我们当前像脱缰野马一样难以控制的税收就是我们放弃了古代英国实践的必然结果。我们生活在前《大宪章》时代，在这一时代中，我们就像约翰国王的臣民一样，只能"将税收和佃户税堆到白骨上"。

第四部分
俄罗斯、瑞士、西班牙和德国

俄罗斯的历史已经让西方人着迷和迷惑了几个世纪。俄罗斯人被称为"神秘的斯拉夫人",温斯顿·丘吉尔(Winston Churchill)说,俄罗斯的历史是"包裹着神秘色彩的迷,而其内部则是难以理解的事物"。[1]但是,如果理解了俄罗斯的税收故事,俄罗斯历史并非看上去那么不可理解。俄罗斯的政治灵魂是从金帐汗国(Golden Horde)以及早期莫斯科(Moscow)统治者残暴的税收行为中发展出来的。后来,彼得大帝(Peter the Great)通过重组税收制度——这一税收制度已经阻碍经济发展好几个世纪了——将俄罗斯推到了强国的地位。他给俄罗斯人民选择权,或者缴纳人头税,或者为国家服劳役。共产主义者在破坏了统治阶级后,简单地取消了第一个选择。

瑞士人,如同犹太人一样,都是很小的民族,但是他们对世界文明产生的影响是与他们的数量不成比例的。今天,没有哪个国家的货币改革或者政治改革会不考虑瑞士银行家的反应。货币会随着"苏黎世(Zurich)侏儒"的观点而升降。分离主义者政党在魁北克(Quebec)当选后不久,加拿大货币就出现了严重的暴跌,因为瑞士银行家对加拿大元的未来感到担忧。如果魁北克独立了,加拿大联邦分裂了,加拿大元和加拿大政府的外国债务会如何呢?

任何一个现代国家的实力都无法与帝国主义的西班牙相媲美,即使是大英帝国也无法与之相比。西班牙强国在17世纪的崩溃让历史学家们困惑了300年。研究这一崩溃的专家们将西班牙的税收困境视为导致西班牙灭亡的腐败之根。

---

〔1〕 Ian Grey, *The Horizon History of Russia* (New York, 1970), p. 6.

位于莫斯科列宁博物馆的一幅 16 世纪的手稿表现了伊凡一世（Ivan I）（"钱袋子"）作为可汗（Khan）的征税总管在惩罚一位欠税的纳税人的情形。

在长达几个世纪的时期中，德国始终是在神圣罗马皇帝统治下的一些小的君主国，但是由于皇帝不能征税，因此，他只是一个有名无实的统治者。现代德国最终被打造成了普鲁士人的军事强国。普鲁士人胜利了，皇帝失败了，这是因为征税权与军事统治结合在一起。位于柏林的战争部不仅是一个军事参谋机构，也是一个税务局，为普鲁士的统治者充当征税总管。当我们在分析普鲁士人接管德国时，不能忽视普鲁士人的征税权。用一句话来概况，征税权就是主权的心脏。

第17章

∽◦◎◦

俄罗斯：通往奴役和苏维埃的税收之路

　　她比所有男人都聪明。

——俄罗斯编年史对欧尔佳（Olga）公主的评价，

公元1000年

　　俄罗斯走向国家独立之路与西欧民族国家兴起之路完全不同。当西方正在文艺复兴时期享受希腊和罗马文化重生之时，俄罗斯人正处在自萨尔贡一世和亚述人的恐怖王以来最残酷的征税官的奴役之下。成吉思汗（Genghis Khan）和他的金帐汗国横扫斯拉夫人的心脏地带，毁灭了一种民主和文明文化的高级形式。蒙古可汗们给俄罗斯人带来了一种压迫的形式，这种形式一直延续至今。莫斯科之所以兴起并占据统治地位是因为她的国君变成了可汗最大的征税官。那么，对于莫斯科国君而言，从可汗的总征税官到所有人和所有事之上的总管只差很容易的一步了。

　　在中世纪，俄罗斯很幸运地处在罗马帝国统治之外，也没有受到促成封建主义的力量的影响。俄罗斯的农民可以在农村自由迁徙，也可以自由地将其劳动卖给出价最高的地主。俄罗斯的农民，与西方的农民不同，他们是自由的。

　　传统的俄罗斯历史开始于北欧海盗进入俄罗斯并占领基辅（Kiev）、诺夫哥罗德（Novgorod）和普斯科夫（Pskov），这是由伟大的流向黑海的第聂伯河（Dnieper）占主导地位的基辅水路上的三个主要贸易城市。没过多久，斯拉夫文化吸收了斯堪的纳维亚文化。在这三个处于领导地位的城市中，基辅最终占据了主导地位，很可能是因为欧尔佳公主在公元950年左右引进的税收政策。早期俄罗斯的编年史将她称为"最聪明的女人"以及"比所有男人都聪明"。[1]对于这一头衔，她当之无愧。在欧尔佳税收改革之前，基辅、诺夫哥罗德和普斯科夫的国君每年冬季都要坐船到各个小城镇去收税，这是一种效率非常低的制度。欧尔佳将农村分为若干个征税区，每个征税区都有一位征税官负责该区税收的征收，该征税官全年都居住在该征税区里。在这一伟大改进制度的帮助下，基辅很快统治了这条水路，并变成了在整个欧洲都具有领导地位的城市。公元 988 年，欧尔佳的孙子，基辅的国君弗拉基米尔（Vladimir）皈依了基督教，表面上反对伊斯兰教和犹太教，因为俄罗斯并不想放弃自己的伏特加酒或者屈服于割礼。

欧尔佳以摄政王的身份为他年幼的儿子斯维提斯拉夫（Svyetislav）控制基辅。当她年纪大了以后，她不仅将统治权交给了他，也把她关于税收、政治权力和繁荣的智慧传给了他。基辅的大部分地区，特别是南部沿着第聂伯河边界直到黑海，都是由卡札尔人统治的，这是一个犹太教王国。卡札尔人的实力来自对于第聂伯河、顿河（Don）以及伏尔加河（Volga）的所有贸易征收 10% 的税。这一税收很自然会与新任基辅统治者的雄心抱负相冲突，这些统治者现在已经拥有了地区税收制度，这一税收制度完全可以扩充到整个乌克兰，直到伏尔加河。欧尔佳的儿子斯维提斯拉夫命令这些河流附近的村庄和商人"不向卡札尔人缴一分钱的税"。[2]

卡札尔人控制的城市和乡村一个接一个地投向了俄罗斯，直到卡札尔人被摧毁。这样，俄罗斯人开始控制斯拉夫民族，当他们驱逐了居于统治地位的犹太人的 10% 的税收以后。弗拉基米尔皈依基督教很有可能不是因为他的伏特加酒和包皮，而是因为税收的动机以及反对卡札尔人。当他皈依基督教以后，他知道君士坦丁堡（Constantinople）就在他的身边。而且，当信奉同一宗教的人获得了减免税时，这就是一个新的时代。弗拉基米尔基于非常实用的理由选择了他的新宗教，而不是基于之前人们认为的理由。

我们对于卡札尔人的了解不多。他们对于所有不信奉犹太教的人征收一种特别的人头税，同时给俄罗斯的西伯利亚草原带来了秩序。在他们被摧毁以后，西伯利亚草原被一帮鞑靼人占领了，俄罗斯人无法平定他们。随后，发展成了一种军事僵持状态，任何一方都难以取胜。这种僵持状态构成了俄罗斯歌剧——伊戈尔王子（*prince igor*）——的基础，它讲述了一位俄罗斯王子参加针对鞑靼人战争的传奇故事。这一故事以和平共存结束。

〔1〕 Grey, *History of Russia*, p. 25.

〔2〕 Arthur Koestler, *The Thirteenth Tribe*（New York，1976），p. 113.

西伯利亚草原的权力真空最终被金帐汗国所弥补。在成吉思汗的领导之下，一个蒙古战士的海洋，仅仅依靠马奶而生存，征服了当地居民，随后又征服了俄罗斯人。现在，他们要求所有事物的10%，在此以后，每年征收10%。这是与卡扎尔人所征收的不同的税收。支付给卡扎尔人的10%与支付给蒙古人的10%相比是非常少的。俄罗斯人学到了一个关于税收制度的教训，任何地方的纳税人，包括今天的纳税人，都不要忘记——千万不要仅靠税率来判断一个税收制度。

沿着俄罗斯水路的几座繁荣的俄罗斯城市被毁灭了。野蛮的北欧海盗不是蒙古游牧民族的对手。恐怖笼罩了整个乡村，只要看到一位蒙古骑兵，整个村庄就会投降。但是，作为一个规律，俄罗斯人为了他们的祖国而勇敢地战斗，就像希特勒所知道的那样。游牧民族的做法是简单的。每当他们来到一座城市的前面，他们首先会派出一位特使传达最后通牒：纳税或者死亡。在梁赞市（Ryazan）（离莫斯科大约100英里），国君这样回答蒙古人通常要求交出一切事物（包括居民）10%的命令："当我们都战死时，一切都是你们的了。"[3] 结果真是如此。梁赞市是被消灭的城市之一。

蒙古人唯一感兴趣的事情就是征税以及为他们的军队招募新兵。他们对于俄罗斯文化以及类似文化的任何事情都没有兴趣。在蒙古人的统治之下，俄罗斯文明重新回到了黑暗的时代，这也正是西方文艺复兴——古代希腊和拉丁文化的复兴——要走出的黑暗时代。伟大的俄罗斯诗人普希金（Push-kin）说："蒙古人没有给俄罗斯带来亚里士多德。"

蒙古人对俄罗斯文化的毁灭是通过税收来完成的。在蒙古人两百多年的统治中，他们的税收制度有三个明显的阶段。

最开始，蒙古人将税收的征管承包给有实力的来自巴格达的穆斯林商人。蒙古人是战士，征税会让他们变得低人一等。穆斯林税收承包商既是奴隶贩子，也是征税官。被打败的村民被迅速抓住，运到巴格达进行奴隶交易。1262年，一些俄罗斯城市造反了，一个不剩地屠杀穆斯林，他们也因此遭到了报复和死亡。但是，历史，就像涉及人性的任何事物一样，从来没有确定无疑的事情。伟大的俄罗斯王子亚历山大·涅夫斯基（Alexander Nevsky）说服可汗不要采取报复行为，而是改革他的税收制度。结果，穆斯林税收承包商从税收制度中消失了。可汗将俄罗斯划分为一些军事财政地区，这些地区

---

[3] Bernard Pares, *A History of Russia* (London, 1926), p. 52.

由一位蒙古征税官担任总督，他被称为大镇守官（Great Baskak），由一支蒙古士兵组成的卫戍部队来支持。

他们进行了一次人口普查，调查了所有的土地、人口，也登记了可以征兵入伍的年轻男子。这一制度在形式上类似罗马人，在精神上类似亚述人——这种精神一直存在于俄罗斯社会秩序之中。

这幅图出现在俄罗斯小学使用的现代历史教科书中。在蒙古税收制度的第二阶段，一位俄罗斯农民向大镇守官（蒙古征税官）鞠躬。

172　　同时也发展出了双层政府系统。俄罗斯当地的国君负责除征税和军事以外的一切事务，征税和军事由可汗负责。大镇守官是鞑靼人税收的地区主管，征收七个主要的税收：年度和特别贡金、销售税和关税、未开垦土地税、耕地税、人头税以及免兵役税。

蒙古税收的第三也是最后一个阶段带来了毁灭的种子。可汗犯了常见但却是致命的错误，即放弃了对税收征收的控制权。俄罗斯国君取代了大镇守官。从表面来看，这一制度非常好。当地的国君会运作税收制度，不再需要蒙古卫戍部队。对于可汗而言，这一新的制度以大大降低的成本提供了容易取得的税收。

俄罗斯的一个无名小镇的不出名的国君用他特殊而有效的税收征管方法

吸引了可汗的注意。这个小镇就是莫斯科，这位国君就是伊凡一世（Ivan I），因其作为征税官的传奇故事而取得了"钱袋子"的绰号。伊凡一世说服可汗任命他到欠税的俄罗斯各个城市去征税。钱袋子的名声随着他的服务而迅速传播开来。蒙古人可能问过这样的问题，为什么不让愤怒的俄罗斯纳税人对付伊凡一世？如果钱袋子能够做得这么好，为什么要让勇敢的卫戍部队降低身份去征税呢？无论出于什么原因，总之，蒙古人很渴望将他们征税的职责转移给莫斯科的国君。

　　伊凡一世充分利用了他在可汗税收制度中新职位的优势。由于没有大镇守官来监督税收，国君就有机会将部分税款留给自己。这一利润是巨大的。可汗任命了一位年度的收税官，叫做多洛加（Moscovskii Doroga），负责收取应当向可汗缴纳的税款，但是，多洛加离征税的省非常远。伊凡一世是残忍的，但是并没有采取一视同仁的方法。鞑靼人曾经采取严厉打击的方式来惩罚欠税的城市——每个人都会遭殃：男人、女人和孩子。伊凡一世并不折磨农民，而是惩罚贵族与城市统治者。

　　他的成功深深打动了可汗，以至于他被任命为整个俄罗斯的总征税官。莫斯科成了所有蒙古税收的交换场所，没有听说过的城市将永远不会被听到。

　　拥有来自剩余税收以及与多洛加的精明交易的巨额利润，莫斯科国君开始获得临近的公国和土地。他也拥有税收来获得最好的卫戍部队。不能买下的城市也很容易被攻克。他的财富引起了基辅教会统治者的注意。如同罗马的奥古斯都，这位国君通过控制税收制度获得了俄罗斯的控制权。对于他而言，通向恺撒的道路与奥古斯都一样容易。他的税收使得他有能力建设克里姆林宫（Kremlin），这是俄罗斯唯一一个能够经受鞑靼人围攻的堡垒。俄罗斯其他的国君，半情愿半不情愿，逐渐团结在莫斯科周围。

　　由于有大量的税收任其处置，伊凡一世及其继承者准备摆脱鞑靼人的统治。俄罗斯为迫使鞑靼人为贡金而争斗。慢慢的，蒙古人对俄罗斯征税的控制减弱了。直到16世纪，蒙古人对俄罗斯的控制终于被伊凡四世——被称为"恐怖的伊凡"——的努力所打破。由他的父辈们通过税收建立的实力已经达到了顶点，这使得他能够驱逐蒙古人，一旦成功就将是永远的。当多洛加来收取其每年一度的贡金时，伊凡四世首先否认了其与独裁者（Tsar）之间的所有税收义务。伊凡四世建立了美丽的圣巴索大教堂（St. Basil's Cathedral）来纪念这一事件。"整个俄罗斯的沙皇"将成为他的新头衔，俄罗斯所有城市的国君都将跪在这位强大的沙皇面前从他那里获得统治各个城市的任命。在蒙古人之前指导俄罗斯国君的地方纳税人大会再也没有回来。独裁在各个层面都占据主导地位。伊凡四世建立的新制度"是疯狂的,但却是天才的疯狂"。[4]

恐怖的伊凡断绝其对可汗的税收义务,宣布俄罗斯独立,这导致鞑靼人的征税官多洛加的震惊。控制税收收入使得伊凡控制了俄罗斯。

174　　　　恐怖的伊凡建立了一个特殊的代理人机构,这一政府机构拥有通常政府所不具有的特殊权力,因此,其名称特辖制(oprichnina)本身就具有特别、分立和独立的意思。这些特殊的分支机构拥有他们自己的法庭,在他们自己的世界中运行,就像斯大林的内务人民委员部(NKVD)*。

伊凡的特殊代理人需要宣誓效忠沙皇:他们仅仅与特辖军联系;他们穿着黑色的衣服、骑着黑色的马,带着一个背包,上面画着狗头和扫把。扫把意味着扫清沙皇的敌人;狗代表忠诚于他的主人。他们工作的原则是一视同仁的残忍。一位特辖军军官的日记这样写道:"今天我没有伤害任何人,因为我今天休息。"[5]

---

〔4〕　Ibid., ch. 6.

＊　苏维埃秘密警察组织。——译者注

〔5〕　Crane Brinton, John B. Christopher, Robert Lee Wolff, *A History of Civilization*, vol. 1 (Englewood Cliffs, N. J., 1971), p. 335.

恐怖的伊凡与他的特别税收代理人，在这幅木刻画中，伊凡举着一位特权贵族的头并带领着一群贵族走向死亡。此时，三位特辖军正在分割这些猎物。他们既是残酷的税收代理人，又是安全警察——与通常的政府公务员相分离并独立，类似现代的税警。特辖制，特辖制。

特辖制既与税收有关，也与沙皇的敌人有关。沙皇从贵族那里需要的税收远远超过宣誓效忠的税收。特辖制可以没收贵族的土地并将其转让给新的所有者。新所有者需要向沙皇履行新的纳税义务和服务义务。当特辖制解散了以后，向沙皇承担的这种税收和服务立即适用于所有的贵族和所有的土地。在特辖制下，伊凡不仅根除了叛国者，也重组了国家的税收组织。

176

在俄罗斯，通向农奴身份的道路与罗马类似。在两个地方，被税负压得喘不过气来的农民都接受了成为大地主的农奴或者家财农奴，以避免成为税收奴隶。在农民看来，农奴身份的束缚比税收制度的束缚更好。

在俄罗斯，农奴身份来得比较慢。没有一位戴克里先在某一年进行税收制度的革命，第二年就将每个人投入了农奴身份的束缚之中。最初，当农民变成地主的佃户时，他们事实上已经变成了农奴。地主给他们土地、房屋、生活家具和耕作工具。农民进行抵押借款，这一借款在每年的11月份到期支付。农民在支付了1/3的农作物租金、抵押借款的利息以及对于沙皇的税收以后，就没有任何东西来偿还贷款了。对贷款的担保就是农民和他的家人——人的担保，他们要依附于地主，直到他们清偿了债务。在通常情况下，这些债务永远不可能还清，这也正是这一制度预定的运作方式。[6]

地主们设计出了一种有趣的避税方式。一位新的地主会还清农民的债务，在他自己的土地上再次资助农民。人头税是基于每5年进行一次的人口普查。在进行人口普查之前，新的农奴是不会被征税的——因为他们并不在人口普查名册上。俄罗斯政府最后不得不制定一部新的法律来取缔这种做法。

沙皇给俄罗斯人民带来的只有厄运。他们中的大部分人从1584年恐怖的伊凡死亡到1682年彼得大帝统治都处于纯粹愚昧状态。彼得大帝有7英尺高，是一个精力充沛的男人。上帝还赐给他一个聪明伶俐的头脑。彼得大帝当上沙皇以后，俄罗斯开始前进了。

彼得大帝经常因其粗鲁而被人们记起。他访问英国以后，议会被迫支付一大笔钱来整理他在伦敦居住房屋的混乱状态。他们花了6个月的时间才最终让恶臭离开这个地方。彼得大帝用手指头吃饭，在公共场合打嗝和放屁，还放纵自己从事其他粗鲁的行为。他的宾客都沉浸在酒席之中——他们喝得如此之多以至于有一次一些人因为酒精中毒而直接死了，还有一些人因为喝醉了到外面闲逛，在俄罗斯的冬季被直接冻死了。他希望俄罗斯姑娘看起来

---

〔6〕 James Mayor, *An Economic History of Russia*, vol. I（New York, 1965）, p. 82；note 10.

像西方妇女那样性感。他命令她们穿着超短的连衣裙。如果她们拒绝喝酒，他和他的朋友就会捏着她的鼻子直接将白酒倒进她们的喉咙里。

作为一位领导，彼得大帝是很另类的。他到西方访问以后就决定用西方的标准来改革俄罗斯。这一点与今天俄罗斯的领导人有些不同。在他掌权之时，俄罗斯已经在走下坡路。彼得大帝通过改革税收制度扭转了俄罗斯的历史发展进程，促进了经济增长，实现了国家的中央集权。在彼得大帝改革之前，很多住房和耕地都被荒废了。有一大批人不工作，也不纳税，整天毫无目的地到处游荡。只有耕地才纳税，这是鞑靼人的征税模式。对于获得新的农业生产工具没有任何激励措施，一些产量较低的陈旧土地被抛弃了。对于每个农民家庭还征收家庭税。狡猾的农民会结合在一起共享一个住房。利用一个住房、一个税的漏洞逃避了 2 倍甚至 3 倍的税收。沙皇的征税官对此的应对方式是将住房外的每一个门视为一个独立的家庭。农民对此的反应是用木板将这些门都封上，仅留一个门。这就意味着家庭不会扩展，不会开拓新的土地，不会建设新的住房。懒散和失业在社会上盛行。耕犁税和家庭税摧毁了这个国家。

彼得大帝改革这一税收制度的方式是取消这两个税，对于所有的男人开征单一人头税。自由农民所缴纳的税款比农奴要高。这一人头税也被称为灵魂税。农民们觉得很难理解，政府为什么要对灵魂征税呢？因为灵魂是精神的事物。当然，与所有的税收类似，税收并不必然要求纳税人理解；唯一有必要的就是纳税人纳税。这一新的税收不会影响激励。辛勤劳动并获得新的生产工具以及住房的农民可以保留他所创造的额外收入。在这一意义上，据说，彼得大帝重新抓住了亚当·斯密的精神。[7]

让彼得大帝惊讶的是，这些新的税收并未带来多少财政收入。在纳税名册上的男人仅占有劳动能力男人的很小一部分。很多农民通过向沙皇的征税官行贿而避免被登记在纳税名册上。彼得大帝决定进行一次新的人口普查。他知道在每一个城镇以及修道院里都有很多没有工作、没有登记的流浪汉。懒惰是很多社会成员的生活方式。

彼得大帝现在要像戴克里先那样解决这一问题。每个人都要成为劳动者或者纳税人。失业者有四个选择：缴纳人头税、变成农奴并且免税、为政府服役（军事或者民事）或者成为大帆船上的奴隶。大部分的流浪者都选择了

---

〔7〕 Ibid., p. 116.

变成农奴或者成为大帆船上的奴隶。农奴身份很显然是更好的选择。对于政府而言，农奴并非是免税的，农奴的领主需要为其农奴缴纳人头税。农民免除了个人的纳税义务，但是为了换取这一利益，他们放弃了自己的自由。

农奴阶层的数量开始膨胀，因为地主被强迫接受任何愿意成为农奴的人。每个新的农奴，无论地主是否愿意接受，在其脖子上都有一张税单，领主必须按照税单纳税。领主们要求对于他们的农奴行使更大的权力，他们实际上也得到了这些权力。俄罗斯变成了一个农奴与领主的世界，沙皇是一切人的领主。为了确保税收的足额征收，现代社会最大的独裁制度诞生了，与晚期的罗马帝国很类似。

彼得大帝让军队来接管税收征管机构。经过军事训练的征税官每年到每一位领主那里调查 3 次，审计其事务以及需要缴纳人头税的灵魂的数量。被怀疑逃税的地主将被拉出来绑在车轮上。在古代，俄罗斯的征税官会割掉纳税人的鼻子或者耳朵，彼得大帝的做法更复杂。将一个人绑在车轮上，打断他的后背，这样非常干净，也很现代——不需要擦血以及收拾其他凌乱的东西。彼得大帝用荆条拴住逃税者的腿骨。如果纳税人行贿了执行人，他就可以在胸前放一块盾牌来保护心脏，这样他就可以毫无畏惧地宣称自己的是无辜的。

彼得大帝并没有停止征收灵魂税。他发现了很多方法对一切事物征税，包括教会。如果他需要金属来制造加农炮，他就会到教堂偷取很多大钟，然后将这些大钟熔化了造枪。他对各种各样的食物征税，对租金、衣服、马匹、帽子、靴子、住房、磨房、渔场、蜂窝、烟囱、水和浴缸征税。在个人方面，他对出生、结婚、埋葬、胡须、未受洗礼的人以及那些不属于俄罗斯教会成员的人征税。他唯一没有开征的税是死亡税。很难理解，为什么他不对遗产或者继承征税？进出这个国家的一些贸易都要纳税。商业账簿要缴纳印花税，法律文书必须使用政府以非常高的价钱出售的专用纸张来准备。对于食盐、咸鱼、烟草以及很多物品实行国家专卖，它们的销售价格都高得惊人。总而言之，所有事物、所有人都要缴纳莫名其妙的税收。以上的总结根本不能穷尽实际应当纳税的事物。

为了监督这些乱七八糟的税收，彼得大帝组织了一个特殊的税收智囊团，他称之为议会。它由 10 位最高长官组成，这 10 位长官还同时负责开发提高税收的新方法。彼得大帝的军事行动耗费巨大。他总是缺钱，因此，他不断提醒、威胁和压迫议会来提高税收收入。这里是他给予议会的几个警告：

金钱是战争的核心。尽你们的全力来筹集吧。

羊毛剪得越短，越能从羊背上得到更多的羊毛。

为了获得尽可能多的收入，你们就必须征收完全不可能完成的税。[8]

彼得大帝对于私人资本没有任何耐心，就像改革*之前的苏联统治者一样。但是，获得私人财产并不像奴役人类财富那样容易。俄罗斯的黄金源源不断地流出国境，被投资于阿姆斯特丹、伦敦和巴黎的更安全、更有利可图的项目。私人资本没有国家忠诚性——它总是追逐最安全、最有利的圣殿。彼得大帝制定法律，禁止资本出口，就像现在的外汇管制一样，但是，我们已经不可能评估这些法律的实效性了。最勤奋的人总是有方法来规避哪怕是最严厉的税法和外汇管制法。尽管彼得大帝是第一次引入外汇管制，直到今天，专业的导游已经从俄罗斯走私了很多黄金，一点风险都没有。

俄罗斯对于国内贷款和国际贷款一点吸引力都没有。彼得大帝无法从任何人手中贷款。他使俄罗斯现代化为一个冷血的农奴社会和税收社会。他的确欠了很多债务，因为他从来没有机会去借钱。从那时一直到现在，俄罗斯的债务人一点诚信都没有。只是在沙皇在世界上存在的最后一些日子，俄罗斯债务才有一些诚信，那时，在世界股票交易所销售了很多沙皇的债券。今天，这些容易上当受骗的投资者的后代们只能使用这些古老的沙皇债券来糊浴室。令所有人惊讶的是，在1980年代后期，苏联政府竟然愿意赎回这些债券。

对于俄罗斯人而言，哥萨克骑兵（Cossack）就像寺庙的流亡对于古代社会的意义一样。所有的农民都知道——他们的领主也知道——如果税收或者农奴身份欺人太甚，农民就会加入哥萨克骑兵。当彼得大帝引入他的最新改革时，一方面使得每个人都变成了纳税人，另一方面，也使得大约100 000农民带着他们的财产（也有一些是他们领主的财产）逃到了顿河哥萨克人（Don Cossacks）的领地上。每一个离开农民的名字都会从纳税人名册上删除，因为哥萨克骑兵是免税的。对于彼得大帝而言，这是不能容忍的；他正在丢

179

〔8〕　参见 B. H. Sumner, *Peter the Great and the Emergence of Russia* (London, 1964), p. 124; Jan Grey, *Peter the Great* (London, 1960), p. 314, note 17; N. A. Voskveseusky, ed., *Legislative Acts of Peter I* (Moscow, 1945), Nos. 242 ~ 244; V. O. Kluchevsky, *A History of Russia*, vol. 4 (New York, 1960), p. 128.

* 指80年代前苏联的经济及政府机构的新调整。——译者注

失新兵和纳税人。彼得大帝只好派遣他的正规军去镇压哥萨克骑兵并将他们纳入他的控制之下。

哥萨克骑兵是避免叛乱的重要安全阀。过去已经加入哥萨克骑兵的有雄心和反叛精神的农民如果呆在国内，肯定成为反叛农民的头领了。当彼得大帝关闭了哥萨克骑兵的逃跑之门，他就打开了国内的叛乱之门。对于他的继承者而言，这是他留给他们的最重要的遗产。

彼得大帝死后，农民起义变成了几乎每个月都会出现的事件。一个小的叛乱就会导致军队的派遣。当军队到达叛乱地点时，叛乱者可能已经发展为数百人，他们用干草叉、石块以及耕种工具武装自己。由于纯粹使用暴力，他们有时也可以战胜人数较少的军队。最终，大约在波士顿茶叶事件（Boston Tea Party）发生之时，一位好斗的哥萨克骑兵，名叫普加乔夫（Pugachev），组织了一支超过十万人的军队，他们全部由愤怒的农奴和哥萨克骑兵组成。当他被逮捕和执行死刑的时候，他正在莫斯科游行示威。

凯瑟琳大帝（Catherine the Great）试图将普加乔夫从俄罗斯人民的头脑中抹去。他出生的村庄被烧掉了，当地居民被安置到一个新的村庄并起了新的名字。凯瑟琳大帝规定提到普加乔夫名字的行为是犯罪行为。讨论改革是很危险的，不仅仅是因为普加乔夫，而且因为在美国和法国革命以后，革命的狂热已经传遍了整个世界。

在普加乔夫之后，俄罗斯政府压制改革大约一个世纪。最后，在林肯解放美国奴隶的时期，沙皇亚历山大二世（Alexander II）解放了农奴。从农奴身份解放出来并没有结束产生它的税收，但是这一解放取消了强大的中介贵族以及他们从税收制度中所取得的特殊利润。随着领主的取消，沙皇必须亲自承担起征税的职责。被解放的俄罗斯农奴的地位比他们在美国南部的同伴们要好，因为他们可以获得土地，而且通常就是他以及他的家族耕种了几个世纪的土地。美国黑人被解放后什么都没有得到，因此，从经济的角度来看，自由使得他们中很多人的生活进一步恶化。这一重要的区别并不意味着俄罗斯人比美国人更有人性。俄罗斯农民必须纳税，如果没有土地，他们就无法纳税。他也必须向他以前的领主付费。分给农民土地就使得他们具有履行这些义务的能力。[9]

俄罗斯主要有三种类型的农奴。沙皇拥有大量的皇家农奴，这是其他所

---

〔9〕 Mavor, *An Economic History*, pp. 192~245；参见 Henry Sumner Maine, *Ancient Law*（London, 1861, reprint 1982）, pp. 266~67.

有类型羡慕的对象。皇家农奴从来就不是问题。沙皇对他们很好，经常免除他们的纳税义务，以及很多其他缴费或者其他义务。

还有两种私人农奴制度。奥鲁克尼（Obrukny）农奴需要每年向他们的领主缴纳奥鲁克（obruk），数额是人头税的 2 倍。这就使得他们的领主可以获得 50% 的利润。奥鲁克尼农奴是以村庄为单位来纳税的。为了支付他们集体的奥鲁克，他们将自己组织成村民议会，选举领导人，共同持有他们大部分的土地。前苏联的集体农庄以及后来的合作制也是按照类似的方式运作的。

半周制（Bartschina）农奴带来了最严重的问题。他们拥有自己的农场，但是每周需要在他们领主的土地上劳动 3 ~ 7 天。在耕种和收获的季节，一些领主要求他们从早上到晚上，一周 7 天在领主的土地上劳动。这样，他们就没有时间在自己的土地上劳动了。这种压迫导致了叛乱和罢工。拒绝劳动的农民被暴打、关进监狱或者被强迫带上钉有铁钉的项圈。其他人则被泡在河里，头朝下，直到他们快被淹死。半周制农奴在耕种领主的土地时也取得了一定程度的自治化和集体化。简而言之，农奴制，最彻底的税收控制手段，形成了前苏联农业集体化的基础。

不能过于武断地对俄罗斯农奴制下一个判断。它比现代奴隶制度更加人性化。[10] 每个州都可以严密监视其主要的税收收入。哪些事物能够征税必须处于控制之下。如果税收是必要的，那么，控制就必须是有效的。土地是俄罗斯财富的源泉。农奴制只是一个保护和确保税收征收的工具。

今天，大部分政府从所得中获得他们的财政收入。所得是用货币来支付的；货币在银行之间流动。结果，我们的银行机构被置于严密的监管之下，以确保纳税人遵守税法。俄罗斯的农奴制就是用来做相同事情的工具。我们在银行系统中已经丧失了自由和隐私，其原因与俄罗斯农民丧失自由和隐私的原因相同。俄罗斯的州，与我们的州一样，仅仅关注它自己的税收收入。

俄罗斯文化对于文明的影响远比我们认为的深远。在中世纪结束的时候，俄罗斯人保护了欧洲的文艺复兴，因为是他们承受了蒙古的入侵者，其代价是他们自己以及一种更加先进的民主生活形式的毁灭。俄罗斯人终止了拿破仑的成长及其成为欧洲皇帝的梦想。数以百万的俄罗斯市民的牺牲使得人类从纳粹的瘟疫中获救了。

〔10〕 Maxime Kovalevsky, *Modern Customs and Ancient Laws of Russia*, Lecture VI（London，1891），pp. 209 ~ 50. 同时参见 August von Haxthausen, *Studies on the Interior of Russia*, S. F. Starr, ed., E-. Schmidt, trans.（Chicago，1977，1852 Berlin ed.），eh. 13.

　　然而，俄罗斯的伟大使命或许就是她作为西方理念的实验材料的作用，这些理念是由英国人、德国人和整个欧洲人构想并宣传的。这些理念强加在他们的头上，没有群众支持，甚至与俄罗斯强烈的精神传统相反。它是税收最基本的形式，在这一形式中，国家拿走了经济秩序中的一切事物，同时返还给人民国家认为人民所需要的东西。他们在特定社会制度下的例子和生活已经向世界表明这种强迫制度的恐怖和非人性。用一位现代俄罗斯历史学家的话来概况就是："以世界的名义牺牲已经成为俄罗斯真正的历史使命。"[11]

---

〔11〕 Leonid Lipilin, "Historians Should Be Kind", *Soviet Life* (Washington, D. C., July 1991), pp. 28 ~ 29, 58.

第 18 章

~~⌒⌒⌒

瑞士：从威廉·泰尔到没有泰尔

> 在瑞士人看来，个人自由要优于（国家的）财政利益，即使有
> 时这一自由有被误用的风险。
>
> ——伯瓦（M. Bonvin），瑞士联邦委员，1967 年

大部分游览过瑞士的人都会嫉妒瑞士人。他们拥有世界上最明智和最稳定的民主，同时还有置身于战争之外的天赋。如果不看一眼这一卓越的国家，税收历史就会不完整。瑞士人，如同古代希腊人一样，看到了民主、自由和税收之间的直接联系。研究瑞士社会的美国人和英国人很快就认识到瑞士人拥有　种自由的观念，这一观念，英国人和美国人在 18 世纪就曾经拥有，也就是，自由在一个人钱袋子的中央。[1] 我们已经渐渐远离了这一早期的观念，但是瑞士人却一直坚持这一信念：自由，真正的自由，需要隐私，特别是经济上的隐私。

瑞士的首都以及政府的执行机构与世界的其他国家都不相同。人们经常提起这样一个故事：一位美国游客来到瑞士的伯尔尼（Bern）以后，他从导游那里知道瑞士有一位总统，而且他还知道，这让他非常吃惊，大部分瑞士人甚至都不知道他的名字。这位总统的生活方式更令人惊讶——他经常骑着自行车到有轨电车里上班！

瑞士的民主是古老的。我们不知道这些森林和山区的人们已经统治自己多久了。在中世纪，当瑞士是神圣罗马帝国的一部分时，他们向皇帝缴纳很少的税。同时，瑞士村民就被民主议会所统治，这一议会已经存续到今天。

---

〔1〕　第 32 章，注释 11。

他们的官员是由人民选举的，德国法律通知这一社区。

184

瑞士联邦是为了抵制哈布斯堡王朝的税收而建立的。1315年，当其自由的战士在莫格顿关口之战中战胜敌人时，瑞士联邦的价值获得了验证。

185　　1240 年，施维茨州（Schwyz）和乌里州（Uri）两个地区脱离了神圣罗马皇帝的税收管辖权。几年以后，奥地利强大的哈布斯堡（Hapsburg）家族拒绝承认瑞士的独立。1273 年，他们派出了征税官和封建领主来征收足额的封建税费。瑞士人不希望缴纳足额的哈布斯堡税收，随后进行了反抗。在这次战斗中，诞生了威廉·泰尔（William Tell）的传奇。威廉·泰尔拒绝承认奥地利的哈布斯堡王朝以及他们那一帮征税官。由于这一抵制行为，他被命令用石弓来射他儿子头上的苹果。

瑞士人对于传奇人物威廉·泰尔的敬仰和尊敬并不是因为他在石弓上娴熟的技术，而是因为他点燃了成功反抗哈布斯堡王朝的鲁道夫（Rudolph）国王及其继承人的导火索。关键的政治事件发生在 1291 年，那时，3 个森林部落形成了一个反抗奥地利税收侵略的互助联盟。不久，其他的部落也加入到这一联盟中，瑞士邦联诞生了。关键的军事事件发生在 1315 年，那时，奥地利的军队开进瑞士来强制执行哈布斯堡王朝所要求的税收。统一瑞士步兵团在人数上只有敌人的 1/10，但是却在通往瑞士的莫格顿关口（Mortgarten Pass）的战斗中击败了奥地利军队。

7 年以后，奥地利人又采取了两次军事行动试图征服瑞士人，但是两次入侵都失败了。从那以后，外国侵略者再也没有踏进瑞士的土地，拿破仑的短暂统治除外，瑞士人始终保持中立。然而，在瑞士国内并不总是和平。在宗教改革（Reformation）期间，瑞士的各州发生了宗教冲突，他们互相斗争，断断续续地持续了 3 个世纪。

现在的瑞士联邦开始于 1815 年，在击败拿破仑之后不久。在维也纳会议上签署的条约中，瑞士的中立地位被欧洲列强正式承认，其所使用的语言如下："瑞士的中立和完整及其独立于任何外国影响是欧洲整体政策的真正利益所在。"这一条款构成了瑞士中立的基础。1848 年，瑞士通过了宪法，这一宪法建立了瑞士各州组成的联邦，并组建了一个非常有限的联邦政府。其独特之处就是不存在规模庞大的联邦政府机构。各州的州长负责执行联邦法律。

1820 年，瑞士的财政智慧引起了约翰·泰勒（John Taylor）的关注，他是来自弗吉尼亚的参议员，也是那个时期的政治领导人。通过将瑞士与法国和意大利相对比，他观察到，如果政府很穷，人民就会富裕；如果政府很富，人民就很穷。尽管意大利和法国的确都是很富的国家，但是他们的民众却并非如此。但是，瑞士作为一个资源有限的穷国，却拥有欧洲最自由和最幸福的人民，只有一个袖珍式的政府，没有负债。

当瑞士在 1848 年通过宪法时，他们拒绝了美国人观念中的总统，因为它具有"独裁的倾向"；而且，他们的"民主感情反对任何个人凌驾于他人之

186

威廉·泰尔的传说经常出现在瑞士的艺术作品中。泰尔因为点燃了反抗奥地利税收斗争的导火索而被人们所记忆，他因为公然挑战奥地利的封建领主而被命令用石弓射他儿子头上的苹果。

187 上”。当美国总统权力尚处于婴儿期时，这些都是惊人的预言性声明。瑞士人在 150 年前所预见的独裁倾向已经在历史中呈现了出来。没有人认为美国总统拥有与自由世界任何政府官员相同的权力，包括前苏联，如果不是更多权力的话。越南战争就是由美国总统发动和维持的。今天，美国政府形式所面临的最严重问题就是总统这一职位"独裁的倾向"。或许，如果美国总统能够学着每天早上骑车去有轨电车里上班，这个问题就不会显得如此困难。

瑞士被认为是世界上唯一真正民主的国家。说英语的国家拥有代议制政府，对于社会所面临的每一个重大问题，最后的发言权总是留给议会的成员。如果要开征新税或者要提高税率，这都是立法问题。税收在很大程度上是游说议员、阶级政治和"影响"的结果。通常，当某个社会阶层需要承担新的税收负担，另外一个社会阶层就会从减免税中获益。税收负担从一个阶层转移到另一个社会阶层，完全取决于每个社会阶层影响立法的能力是大还是小。

在瑞士，关于税收的最终决定是由选民来决定的。与加拿大或者美国的立法议员不同，瑞士的立法议员不能投票给自己涨工资。工资增长必须提交给瑞士人民。如果要提高税率，选民必须同意。瑞士人民对他们政府的征税权进行了严格限制。1975 年瑞士政府向选民提出了增加所得税税率的建议。选民冷酷地将其否决了。当一位著名的瑞士公民被问到这意味着什么的时候，他说："政府必须依靠其自己活下去——就像我们一样。"1991 年，瑞士选民否决了政府开征增值税（VAT）的请求，但是，当政府将开征增值税的建议第三次提交给选民时，政府最终取得了胜利。最终，瑞士人民批准了增值税，但是这里最关键的一点是，在瑞士，税收是由人民来决定的事情。

瑞士将所有税收事项提交给人民来表决的实践体现了这样一个智慧：将税收的开征权与税收的使用权相分离。一旦这两项权力归属于一个政府机构，税收使用权必然会超越对征税权的制约。我们已经指出英国政府最初是如何确立这两个权力相分离的永恒的原则的，国王作为王国最大的税收使用者，永远不能享有增加税收或者开征新税的权力。

美国税收主管当局用挫败的眼神盯着瑞士银行的保密制度。他们从中没有看到什么有价值的东西，更不用说自由了。他们所看到的全部是美国人逃税的机会。现在，经过特别漫长的努力，瑞士人终于向美国税务主管当局妥协了，他们同意为逃税案件提供信息，即使如此，如同在伊梅尔达·马科斯（Imelda Marcos）刑事案件中因为一件并未发生在瑞士的刑事案件而引渡她的同伴卡舍基（Kashoggi）——世界上最富的人之一——一样，司法部找到了解决问题的方法，当陪审团宣告所有人无罪时，它仅仅结束了这些专门从事国际事务的律师们可笑的股票。在面对美国的压力面前，瑞士人并非显得那么高傲。一位瑞士的检察官在我调查这件事情时悄悄告诉我："问题是，你们美国人把一切事情都刑事化了。"

从小我们就被教导要热爱自由。我们的亲戚和邻居都在保护自由的战斗中死去了。我们都被教导，如果为了保护自由需要我们牺牲，我们就应该献出自己的生命。这是几乎所有西方国家民族传统的神圣基石，当然也包括所有说英语和说法语的国家。我们的旗帜、权利宣言以及宪法都是自由社会的标志和堡垒。

然而，从来没有人告诉我们，我们的银行也可以为自由做点事情。我们的法院肯定了这一观点。我们银行的会计账簿是向税务主管当局开放的，他们可以在我们根本不知情的情况下窥探我们的财产，如果这就是政府想要做的事情的话。最近所发生的一个事例就是一位银行家询问他的一个客户，一位律师，这位律师的税收问题进展得如何。（银行家总喜欢关注其客户资金的安全状况。）这位律师回答他并不知道自己有什么税务问题，并且很奇怪，银行家为什么问这个问题。银行家告诉这位律师，6 个月前税务官员们已经检查了这位律师过去几年的银行记录。不用说，这种事情在瑞士永远不可能出现，如果没有通知纳税人以及法院的命令的话。

银行保密是德国法上的古老规则。作为一种习俗和惯例已经存在了几个世纪。在 1930 年代，它进入了瑞士成文法之中，该法律对于向纳粹披露相关信息的行为给予严厉的刑事处罚。纳粹走了以后，实行较高税率和严格外汇管制的国家试图窥探瑞士银行的秘密。这些银行法被说成是违法者的挡箭牌和令全世界讨厌的东西。当然，运用银行保密制度来保护德国人民免受希特勒的侵害是高尚的，但是，据说，时代已经变了。毕竟，大部分西方民族并未处于希特勒的集中营中。

189 　瑞士人严肃地反驳了对他们银行制度的攻击。他们不希望他们的法律被用于保护普通刑事犯罪行为，但是他们也不愿意将大部分国家违反税法的行为归类为"普通刑事犯罪"。从政府的角度出发，当前的限制通常是财政不当行为的结果。政府有印纸币的权力，当它在没有任何财政储备的情况下这样做的时候，它就在抢劫市民的财产，就像强盗索要你的财产和生命一样。纳粹德国的税法与货币法与后来发生的军事侵略并没有什么关系。而且，希特勒的严格外汇管制法律已经被今天的很多国家效仿了。

瑞士人认为英国人和美国人都是短视的，没有看到政府广泛的监管和窥探会破坏个人的自由。所有的独裁政府都具有密集和无情刺探公民私生活的特征。在一个自由的社会中，政府刺探公民隐私的权力应当受到严格限制、约束和控制。自由社会与专制社会的所有其他区别都是次要的。

瑞士人持有这样的观点：只有当每个人的自由都受到保护时，个人自由才是安全的。[2]结果，瑞士的银行保密制度在国内用来保护所有的瑞士人，在国外则给所有使用瑞士银行设施的人带来了利益。今天，世界最悲惨的事情是我们没有认识到我们目前暴露无遗的银行制度的危害结果。用一位著名的瑞士辩护士的话来讲：

> 银行保密制度是自由之墙的主要组成部分，如果自由要战胜处于优势地位的政府就必须使用这一制度来保护个人隐私。这就是问题的关键。令人害怕的事情是，说清楚这一点应当是必要的。[3]

瑞士的银行保密制度并不是绝对的。它可以由瑞士法院通过适当的展示而打开。在克利福德·欧文－霍华德·休斯（Clifford Irving-Howard Hughes）骗局中，欧文夫人的银行保密被打开了，当已经查明休斯先生并没有背书给他的支票，而她承兑了现金以后。只要有适当的展示，揭开瑞士的银行保密制度并不难。瑞士银行隐私的真正含义是政府没有权力进行一次捕鱼探险，在没有正当理由时，不能窥探其公民的财务事项。

英国普通法与这一原则也是相容的。一个人的家是他的城堡，即使是君主也无权侵入的信条是英国法的基础。在每一个城堡中都有私人财产，这些财产首先应当免于被国王窥探。这就是这一概念所内含的要求。一旦国王知道了一个人有多少财产，国王就有可能通过各种方式偷走一些。随着现代银行业的发展，英国人失去了对这一事实的洞察：城堡中的私人财产已经出于商业原因以及安全考虑转移到了私人银行，这一转移并不是为了让国王窥探的。如果一个人在其城堡中的财产是不受国王监视的，那么，他在银行的财产也理应得到相应的保护。

在水门事件委员欧文（Irwin Committee on Watergate）举行的听证会上，约翰·厄立克曼（John Ehrlichman），尼克松总统的内务顾问，被问到政府是否有权为了搜集信息而窥探精神病医生的办公室时，厄立克曼先生认为政府

〔2〕下列杂志的编辑很好地表达了美国人对瑞士隐私吹毛求疵的观点：*Tax Notes International*，December 1990，pp. 1227，1235. 这位编辑将瑞士称为"蜘蛛"国家，因为其金融隐私制度，并建议美国限制其与"白骨"之间的税收协定。真正的问题涉及税收和自由之间的基本关系。对于美国而言，一旦自由和税收发生冲突，获胜的总是税收。瑞士则持相反的立场。

〔3〕Wilhelm Ropke "The Right of Privacy"，*Switzerland*，*Image of a People*（Beme，1971），p. 93.

的做法是恰当的。欧文参议员问他是否知道根据古代的法律原则，即使是国王也不能侵入一个人的城堡，厄立克曼先生回答说时代已经变了。或许你会说厄立克曼先生只错了一半。如果政府希望窥探一个人的财务事项（违背他的意志），税务官员就可以通过税务局的传唤命令去窥探一个人的内心世界。关于我们的财务事项，厄立克曼先生是正确的，时代已经改变了。

在瑞士有这样一个谚语：人们希望像他们的父辈那样自由。瑞士人是世界上为数不多的几个接近这一理想的民族。我们大部分人已经将我们从父辈那里继承的隐私和自由交给了我们日益膨胀的政府的日益膨胀的税务机关。在有几个世纪自由传统的社会中，人们都渴望回到他们父辈生活的自由时代中去——那时，城堡是不受国王监视的。

第 19 章

欧洲赫拉克勒斯的崩溃

> 在西班牙国王统治的国家里，太阳永远不落；这个民族的一个
> 小动作就会引起整个世界的颤抖。
>
> ——16 世纪的历史学家

　　历史上任何一个国家都没有帝国主义的西班牙能够更好地阐述本书的主题。这一伟大的帝国，没有任何国家能够超越，却被所有阶层反抗的纳税人以所有可能的方式摧毁了。使用现代术语来讲，从来没有实现过自愿的纳税人遵从。西班牙纳税人诉诸暴力，他们在一切可能的领域选择了斗争，最终，他们发展出了逃税的制度，在某些情况下，可以逃掉政府税收收入的 90%。税收是西班牙衰亡的核心，但是，邪恶的纳税人与邪恶的税收制度一起导致了这个曾经无比强大的强国的灭亡。

　　西班牙帝国是由一系列重要的王室婚姻而形成的。在哥伦布（Columbus）时期，斐迪南（Ferdinand）和伊莎贝拉（Isabella）的婚姻使得西班牙的两个重要的省连接在一起，就像英格兰与苏格兰的联盟一样。他们的女儿按照相同的模式嫁给了奥地利的伟大哈布斯堡家族。这一婚姻的儿子，查尔斯五世（Charles V），变成了欧洲大部分国家的皇帝。同时，西班牙的探险家将大部分新世界（New World）带到了这一帝国。在超过一个世纪的时期中，西班牙比罗马之后的任何其他欧洲国家都强大。这一跨海的帝国是我们所知的世界上最大的帝国。

　　17 世纪，这一巨大的帝国开始分类瓦解。英国人一般认为西班牙无敌舰队被击败是原因。这一观点对于盎格鲁 - 撒克逊的自尊心是有利的，但是对历史是无益的。无敌舰队 2/3 的船舶都返回了西班牙。而且，无敌舰队是被

新教徒之风（Protestant Wind）击败的，而不是被英国海船击败的。

惠灵顿（Wellington）公爵认为："西班牙是世界上唯一一个 2 乘以 2 不等于 4 的国家。"[1]真正有意义的是，一个拥有世界上伟大的军事和海军力量，每个月都会从新世界运来大量财富，同时还控制着世界上大部分地区的国家怎么会在没有任何原因的情况下突然崩溃。在西班牙帝国的历史上，2 乘以 2 的确不等于 4。

西班牙税收中最令人憎恶也最能带来税收收入（这二者往往联系在一起）的税收就是阿尔卡巴拉（alcabala），对所有不动产和个人财产转让征收 10%的销售税。穆斯林发明了这一税收并在中世纪将其带到了西班牙。1504 年，伊莎贝拉女王在其最后的遗嘱中建议取消阿尔卡巴拉。[2]著名的西班牙红衣主教吉梅纳斯（Jimenez）曾经请求查尔斯五世取消这一税收。[3]与现代的所得税一样，阿尔卡巴拉能够带来这么多的税收收入，以至于它不能被取消；事实上，它还膨胀到包括食物，税率也提高了。它变成了"所有税收里面最有利可图的……它具有很强的韧性，很多代卡斯蒂利亚（Castilian）国王都坚持开征这一灾难性的税收"。[4]

阿尔卡巴拉对于工业和商业具有消极的抑制作用。相同的货物，随着它们不断倒手，需要多次缴纳这种税收，拉高了卡斯蒂利亚商品在国内和国际上的价格。随着在地方市场上国外商品（通常是走私的）在价格上比西班牙商品便宜，一种可怕的贸易逆差开始出现了。黄金和白银迅速流出这个国家，就像它们从美洲运到西班牙的速度一样。

查尔斯五世的帝国是很多省松散的连接体，它们对于"古代的自由和习惯"都有着健康的热情，这是一种复杂的不能开征新税的生活方式。各省应当忠诚于查尔斯五世，他们会为他而战斗，但是用于侵略战争的税收，而不是用于保护纳税人国土的战争的税收是不能为纳税人所接受的。查尔斯五世很快就认识到这一点，当他需要更多钱的时候，他就转向他自己的省，卡斯蒂利亚（Castile），征收更多的税。查尔斯五世假定他自己的臣民会支持他们本地的国王从事各种军事冒险——但是，他的假定错了。税收只能用于保家卫国的观念深深根植于所有欧洲人的思想之中。

---

[1] R. Trevor Davies, *The Golden Century of Spain* (London, 1937), p. 3.

[2] Jean Hippoly te Mariejal, *The Spain of Ferdinand and Isabella* (New Brunswick, 1961), p. 213.

[3] Ibid.

[4] Davies, *The Golden Century*, p. 79.

税收措施需要取得西班牙国会（Cortes）——一个类似英国议会或者法国三级会议（Estates General）的纳税人代表机构——的同意。贵族和教会人员是免税的，因此，他们的投票是不重要的。来自城镇和平民的代表是最重要的——征税必须经过他们的同意。

当国王需要税收收入时，他就会召开国会，并派遣一位大臣去宣读国王的意旨。国会往往会从国王那里索要一些他们需要的东西，如一座新的桥梁、一条马路或者改变某些法律。最终，国王会同意这些请求，而国会也会批准征税。这一程序从表面看来符合一切优良代议制政府所具备的特征，但是在实践中，国会总是按照国王的要求去做。

只有在极少数情况下，国会才会拒绝财政大臣的要求，国王会派军队到国会，命令大臣们在 30 分钟内批准他的要求。代表们坚持不动摇，被断然拒绝的国王发怒了。到了晚上，该省强迫实施军事法律。代表们很快组织起来并批准了国王要求。在西班牙的制度中辩论和协商很少。

国王通常通过给代表们提供有利可图的退休金、官职以及其他"利益"而避免与他们冲突。这不是贿赂，而仅仅是公共职位拥有者的边际利益，就像今天所发生的事情一样。1520 年，查尔斯（Charles）对国会进行了重要改革，为了获得新的税收而提高了养老金。愤怒的纳税人找到他们的代表，要求进行政治改革，以结束国会的腐败。

在西班牙北部塞戈维亚（Segovia）发生的事件充分体现了这次反抗的残忍。一群当地的纳税人残忍地谋杀了他们的代表，因为他们的代表没有允许他们要求从教区的牧师那里维持圣餐的请求。这些愤怒的纳税人不希望他们的代表因其最后的恶行而受到原谅，特别是给他们增加不受欢迎的税收负担的恶行。

查尔斯最终平息了这些叛乱，从各方面来看，这次改革似乎都失败了。但是，这次改革也给君主提供了一个教训——对于纳税人而言，税收必须在可以忍受的合理范围内，无论他们腐败的代表们会做什么事情。

在卡斯蒂利亚改革之后，查尔斯确立了"禁止开征新税"政策。然而，他通过无情地强制执行现行税法和税率就可以实现财政收入增长 3 倍的目标——这也给那些认为能够通过法律手段来约束政府日益膨胀的开支欲望的人提供了一个不祥的教训。查尔斯建立了一个财政议会并且命令财政议会"将螺丝适用于"不合作的纳税人（在税务机关中使用"不合作"一词也是一种艺术）。在当时，适用螺丝并不是演讲能解决的问题；它意味着使用西班

193

牙宗教法庭的工具来征税。在任何税务争议中，税务官员也是法官和执行官。结果，法律制度变成了以对纳税人权利最少的关注来获得最大数量的税收收入的工具。即使是这种制度，在现代社会也能找到与其类似的制度。

查尔斯死后，他的继承者将国会变成了一个橡皮图章。服务费（servicios），类似于英国补助的特别津贴，每年都会补贴数百万达克特（ducats）；以前它们只有几十万，而且仅在有特别需要的时候才发放。

西班牙的纳税人并没有坐以待毙似的接受他们的税收负担。既然他们已经没有合法的方式来解决问题，国会也很腐败，他们转向了法律之外的抵抗措施——他们抵制这一制度（暴力），暗中削弱这一制度（避税），远离这一制度（逃跑）。在他们不懈的努力下，他们终于成功了；世界上从来没有看到过这样的抵抗。当他们完成以后，欧洲的大力士帝国已经摇摇欲坠了。

在17世纪早期，一位西班牙作家呼吁人们关注卡斯蒂利亚因为逃税而导致的人口减少："很多村庄和农场人口的减少已经成为奇观，如果还有人留下来，那就是奇观了。"[5]很多历史学家指出了这一灾难，摩尔人和犹太人被驱逐导致了人口减少，但是一个健康的社会制度也能导致人口的短暂性减少就是灾难了。另一方面，纳税人的逃离并不是一个短期的事件。一年又一年，已经十几年了，成千上万的西班牙农民和工人离开了，他们去寻找不需要纳税的地方和工作。这种持续性的人口流动是导致卡斯蒂利亚人口减少的主要因素。纳税人都去哪里了呢？

第一，大部分人逃到了新世界。一位法国的间谍在马德里（Madrid）向位于巴黎的政府报告了以下信息：

> 大帆船在上个月的28号离开了；我敢肯定，除了由于商业原因而航行的人以外，超过6000个西班牙人已经驶向了美洲，其原因很简单：他们无法在西班牙生存下去了。[6]

美洲是西班牙税收制度的避难所，特别是阿尔卡巴拉的避难所。这些土地为投资、免税的贵族待遇以及富人提供了机会。200年后，即使是俾斯麦（Bismarck），伟大的德国领导人，也被西班牙纳税人的逃离所感动。他反对德国殖民地，因为德国"有可能像西班牙那样将她最好的血液流向海外而导

---

〔5〕 参见 Martin A. S. Hume, *Spain Its Greatness and Decay*（1479～1788）（Cambridge, 1898）, p. 221；Henry Kamen, *Spain 1469～1714, A Society of Conflict*（London. 1983）, p. 224.

〔6〕 R. Trevor Davies, *Spain in Decline 1621～1700*（London, 1957）, p. 159.

致灭亡"。[7]

第二，很多受到一些教育的纳税人参加了免税的公务员服务。对于君主而言，这的确是一场灾难，因为他不仅失去了一个纳税人，而且增加了另外一张需要吃饭的嘴。一位西班牙作家说："有一千多个雇员，如果他们都工作的话，有40%就足够了；剩下的应当被安置到更有价值的工作岗位上。"[8]随着公务员队伍的不断膨胀，劳动力迅速下降。

不必要的公务员是税收制度的寄生虫，西班牙与罗马一样，寄生虫的数量超过了纳税人。罗马行政机关发言人吉本说："惊人的组织会被自身的重量压垮。"[9]西班牙也有同样的问题。

第三，有钱和有影响的纳税人都变成贵族或者绅士（hidalgos）了。每一位平民都梦想获得贵族身份。不受尊重的耻辱与劳动和纳税联系在了一起。这一时期，西班牙的一位小说作家借他所描写的人物之口表达了这样的观点："任何没有价值的苦命之人在其能够从事一项经营并能纳税之前就已经饿死了。"[10]一旦一位西班牙人变成了绅士，他就如同所有高贵的贵族一样鄙视劳动，懒散就是一位高贵贵族的象征，他们中的很多人都生活在贫困状态，即使如此，他们也不去从事能带来富裕生活的商业活动。

第四，没有受到过教育，没有钱也没有影响力的被沉重税收压得喘不过气来的贫苦农民当他们被税收制度剥削得一无所有以后经常加入到最近的一帮吉卜赛人中。一种中世纪的死亡税又进一步增加了这种趋势，这一死亡税要求一个农民家庭将他们最好的奶牛给他们的领主，如果他们家死人了。根据惯例，领主也会将这头奶头再返还给农民，但是君主需要这种税，并且任命了税收承包人来征收。由于征税官同时也是税务争议的法官，他们将这一税收适用到了每一个死了人的农民家庭。较短的寿命以及婴儿的死亡给农民带来了灾难。当最后一头奶牛被拉走以后，农民家庭就失去了主要的生产工具，他们没有选择，只能加入最近的吉普赛人团体。

---

〔7〕 Davies, *The Golden Century*, p. 265.

〔8〕 Davies, *Spain in Decline*, p. 93.

〔9〕 Edward Gibbon, *The Portable Gibbon*, Dero A. Saunders, ed. （New York. 1952）, p. 621.

〔10〕 来自16世纪的一本小说《托梅斯的导盲犬》（*Lazarillo de Tornes*），被引用在下列文献中：Jaime Vicens Vives, *An Economic History of Spain* （Princeton, 1969）, p. 416.

195

一幅寓言画描写了一头荷兰狮子在巨大的压力下被奥尔巴和帕尔玛的玛格丽玛特压碎。旁观者包括教皇和皇帝菲利浦二世（Philip Ⅱ）。纳税人在巨大的压力下被压碎的比喻在今天与400年前一样流行。

各省的税收反抗

随着卡斯蒂利亚纳税人数量的减少，君主的注意力转移到了各省，这些省是免于缴纳阿尔卡巴拉的，它们仅缴纳很少的税。他们采取暴力的形式反抗西班牙税收。

荷兰是世界商业中心，阿姆斯特丹是欧洲最重要的城市。公海自由是荷兰法律的创造，其目的在于免除英国北海征税官的侵扰。英国君主将北海视为英国的湖泊，也应当向国王纳税，国王是"海洋的领主"。一次，荷兰船舶被集中起来，因其在北海捕鱼而征收许可费。

荷兰是庞大的西班牙帝国的组成部分，由一位向君主负责的摄政王来统治，这位摄政王叫帕玛的玛格丽特（Margaret of Parma），她是皇帝查尔斯五世的女儿。1566 年，由于宗教原因在荷兰爆发了起义。这次由新教徒发动的动乱给西班牙君主提供了一个运用西班牙式的宗教法庭来干预荷兰的借口。一群荷兰杰出人士请求皇帝手下留情。西班牙君主将这些请求者称为"乞丐"。这一称呼刺痛了人心，随后发生了骚乱，一场灾难性的内战开始了，这场内战持续了近 80 年。

皇帝选择阿尔瓦（Alba）公爵领导 2 万名最优秀的军队来恢复秩序。他给这个愚蠢和残酷的人征收阿尔卡巴拉的权力，这一税收将取代荷兰向君主缴纳的所得税。在阿尔卡巴拉的顶端是 1% 的资本税和 5% 的不动产转移税：

> 但是阿尔瓦没有被谣言所感动，没有感到来自一个破碎且没有武装的民族的任何威胁，他认为在这个低地国家开征新税已经没有必要采取任何措施或者形式了……他要求低地国家的每个男人立即缴纳其财产的 1% 的税收，未来，对于所有的不动产要缴纳 20% 的税收，在销售时缴纳 10% 的税收。[11]

阿尔瓦召集荷兰人的房地产经理来负责征收"1/10 分"，这是荷兰人对阿尔卡巴拉的称呼。荷兰，与英国一样，并不准备授予西班牙君主征收永久消费税的权力，这一税收违背他们自古以来就享有的自由权利。他们做出了如下妥协：批准征收 1% 的资本税两年。最初，阿尔瓦接受了这一妥协，但是最终，在君主的坚持下，仍然开征了阿尔卡巴拉，通过鲜血议会以暴力的方式征收了。反抗的荷兰人被以死刑处死，他们的尸体则被悬挂在他们住所入口处的竹竿上。一场漫长的以游击战为主的内战开始了。即使是荷兰的妇女也拿起了武器。

阿尔卡巴拉的开征缓解了君主维持在荷兰的西班牙军队的财政负担。这

---

〔11〕 这一问题可以在一份关于荷兰为第十个便士而起义的早期英文记录中找到，这一文献位于荷兰莱顿大学图书馆中找到。

些钱必须从西班牙通过英吉利海峡运往阿姆斯特丹。这些船舶经常遭到几乎任何人的抢劫。首先是荷兰人，随后是法国人、胡格诺教徒（Huguenots），最后是伊丽莎白女王。荷兰的儿童在学校里要学习一首爱国歌。

一次，正如我们所知道的，一艘西班牙帆船为了避免被荷兰抢劫者劫持而进入英国海港躲避，伊丽莎白则趁机偷走了船上的白银。愤怒的皇帝最终用西班牙无敌舰队来对付这个大胆的女王。

荷兰的反抗给西班牙的财政增加了严重的压力，但是最重要的是，它让君主认识到，如果侵犯了各省古代的税收习惯，就会引起叛乱。在随后的近五十年中，君主不敢在其他省开征新税，即使新世界的贸易在迅速下降，卡斯蒂利亚的税收在枯竭。

198

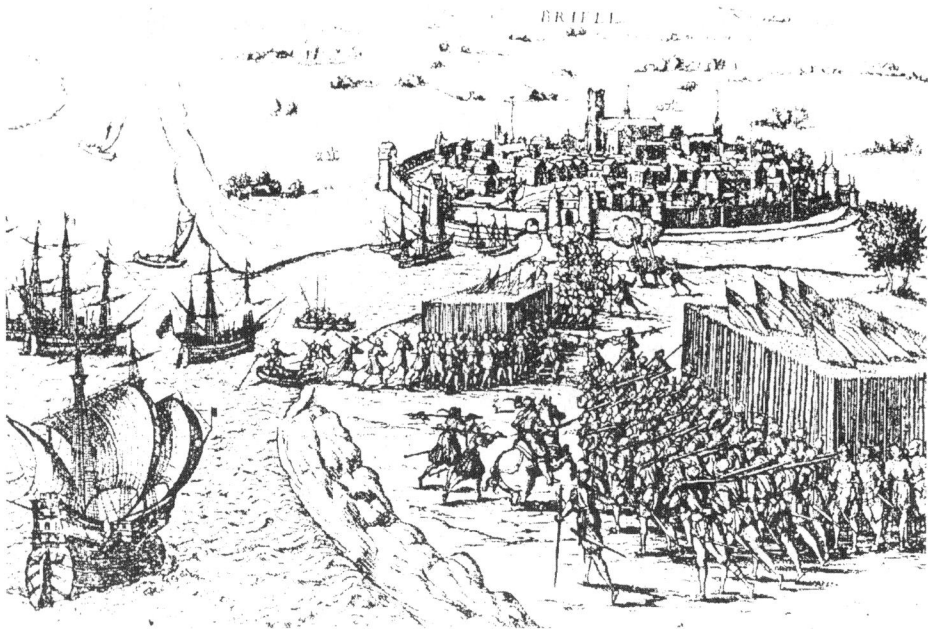

荷兰"乞丐"们很快就成为西班牙的竞争对手。"1/10 分"成为他们的战斗口号。几年以后，整个荷兰都在反抗这一税收。1572 年，反抗者占领了港口城市布里勒（Brielle），正如上图所示。随后，他们开始抢夺西班牙的帆船，它们不断运输白银和军队来镇压反抗者。荷兰的航海技术优于西班牙，尽管伊丽莎白女王获得了抢劫西班牙帆船的恶名，但荷兰人才是最主要的罪犯。

今天，在荷兰的学前教育中，孩子们要学习一首荷兰诗，这首诗是关于最有名的乞丐舰队的海军将军。尽管这首诗翻译成英文后不押韵，但是在荷兰语中，它是押韵的：彼特·海恩（Piet Hein），海军将军，他的名字很短，但他的事迹却很长，他抓住了运送白银的舰队。

一项 1619 年进行的关于政府的研究得出了这样的结论：各省必须缴纳更多的税收并且分担西班牙人庞大帝国的沉重税收负担。各省听到这个建议后非常害怕，就像要让他们分担另一个人的肺结核病一样。沉重的税收负担已经压碎了卡斯蒂利亚；其他的省为什么要遭受相同的命运？皇帝不是说要尊重所有省人民的古代自由和宪章吗？"最高统治者必须说服各省这些税收都是为各省自己的利益服务的，他们更在为保家卫国的战胜而付费。"[12]这些税收不是为军事目的服务的吗？这些税收与他们祖国的国防有关吗？

各省提供了一些代金券予以资助，但开征新税的请求被拒绝了。君主的反应是，决定使用西班牙人的刺刀来强迫开征新的省税。巴斯克人（Basques）被选为第一个受害者。这一个牧羊的小省绝不是荷兰，不可能抵制新税，而且即使他们抵抗也是毫无希望的。随后不久，君主就在加泰隆尼

199

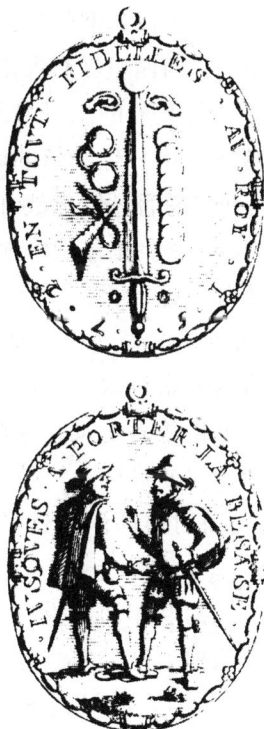

大奖章。其中一面描述了与"1/10 分"进行斗争的场面：一支朝上的剑，剑头顶着一个硬币，还有 9 个硬币在剑的右边。另一面在颂扬贵族们愿意为了乞丐的理由而带着乞丐的钱袋。

---

[12]　Grapperhaus, *Taxes, Liberty and Property*, p. 133.

亚（Catalonia）发动了战争，很多历史学家认为，正是这场战争在道义上摧毁了帝国。这次税制改革采取了最令人憎恶的形式——驻扎军队以提供支持。当加泰罗尼亚人的请求被君主拒绝以后，愤怒的人们杀死了总督，然后又转向驻扎在他们国家的卡斯蒂利亚人的军队。最终，在经过了一场长达 10 年的内战以后，这一省又恢复了原状，但是成本是巨大的。这场战争发生在西班牙与荷兰、法国以及英国进行激烈军事斗争并且非常需要钱的时期。结果，西班牙在与国内的税收反抗者的斗争中耗尽了最后一点国库资金。这一跨海的帝国不能保卫它自己了。

就在加泰隆尼亚的内战处于最激烈状态的时候，君主在葡萄牙开征了 5% 的阿尔卡巴拉，这是违反葡萄牙与西班牙之间的宪章的。君主任命一位残忍的葡萄牙卖国贼来征税。愤怒的葡萄牙人攻占了宫殿，逮捕了总督，并将其护送到边境；那位残忍的税务官员被以私刑处死，葡萄牙人从此独立了。

对于食物征收的消费税激起了西西里岛和那不勒斯的起义。在那不勒斯，一位西班牙征税官践踏了敢于蔑视政府的水果摊贩的一篮子无花果，这一行为导致了起义。一群暴民形成了，由一位卖鱼的商贩领导，他们击溃了西班牙步兵团、烧毁了征税官的房子。总督呼吁休战并同意取消新开征的消费税。但是一年以后，西班牙海军舰队到来，依靠武力强行开征了食物消费税。

海外的税收反抗导致西班牙帝国的灭亡，在国内，西班牙只能允许英国抢占牙买加（Jamaica）以及西班牙的很多殖民地。荷兰抢占了东印度群岛。从那时开始，以前的西班牙帝国的富裕水果变成了容易采摘的成熟梅子。盗窃西班牙的殖民地变成了国际性的体育运动；采摘如此容易，以至于人们都不把它视为体育运动。西班牙帝国的最后一块殖民地在西班牙与美国的战争中落到了美国的手中，很多欧洲列强都认为这场战争对美国人而言是不公平的。

西班牙商人参与了最系统性的欺诈和逃税行为，但是在历史上却并不为人所知。逃税所导致的税收收入损失已经无法计算，但是这一数额至少是政府已经征税数额的 10 倍。地下逃税涉及了几乎所有的征税官员和纳税人。

西班牙商人将大西洋贸易转换成大规模的走私运动以逃避"皇家 1/5"（Royal Fifth），对于来自殖民地的白银和货物征收 20% 的关税。所有的贸易都必须通过西班牙的某些关口来入关。离开港口需要缴税，同时需要为护航的军舰缴纳护航税。1600 年，护航税是 6%；1630 年，护航税已经变为 35%。税率在 30 年中增到了 6 倍，说明逃税的程度也增到了 6 倍。

　　银块是政府的主要目标。除了皇家1/5，当政府缺钱时，政府就会没收银块，同时给银块的所有人政府债券。而且，白银是受到外汇管制的，当它进入西班牙时需要进行登记。没有登记的自由白银在市场上需求量巨大。如果使用自由（走私）白银购买商品，商家会给予高额折扣。

　　银块通过一系列的方法来逃税。来自秘鲁（Peru）的白银被转交给位于巴拿马（Panama）的一个并不存在的人，然后通过海峡进行运输，最后装载到驶向西班牙的船舶。由于白银被假定留在了巴拿马，因此它从来不出现了船舶的登记簿上。走私进西班牙很容易，护航舰队的海军指挥官将银块卸到远离海关的小渔村里。白银通常是在船舶到达西班牙的前一天晚上就卸下来。其他的白银在登记时则少登记一些，只需要适当的贿赂就可以在西班牙海关处少登记一些白银。没有人知道在17世纪早期到底都有多少白银运到了西班牙。例如，仅在1600年，就有价值3000万比索（peso）的白银运到了西班牙。到1650年，在走私最疯狂的时期，根据海关的记录，仅有价值300万比索的白银运进西班牙。

　　或许有人会说，白银运输数量的下降有可能是由于新世纪开采数量的下降。这其中有部分真理，但是最近由斯库巴潜水人员在加勒比海打捞的失事大帆船上发现了大量的银块。商业记录偷逃大量关税的证据来自著名的墨西哥燃料——胭脂虫红。这种燃料的税收收入在这段时期同样大量降低，如同白银的进口量在此时大量降低一样，而其他的证据则表明墨西哥生产的这种燃料的数量并未下降，而且全部是运往欧洲。

　　君主试图运用各种能够想得到的方法来阻止走私。他们尝试了死刑。这并没有吓到任何人，因此，他们又转向了另一个极端，如果走私犯许诺以后不再犯，他们会原谅坦白的走私犯。君主许诺不再没收白银。所有这些努力都失败了，因为"欺诈的习惯已经根深蒂固"。[13]

　　西班牙帝国的逃税系统一直流传到今天。当今西班牙政府公开承认逃税对于财政收入造成了严重的问题。整个拉丁美洲的商人都知道行贿是做生意必不可少的工具。美国现行法律禁止行贿和回扣就面临了已经有400年历史的标准运作程序。我们很怀疑，真正的运行程序能否抵挡这种系统性的欺诈。在某些地方，在商业与税收的交易中，行贿会出现，即使美国人不愿意，其他人也愿意，采取某种形式或者其他形式。

---

〔13〕 参见 Jaime Vicens Vives in Davies，*Spain in Decline*，pp. 405 ~ 6.

研究西班牙帝国的牛津顶尖学者这样说：

> 西班牙产业被最愚蠢的人所设计的沉重、复杂的税收制度所扼杀。……纳税人被沉重的关税压得喘不过气，他们纠缠于逃税的网络制度中。……因此，他在每个方面都深受不断积累的不守规则的、不和谐的苛捐杂税的影响，并最终葬送了自己。[14]

历史学家对西班牙税收制度的控诉对于我们的税收制度有深刻的启示——当然，那就是"最愚蠢的人所设计的沉重、复杂的税收制度"。从历史上来看，我们并不孤单。

尽管西班牙的税收制度是压迫性的、专制性的，摧毁西班牙帝国的难道真是纳税人，而不是它的税收制度？荷兰 10% 的阿尔卡巴拉以及葡萄牙 5% 的阿尔卡巴拉真的就如此不堪忍受吗？

很可能没有客观的标准来判断税收在何时就变得不可忍受了。美国革命清楚地确立了一个比例。税收必须通过主观的标准来测量——这样标准就是人们愿意接受的比例。当纳税人采取各种可以想象的方法来攻击这一税收制度时，西班牙的麻烦就来了。西班牙的税收历史告诉我们，在众多愤怒的纳税人面前，什么都可能发生。当法国议会决定在西班牙纳税人身上"转动螺丝"时，西班牙的麻烦很可能就开始了；那时税收并没有用在国防上。对于政府而言，最危险的事情就是压制纳税人对于腐朽税收制度的公然反抗。当西班牙政府最终清醒过来并认识到税收制度已经腐败时，已经太晚了——不服从已经变成西班牙人生活的一种方式，已经无法改变了。

托马斯·杰斐逊（Thomas Jefferson）在给詹姆斯·麦迪逊（James Madison）写信时就讨论到了这一问题，他认为，一个国家每隔 20 年左右就需要一次叛乱，政府不应当过分严厉地处罚反叛者，因为他们指出了政府必须要面对的弊端。[15]如果将这一观点适用于税收制度，大量纳税人逃税，甚至对税收制度产生了愤怒的感情就应当引起政府的警觉，这是提醒政府税收制度的某些方面需要改革了。忽视纳税人的警告就像忽视严重疾病的危险症状一样。西班牙政府（与大部分政府一样）将税收反抗解释为呼吁军队来强制维持秩序。其结果就像往一大堆没有火苗但正在闷烧的火堆上浇汽油，那一定

---

〔14〕 Davies, *Spain in Decline*, p. 105.

〔15〕 Thomas Jefferson, "Letter to James Madison, Jan. 30, 1787", *The Papers of Thomas Jefferson*, vol. 11, ed. Julian Boyd (Princeton, N. J., 1955), pp. 92~97.

是毁灭性的。

在西班牙灭亡前一个世纪，有很多聪明的西班牙人呼吁改革，就像红衣主教吉梅纳斯在发现美洲大陆以后走得那样远。他们的言论和努力没有起到任何作用。就像冈萨雷斯（Gonzales de Cellorigo）在 1600 年毫无希望地看着西班牙的灭亡所说的："有权力的人不愿意做，愿意做的人没有权力。"[16]

---

[16]　Memorial de la Politics，p. 24，found in Cipolla, *Economic Decline of Empires*，p. 186.

203 # 第20章

科特斯和皮泽洛是如何发现税收是阿兹特克人以及印加人统治者盔甲的弱点

　　隐藏在攻占墨西哥背后的故事是历史上最迷人、最具有传奇色彩的故事。它具有好莱坞动作大片的所有特征：一位高大、英俊和勇敢的领导人，一群勇敢、漂亮和聪明的女孩，皇宫阴谋以及其他。这一军事故事在历史上是空前无双的；如果不用小说的方式来写作，它都会受到人们的嘲笑。好战的阿兹特克人（Aztecs）拥有上百万强壮的战士，几乎不可能被508名战士、16匹马、14座大炮和一些灰狗击败。

　　直到最近，历史学家提出了羽蛇神（Quetzalcoatl）的故事来解释科特斯（Cortes）不可相信的功绩。当1519年科特斯登陆韦腊克鲁斯（Veracruz）时，阿兹特克人认为是长胡子的神返回了，在他们回过神之前，科特斯已经控制了帝国，杀死了蒙特祖玛二世（Montezuma II）。现代历史学家抛弃了这一理论。很久以前，一个阿兹特克战士面对西班牙人，蒙特祖玛就意识到西班牙人是敌人，而非神。在科特斯登陆以后不久，他就亵渎了阿兹特克人的神庙，这是神不可能做的事情。西班牙人让蒙特祖玛清醒地认识到他们是来寻找他王国内的税收战利品的。为了理解整个故事，我们必须回过头来看看科特斯之前的阿兹特克人。

　　阿兹特克帝国被称为三重联盟，它是由三座大城市组成的联盟，其中，墨西哥城是这个帝国的中心。这一联盟是在科特斯到来之前200年前建立的。阿兹特克人攻克了墨西哥的弱小城市，并把它们组织成纳税的附属国。他们并不想统治这些小国，也不想与他们发展任何文化或者社会关系。他们至始204 至终都仅仅是王国的纳税的财产。阿兹特克人与公元前8世纪的亚述人一样，使用恐怖和军事手段来征税和控制他们的帝国。这是新世界的恐怖税收时期。已经有一些顶尖的人类学家提到了亚述人与阿兹特克人征税方法之间的类似性。[1]

阿兹特克帝国主义遵循一种简单的模式。他们从墨西哥城派出伪装的商人，他们到各个城市去寻找看起来值得抢夺的物品。这些商人会带着这些货物用于检验同时还会带来这个城市的防卫和军队的信息。如果这个城市足够富裕或者抢劫的前景非常乐观，他们就会组织数量庞大的军队前去攻击这个城市。

阿兹特克人是伪装的大师，他们喜欢偷袭，通常都能取得决定性的胜利。被打败城市的统治者会祈求和平，他们会举行一次会议，和平条约就缔结了。城市的统治者可以保持他们的领导地位，但是，他们现在就变成了向阿兹特克人纳税的封臣。每过 80 天，就会有一位阿兹特克征税官过来收取和平条约中所规定的税收。

阿兹特克人不会派军队来占领这个城市，但是他们会在当地驻扎一位阿兹特克人的税收总管来监督这个地方的动态。除了税收总管以外，也会有一些助手，但是不会再派其他的阿兹特克人来帮助了。这位地区总管会定期向皇帝报告。"这位地区税收总管的工作并不像省的总督，而更像确保缴纳规定税款的帝国的代理人。"[2]

在缔结和平条约时，阿兹特克人会受到非常慷慨的招待，他们会带着礼物、第一笔税款返回墨西哥城，同时还会带走无数的囚犯用作神的祭品。

针对阿兹特克人税收的反抗是非常普遍的，就像在亚述人身上所发生的那样。这一制度在新世界遭遇到了与旧世界一样的缺陷——由于没有军队驻扎在臣民的领地上，反抗和抵制是必然的。结果，阿兹特克人必须不断地与满布帝国的局部税收叛乱作斗争。由于没有占领军来支持征税官，阿兹特克帝国经常处于叛乱的边缘。

科塔斯克特拉（Cotaxtla）城［靠近韦拉克鲁斯（Veracruz）］于 1458 年爆发了一次典型的暴乱。阿兹特克地区税务总管以及他的所有随从都被杀死了。一位特别能忍耐的皇帝派遣了一队特别特使来威胁和恐吓叛乱的城市，但是，这个城市将这些特使也杀死了，给他们的尸体穿上豪华的长袍，将这些尸体运到祭祀场地，他们跪在这些死去的特使面前。这些死人穿的像君主，他们问这些死人为什么不吃东西。当这个消息传到蒙特祖玛一世的耳中时，他发怒了，当即宣布："将科塔斯克特拉城的人民全部毁灭，不再留下任何有

205

---

〔1〕　Eric Wolf, *Sons of the Shaking Earth* (Chicago, 1962), p. 149.

〔2〕　Nigel Davies, *The Aztecs, A History* (London, 1973), p. 101.

纪念意义的东西。"最终，阿兹特克人攻克了这座城市，但是蒙特祖玛改变了他报复的想法，而是对反叛行为征收一次通常税，这样他们就需要缴纳 2 倍的税款。与大多数聪明的征税官一样，他决定保护税源而不是摧毁它们。

科塔斯克特拉城是在特拉斯卡拉人（Tlaxcalans）的怂恿之下而谋杀蒙特祖玛的税收代理人的，特拉斯卡拉人是反抗阿兹特克人税收中最具有挑战性以及最成功的一个。幸运的是，科特斯生活在韦拉克鲁斯和墨西哥城之间，如果没有特拉斯卡拉人，我们就很难看到科特斯人是如何成功的。没有哪位阿兹特克领导人能够镇压他们，在经过若干年的成功抵抗以后，他们理解了阿兹特克人军事策略的每一个细节，并且迫使蒙特祖玛流泪了。最后，阿兹特克人所能做的就是建立一个经济障碍，禁止特拉斯卡拉人与帝国进行任何贸易。

在帝国的边境还有其他一些反叛的城市，皇帝的军队偶尔在一些战斗中取得非决定性的胜利。阿兹特克人的征服主要是恐吓和表演的结果，而非军事实力的结果。

科特斯在韦拉克鲁斯附近登陆，韦拉克鲁斯是向阿兹特克人纳税的领地。他很快就接触到了当地的阿兹特克人的税务总管，名叫汀蒂尔（Tindile），即使没有看得见的武力展示，科特斯也认识到汀蒂尔是当地的强人。

汀蒂尔观察着科特斯的一举一动并将他所有的举动报告给皇帝。他报告说西班牙人拥有奇怪的野兽（马和家养的狗），这些动物，阿兹特克人从来没有见过。除了这些野兽以外，这些长着胡子的白人还有一些会喷火的棍，像闪电一样怒吼的大炮以及巨大的轮船，阿兹特克人的小船与它们相比就是侏儒了。就像是外星人侵入了地球，他们拥有优越的空间设备、武器和奇怪的动物。蒙特祖玛对此充满了恐惧和疑惑。这些都不是普通的人。比较审慎的做法是给他们丰厚的礼物并让他们离开。正如我们所知道的，丰厚的礼物仅仅增加了西班牙人索取更多礼物的胃口。当科特斯看到汀蒂尔装了满满一头盔黄金给自己时，没有什么能阻止他了。这或许是蒙特祖玛所采取的最致命的行动。现在科特斯知道关于阿兹特克人的黄金的传说是真的。

科特斯并未被他对黄金的渴望蒙蔽双眼；他驻扎在韦拉克鲁斯长达 5 个月来研究形势。迅速袭击墨西哥城可能会遇到某种灾难。如果直接进行战斗，成功的几率只能是 1% 或者 0.1%。从积极的一面来讲，如果科特斯能有效组织自己的话，他可以对这个弱小但具有战斗优势的力量进行致命的打击。

一天，当科特斯沿着韦拉克鲁斯的海岸散步时，他遇到了 5 个印第安人，他们都对阿兹特克人的税收重担愤愤不平。对于科特斯而言，这是一个重大发现——他找到了问题的答案——税收就是蒙特祖玛盔甲的弱点。

沿着这一思路，科特斯去拜访那些愤愤不平纳税人的城市。他一到这个城市，蒙特祖玛的一些征税官就出现了。科特斯注意到，当印第安人听到蒙特祖玛的征税官就要到来时，他们"变了脸色，因害怕而颤抖并迅速跑去迎接他们"。[3]科特斯绑架了蒙特祖玛的征税官，在将他们殴打了一顿以后，他释放了其中的两个人，这样他们就可以回到蒙特祖玛那里并将那里所发生的一切禀报给他（印第安人希望立即杀了他们）。科特斯知道阿兹特克人会返回来惩罚这些印第安人，因此也会迫使这些印第安人向西班牙人寻求保护，最终为了他们自身的安全而与西班牙人结成联盟。当这种抵抗的消息传到蒙特祖玛耳中时，毫无疑问，从那时起，西班牙人就成了他们的竞争对手和敌人。为了进一步激怒阿兹特克人，科特斯亵渎了阿兹特克人神庙中的偶像。

在他朝墨西哥进攻之后不久，这些印第安人就加入了他们的军队。在路上，他进入了特拉斯卡拉人的领地，他们是阿兹特克人无法征服的敌人，但是，特拉斯卡拉人并不是西班牙人的对手。在经过几场小型战斗以后，他们祈求和平，并且将他们的力量和智慧加到西班牙人的身上，与他们一起进攻墨西哥城。当蒙特祖玛得知西班牙人如此轻易就征服了特拉斯卡拉人，他极度震惊。他邀请科特斯进入墨西哥城，希望能阻止西班牙人与特拉斯卡拉人的联盟。随后，他又改变了注意，命令他们不要来。然而，没有什么能阻止科特斯实现他的目标——他已经从特拉斯卡拉人身上学到了很多，他们指出了阿兹特克人军事系统的缺陷以及帝国的弱点。科特斯是一位拥有罕见天赋和惊人勇气的领导；通过充分利用人们对蒙特祖玛税收的不满心态，他能够在不可能的情况下取得胜利。然而，如果他没有看出税收是蒙特祖玛盔甲的裂缝，他可能永远不会活着离开韦拉克鲁斯。

西班牙人破坏了阿兹特克人的大部分文化。他们疯狂地袭击异教徒的信仰和人类的祭祀，就像他们对黄金的渴望一样。这次巨大的破坏所导致的结果是理解古代美洲文明的钥匙丢失了。然而，阿兹特克文化的一个方面被允许存在下来。为了掠夺蒙特祖玛的财富，阿兹特克人的税收记录被完整地保存了下来。我们可以详细知道蒙特祖玛从每一个城市以及从整个帝国征收的税款数额。蒙特祖玛每年都能收到7000吨的谷物，4000吨大豆以及不少于 207

---

〔3〕 *Bernard Diaz Chronicles*, trans. Albert Idell（New York，1956），pp. 73~74.

200 万件外衣，除此以外，还有其他很多基本生活物品。[4] 由于阿兹特克人的税收制度是如此高效，西班牙人对此未做任何更改。科特斯之后 200 年，墨西哥城的印第安人仍然是每 80 天缴纳一次税款，与他们在哥伦布到来之前的几个世纪中的做法完全一样。[5]

科特斯在进攻墨西哥城之前与友好的特拉斯卡拉人结成联盟。他的翻译站在他的身边。特拉斯卡拉人成功地躲避了阿兹特克人的税收和征服长达几个世纪，他们为阿兹特克人的失败贡献了智慧和军事力量。

印第安帝国的税收故事并未随着科特斯而终结。几年以后，另外一位西班牙征服者为了掠夺黄金和白银再次袭击了印加人的帝国。法兰西斯克·皮泽洛（Francisco Pizarro）攻占了另外一个由数百万印第安人组成的帝国，也

---

〔4〕 Michael D. Coe, *Mexico* (New York, 1962), p. 169；Wolf, *Shaking Earth*, p. 141.

〔5〕 Davies, *The Aztecs*, p. 285.

是利用了部落对于由征税官组成的巨大官僚金字塔——金字塔的顶端是以太阳之子的身份出现的皇帝——的不满。

印加帝国分裂为 4 个省，它们分布在安第斯山脉从玻利维亚（Bolivia）到秘鲁再到厄瓜多尔（Equador）的西部斜坡上。每个省都划分为无数税收地区，这些地区呈金字塔状结构：10 000 个纳税人组成的单位，然后是 5000 个纳税人组成的次单位，然后是 1000 人，然后是 500 人，然后是 50 人，最顶端是 10 人。与阿兹特克人从他们被征服的臣民身上征收农产品和商品不同，印加人更加集中化，从所有纳税人身上征收劳力——这些劳力被用于农业、公共建设、采矿、战斗、收款人、金属工匠、织布工以及帝国的任何其他需要。由于皇帝是神，印加人中的反叛非常少，但是对于非印加人部落的征服者就不是这样了，反叛非常频繁。

被剥削纳税人组成的巨大帝国已经为反叛做好了准备，皮泽洛，如同科特斯一样，就是时代的风云人物。我们再一次见证了一支弱小的力量战胜拥有数百万人口的强大帝国，这支力量甚至比科特斯还弱小：200 个人，若干匹马和一些大炮。与墨西哥人一样，税收也是印加人的太阳之子的弱点。

结果，被征服的印加帝国从一种专制统治转变成了另外一种剥削和专制制度，前者虽然严厉但还知道税收的具体数额，后者则是无限的索取。在每种情况下，都是贵族们，无论是印加人还是西班牙人，剥削纳税人，为帝国的财富提出无情的要求。或许在西班牙人的统治下，情况会变得更糟，尽管印加人是他们皇帝的税收奴隶，但在西班牙人统治下，他们变成了向他们的欧洲宗主国输送黄金和白银的家财奴隶。

209　第 21 章

税收塑造了现代德国

1524 年，德国的占星家和神秘主义者预言即将有灾难来临。宝瓶星座行星的排列方式表明一场大洪水即将来临，就像诺亚（Noah）时代一样。据说会出现奇怪的妖怪，还有人说洪水是由农民组成的，会推翻他们领主的统治。

大约五十年前发生了第一次农民暴乱，那时，一位年轻的神秘主义者，吹笛者汉斯（Hans the Piper），宣布圣母玛利亚（Virgin）出现在他的面前告诉他前去讲道：没有王公贵族，也没有牧师神父；每个人都是他邻居的兄弟，用自己的双手来挣取面包，与他的邻居拥有相同的财富。所有的税收、贡金、通行费、地租以及其他征收都应当废除。森林、河流和湖泊应当向所有人开放。

汉斯最后一次出现时告诉人们他在一周以后回来，他带着武装准备在圣母玛利亚的带领下继续前进。第二周，超过 34 000 个农民返回了，但人们并未发现吹笛者的身影。他已经被当地的主教逮捕并作为异教徒给活活烧死了。其他的农民领导人跟随着吹笛者，但是他们也被逮捕并被执行了死刑。为了镇压进一步的骚乱，德国贵族们禁止农民集会，包括结婚典礼以及通常的欢庆活动。愤怒的农民在 1524 年开展了抵抗运动，他们拒绝劳动、拒绝纳税。传统的说法是伟大的农民起义在德国西南部山林地区（Black Forest）爆发了，那时，一位贵族要求农民在节假日工作一天。由于农民被禁止庆祝节日，这位贵族认为没有什么理由能让农民不工作。农民们起草了盟约，制作了旗帜，公告了一份文件，称为"十二条款"，呼吁取消新税、降低旧税。随后，愤怒的农民一群一群地席卷了乡村，他们以死刑处死了他们所能抓住的任何贵族并摧毁了城堡和教堂。不幸的是，这些农民的乌合之众没有组织；他们拥有共同的诉求，但没有共同的领导。

1517 年的版画描绘了一位德国农民用鸡蛋来缴税。德国贵族对农民起义的屠杀政策导致农村长达一个世纪都杳无人烟。

马丁·路德（Martin Luther）看到了起义的情景。他最初是支持农民的： 210

> 没有一个人感谢这场叛乱拯救了王公贵族。……你们都在你们的世界中追求无聊的东西，为了满足你们的奢华和虚荣而不断压榨和剥削农民，不断征税，直到贫穷的农民再也不能忍受。[1]

一个月后，路德在看到农民带来的破坏和死亡以后，改变了他的想法。他写了一本新的小册子，名叫《反对农民的谋杀和盗窃团伙》，并号召所有虔诚的基督徒"粉碎他们、勒死他们、刺死他们……就像一个人可以杀死一条

---

〔1〕　Preserved Smith, *The Life and Letters of Martin Luther* (Boston，1911)，p. 159.

疯狗一样"。[2]

211　　随后，针对农民的战斗开始了。他们被屠杀的程度在历史上已经无法得知。德国人口不断减少长达一个世纪。

　　路德和他的贵族朋友们没有考虑这种集体屠杀政策的经济后果。没有农民，谁来耕地、收割庄稼或者给贵族们提供劳动呢？当农民家庭的最后一个成员被开始执行死刑时，他祈求任何仁慈都是无效的，除非他告诉行刑者他的死亡会导致没有人收割庄稼。领主会立即释放他。最终，经济现实战胜了狂热，屠杀结束了。

　　德国从中世纪开始就是以一大帮小王国的身份出现的。每隔几英里就会出现一个新的国君和一块新的领地。神圣罗马皇帝在名义上统治者这些公国，但他仅仅是一个名义上的领导，根本就没有统治权。

　　一辆四轮马车在 19 世纪早期的德国收费站门前。在 19 世纪统一之前，德国是由很多君主国组成的，每个君主国都有自己的法律、货币和税收。税收制度摧毁了商业，主要原因是在所有的边界、桥梁，甚至每一个主要的道路都有收费站。商人和旅行者每隔几英里就会停下来，接受询问、检查和纳税。在统一之前，很少有人认为德国是一个重要的力量。这就是在欧洲处于领导地位的帝国中，德国属于后来者的原因。

　　农民起义后不久，位于柏林的霍亨索伦（Hohenzollern）家族开始获取越来越多的德国领地。这一家族产生了日耳曼（Teutonic）骑士的领导，他们是参加强大十字军的骑士军团，他们曾经在欧洲的每一个地方出现，甚至曾经进入俄罗斯。秩序和纪律统治着这些骑士，霍亨索伦家族将这些特点应用到他们日益增长的政治领地，这些领地包括从俄罗斯到莱茵河的一些小块的土地。德国在随后的 300 年中逐渐形成的历史就是这些小块土地膨胀成统一的、

---

〔2〕 Martin Luther, *Against the Murdering and Robbing Band of the Peasants*, found in Hartmann Grisar, Luther, trans. E. M. Lamond, vol. 2 (London, 1915), 199n, 201 ~2n.

地理意义上的德国的历史。在适当的时机运用了灵活的外交手段，在拿破仑战争中，好运降临到胜利者一方，再加上严格的纪律与优越的战术，普鲁士人在欧洲所产生的影响远远超过了他们的国土面积。哈布斯堡王朝（Hapsburgs）与法国都是政治大国，然而，最终普鲁士人赢得了胜利，并形成了今天强大的德国。

　　第一位著名的普鲁士统治者是勃兰登堡（Brandenburg）的弗雷德里克·威廉（Frederick William）亲王（1640～1688年），他被称为伟大的创立者。他是选举神圣罗马皇帝的选举机构的成员之一。巧合的是，美国的选举团（Electoral College）就是起源于德国的这一机构，1787年，当美国宪法通过时，这一选举团仍在运作。

　　伟大的创立者邀请犹太人和被抛弃的法国胡格诺教徒（Huguenots）来德国定居并给他们特别的税收特权和优惠。他组织了一个规模较小但经过严格训练的军队，并将其出租给出价最高者。当这支军队无任务执行时，他就让他们从事渠道和公共建筑的建设。他使用战士来管理国家事务和运作税收制度。据说，普鲁士并不是拥有一支军队的国家，而是一支军队拥有的国家。德国人的历史，他们所取得的成就以及他们的悲剧与普鲁士的军国主义是紧密联系在一起的。

　　农民战争使得德国的贵族们认识到奴隶是不可信任的。这些拥有土地的绅士被称为德国贯族大地主，他们拥有的土地质量较差，他们也没有什么资源来保护自己免受那些无地反叛农民的侵夺。霍亨索伦向这些贵族大地主提供军事保护，同时向这些贵族大地主征收消费税作为回报，就像西班牙的阿尔卡巴拉。德国是欧洲少数几个可以顺利引入消费税的国家。这一税收是由位于柏林的战争办公室来管理的，这个办公室既是一个税务机关也是一个军事参谋部。普鲁士的阿尔卡巴拉之所以能成功是由于高效和有纪律的军队税务征管机关。当彼得大帝让他的军队来管理灵魂税时，他就是在复制普鲁士人的做法。但是，二者的区别是俄罗斯的军队征税官是臭名昭著的腐败分子，而普鲁士人不是。柏林变成了"北方的斯巴达"；他的军队征税官被命令去创收。[3]

　　伟大创立者的曾孙，弗雷德里克大帝（Frederick the Great）将适度的因素引入了普鲁士人的统治中，或许是因为他的父亲在弗雷德里克的面前砍了

---

〔3〕　Brinton et al. , *History of Civilization* 2, p. 597.

他的两个最好的朋友的头，他的这两位朋友仅仅是从军队中擅离职守。弗雷德里克成功地将其军事力量变成欧洲的巨人。当拿破仑参观他的墓碑时，他对自己的助手说："先生们，摘下帽子——如果他还活着，我们不可能站在这里。"[4]

213　　弗雷德里克大帝是一位真正仁慈的暴君，但是对犹太人例外。他制定了详细的反犹太人法规，甚至禁止犹太人结婚，这样，犹太人就不会有孩子了。他还按照中世纪的模式开征了特别集体犹太人税；一些犹太人的财产被没收了。以反犹太主义为特色的纳粹德国从这位伟大的民族英雄身上找到了支持；他的特别犹太人税以及法律一直持续到 1850 年。

　　弗雷德里克从他节俭的祖辈那里继承了足够的财富，但是很快就因为减少税收、增加政府开支而挥霍殆尽。他所做的第一件事就是取消重税并且宣布自己为"穷人的国王"，随后又进行了一系列耗资巨大的工程来提高德国农民和工人的生活水平。这些举措耗尽了他的国库，最终又迫使他不得不重新开征他自己取消的税收。弗雷德里克从来没有很好地遵循残酷的经济规律，特别是自我证明的真理：高开支的政府需要重税来支持，或早或晚，或者这种方式，或者那种方式。弗雷德里克仁慈的热情最终事与愿违。如果他想努力提高穷人的生活水平，他就不得不提高财政收入来实现这一目标，这就需要增加税收，而这反过来又落在他希望提高生活质量的穷人身上。而且，弗雷德里克的军事冒险，尽管是成功的，也耗尽了他的国库。在一个由军事机构统治的社会，低税是不可能的。

　　一次，当弗雷德里克在进行一场军事战争时，他的敌人占领了他的国库。这一损失比战场上的败仗还令人难过。在绝望中，他发行了皮革货币，希望以此来弥补其空虚的国库直到其获得硬通货。但是其财政政策中最不可思议

214　的就是重新使用了公元 1221 年的纳税名册。这之所以成为可能是因为税收是从各个城镇征收的，而不是直接从个人那里征收的。如果某个城镇在一个世纪之前没有缴纳其每年一次的税收，弗雷德里克就会要求他们现在的居民来缴纳。

　　事实上，这种策略并非像其看起来那么牵强附会。当纳税人没有进行纳税申报时，我们并没有关于时效的限制。在某些情况下，没有纳税的责任也会转移到死亡纳税人的继承人的身上。我们是在个体的层面上实行这种政策，

---

　　〔4〕　Nancy Mitford, *Frederick the Great* (London, 1973), p. 291.

弗雷德里克大帝的法国税收承包人在去柏林的路上，他们正要取代军队征税官。法国的专业征税官虽然腐败，但是高效，弗雷德里克后来说他们通过"掠夺普鲁士而创造自己的高楼大厦"，但是他一直让他们提供服务，直到自己死去。

弗雷德里克则是在村庄的层面上实行这种政策。当政府需要钱的时候——无论它多么开明——都不会过多关注某种事物是否可以征税的道德原则。时效制度是用来督促债权人在记忆仍然清晰、证据尚未过时的时候及时提起诉讼。税收债权与其他债权一样，需要同样的证据。为什么过时的税收债权可以游离在这种长期建立的合理的司法制度之外？

在整个税收历史中，最令人高兴的故事来自弗雷德里克困难时期。在一次内阁会议上，弗雷德里克质问他的财政大臣，为什么他的国库如此空虚，而他的臣民却缴纳了如何多的税？这些钱都到哪里去了？为了解释这个问题，财政大臣要了一块冰。他将这块冰放在离国王最远的大臣的手中，然后请他们一个一个地传递到国王的手中。当这块冰到达弗雷德里克手中的时候，只剩下了一只湿手。[5]财政大臣想告诉国王的教训可以与《圣经》中的智慧相媲美。大部分税收都被政府的官僚机构消耗掉了。这就是弗雷德里克仅仅得到一只湿手的原因。

普鲁士征收三种基本税收。乡村的土地按照预计收获物价值的一定比例缴纳土地税。在收获之前会进行一次评估，如果庄稼最终没有全部收获，结果就将是灾难性的。就像古代埃及和罗马的收获税一样，税收是不会减免的。

城镇居民缴纳职业税，这是一种从事他们的商业或者贸易的许可费。贵族们并不享受免税待遇，除非他们在军队服役。即使是教会的土地也需要

---

〔5〕　在我记忆中，来自惠蒂儿学院（Whittier College）历史学教授亨利·奈胡德（Harry Nerhood）博士关于欧洲历史的演讲。正如我的很多学生一样，我对于历史的热爱来自他发表的引人入胜的演讲，这些演讲充满了逸闻、趣事和世俗的智慧。本书的灵感，让历史活起来，让读者读起来感兴趣以及充满智慧都是来自这位杰出的老师。

纳税。

　　大部分税收来自消费税和关税。弗雷德里克对于税收征管机构进行了改革，用自己的专业税务人员（税收承包人）取代军队的征税官。[6]法国人是粗鲁的，或许也是腐败的。弗雷德里克的一位大臣说法国人"通过高效的税收征管"已经迫使德国人"习惯于最彻底的悲惨状况"。另外一位批评家说，弗雷德里克并非总是像一位父亲那样来照看自己的国家，而是一位"雇佣外国人来从其臣民身上搜刮钱财来执行这些计划（也就是军事冒险）"的暴君。弗雷德里克并非对他的法国征税官对人民的压迫视而不见。他告诉担任消费税部门领导的法国人，他的人都是"将他们手边能偷的一切东西偷走的流氓"，他们通过"抢劫普鲁士人而建造自己的高楼大厦"。[7]尽管有这些胡言乱语和豪言壮语，弗雷德里克一直保留着这些消费税的征税官，直到他死去。

　　弗雷德里克死的时候，他留下了可观的财富和一流的军事力量，同时，他也留下了在资源和人口规模处于第二等级的国家。毫无疑问，他是 18 世纪欧洲最好的领导人之一。很少有人能在精力、奉献、创造力和成功等方面与其匹敌。作为德国的乔治·华盛顿，他给他的国人留下了永恒的印迹。

215

---

〔6〕　Mitford, *Frederick*, p. 251.

〔7〕　参见 S. Fischer-Fabian, *Prussia's Glory* (New York, 1981), p. 267, for a watered-down translation.

第五部分
古代政体

在中世纪，法国国王只相当于一个中等水平的男爵。在土地和权力方面，法国的很多贵族都比法国国王大。另一方面，英国国王是从 1066 年征服者威廉开始才成为英格兰的绝对统治者的。

儿童时期山大王的游戏对于我们理解欧洲的政治历史是有用的。英格兰的君主是从山的顶端慢慢滑到山脚下，今天，他仅仅是一个国家的象征性元首，没有任何权力。法国国王则是从山腰开始往山顶爬，并一直待在山顶，直到在法国大革命中被砍了头。在这两国君主上下山的过程中，税收是关键因素。

法国之所以不需要《大宪章》仅仅是因为封建契约赋予大部分封建贵族免税特权；而且，法国国王尊重这些封建契约，不敢开征没有听说过的税。

对于法国君主的税收约束同样适用于领主。法国封建时代君主及领主征的租佃税（taille），与英国的佃户税一样，在法国也遭到人们同样的憎恨。领主与平民之间的很多宪章都禁止这种最任意的征税权。在佛兰德斯（Flanders），当地的伯爵邀请织布工来这里定居，其明确表达的条件就是这里没有租佃税。由于免除租佃税而发展起来的纺织业一直存续下来，至今已经是佛兰德斯的支柱产业。法国人民对于租佃税的态度，在圣丹尼斯（St. Denis）城（靠近巴黎）的中世纪宪章的前言中得到了很好的体现：

> （租佃税）是极度邪恶并令人憎恶的，它使人们始终处于恐惧之中，因此，不敢展示他们的商品，只能取得一点点收益。因此，不仅外面的人不敢到城镇里定居，就是当地的人也被迫逃到其他地方。

圣丹尼斯城（St. Denis）的宪章特别取消了租佃税，如果居民每年缴纳固定数额的人头税。法国人民对于租佃税的痛恨变成了法国历史中直到拿破仑

218　　战败这一时期最关键的因素。另外一个具有同等重要性的因素是法国人民对于免税的渴望。即使是拿破仑，在其一生中的关键时刻，也不能改变人民的这种渴望。这是政治权力的特权。在法国大革命中，深受重税之害的农民和工人希望将免税作为胜利的成果以及皇帝的慷慨赏赐是很自然的事情。拿破仑可以打败世界上的敌人；他可以在遗嘱中重新安排欧洲的民族，但是他不能改变农民的这种幻想。

　　法国国王，公平的菲利普（Philip the Fair），驱赶了犹太人、没收了他们的财产，在法国开始了君主专制的道路，主要是通过其不受法律约束的行为来实现的。在驱赶了犹太人以后，他使用相同的方法从法国剩下的银行家那里盗窃财产。然后，他又转向了教会，在教皇以将其驱逐出教会作为威胁后，他派遣了一群恶棍绑架教皇，重新确立法国的教皇权，以更加配合他的税收政策。这一时期被称为"巴比伦之囚"，这是由法国国王为了确保其对教会财产进行征税的权力而开创的。

　　菲利普通过减轻骑士义务来换取年度纳税，最终成功增加了对贵族征收的税收，这种做法与英国的兵役免除税类似。在这种退化的兵役免除税之上，他增加了一个财产税，但他并未能长期征收这一税收。

　　菲利普遇到的最大的难题是继承人的问题。他有一个女儿和一个外孙，本来可以解决这个问题，但他的这个孙子在英格兰，而且是英格兰国王的王子。菲利普死后，法国王国并入了英国王国。没有哪个法国人能够接受这个现实。

　　历史上也曾经有过合法的原则产生了令人吃惊的结果的先例。这也是一个事例。当这种事情发生后，人们就需要依靠律师来找到一个解决的方法。在法国，他们发掘了一个拥有700年历史的法国法律，这一法律禁止女人成为君主。他们随后将这一原则延伸至她的儿子也不能成为君主。这一推理是荒谬的，因为根据长期确立的长子继承制，任何人都可以从他母亲那里继承一个王国。然而，它已经足以将法国王位从英国手中夺回。

　　英国人对于法国王国并不感兴趣，他们所关心的是他们位于法国沿海的封建领地。正如我们所注意到的，英国议会作出了反应，他们敦促国王征集军队来收复这些土地。这场战斗拉开了百年战争的序幕，这是一场英国最终战败的战争，虽然英国取得了大部分战役的胜利。

219　　两个重要的事件给法国人带来了胜利——圣女贞德（Joan of Arc）以及新的法国税收制度。圣女贞德整合了在新国王领导下的法国人民，这位新国王

这幅有同情心的卡通画描绘了被虐待的法国农民农场主，他们脸色憔悴、衣衫褴褛，喂养着家禽牲畜，辛勤耕种土地，并将其全部利润缴纳给征税官。

有充足的理由确保其登上王位（他是菲利普的侄子，而英国国王则是菲利普的外孙）。同时，三级会议（Estates General），法国的议会，也支持摇摆不定的国王，授予他对大部分法国财产征收租佃税的永久权力。英国通过征税而征集的短期军队只能应付一两场战斗，而法国军队则有坚实的财政基础，可以忍受打击并最终将英国人赶出法国的土地。击败英国的是税收。（400 年以后，在第二次百年大战中，局面反过来了。这一次，英国发展出了打败拿破仑的税收。）

　　拥有这项新的征税权后，法国国王成为欧洲君主们羡慕的对象。他还被授予征收销售税和盐税的权力，但是，为其提供 80% 财政收入的仍然是租佃税。从法国人的角度来看，授予这种新的征税权就取消了议会进行辩论和讨价还价的必要性。三级会议也就没有存在的必要了。君主专制主义，尽管并非像其声称的那样绝对，却是上述授权的结果。法国君主现在可以很容易地爬到山顶，而英国国王显然在走下坡路。

在百年战争期间，遭受沉重税负压迫的农民在英国和法国起义了。在法国，起义爆发于 1348 年，那时，租佃税进一步提高，以至于超过了农民负担的程度，增加租佃税的目的是筹集赎回国王和一些贵族的赎金。事实上支付了超过 100 万金皇冠的赎金。这次起义是由一位名叫雅克·博诺姆（Jacques Bonhomme）的农民领导的，因此，它被称为雅克起义。与通常一样，农民遭到了屠杀（大约两万人），但是并未达到使"法国变成荒岛的程度"。

在接下来的 200 年中，农民因反抗重税而发动的起义给整个欧洲带来了灾荒和死亡。这些起义是重要的，因为农民在税收上从来没有发言权，尽管他们承担着最沉重的税收负担。英国议会和法国的三级会议并没有农民代表的议席。国王与其臣民之间在税收问题上的宪法斗争并不涉及农民的利益。当税收压得他们喘不过气来，他们表达自己不满的唯一途径就是暴力。

第22章

221

魔鬼的税收制度

> 避税的方法只有一个，那就是运气。
>
> ——皮埃尔·塞缪尔·杜邦·德·内穆尔
> （Pierre-Samuel du Pont de Nemours）

在百年战争中逐渐授予法国君主征税权的税收制度不具有一点优良税收制度的特征。当时的一位法国作家说，如果让撒旦自由设计一个毁灭法国的计划，他都不可能设计出一个比当时在法国运行的税收制度更能实现这一目标的计划。

这是一个在人与人之间，在纳税人与政府之间产生最多邪恶的制度。它本身就是一个巨大的邪恶，在其他任何时代和地方都无法找到与之相当的制度。古代政体的税收制度不是唯一的，然而，尼克松政体中的腐败是唯一的；它仅仅是邪恶税收中的一个高水平的标志。它告诉我们关于税收的很多道理，告诉我们坏的税收制度可能导致的邪恶，不仅会导致政府的非正义，而且可以导致愤怒的纳税人所可能从事的残暴行为。

当君主在1635年试图在波尔多（Bordeaux）开征葡萄酒税时，愤怒的纳税人怒吼道："征税官去死吧！杀死征税官！"

我们所说的古代政体是指在1789年法国大革命之前法国的社会和政治秩序。历史学家经常给出这样的评论：这一历史时期是很难理解的。法国君主据说是至高无上的。历史学家经常花费一章的篇幅来比较法国国王的专制主义与英国的有限君主制。对这种专制主义最好的阐释是路易十四（Louis XIV）对沉重税收负担抱怨的评论。路易说，由于所有的事物都是属于他的，他只不过是拿走了自己的东西而已。事实上，法国君主根本不是至高无上的。君

222　主要求增加税收的建议就足以引起一场起义并结束一些无辜征税官的生命。有很大比例的起义是由关于新税的毫无根据的谣言而引发的。为了与这些谣言作斗争，政府派出了高级别的官员使用能够引起人们注意的官方文件来向人民一再保证这些谣言是子虚乌有的。如果这还不够，君主就会用死刑来威胁那些传播这些谣言的任何人。从政府的角度来看，这类行为是其痛苦的表现，而不是其至高无上、绝对专权的表现。毫无疑问，路易十四在其专制权力方面的确吹了牛，我们甚至怀疑他自己是否相信这一点。有一件事情是确信的，那就是法国人民不相信这一点。法国君主所谓的专制主义仅仅是表面现象。[1]

　　百年战争之后，租佃税（通常是一种土地和财产税）变成了一种每年开征的普通税，税负随着国王的军事需要而变动。如果它能适用于整个王国，它本来可以变成一种适当的税收形式。不幸的是，贵族和神职人员，甚至某些城市和省都是免税的或者减税的。对某些人而言，它是土地税；对其他人而言，它适用于所有财产。这种不公平让一位财政大臣将王国的大部分邪恶归根于租佃税，他说，租佃税让 1/10 的人民成为乞丐，5/10 的人民接近乞丐，3/10 的人民成为遭受重税压迫的劳工，剩下的 1/10 则相当舒服。

　　到 18 世纪，租佃税被称为"农民税"，因为除农民外的其他任何人都找到了某种方法来规避这个税。在法国大革命期间，当租佃税被最终取消时，著名的皮埃尔·塞缪尔·杜邦·德·内穆尔［他后来逃到美国建立了伟大的杜邦（Du Pont）金融帝国］告诉国民大会（National Assembly）："一个人很难相信，为了变成贵族，只需要变得富有就足够了；为了不再纳税，只需要变成贵族就足够了。因此，避税只有一条道路，那就是变得富有。"[2]

　　在超过 200 年的期间里，法国君主一直试图改革租佃税，但是却没有足够的力量将其改造成更加适宜的税收制度。他所能做的仅仅是对现存的税收制度进行修修补补，在抵制达到令人畏惧的程度时撤退回来。路易十四准备用他的人头税来改造租佃税，人头税将所有人划分为 22 个阶层。每个阶层的人按照该阶层通常拥有的财产的一定比例来纳税。设计这种逐渐累进形式的财产税的目的是对那些免于缴纳租佃税的人征税，但是在聪明律师的帮助下，逃税是很容易的。当路易十四去世以后，这种人头税被迅速取消了。

223　　　一些租佃税是由地方政府来管理的，但是大部分是由全国政府来管理的。

---

　　〔1〕 G. R. R. Treasure, *Seventeenth Century France* (London, 1966), p. 296.

　　〔2〕 Ambrose Saricks, *Pierre Samuel du Pont de Nemours* (Lawrence, Ks., 1965), passim.

整个国家分为 24 个地区，每个地区都有一位主管，被称为监督官（Intendant）、税收制度的强人或者"特别代理人"："雇佣监督官来监督税务机关对于税收的核定与征收或者监督地方法官和税务代理人的司法工作。"[3]

消费税被称为盐税（gabelle），它对几乎所有移动的事物征税，包括食物。葡萄酒需要缴纳五种消费税：酒税、收获税、制造税、运输税和销售税。穷人只能喝苹果酒。

葡萄酒税的征税官每天去检查小酒馆的葡萄酒存量。隐藏的储藏室通常位于地下室，检查人员迟早会发现未纳税的葡萄酒。一旦被发现，就可以通过行贿让检查人员保持沉默。300 年前的法国人就开始喝着葡萄酒，尽管其上有着无法容忍的税收负担。

与消费税相关的是印花税，它通常采取政府销售或者商业交易的特别证明的方式，5% 的消费税与 5% 的商业交易税相配合，如果销售时没有使用政府要求的特别纸张来签订契约、合同或者票据。这些纸张只能从君主那里购买。

与英国不同，进口关税并不是主要的财政收入来源。法国边境的走私行为无法被有效地发现。结果，关税是在进入城市和市镇的入口处征收的。这种国内的关税被称为入市税（octroi）。在巴黎，随着城市的不断扩张，关税的入口处很快就被房屋所包围，这些房屋提供了避税的容易途径。为了防止走私进入城市，在城市内部建立了巴黎墙，可以回忆一下近代历史中的柏林墙，它们都遭到同等程度的憎恨。在法国大革命中首先被摧毁的就是这道墙以及关税入口处的房屋。

即使法国的国王比他海峡另一边的竞争对手拥有更多的财政收入，与这一时期的其他国王一样，他也是缺钱的——开征新税的需求是相当急迫的。随着时代的发展，国王与他的财政大臣们发展出了获得财政收入的艺术，他们称为特别税收。他们设计的方案迷住了很多财政学家和经济学家长达 3 个世纪。我们可以说，他们是世界上第一个最成功的炼金术士——他们不从基本的金属中来炼制黄金，而是做的更好，从纸中炼制黄金！

负责国王现代货币计划的大臣很快就掩盖了通常税收大臣的光芒。如果没有他们的财政花招，政府早就垮台了。17 世纪法国的君主一直处于破产状态，直到这些财政鬼才们挽救了君主，他们选择财政小窍门作为破产或者财

224

---

[3] J. W. Goethe, "Conversations with Eckermann. November 24, 1824", in H. L. Mencken, ed., *A New Dictionary of Quotations* (New York, 1987), p. 428.

政责任的替代物。直到法国大革命，君主才开始追求通过财政花招创造的黄金。

法国大革命中巴黎入市关口的燃烧，这是征收城市关税的房屋。

在一个禁止贷款人收取利息的社会中，政府要想借钱是很难的。但是在当时，法国人并不特别关心道德问题，特别是当它影响到他们的生活方式时。正如伟大的德国诗人歌德（Goethe）所说："对法国人而言，什么在当时有用……什么就是正确的。"法国的私人经营者已经在法律能工巧匠的帮助下开始借贷。贷款采取的是售后回租的方式。借款人将自己所拥有的某种东西卖给贷款人，贷款人为这种财产而付费。这一财产在物理上并不发生转移，因为借款人（销售者）立即就从他的贷款人兼购买人那里将这一财产租了回来。在这一交易中所支付的租金实际上是借款人向其贷款人支付的利息。最后，在同一份合同中，借款人会同意以原价从贷款人那里"买回"自己的财产。这就相当于偿还了本金。

法国税收承包人，他们被称为纸币创造人，在创造"货币"——与今天的中央银行没有什么不同。

君主运用这种安排是有困难的，因为他的信誉很不好。为了解决这一问题，他们在政府前面使用了稻草人。这些稻草人是高级官员以及税收承包人，如果政府违约，他们就是保证人。这些"财政家"——他们这样自称——创造了巨额的财富。

政府的财政债券一开始并非在公开的市场销售。它是由投机者批发购入，可以享受很高的折扣，投资银行们也是按照这种方式大量购买美国和加拿大发行的债券。财政家们然后以较低的折扣销售这种债券。法国发展出了一个繁忙的华尔街，甘康普瓦大街（Rue Quincampoix），拥有"市场"的所有繁荣和萧条，包括 1929 年那种类型的大崩盘。

法国的普通民众，与西班牙的民众类似，都渴望拥有贵族身份。君主按照明码标价的方式来销售官位和头衔。随着时代的发展，政府创造了很多"官位"存货用于销售。在实际中，这些销售是向政府提供的没有利息的永久贷款。例如，想象一下位于布列塔尼（Brittany）的生产兽皮的绵羊和牲畜农

225

场主。君主注意到了这些企业，他创造了检查这些兽皮的官位。所有的兽皮都要接受检查，需要缴纳费用。每年的检查费就可以给检查官带来一笔可观的收益，因为所收取的全部检查费都归检查官所有。他可以雇佣人员来从事检查工作，这样他就可以永远不用离开巴黎了。获得这一官位的价格是与它们能够取得的预期收益直接相关的。当然，受到损失的是这些农场主。这种检查不会起到任何作用；它不过是对兽皮经营者所征收的一种税收而已。

如果一个官位所带来的收益超过了预期的价格，君主就会将这个官位一分为二，并出售第二个官位。如果一位官位的占有者想提高自己的薪金或者收费标准，君主也会允许，只要他为增加的薪金而付费。在当时，增加的薪金与向政府支付的现金的比例被称为"第一比例"。例如，如果利率是5%，那么，如果每年增加5个里弗（livre）的薪金，官位的持有者就需要向政府支付100个里弗。增加的薪金真的是一个新的永久贷款的"利息"。

某些官位，特别是法官，可以创造贵族身份，官位的持有者可以将这一身份传给他的继承人。政府就会为此征收年费，被称为宝利特（paulette），这一年费也被用于保持法官队伍的整齐。如果法官由于经常枉法裁判而激怒了政府，财政大臣就会作出反应并且收回其年费。

法国买卖官位的实践及其腐败对于美国的建国之父产生了深刻的影响。宪法有两个条款禁止买卖官位和授予贵族身份。美国人所希望的最后一件事情就是基于官位买卖的政府，宪法将其称为"薪水"。

古代政体中税收承包制的重要性无论如何强调都不过分。税收承包人对于古代政体的作用就相当于美国联邦储备银行、英国银行和加拿大银行对他们相应国家的作用。他们拥有创造货币的权力，也给政府提供了巨额的信用。他们是法国的国家银行，采取的是一种非正式的形式。他们所发行的债券是由政府未来可以征收的税款来担保的。这一制度在今天的法国仍有其影子——我们国家的债务是用未来的税收来担保的，而不是用黄金来担保的。

法国的税收承包制开始于中世纪。领主没有政府机构，也不愿意征税。私人的征税官，通常是犹太人，提前向领主支付一笔固定的数额以换取征收通行费和关税的权力。这种即刻到来的现金收益使得税收承包人成为人人向往的职业。而且，国王和贵族的税务机构通常既腐败又低效。只有在紧急情况下，当税收承包人不能提供足够税收收入时，国王才会亲自征税，而那仅仅是临时过渡时期。

随着法国王国不断扩张，它的税收承包人组成了一个全国性的公司。整

个国家被划分为税收承包地区。标准合同是 10% 以下，加上超过 6 年的定期 227
付款，由来自税收承包人的票据来代表。君主可以签署这些票据来支付它的
债务。这些票据的持有者以低于面值的数额接受票据，因为付款尚未到期。
折扣的数额取决于付款的日期。票据的持有者拥有三个选择：①他们可以保
留票据直到到期之日，这样他们就可以收取全部数额；②他们可以按照一个
折扣的数额来转让票据，这样他们就可以用来支付他们的债务；③他们也可
以将票据交给税收承包人，按照一定的折扣率取得现金。这些票据就是当时
的无息有价债券。

　　税收承包人的信用是相当好的。这种程序与我们今天使用的货币真的有
任何区别吗？从根本上来讲，这些纸币就是未来税收收入的分配。我们的政
府就是根据相同的原理来运作的。税收承包合同可以运行 6 年，法国政府也
就可以获得 6 年的信用。这与今天没有任何不同。

　　这种初级全国银行系统的风险就是税收起义、战争、干旱、瘟疫或者有
可能导致无法取得税收收入的任何其他事件。对于这一制度最严重的威胁就
是缺乏控制。有时，政府发行针对并不存在的税收的分配票据，税收承包人
也尊重这种分配票据。这种财政不负责任经常导致这一制度处于破产的边缘。

　　路易十四去世以后，税收承包人有一个季度处于失业状态。路易十四的
曾孙路易十五是未成年人，路易十五的摄政王谴责税收承包人，认为他们应
当对政体的财政困难负责。为了解决这些难题，他们从苏格兰引进了一位大
胆的财政改革家，叫做约翰·劳（John Law）。约翰·劳组织了一个全国性银
行，发行一种新的纸币，通过取消大部分消费税而让税收承包人失业。政府
的债券可以用于交换约翰·劳银行的股票或者用于纳税。不再需要税收承包
制的分配，随着消费税的取消，税收承包制也不再需要了。

　　为了给银行的信用提供基础，约翰·劳获得了来自路易斯安那和加拿大
的所有贸易的专有经营权，新世界的土地上充满了黄金和财富——至少谣言
是这样讲，在投机的狂热之下，谣言与事实具有相同的效果。没有人看到黄
金，但是这又有什么关系呢？只要谣言坚持说有就可以了。

　　约翰·劳是法国人尊重的人。他的银行在发行票据时没有考虑任何事情，
仅考虑了公众的接受程度与政府的需要。没过多久，到处都是约翰·劳的票
据。开始，约翰·劳用黄金和白银来赎回他的票据，而这导致其本来就不多
的现金储备迅速减少，因此，约翰·劳停止赎回他的票据［就像尼克松总统 228
（President Nixon）所做的那样］。大部分的赎回是由税收承包人进行的，而他

们与银行的竞争进一步加速了银行的崩溃。最终，公众认识到他们在银行的票据和股份仅仅是一张纸，新世界的黄金仅仅是一个希望。税收承包人的"分配票据"看起来更加有保障：他们是由税收支持的，是由法国王国真正的黄金来支持的——这是一种固定的、可以信赖的财产，它是由法国人民的血汗产生的。

约翰·劳的泡沫破裂了，他的制度崩溃了，他本人也背井离乡地逃走了。他的上升与失败变成了经济历史上经典的案例。他的制度有很多缺陷，但是从税收的角度来看，他使得政府支出摆脱了税收收入的约束，并且取消了一些消费税。这些结合在一起就是一场灾难；减少的税收收入与不受约束的政府开支，这个国家很容易出现纸币——没有价值的货币——泛滥。他的制度从一开始就注定失败，即使没有投机取巧者的狂热。

法国的税收承包人很不情愿地接过了约翰·劳崩溃后的纸片。有几年的时间，君主不得不自己亲自征税，使用税收承包人的助手。最终，税收制度重新回到税收承包制的道路上，税收承包人一直控制着法国的税收，直到1789年法国大革命。

在法国大革命中，随着大部分古代政体的消失，税收承包者也消失了。领导人被驱赶在一起，以叛国罪进行审判，在断头台上被砍了头。他们被谴责从法国人民身上掠夺了3亿里弗。当他们不能提供一个迅速并且令人满意的账目时，断头台就开始运作了。当他们的头被扔到篮子中时，没有人流下眼泪。

关于他们没落和砍头的最终的讽刺来自若干年后，他们的寡妇和孤儿索要政府已经没收的支付所谓的3亿里弗债务的财产。当最后一个客观的账户被发现后，法国法院确认根本没有任何债务；相反，政府还欠税收承包人800万里弗。被没收的财产返还给了他们的继承人。政府不可能偿还已经丢进篮子的人头，关于税收承包人的职位，它已经永远从法国历史中消失了。在西方文明的税收制度中、在长达近三千年的时期内起到如此重要作用的税收承包人，最终在欧洲的断头台上死于巴黎暴民之手。

第23章

很多起义

——一次革命

> 他们制造了混乱并且混淆了针对所有征税官生命的威胁，征税官这一术语包括了为君主征税的所有征税人员。他们将一位不幸的外科医生撕得粉碎，因为他们怀疑他是征税官。他们剥光他的衣服，砍掉他的胳膊，让他在集会上行走，最后将他杀死。
>
> ——农民税收起义，布兰萨（Blansac），法国，1636 年

关于愤怒的法国农民行为的野蛮记录在整个 17 世纪不断重复。一位来自巴黎的十几岁的牧师由于替征税官保管了一本书而被这些农民撕成两半。他的肉被切成一块一块的，随后钉到了农舍的门上以提醒其他税务官员他们所面临的下场是怎样的。

与在德国起义的农民不同，法国的上等和中等阶层经常鼓励和支持农民。法国的税收起义没有其他社会含义；他们就是单纯的税收起义。当农民高呼"杀死征税官"时，他们也高呼"没有征税官的国王万岁"。他们反对开征新税，反对提高税率，反对改变征税方式，反对任何新的税收政策。总而言之，他们希望税收制度一成不变。在德国，农民会杀死他们所能发现的所有上层社会的人士；在法国，他们仅仅杀死征税官。

法国的税收起义是这一时期典型的税收起义。法国，与西班牙相似，他们因税收起义而导致的内战远比与其他国家之间发生的战争多得多。国内的起义与国外的战争是有联系的。这些战争所需要的财政收入远远超过那些当时仍然生效的中世纪的税收制度所能提供的财政收入。国王不得不增加税收收入，当时，当他们这样做时，起义也紧随其后。这就是 17 世纪税收领域铁

的法则。

230

一位起义的农民被处死，这是 17 世纪的法国很多次税收起义中经常看到的场景。

税收起义并不是这一时期的革命。布列塔尼（Brittany）地区的农民写给法国国王的请愿书很好地阐述了这一时期的情绪：

> 我们愿意缴纳 60 年前就已经存在的税收，我们也不反对向有权收取税款的任何人纳税，我们只是反对苛捐杂税。我们恳求陛下富有同情地看着我们，减轻我们的负担。[1]

古代政体的财政领导必须具备魔术师、恶棍以及救火队员的素质。如同魔术师一样，他们必须通过财政欺骗和戏法创造税收收入，就像从帽子里拎

---

[1] Roland Mousnier, *Peasant Uprisings in Seventeenth Century France*, *Russia and China*, trans. Brian Pearce（London，1971），p. 137.

出一只兔子。同时，他必须习惯于对社会的弱势成员——不合作的纳税人——使用残忍的手段和方法。国家的税收目标——"这个交易应当担心什么"——一次征收较多的税款而不导致较大的起义。当然，政府经常作出错误的判断，一旦它作出错误的判断，国内的税收制度就会变成一个消防队，冲出去扑灭局部的起义。知道何时斗争何时抚慰是治国才能的标志。法国的领导人一直做得非常好，直到1789年。

古代政体的经济学家认为，治疗贫穷最好的药品是重税。事实上，一个地区越穷，税负越重。这些专家说，增加税收可以提高生产率并给所有人带来好处；因此，税收是与贫困斗争的良好工具。穷人就像青草——我们割得越频繁，他们长得就越好。我们不应该过分嘲笑这种逻辑。1947年，美国财政部就信奉这种理论，并以此为其和平时期的较高累进税率作辩护。[2]在19世纪，富人和强权者所信奉的教条是社会达尔文主义（Social Darwinism）。自然界的适者生存原则意味着强权者和富人可以剥削穷人——这是自然的本意。同时，马克思主义者教导我们，消灭资本主义可以给受压迫的穷人带来理想国。

在法国，受重税压迫的农民并不接受这种观点，即他们就像青草，割草是为了他们自己的利益。他们使用定期的谋杀、重伤、袭击、纵火以及其他暴力形式来进行反抗。波尔多附近的税收起义前10年，财政大臣向女王坦白一位法国士兵穿过一个西班牙的村庄比一位法国征税人员"从一个省走到另一个省，甚至离开自己的家"更加安全（当时法国正在与西班牙进行战争）。这位大臣说，针对君主征税人员的暴力是"国王征税人员的残忍和暴力"的结果。[3]如果那时存在人寿保险的话，毫无疑问，征税人员会接受任何投保价格。

关于古代政体中税收起义的情形，诺曼底可以给我们一个很好的例子。首先，他们都是地方性的。如果波尔多的葡萄酒制造商起义了并且迫使君主降低税率，勃艮第（Burgundy）以及法国其他地区的葡萄酒制造商不会因此而受益。他们必须亲自进行斗争去争取自己的利益。

诺曼底，位于英吉利海峡，是1944年诺曼底登陆（D-Day invasion）发生的地方。在长达几个世纪的期间，这一省一直是欧洲很多军事冲突的中心地带。因此，这一省需要缴纳沉重的军事税收就是很自然的事情了。法国的其

〔2〕　Jude Wanniski, *The Way the World Works* (New York, 1978), p.190.

〔3〕　Moote, *Revolt of the Judges*, p.123.

他任何省都没有诺曼底如此频繁地征税和爆发起义。

232   这一时期在诺曼底发生的一次主要起义就是由增加盐税的谣言引起的。为了应对这个谣言，盐商们组织起来了，制造了旗帜、组织了军队，联合当地民众与国王的征税人员进行斗争："征税人员通过税收致富……他们卖掉了祖上的土地……跑到这里来征收消费税。"〔4〕

在长达几十年的期间内，这个省组织了一个特别的委员会来侦查所有的外来人员。任何人只要被发现与征税有关，就会被以私刑处死。很多无辜的陌生人也被处死了。当地法官已经有很长一段时间拒绝给侵犯征税员的人定罪，拒绝登记新的征税官员的任命。即使是当地的监督官对巴黎也不忠诚。一次，一个特别代理人的组织准备进攻躲在一个小村庄附近的森林中的逃避盐税者组织。就在进攻之前，这个村庄的钟声响了起来，向那些走私者发出警报。特别代理人的领导向监督官抱怨，要求惩罚犯罪者。监督官同意了。他随后命令村民将这口钟移到城镇的广场上，为公众报时，让大家都高兴。

君主在这一地区的主权最终恢复了，但是却经历了长期的军事占领、公开绞刑以及将所有的税收事务从地方法院移交给巴黎。诺曼底开始进入漫长的税收起义的"冷战"时期，这些起义不时被加热。20年后（在1660年代），君主错误判断了表面的平静，准备增加租佃税。起义立即爆发，军队必须返回以维持秩序。与法国的其他很多省份一样，诺曼底处于起义的边缘；但是诺曼底，与其他所有的起义地区一样，从来不威胁君主，仅仅威胁其地方税收收入。法国人都是瞎子；他们不会看到他们邻居所遭受的苦难和非正义。正是由于此，君主是安全的，无论他多么腐败。这种视而不见可能是来自法国政治思想的特性；300年前分裂的小党派就开始统治法国，就像20世纪的大部分国家一样。

唯一威胁君主的起义是发生在巴黎的著名福隆德（Fronde）起义。这次起义开始于1648年，在高等法院拒绝登记一些新的税收政策之后。当时，暴民出现在街道上，也用石块袭击君主的官僚击鼓，因此被称为福隆德，或者弹弓袭击。

新税和财政法令的登记程序类似于美国的司法审查原则。新法律必须在
233   法院登记以后才能开始执行，但是违宪的法律会被拒绝登记。

法国的司法审查制度发展成了特别扭曲的制度。国王可以纠正任何法律

---

〔4〕 Mousnier, *Peasant Uprisings*, p. 107.

安德烈·文森特（Andre Vincent）所画的法国高等法院院长马修·摩尔（Mathieu Mole），在福隆德起义期间，正在面临巴黎的暴民。愤怒的法国纳税人要求立即给予税收减免——减轻农民的租佃税（土地税）并且大幅降低商人的货物进入巴黎的关税。

中的缺陷，只要他亲自到高等法院命令法官们登记该部法律即可，但是在1648年，国王只有10岁。现在应该怎么办呢？

这位儿童国王的母亲是他的摄政王。她并非法国人，而是奥地利人。她的主要财政大臣是意大利人。这三个人在庄严的仪式中来到了高等法院并命令法院登记被拒绝的税收以及财政政策。总检察官与她在一起并将这一建议提交给高等法院。在他向高等法院发表的讲话的最后，他说出了令人吃惊的 234 观点：

我们这个国家已经荒废了 10 年，农民被迫睡在稻草上，他们把家具卖了去纳税；因此，为了维持巴黎的奢侈，数以百万计的无辜穷人被迫靠麦麸和燕麦做成的面包糊口，他们不渴望任何保护，只希望保护他们的弱点，他们什么都不拥有，只拥有自己的灵魂，因为没有什么方法可以让他们出卖自己的灵魂。[5]

两天以后，法官们违背年轻国王和他母亲的意志作出了判决：摄政王不能命令法院登记被宣布为违宪的法律。高等法院继续行使在君主之上的相当可观的权力：租佃税减少 20%；监督官的数量从 24 个减少到 6 个；销售时不会有任何新税，也不会有任何新的官位。租佃税的税收承包也应当被禁止。

这些税收改革本来应当是君主专制主义结束的序幕，只是它们在本质上是临时的。当国王成年以后（年满 14 岁），法院的这种新的权力就要终止了。事实上，也正是这样做的。当路易（Louis）年满 14 岁以后，他就跑到法庭上，命令法官们在一个星期内登记他所颁布的所有法令。他找到法院院长，命令他将鼻子放在国家事务之外。就是在此时，他做出了著名的论断："我就是国家。"最后，他将法院的名字从主权法院改为最高法院。只有国王才能拥有主权。作为一个成年的君主，他可以命令法官们做他想做的任何事情。这不正是他在 10 岁的时候法官们所决定的事情吗？1648 年，法官们犯了一个致命的法律错误——赢得手头的案子将导致一系列糟透的结果。

路易十四拥有两位卓越的财政大臣。考伯特（Colbert）是最著名的，但是他的继任者——沃邦（Vauban），是最勇敢的。他们都进行了华丽但是不成功的改革努力。考伯特试图用间接税来代替租佃税的改革，但是布列塔尼和波尔多两个地区都是不缴纳租佃税的，开征新税和印花税导致这两个地区发生起义。他们明白，考伯特是在通过阴谋诡计取消他们免征租佃税的特权。布列塔尼的起义如此激烈以至于君主不得不雇佣瑞士雇佣军来恢复秩序。

沃邦提议用 10% 的所得税来代替租佃税改革。沃邦说，由于君主的开支巨大，所得税是拯救法国的唯一方法，除非你是"或者愚蠢或者完全恶意的"。最后一句的评论是针对路易十四的，路易十四解雇了沃邦。沃邦对于免税进行了特别研究，发现有 17 种不同的方法可以实现免税的目的。每一个漏洞都有一种政治权力作为保证其成功的基础。租佃税所遵循的唯一原则是"越穷税收负担越重；因此，通过贷款获得 4000～5000 里弗所得的人需要缴

---

[5] Treasure, *Seventeenth Century France*, p. 190.

　　路易十四在其经典的画像中正在庆祝其对福隆德——这一名称被用于形容使用石块投掷的税收起义，他们用石块来袭击君主的征税官——的胜利。他最著名的论断就是在其14岁时宣称："我就是国家。"这就意味着既然一切事物都是属于他的，当他征税时，他只不过是在拿走属于自己的东西。在我们的时代，随着所得税和财产税的最高税率从80%达到90%以上，现在的国家制造者也在进行着同样的宣言，只不过他们没有太阳国王的傲慢而已。

纳10~12克朗（crown）的租佃税，然而另外一个在同一个村庄的人通过制造奶酪取得300~400里弗所得却需要缴纳100克朗的租佃税"。沃邦对国王严厉的批评导致其被流放，他的著作也被付之一炬。

　　在路易十五统治时期，法国政府将沃邦的所得税付诸实施，但是随着越来越多的避税手段被发展出来，税收收入逐年下降。10%的所得税被提高了5%，但是避税仍然将这一税收置于死地。

　　1750年，君主采纳了一份租佃税改革方案，这一改革方案取消了教会土地、贵族土地以及免税省如布列塔尼免征租佃税的特权。不幸的是，国王在推出这一改革方案时过于急促，再加上财政大臣反对这一政策，出现了刺杀国王的企图。在其统治的最后时期，还出现了另外一缕希望的光明，就是其剥夺了高等法院否决税制改革的权力。随着蓄意阻挠改革的法院不再挡道，通过法令进行改革之路再度打开，但是路易十五死掉了，他那毫无经验的孙

236

子恢复了法院的否决权。

在法国大革命前夕，当路易十六登基的时候，很明显，税收制度只能通过革命来改变了。提倡这种观点的不是财政大臣，而是经常出入巴黎咖啡馆的知识分子。他们出版了著名的 35 卷的《百科全书》。伏尔泰（Voltaire）、卢梭（Rousseau）、孟德斯鸠以及其他人都注意到了税收制度的社会非正义：

> 就税收事项而言，一切特权都是非正义。（伏尔泰）

> 仅拥有维持生存必需品的人不应该纳税；对于有剩余的人而言，税收如果有必要可以延伸至维持生存必需品以外的一切财产。他有可能这样辩解：对于低等级的人而言是奢侈品而对于高等级的人而言则是生存必需品，这是不正确的，因为贵族与牧羊人一样也只有两条腿，同样也只有一个胃。（卢梭）

> 那些说人越穷，家族越大的人——他们身上的税收负担越重，他们越会加倍努力来纳税——是对人类的亵渎。他们应该去体验一下这些被他们责难的同胞们的痛苦生活，这样他们就可以知道自己的观点是多么错误和残酷了。[玛斯亚（Mercier）]

> 对于基本的食物征税是最高等级的残忍。人类的生存权高于所有的社会法律。通过立法，他就可以失掉生存权吗？

> 通过榨干穷人赖以活命的最基本的东西，国家剥夺了他们所有的力量。它让穷人变成乞丐，让工人成为游手好闲的懒人，让一个不幸的人成为恶棍，最终由于饥饿而导致恐怖。[雷纳尔（Raynal）]

《百科全书》的副本发行到了法国的每一个市镇和城市。普通人可能不会对政治哲学的微妙感兴趣，但是他们明白了税收制度是极度不公正的。被压迫的纳税人开始超越征税官，将免税阶级作为他们税收负担的根源。

免税阶层和省份已经论证了他们的特权地位。免除租佃税的省份拥有中世纪的宪章，这些宪章保障他们的"古代自由"——这就意味着可以免除租佃税。他们的先辈曾经为免除压迫性的税收而进行斗争和牺牲。在税收制度内，免税是通过硬通货购买的。例如，法官曾经为他们的免税特权付费；对于他们而言，为他们所购买的东西而斗争是非常自然的。对于他们而言，免税特权就像我们所享有的宪法权利一样。

改革的最后努力来自1789年，高等法院再次否决取消免税者古代自由的税制改革。法院的推理是只有三级会议，法国社会所有阶级的代表，有权进行国王所设想的税制改革。法院很清楚，三级会议会否决国王的税制改革，

1780 年的一幅雕刻绘画描写了古代政体中的税收缺乏一致性（uniformity）。神职人员和贵族压榨平民，公平承担了整个社会沉重的税收负担。美国宪法中的一致性条款就是为了在美国社会各阶层之间防止出现类似的情形。

因为法院知道在大会议中有二个议院，每个议院都有一票表决权。神职人员（免税）与贵族（也是免税的）的投票权超过了平民，因此会结束一切税制改革。

为了对付法院的计划，国王将平民代表的数量扩充了一倍，这样他们就可以挑战免税的神职人员与贵族。在这种技巧性改革的帮助下，三级会议承诺为建立一个多数人的税收制度而斗争。这种僵持状态是如何打破的？我们都知道，税收问题很快就埋葬在随之而来的法国大革命之中。

　　英国在《大宪章》时期，在税收问题上议会至上原则好像已经很好地确立了。在接下来的几个世纪中，英国的税收斗争从国王与议会之间的斗争转向了议会与纳税人之间的斗争。第三个因素进入了确定税收的程序中——纳税人的接受和批准。英国纳税人会通过起义来反抗他们所不喜欢的税收。一些起义是暴力的，但是大部分都是"冷战"类型的，或者可以被称为各个阶层的全国共谋行为。纳税人、征税官和郡长都拒绝配合，尽管议会已经批准了。议会同意并不必然代表纳税人同意。

　　在百年战争期间，英国的农民起义了，就在法国的雅克起义之后不久。1379 年，议会考虑开征累进的人头税，税率从公爵适用的 10 马克下降到男爵适用的 40 先令。在经过漫长的辩论之后，议会采纳了一种简单的人头税，14 岁以上的男人和女人每人 1 先令。在最初的建议之下，富裕的贵族将根据他们财产的多少核定一个总的税额，但是最终通过的法律将主要的负担放到了穷人的身上。而且，这一税收被承包给私人的承包商，这是一种法国的模式，他们将"按照傲慢和严厉的方式来征税。人民的耐心已经到了尽头。他们拿起了武器"。[1]

　　当普通法院的首席大法官带领 3 位书记员来到布莱登木（Brentwood）调查人头税纳税人名单的联合欺诈行为时，起义爆发了。一位愤怒的暴民抓住了这位法官及其书记员。法官只身逃走了（他有最快的马车），但是他的书记员没有那么幸运。他们被暴民砍了头，他们的头颅被吊在木棍上作为对人头税的抗议。暴力蔓延到整个英国。纳税记录被烧毁。坎特伯里（Canterbury）大主教被杀，国王通过承诺帮助造反者从而保全了性命。一旦国王感到安全

---

〔1〕　Sinclair，*Public Revenues of the British Empire* 1，p. 130.

了，他就转过身来对付农民，抓住了他们的领导人，砍了他们的头。

240　　　农民起义一般都不成功（卡尔·马克思对此进行了阐述）。但是，就农民被关注这一点而言，这次起义非常成功。未来几个世纪的人头税都将农民排除在纳税对象之外或者按照微不足道的税率征税。议会或者国王再也不希望再来一次农民起义。

在悲惨的人头税以后，议会开始考虑所得税。这些早期的所得税法都是带强制执行手段的，如罚金和监禁，但是英国的纳税人和郡长共谋反对它们。1449 年，一个叫凯德（Cade）的绅士在肯特郡（Kent）组织了一次起义，起义以国王的总征税官被砍头而告终。最终，1472 年，爱德华四世（Edward IV）为了给在法国的一场战争筹集 13 000 支弓箭而最后一次尝试开征 10% 的所得税。纳税人的强力抵制迫使财政大臣来到议会，承认失败。这位大臣说，议会应当停留在"1/15"以及"1/10"，那时英国纳税人"最容易、最愿意纳税"。[2]

这里所说的"1/15"，是指按照纳税人个人财产通常包括牲畜和货物的 1/15 来征税。"1/10"，是指不动产租金的 1/10。没有人被"双重征税"。事实上，这一税收逐渐发展到所有英国人缴纳 30 000 英镑。每一个纳税地区被迫向国库缴纳固定数额的税款。没有审计和评估。拥有几代人的家庭也缴纳相同的数额。核定和征收都是由当地人们自己完成的。君主为了获得税款，不得不等待 2 年。英国人喜欢这个税，因为每个人都确切地知道自己应该缴纳多少税款，通常也同意缴纳最终的数额。纳税人没有到期纳税的压力，更重要的是，国王的征税官不能参与征管。[3]

后来，与"1/15"和"1/10"同时产生了一个"补贴"，这是固定的数额——80 000 英镑，几乎是 1/15 和 1/10 的 3 倍。"女王的补贴书（Queen's Subsidy Book）"的价值是基于传统和表面形式的。在约翰·利利（John Lyly）的戏剧《母亲鲍姆贝》（*Mother Bombie*，1954）中，一个人提到了古时候，他说："我可以告诉你，他有一杯红酒和牡蛎从女王的补贴书后举起。"[4]幸运的是，他的税收核定相当低，按照现代的标准有可能构成欺诈犯罪。然而，这个制度是英国人愿意接受的，君主也学会了依靠这一制度来生存。当沃尔特·罗利（Walter Raleigh）爵士向伊丽莎白女王抱怨实际的价值比她的补贴

---

〔2〕 Dowell, *History of Taxation* 1, pp. 124～25.
〔3〕 Pollock and Maitland, vol. 1, *History of English Law*, pp. 615～16.
〔4〕 Act II, Scene 5; A. L. Rowse, *The England of Elizabeth* (London, 1964), p. 335.

书中所报告的数额高 100 倍时，她并没有反对。[5] 用她自己的话来说就是"这个王国存在逃税的传统"。她不想打乱这个传统，或者关于税收的任何其他传统。并非所有的君主都那么明智。

亨利八世（Henry VIII）在 15 世纪末登上了英国王位。他有一个绰号叫 241 "虚张声势国王阿亨"（Bluff King Hal），从税收的角度来看，我们可以称其为"盗窃阿亨"，因为他进行了历史上最大的抢劫行为——他盗窃了天主教会（Catholic Church）在整个英国的财产。

像亨利八世这样具有进取精神的国王肯定会遇到财政问题，特别是在拥有各啬议会的英国。1544 年，他去法国时，其乘坐一艘轮船渡过海峡，轮船的帆布是用黄金制作的。然而，尽管他非常奢侈，在他统治时期并未发生严重的税收起义。

亨利开始是从税收制度中寻求财政收入的。他准备开征人头税，但没有成功。传统的"1/15 和 1/10"是不够的，因此，他开始从补贴入手。他将税率提高 1 倍，这一做法竟然导致一位大臣说，整个英国也没有这么多黄金。当确信补贴不可能给他提供其所需的财政收入后，在没有经过议会同意的情况下，他发布了补充性补贴。纳税人拒绝缴纳，税务官员拒绝征收，这样，亨利只能选择退步或者进行战争。亨利决定不去激化这个问题。他在忏悔中许诺再也不向英国人民征收他们不希望给其的财政收入。这听起来不像是亨利的作风，特别是在涉及钱的问题上时。"虚张声势国王阿亨"还有其他一些隐藏很深的计划。

亨利的目标转向了教会。每个月都有大量的黄金和白银从英国运往罗马。教皇收到的黄金比亨利多，而且他还不用与议会进行斗争。亨利只能收到教会什一税的一部分，但是他所希望的是更多的份额。

商人也反对让黄金和白银流向罗马。英国没有黄金和白银；英国所有的这些有限的贵金属都来自贸易。黄金和白银流向罗马严重束缚了英国的商人和经营者。亨利利用了商人的这种不满，在 1529 年的议会上，亨利禁止向罗马缴纳什一税，他说："罗马教皇在我们王国征收着不可忍受的税收，过去和现在已经很多年了，然而以后还要变本加厉。"[6]

西班牙的查尔斯五世（Charles V）也因教皇反对亨利废除与西班牙公

---

　　[5]　Dowell, *History of Taxation* 1, p. 150.

　　[6]　Preamble to the Act of Parliament, in Dowell, *History of Taxation* 1, p. 133; 25 Henry VIII, c. 21.

主——阿拉贡的凯瑟琳（Catherine of Aragon）的婚姻而受到责备。这是一个因素，但是亨利准备掠夺教皇的财政收入是更重要的。亨利可能已经预料到其废除婚姻的请求会遭到教皇的反对。他在请求废除婚姻之前就已经切断了教会的税收收入。他已经不可能期望教皇会给他这样一个特别恩惠。亨利与教皇之间的筹码并不是废除婚姻，而是英国的一大笔财产——教会的土地和所得。亨利不愧被称为"虚张声势国王阿亨"。

242　　亨利似乎在期盼着他被逐出教会。议会作出了反应，它宣布亨利为英国教会的最高领导。这就允许他随时可以进行掠夺行为。亨利开始盗窃修道院的土地并将其上的什一税和贡品收归自己的金库。由于有了这些巨额的财政收入，亨利就没有必要再开征新税了。

第24章

女王伊丽莎白一世为什么被称为"好女王贝丝"

> 我宁愿把钱放到我的人民的口袋中，也不愿意把它放到我的国库中。
>
> ——伊丽莎白一世

公元 1000 年的俄罗斯编年史不得不承认欧尔佳（Olga）公主"比所有的男人都聪明"。500 年后，另外一位女性统治者显然也是"比所有的男人都聪明"。女人真的比男人更能成为一位优秀的统治者吗？伊丽莎白和欧尔佳公主的故事可以证明这一点。

如果给英国君主加上一个正式的头衔，"好女王贝丝"当然应当被称为"伊丽莎白大帝"。事实上很多历史学家已经使用了这一头衔。她继承了一个最多是二流国家的英国。而当她离开时，英国已经迅速成为世界强国并且可以统治全世界 400 年。20 世纪结束时，英国的法律和政治实践成为了在这个世纪诞生的 100 个新国家仿效的模版。世界上的新民族所渴望的是英国的议会制政府，而非美国的总统制政府。总统在历史上有成为独裁者的倾向，而首相却从来没有。因此，大部分新兴国家在形式上倾向于首相。

伊丽莎白的伟大甚至被她的继承者——给了我们《圣经》版的詹姆士国王的詹姆士一世（James the First）所承认。但是，他没有理由称赞伊丽莎白。他的母亲，苏格兰的玛丽女王——伊丽莎白的姑妈和英国王位的竞争者，在伊丽莎白的同意下被伊丽莎白政府砍了头。然而，詹姆士在伊丽莎白去世以后继承英国王位后，他说她是"在智慧和政府的幸福方面超过自奥古斯都以来的所有君主"。[1]他为什么这样说呢？难道他不知道在其母亲身上发生了什

---

[1] Congers Read, "Good Queen Bess", *American Historical Review*, XXXI, No. 4, July 1926, p. 647.

244

　　伊丽莎白最早的著名肖像画，这是在她 20 岁的时候画的。她喜欢学习，当然会将一本书放在自己的手中，而其他的都作为摆设。伊丽莎白是亨利八世的最后一位妻子所生，其发现了伊丽莎白的天赋并鼓励她热爱学习。

么吗？我们不能责备他带着偏见。他之所以这样说是因为这是那个时代的事实，直到今天仍然如此。一旦提到她的财政事务和税收政策，那就更是如此了，用拉丁语来讲，就是更不用说了（a fortiori）。

伊丽莎白在机智方面胜过了欧洲的每一位统治者，也胜过了英国最强大的男人。她选择了忠诚而有能力的大臣和助手，而他们从来无法预料她的行为。他们被她的才智所折服了。即使是她的税收政策，也是史无前例的，直到今天仍然如此。在她之前和之后，从来没有哪位统治者采取她那样的税收政策——她决定要得到其臣民的爱戴，她在统治时期不断重复这一点。她说她乐意接受人民愿意给她的任何税收收入。这就是伊丽莎白，而非在她之后的很多领导人所说的："你不可能既要让人民纳税，又要让人民爱戴你。"[2]这句名言即使在今天仍然非常流行，特别是当政府要增加人民的税收负担时。它的意思是，政府向人民征税时，它是不太可能被人民喜欢的。因此，对于政府而言，这是绝无成功可能的局面。伊丽莎白头脑中所想的是受人民爱戴；因此，她不能给人民税收负担。她乐意接受人民愿意提供的任何税收收入，并根据其所获得的税收收入来调整其对国家的治理措施。在她统治快结束之时，有人提议开征新税，她拒绝了，她说："我宁愿把钱放到我的人民的口袋中，也不愿意把它放到我的国库中。"就我所知，在人类文明的历史上，没有任何其他统治者说过这样的话。政府，特别是包括美国政府，都对金钱有一种永不满足的欲望，也愿意诉诸任何手段来获取它，为了填满它们的钱袋，它们甚至不惜践踏人权保护法和宪法。

在她统治时期快结束时，当她的国库空虚时，伊丽莎白说："我将像我开始时一样结束，受我的臣民爱戴。"她的税收在她的时代达到了无法想象的低，尽管一些历史学家说她在去世时已经破产了，仔细研究财政记录就会发现尽管她有大约 400 000 英镑的债务，她可以从荷兰和法国国王那里收回的财产加上已经到期但尚未缴纳的税款已经超过 1 000 000 英镑了。当你仔细看她的收支账户时，她实际上处于很好的财政状态之中。伊丽莎白从他的父亲手里继承了一个已经破产的政府，然而，她的继承人，詹姆士一世，却很快处于非常良好的财政状态之中。他的问题是，其也存在巨额开支，因此，很快就出现了财政困难。节俭是伊丽莎白政府的标志，但不是其继承者的标志。

伊丽莎白所做的第一件事，就是取消在纳税申报中的宣誓。在今天，那

---

〔2〕 Dowell, *History of Taxation* 1, p. 148.

就是在每一份税收文件中都能看到的"伪证罪"条款。虽然伊丽莎白的政策只执行了一段时间，而其思想则一直传播到 19 世纪。即使是我们的最高法院，有时也表现出对这一思想的尊重。但是随着政府的开支需求不断膨胀，遵从税法的需求超过了其他一些因素，我们，以及大部分国家，不仅要求进行宣誓，而且重拳打击欺诈行为。伊丽莎白的一位早期传记作者说："然而，在陛下统治时期取消了在税收核定中通常要向核定人员进行的宣誓行为，因此，人们缴纳多少税款完全是靠自愿，不通过宣誓或者任何其他胁迫手段来强制。"〔3〕

这里所说的"其他胁迫"表明伊丽莎白没有采取任何措施来严格执行议会同意的税收和补助。伊丽莎白统治时期的英国拥有欧洲最低的税收负担。弗朗西斯·培根（Francis Bacon）爵士总结了英国纳税人的好运：

> 他应该环顾周围的其他国家，考虑一下我们身边到处存在的税收、贡金、征收以及补助，这样他就会发现英国人是自己财产的真正主人，比欧洲任何其他国家都处于更好的状态之中。〔4〕

当伊丽莎白继承王位时，她面对的是他父亲留下的巨额债务，她花费了 15 年的时间才将这些债务还清，即使如此，还需要借一大笔钱。她不得不向外国的贷款人求助，由于需要担保人，她只好请求伦敦市为其作债务担保。但是随着时间的推移，她逐渐平衡了预算，清偿了王室的债务并且建立了一个有清偿能力的王国。由于她非常节俭，英国很快变成了债权国，借给荷兰一大笔钱款以支持其脱离西班牙的独立斗争。她甚至借给法国国王很多钱，因为，他也是西班牙的敌人。为了进一步打击西班牙，她雇用海盗袭击西班牙运输白银的船队，弗朗西斯·杜雷克（Francis Drake）爵士是最臭名昭著的。但是，她的海盗与欧洲其他抢夺者相比只能排在第四，他们可以用更少的投入获得更大的财物。荷兰和法国抢劫西班牙船舶比英国更加厉害，然而西班牙国王抱怨最多的却是英国人，他将伊丽莎白称为海盗。

在西班牙皇帝——当然是我们所知的欧洲最强的君主看来，伊丽莎白不仅仅是一位君主。由于她全力支持西班牙的敌人，她当然有胆量去盗窃西班牙装满白银的大帆船。菲利普的一艘大帆船正在前往西班牙的荷兰去给阿尔瓦（Alva）饥饿的军队运送给养，这支军队已经处于叛乱和哗变的边缘。这

---

〔3〕 Rowse, *England of Elizabeth*, p. 339.

〔4〕 Ibid., p. 158.

艘大帆船遭到了荷兰抢劫者的追逐，他们驶入英国港口躲避抢劫。当西班牙皇帝要求释放这艘满载白银的船舶时，伊丽莎白却进一步激怒了这位皇帝，她说她知道这些白银实际上属于某些意大利的银行家，她将一直保留这批白银直到问题得到解决。事实上，她甚至会使用这批白银并将其作为其合法主人向其提供的贷款。[5] 这种做法一定使皇帝愤怒到了撞墙的地步，因为这是一个女人使用了一个荒唐的关于意大利银行家拥有这些钱的故事，吞掉了他的白银。

　　随着时间的推移，这位皇帝已经受够了这位英国的暴发户女人，因此，他组织了历史上最强大的海军——西班牙无敌舰队，去进攻英国，并最终让这根刺以及这个"女人"从他的生活和帝国中永远消失了。

247

　　牵着荷兰牛的女王伊丽莎白，这是 16 世纪的一副充满比喻意义的画，西班牙国王菲利普骑在荷兰牛上，他的靴刺上带着血。荷兰的阿尔瓦正在挤牛奶（1/10），而伊丽莎白正在喂牛。

---

　　〔5〕 R. B. Wernham, *Before the Armada* (London, 1966), pp. 296~297; Sinclair, *Public Revenues of the British Empire*, vol. 1. p. 217.

伊丽莎白转向议会寻求帮助。她说她"最主要的力量和保障就是她臣民的忠心和诚信"。[6]当她为船舶、水兵和枪炮发布船舶令状时，她的令状中充满了期盼。议会授予她 4 个"1/15 和 1/10"，加上 2 个补助，其中大部分是在 2 个月内征收的，而不是通常的 2 年。这在英国历史上是从来没有听说过的。请记住这是在她已经取消了关于税收征管中的强制性措施和宣誓的时期实现的。在天气——被称为"新教之风"的帮助下，无敌舰队被打败并退回西班牙。英国获救了，从那时起，英国人几乎总是领先西班牙人一步。无敌舰队的失败是西班牙统治世界的历史走向终结的开始。

世界上不可能再有一个莎士比亚，也不可能再有一位这样卓越的女性。与伦敦领导人的观点相反，她保护艺术的发展，特别是戏剧。她是艺术的赞助人，反过来她也受到诗人、作家、音乐家、学者和画家的歌颂。在她的统治之下，他们拥有了属于自己的黄金时期。

在她最后一次向国会发表演讲时，也就在她去世之前不久，伊丽莎白告诉这个国家："我很看重王位的荣耀，我也看重在我的统治中能够被你们爱戴。"[7]

她通过很多方式来体现她的爱，不仅仅停留在税收上。在一个充满战争的年代，她通过一切可能的方式避免战争。对于平民而言，战争并不像对统治者那样意味着帝国的荣耀，它只意味着远方土地上儿子黑暗的墓碑，意味着为水兵准备的寒冷的、湿淋淋的墓碑；对于家庭而言，战争意味着为死去的儿子、丈夫、兄弟和朋友而悲伤。伊丽莎白是一位与平民和谐一致的统治者。平民就像今天的老百姓一样，他们看不到国家的命运和占领外国土地有什么价值；他们希望的是家庭的安全、足够的食物和住房、教育与和平。伊丽莎白认同他们的希望也因此而获得了他们的爱戴。我们这一时期的美国总统应当多跟她学习。他们太乐意为了国际荣誉和目标而牺牲其国家的年轻人和成年人了。正如最近一位历史学家这样评价伊丽莎白："她从自己是个女人这一点上取得了很多优势，她不会被军事荣誉的理想所诱惑。"

英国能从议会批准的微不足道的税收收入中生存下来是一个奇迹。然而，伊丽莎白时期的英国取得了远比生存下来更多的成就，它正在走向超级强国的道路。若干年后，历史学家惊讶地评论道："她的政府的偿付能力已经创造

---

〔6〕 Dowell, *History of Taxation* 1, p. 148.

〔7〕 Read, "Good Queen Bess," p. 661.

了这个时代的奇迹。"[8]这根本不是奇迹，而是精明的税收和开支管理。她的政府是欧洲政府中唯一没有破产的。

推动英国商业发展的不仅仅是伊丽莎白的税收和开支管理，还有对现金——英国的货币及其价值的重要管理。她那轻率的父亲将英镑的价值一分为二，导致了英镑的贬值，就像罗斯福（Roosevelt）在 1932 年所做的那样，但那已经是另外一个时代的另外一个故事。亨利八世命令一个英镑只能值一半的价值，就像过去的很多先令一样。先令是银币，是这个王国的基础硬币。通过减少一英镑先令的数量，亨利从他的无数债权人那里获得了一大笔资金支持，这些债权人现在只能从亨利那里收回一半数量的硬币。但是这还没有结束。亨利随后熔化了这些白银先令，增加了大约 40% 的基础硬币。因此，先令中只有大约 60% 的白银。正是这种财政愚蠢行为促使伊丽莎白的一位顾问——托马斯·格雷欣（Thomas Gresham）爵士，建议女王重视优良货币的价值，因此，形成了格雷欣法则："劣币驱逐良币。"伊丽莎白召回了他父亲发行的降低价值的劣币，重新发行优良的白银先令。但是，为了做到这一点，她必须首先花光她国库里的所有钱，再从安特卫普（Antwerp）城借一大笔钱，才能实现用良币取代劣币。然后，她又增加了一英镑先令的数量，使其恢复到亨利八世之前的状态。

伊丽莎白在其王国实行的良币政策使英国先令成为很多国家制造的硬币中最受欢迎的一个。商人们可以充满信心地用她的货币进行交易，由此给所有的商业和贸易做了一件有益的事。优良的货币和商业法律永远是一个繁荣的商业体系的基本要素。希腊人在伊丽莎白之前 2000 年首次将其带给了整个世界。

在她所有的财政成就中，结束硬币贬值或许是最重要的，因为它带来了持续的效果。这些措施为长期的经济稳定、工业扩张、商业和贸易、自然资源的开发、在新世界的外国贸易和殖民地提供了基础，因此，也带来了她统治时期的繁荣，这就是伊丽莎白时代。在所有这些积极的措施中，就像她的税收和开支政策一样，伊丽莎白表现出了很强的个人兴趣。她非常明智，如同他的父亲非常愚蠢一样。她维持稳定货币的政策持续了 400 年，直到本世纪英国领导人决定与她的父亲相竞争，就像所有的其他国家包括美国一样。今天，我们甚至在做一件比亨利八世做的更好的事情。我们没有降低硬币

---

[8]　Rowse, *England of Elizabeth*, p. 338.

40%的基础金属；我们使所有的基础金属都不含有白银，仅仅是金属而已；我们给世界发行垃圾货币和纸币，都没有内在的价值。只有时间会告诉我们这些稻草做的纸片能否支持得住。如果历史是某种指南的话，没有价值的货币、贬值的货币最终是否会给实行这种愚蠢行为的国家带来财政灾难？

第 25 章

~~⊙⊙

税收导致英国内战

> 自由、选举权、议会的特权和裁判权是英国臣民与生俱来的权
> 利以及继承的遗产。
>
> ——爱德华·科克，1620 年

伊丽莎白去世以后，英国王位传给了斯图亚特王朝（Stuarts），开始于詹姆士一世的一系列苏格兰国王。这一新的王朝统一了英格兰和苏格兰，因此，也产生了大不列颠王国。英国人并不喜欢苏格兰人，这一点从一开始就变得很明显，那时议会否决了詹姆士要求取得更多财产以维持其奢侈个人生活的要求。都铎王朝（Tudor）的君主们，其中伊丽莎白以及她的父亲是最有名的，已经接受了议会的权威并且学会了根据议会所提供的财政收入来维持统治。根据已经确立的英格兰普通法，议会控制钱袋子。

詹姆士羡慕法国和西班牙的君主，他们已经有效地破坏了纳税人代表大会的权力。到 1600 年，西班牙的国会批准了君主所要求的一切；在法国，三级会议通过授予法国国王永久征税权而破坏了自己。詹姆士希望将英格兰拉到与法国和西班牙政治发展的同一条战线上。议会制政府已经过时了。所有国家的发展趋势都是君主拥有专制的征税权。通过民众大会来征税是中世纪过时的实践，在现代的、充满战争的世界中，已经不能满足现实需要了。

曾有人认为，詹姆士可能永远也不会理解英国的议会制政府。但是很有可能他很好地理解了，但只是不喜欢而已。当议会否决了詹姆士要求更多财政资金的请求时，他立即将关税增加了 200%。同时建立了一个新的特别关税办公室，被称为"新征税署"。进入英格兰的货物必须经过两个独立的海关的检查。

252　　新的关税法在财务法院（Court of Exchequer）审理的著名的贝兹（*Bates*）案件中接受了测试。约翰·贝兹命令他的驾驶员在港口冲过新征税署，他刚刚在这个港口接收了从威尼斯运来的葡萄干。贝兹被逮捕、审讯和定罪。法院在英格兰普通法——如果没有在议会中的国王同意，是不可能改变的和皇家特权——例如外国事务不在议会管辖范围之内之间进行了区分。英格兰的港口是"国王的大门"，可以根据国王认为合适的方式来管理。贝兹的律师找出了议会制定的一个旧法令，从爱德华三世统治时期开始，这一法令就禁止未经议会同意征收关税。法院判决这一法令仅仅适用于爱德华统治时期，而不适用于他的继承者统治时期。

　　议会平民院任命了一个特别委员会来调查贝兹案。这一委员会确定法院的判决是错误的。国王对于进口征税的权力仅限于不征税的事项，例如，保护英国商人或者反对国王敌人的关税。为了取得财政收入的关税必须经过议会批准。这一区分不仅在当时，而且在 1776 年的美洲起义之时，都相当重要，正如我们将要看到的那样。詹姆士的新税收是纯粹的财政收入措施；英格兰和威尼斯有很好的关系，英格兰并不生产葡萄干。贝兹案成为英格兰普通法上一个危险的先例。

　　当时英国处于领导地位的学者是爱德华·科克（Edward Coke）勋爵。他领导了攻击贝兹案的运动。国王通过将他任命为首席大法官（Chief Justice）而决定让其闭嘴。珍惜其头衔和所得的法官都会作出与国王的意志相一致的判决，否则，他就会被免职。

　　科克勋爵一直被视为一切时代最伟大的法官之一。在他的时代，他是一位伟大的反对者；他的判决成为未来立法的先声。他在自己生活的时代受到英格兰人的尊重，到今天仍然如此。他的判决从古代的先例中寻找根据；他开始恢复古代的法令，如人身保护令（habeas corpus）。科克坚持认为普通法在英格兰具有最高权威，即使是国王也必须遵守。作为首席大法官勋爵，科克变成了国王的一个更大的威胁。他被解职是必然的事情。

　　新税收所带来的财政收入并不充足，因此，詹姆士修改了旧时的轮船费法令——伊丽莎白曾经使用过这一法令来筹集抵抗无敌舰队的资金。只是这一次并没有外敌入侵的危险或者处于战争的紧急时期。这一古老的法令至今仍然存在，它赋予政府要求人民提供紧急服务的权力。1940 年，当一个小型的海盗舰队来袭击驻扎在敦刻尔克（Dunkirk）的英国军队时，这一法令以一种非正式的方式被运用过。

詹姆士让英国人民大吃一惊。没有人准备抵制这一古老法令的不适当运 253
用，这一法令可以追溯到征服者威廉之前，当北欧海盗袭击英格兰海岸之时。
1 年以后，议会最终作出了反应，发布了一个文件（由科克起草），其标题是
"来自平民院的抗议"。这一文件声明："从《大宪章》以来，自由、选举权、
议会的特权和裁判权是英国臣民与生俱来的权利以及继承的遗产。"詹姆士如
此气愤，以至于其毁坏了这一文件。他来到了贵族院，说：

> 尽管爱德华·科克爵士非常繁忙，也被称为法律之父……然而他所
> 说的一切并不是法律……我希望当他断言一些先例，并将我的行为与篡
> 位者和暴君时代相比较时，你们应该惩罚他，因为专断暴虐的法庭（Star
> Chamber）是惩罚错误言论的初级法院。

詹姆士在贵族院现身后不久就去世了。他的儿子查尔斯（Charles）面对
的是一个愤怒的议会，它拒绝授予他征收关税的权力以及所有新君主的通常
补助的权力。查尔斯需要一笔新的资金来进行对西班牙的战争，但是他什么
也没有得到。他到处征集军队并将军队驻扎在私人住房中。他发布命令要求
从富人手中借款。

查尔斯决定像他父亲那样征收轮船费，例外之处是，将其扩展到整个英
格兰，而不限于港口。伦敦城以及其他内陆乡村拒绝缴纳。查尔斯现在认识
到公众的意见不能忽视，仅仅有合法的强词夺理和有偏见的法官是不够的。
查尔斯决定撤销法令并向议会索要资金。

议会向君主提供 5 个 "1/15" 和 "1/10"，这正是国王急迫需要的，但是
有条件。国王必须签署一份文件，叫做《权利请愿书》，这将约束国王的下列
权力：①没有议会的同意不能征收任何税收；②没有特别指控不能监禁，因
此，被告可以在法院的正常程序中为自己辩护；③禁止军队驻扎在私人住房
中；④在和平时期不能实行军事法。查尔斯最不喜欢其中的监禁限制条款，
因为这样将会限制其将不合作的借款人和纳税人关起来的权力，但是他对资
金的急迫需要促使他签署了这份请愿书。

让查尔斯更加恼火的是，议会拖延通过他为其生活而征收关税的请求。
被激怒的查尔斯无论如何都要征收它们，这导致了来自议会的谴责。商人和
进口商抵制这一征收。一位大胆的商人在专断暴虐的法庭被指控在公开的场 254
合扬言英格兰的税法比土耳其的税法更加"糟糕"。另外一个商人企图取回被
海关官员扣押的货物，但是财务法院却认为既不能取回也不能发布强制执行
令，以免与国王的征税人员发生冲突。非常巧合，现在美国（参见《国内税

收法典》第 7421 条）和加拿大的法律就是这样的。

当查尔斯索要征收关税权力的请求被平民院交给一个委员会进行"研究"时，他立即解散了议会。在接下来的 11 年中，查尔斯都是在法律之外征税的。他征收关税，也开征了一些财政收费；罚款也提高了，外国人的税收翻倍了，对于擅自进入王室土地的行为以及有缺陷的权利征收很重的罚款。律师寻找权利的缺陷并且变成了 17 世纪的"救火猎人"。

1634 年，查尔斯谨慎地再次引入轮船费。之后，他每年都通过这个法令来筹集他所需要的财政收入。最终，一位富裕的地主，名叫翰普登（Hampden）获得了在财务法院的所有法官面前举行听证的权利。7 位法官支持这一税收，其推理过程是轮船费是紧急时期的税收，其最好的判断者是国王，而非法院。5 位法官支持翰普登。这一结果震惊了查尔斯。科克勋爵前一年已经去世了，但是他的司法独立的思想仍然活着。

我们不应该过于严厉地批评那些支持查尔斯的法官。在轮船费法令的前言中，国王提到英格兰面临海盗和敌人的威胁。使用虚假的前提来延伸政府权力的做法非常普遍。美国国会经常使用虚假的前提来规避宪法对其的限制。美国联邦最高法院认为，（就像查尔斯的法官一样）国会是其应该做什么以及自己权力的最好判断者。只要有一个用恰当语言表述的前提，几乎任何事情都可以做。

当查尔斯被苏格兰长老派教徒（Presbyterian）打败，并被迫在其留在英国期间每天向他们支付 850 英镑时，轮船费已经不够用了。查尔斯不得不向议会索取资金支持。愤怒和激进的议会要求国王让步：废除轮船费；废除沉重的罚款和监禁；取消专断暴虐的法庭；未经议会同意禁止让议会休会。查尔斯同意了，但是他也像议会一样愤怒。他下令派军队逮捕翰普登以及其他 5 个在平民院作证的人。在找到这些人之前，查尔斯离开了伦敦，到北部去组织军队与议会进行战斗。在这个权力空缺的时刻，议会控制了政府，征收自己的税收，组织军队，开始了英格兰可怕的内战。

255　　　　新政府由克伦威尔（Cromwell）指挥，他是一位特别有才能的领导人和军事指挥者。他的"长期国会"——人们是这样称呼这次国会的，开征了一系列新税。征收"1/15"、"1/10"以及其他补助时间太长，因此，开征了令人憎恶的欧洲消费税。还有一个新的财产税以及甚至 1 周就征收的税，根据 1 周 1 顿饭的价值来征收。

在税收上国王不能与议会相比。查尔斯在牛津被打败、从北方逃到了苏格兰。议会通过开征新税筹集了足够的税收收入,从苏格兰人那里将国王赎回来,将他带到伦敦进行审判和执行死刑。

英国内战的进程与大部分现代革命不同。对于革命议会的控制权转到了激进主义者和军队的手中。中间派甚至被排挤出了议会,一个激进主义者的小党派取得了控制权,他们统治了 10 年,被称为"残留议会"(Rump Parliament)。没有举行公开选举,因为这个激进的议会知道自己并不能取得公众的支持。克伦威尔领导"残留议会"超过 10 年,但是,当他死了以后,将军们呼吁回归君主制,只要君主自己放弃一切征税权。到最后一刻,关于议会控制税收的问题由文明社会的最终法官——战争——来决定。关于隐藏在英国人民之后的问题,他们现在可以大声喊出来:"上帝救了国王。"

英国人不应该为克伦威尔感到羞耻。他的时代的事件对于整个世界历史都非常重要。这里,第一次,君主制被推翻,由一个代表制的政府取代。随着时代的发展,世界上的大部分君主制国家都遵循了英国的经验。即使是在查尔斯被执行死刑以后又重新回归君主制的经验,也成为少数王国遵循的模式,这些王国一直生存到今天。

随着议会牢牢控制着钱袋子,英国的税收故事从同意征税的问题转移到了采取最好和最适宜的方式征税的问题。在接下来的 200 年期间,英国人比其他任何人民都更加关注这个问题。最终,他们的寻找会结出果实,他们的发现和发明会被世界上几乎所有国家效仿。

257 第 26 章

议会寻找更好的税收

> 希望看到完美无缺税收的任何人将会看到永远没有这样的税收。
>
> ——亚历山大·蒲柏（Alexander Pope）

如果英国内战以及破坏君主制的目的就是制约压迫性的税收——我猜测事实上就是这样，那么，战争就失败了。但是，对税收战争而言，这是很常见的。

这一时期的税收起义认为，如果君主必须经过他们同意才能征税，这一税收就不是过分的（没有人会同意过分的税收）。这一点似乎在逻辑上是充分的，但是历史并非总是按照逻辑行事。革命之后的税收，无论是在英国、荷兰还是在美国，都比战前更加沉重。阿尔瓦公爵的阿尔卡巴拉（alcabala，销售税）并没有联合荷兰王国在荷兰独立以后被迫开征的消费税更加沉重。即使是美国的税收起义也发现经过代表同意的税收比未经过代表同意的税收要沉重。各类事件的结果不断证明，当起义成功后，纳税人失败了。这是税收历史上非常奇怪的讽刺之一。

历史表明，纳税人的同意，当通过代表来表达时，很少能够有效制约税收。这一现象首先在 16 世纪的西班牙明显地表现出来，那时，纳税人的代表通常站在君主一边，而与选民的意志相悖。如果一定要找出原因的话，很可能是因为通过代表征税给政府提供了征收更多税收的机会，税收起义的威胁降低了。作为一个一般性的规律，代表们打开了纳税人的钱包，并且很少关上它们。

伦敦塔（Tower of London）的大部分游客都会注意到英国君主用黄金做的王冠和王座是在 1660 年以后，也就是说，是在克伦威尔之后。克伦威尔并不计划做一个国王之间的过渡性照看者。他所做的第一件事就是熔化掉君主的金银财宝。当查尔斯二世回来主张王位时，金匠正在忙着恢复新国王必要的王冠和王座。与金匠不同，议会并未恢复古老的税收制度。为了确保以后不会出现误解，1689 年，英国通过了《权利法案》，这一法案强调未经议会同意不能征税。对于生活在英国岛的人民而言，税收和同意问题经过 500 年的斗争终于解决了。现在注意力转移到了寻找最好的税收形式的问题上。

在内战的税收中发现了新的税收形式。"长期国会"被迫采纳一些令英国人民厌恶的税收——消费税、人头税和财产税。这些令人讨厌的税收工具将成为未来税收的基础。补助、"1/15"和"1/10"永远消失了。

当查尔斯二世于 1660 年恢复王位以后，议会采纳了一种壁炉税，这一税收曾经在欧洲实行过一段时间。每一个家庭的每一个壁炉（生火的地方）征收 2 先令的税。税收检查官会进入到家庭中，一间房屋一间房屋地查看，因为从房屋外面进行的表面检查是不准确的。

壁炉税的核定和征收都承包给私人的承包商，这是法国的模式。这些征税官被称为"烟囱员"。家庭主妇经常取消一个壁炉或者挡在大门口阻止进入。有一些民谣诅咒这个税种。下面是一首在当时很流行的民谣：

> 10 个人中没有一个老妇人，
> 寻遍整个国家都是如此。
> 但是，如果你提起烟囱员，
> 会给他们留下一两句诅咒。[1]

壁炉税在"光荣革命"期间被废除了，光荣革命废除了斯图亚特王朝最后一位国王——詹姆士二世。新君主——威廉和玛丽——之下的平民院的一份报告称："这个税收是全体人民奴役地位的标志，它使得每个人的房屋都要收到我们所不认识的人随时地侵入和搜查。"[2]随着这份报告的出炉，这个税收被废除了。然而，为了代替这一税种，议会采纳了甚至更令人鄙视的累进制人头税。

议会尝试征收人头税已经有数百年的历史，从来没有成功过而且总是有引起纳税人起义的危险。"长期国会"在 1641 年曾采纳过人头税，公爵缴纳

---

〔1〕 Stephen Dowell, *A History of Taxation and Taxes in England*, vol. 2（London, 1965, reprint of 1884 edition）, p. 39.

〔2〕 Ibid., p. 40.

100 英镑，根据贵族头衔等级逐渐降低到乡绅缴纳 10 英镑，每年缴纳 1 次。让平民院通过也没那么容易。经过激烈的辩论，议会决定使用职业分类；同时使用5%的所得税率来代替。每年拥有 100 英镑所得的人，缴纳5%的税款。结果变成了双重制度：贵族按照他们的等级适用固定的税额，对于平民则适用5%的所得税。威廉和玛丽用这种方案代替了壁炉税。但这一税种并未持续很长时间。1698 年，这一税种被废除了，原因是"不适合英格兰"。

259

1689 年，威廉和玛丽接受英国的《权利法案》，结束了内战。《权利法案》界定了"这个王国的人民所拥有的真正的、自古以来就拥有的、确定无疑的权利和自由"。特别是，议会必须批准所有的税收。

令人讨厌的壁炉税最终被窗户和住房税以及土地税所代替。每一个住房按照 1 扇窗户 1 先令的标准来纳税，前提是这个住房拥有 7 个以上的窗户。这一规定就免除了穷人的纳税义务，这是符合英国的传统的。由于窗户可以从外面看到，这样就可以取消税收承包人容易引起纳税人反对的进入住房的做法。纳税人采取各种各样的方法来规避这一税收，例如，用木板将窗户封上直到征税人员完成核定工作，然后再重新打开。在爱丁堡（Edinburgh），一排住房在建造时都没有给卧室留一扇窗户。这一税种一直持续到 19 世纪。

英国的农村接受了一种土地税，很可能是因为它很像补助。事实上几乎不需要作任何估价。在内战期间，补助被一种按月评估的税收所取代，但是每月缴纳 1 次，而不是每 2 年缴纳 1 次。克伦威尔希望将这种每月一次的评估成为现实，进行真实和准确的估价。议会对此没有热情，也不报乐观态度。议会的一位成员阐述了古代的英国人自由原则——一个人的城堡是不受国王监视的，这些语言仍然适用于今天。"关于这个测量和调查人们财产的计划，这是你们的祖先根本无法忍受的。首席治安法官应当知道人的财产是不受测量和调查的。"

260

另外一位议会成员说："不应该给我们的保护人勋爵（克伦威尔）一个实体，我们应该给他一个影子。"[3]事实上正是如此。整个国家，从核定员到纳税人，都参与到全国性的抵制真实核定的共谋之中。这就是传统和惯例，各个阶层都在欺骗。

每月一次的核定最终变成了固定的土地税。除了可以看见的土地以外，调查任何事情都是不允许的。价值再一次被可笑地降低了。当地的土地长官不敢问一位绅士他土地的价值。最终，土地所有者都喜欢这个税种；他们再一次成为"他们自己核定的主人"，就像他们在补助上的地位一样。

当内战开始以后，长期国会采纳了消费税，毫无疑问，这是欧洲的所有税种中最令人厌恶的一个。在英格兰，禁止征收消费税被认为与自由具有同等的价值，就像古代希腊人认为禁止征收人头税与土地税与自由具有同等价值一样。位于伦敦的威尼斯大使说英格兰没有消费税是"非凡的和极好的"。[4]英国是欧洲主要国家中唯一没有大规模消费税的国家。

第一次战时消费税适用于酒，法律明确规定一旦战争结束，这一税收就应当取消。但是战争不断持续下去，随着战争的扩大，消费税也逐渐扩大。不久它就涉及了很多生活的必需品——衣服、面包、肉以及其他食物。伦敦产生了一些骚乱，一些消费税征收所被焚烧了。议会作出的反应就是恳请英国人民在战争持续期间接受消费税。

对于保皇主义者（忠诚于国王的贵族）还征收惩罚性消费税。在这一时期的税收记录中，这一税种被称为"勒索"（extortion）：

> 一份官方公告发布了，命令从所有的保皇党成员征收 1/10 便士：这种压迫性的税收，其广为人知的名字是抽取，克伦威尔的军事机构会严格执行。整个国家都面临着被勒索的可能。[5]

"勒索"这一词语反复出现在查尔斯二世统治期间，但是我们并不知道它所指的是什么。他的税收记录表明他从"勒索"中征收了 100 000 英镑，从

[3] William Kennedy, *English Taxation* 1640~1799（London，1913，reprint 1964），p. 42.

[4] Dowell, *History of Taxation* 2，p. 8.

[5] Sinclair, *Public Revenues of the British Empire* 1，p. 283.

"掠夺"（plunder）中征收了 640 000 英镑。[6] 布莱克斯通（Blackstone）的《英国法释义》（*Commentaries*）（I：136）将没有真实和真正内容的苛捐杂税称为勒索。

议会并没有遵守诺言：随着战争的结束而取消消费税。1660 年君主复位后，仍然有很多消费税——针对牛肉、酒、肥皂、盐、铁、铅以及一些奢侈品征收消费税。从那时起，消费税一直在英国的历史中持续，但是从来没有达到像欧洲那样大的规模。英国从来没有出现类似阿尔卡巴拉那样的"1/10便士"。消费税变成了传统的战时税，通常在和平时期予以降低或者取消。

英国人对消费税的憎恶从第一眼看来好像是英国人精神错乱导致的，因为这一税种的确有很多优点。它可以局限在奢侈品上，这样就可以避免对穷人征税；它很容易征收，因为只有商人才会被审计。但是英国人并没有看到这些内在的优点。对他们而言，消费税就是一个巨大的邪恶，无论多少辩论都无法改变他们的想法。毕竟，看一看西班牙、荷兰、法国以及其他征收消费税的国家，这一税种的邪恶都是不言自明的。国内的少数消费税仅仅证实了这一点。即使它们在范围上是有限的，这一税收的征管往往是残暴的："严厉的惩罚给人们的思想火上浇油，进一步激发了人们对消费税的憎恶。"[7]

沃波尔的消费税巨龙

英国的消费税实践在罗伯特·沃波尔（Robert Walpole）爵士——通常被称为英国第一首相，首相这一官职直到他在 18 世纪前半期担任大臣期间才存在——任职期间开始采取其最终的形式。国王最喜欢的大臣，根据我们的推测，应该是平民院中对于税收事项具有最大影响力的成员。沃波尔之所以成为"第一大臣"（首相）是因为他作为国库第一勋爵以及财政大臣控制着钱袋子。他从头到脚都是一个征税官，就像所有早期的首相都是征税官一样。

那时的平民院，与今天的不同，对于所有的税收事项都有自由的表决权。平民院议员按照自己认为的那样投票，而不是按照首相建议他们的那样投票。整个 18 世纪在财政收入和税收事项上的斗争可以通过英国议会制政府的几个特殊的实践看出。当前在税收事项上要按照政党的路线投票的义务是后来才出现的，近期还耗费了撒切尔夫人（Lady Thatcher）的首相职务。

---

[6] Ibid.，p. 316.

[7] J. H. Plumb, *Sir Robert Walpole*, vol. 2 (Clifton, N. J.，1973)，p. 239.

沃波尔将消费税视为英国未来主要的税种。1723 年，他让议会扩大消费税的征税范围，将茶叶和咖啡纳入征税范围。反对派的一位成员提出了这样的疑问："为了防止在税收收入领域的少数欺诈，我们有必要牺牲宪法吗？"少数欺诈的说法低估了现实情况。财政大臣掌握着这样的事实：英国人每年平均消费 400 万磅茶叶，而海关报告的进口量仅仅是 8 万磅，也就是说，80% 的茶叶都逃税了。

几年以后，当政府报告税收收入增加了以后，平民院提出了降低某些税收的问题。争论最终停留在了对于盐或者蜡烛所征收的消费税上。争论的问题是：或者取消对盐所征收的消费税，让所有人受益；或者取消对蜡烛所征收的消费税，让富人受益。[8]穷人买不起蜡烛。君主以及沃波尔希望取消对蜡烛征收的消费税，他们使用法国的理论作为依据：税收对穷人有利，可以让穷人更努力地工作。最终投票时，盐税被取消了。这表现了当时惊人的宽宏大量。这也表明了在面对一个非常有权力的首相时，平民院成员的独立性。[9]

盐税被取消后不久，1732 年，沃波尔试图进一步扩大消费税。他准备取消对葡萄酒和烟草征收的关税，而对它们征收消费税，税率保持不变。在同一部法案中，他提议重新引入盐税，并同意给他的主要支持者——拥有土地的中上阶层，减轻 1/3 的土地税。沃波尔预想在平民院不会遇到太大的障碍。他的逻辑非常充分（"没有新税"），只是征收方式发生了变化，目的是控制走私并确保政府的税收收入，正当地取得应当取得的税收收入。

沃波尔做好了充分的准备；他让平民院的一个委员会——由约翰·可普（John Cope）领导，提交一份关于关税法运行和走私的研究报告。通过走私进行的欺诈，特别是在葡萄酒和烟草领域非常普遍，他描述了不诚实、伪证、告密、暴力和谋杀的场景，"已经超出了想象"。[10]这次税制改革的通过应当是，用英国人的话来讲，"小菜一碟"。或者这仅仅是伊丽莎白一世所提到并且接受的"整个王国的逃税"现象在现在的一个例子？

走私是很多英国人的主要职业，而对于普通英国人而言，这意味着可以用较低的价格购买更多数量的消费品。消费税是不太容易逃避的。在接下来

262

---

〔8〕 Kennedy, *English Taxation*, pp. 99～109.

〔9〕 Edward Hughes, *Studies in Administration and Finance 1558～1825*（Manchester, 1934）, pp. 291～304. 关于盐税辩论的精彩讨论，猛烈批评沃波尔。

〔10〕 1732 年 6 月 7 日，约翰·可普爵士关于税收欺诈的报告，参见 Dowell, *History of Taxation* 2, p. 97.

的几年中，沃波尔大大增加了其消费税官员的权力，对于任何逃税行为甚至阻碍执法的行为，增加了严厉的惩罚措施。"他对于个人自由或者人民住房的隐私没有给予太审慎的考虑。"他还引入了"严厉的惩罚措施，给予王室对下列事项的绝对管辖权：让公众严格遵守他的'税收'制度。"[11]

英国人反对沃波尔引入新消费税的起义，不仅可以在伦敦街道上咆哮暴民的标语牌上看到印迹，甚至可以在一只锡釉的陶瓷碗（大约 1740 ~ 1750 年）上看到———"没有任何新消费税的自由与财产"。

263   新闻媒体运用复仇的态度来攻击这个提案。无数幅漫画在谴责这个税种，特别是讽刺和嘲笑沃波尔。公众不断被激怒，最终使用暴力来回应。暴民在街道上咆哮着走过，他们的帽子上满是标语牌，上面写着："自由，财产，拒绝消费税。"其他的标语则加上了"没有陪审团"的口号，这是指在税收争议上没有获得陪审团审判的权利。[12]用沃波尔权威传记作者的话来说，这种暴力是"长期以来对税收制度的压迫性、专制性和腐败性的深层次累积憎恨的表现"。[13]

平民院的辩论非常激烈，持续了几周。最后，当沃波尔环视平民院时，这个他已经控制了超过 20 年的平民院，他看到的是渐渐变少的支持。面对日益增加的反对声音，他撤回了他的税收提案，甚至向国王和王后提出了辞职。在他投降前夕，他的一些最亲密的朋友聚集在他的家里，在那里他宣布放弃消费税改革的建议：

    舞蹈不能再继续下去了，我的意思是不能很好地进行下去了，但是

---

〔11〕 Plumb, *Sir Robert Walpole* 2, p. 238. 在英国东部萨福克郡（Suffolk）事实上使用了军事力量。

〔12〕 Ibid. , p. 252; Raymond Turner, "The Excise Scheme of 1733", *The English Historical Review* (London, 1927, reprint 1971), pp. 34 ~ 57.

〔13〕 Plumb, *Sir Robert Walpole* 2, p. 46.

消费税的大胜利，1733 年。英国的第一位首相——罗伯特·沃波尔爵士，在讽刺漫画上，反对攻击对烟草征收消费税的提案，身后站着支持他的军队。中间粗两端细的大桶装着烟草。反对者提出了税收奴隶的问题：

"沮丧的商人低垂着头，

而支持军队的红旗在飘扬，

在这些人的支持下，在大桶上迈着大步，

消费税的大胜利，就像酒神骑着马，

仍然要征服我们，让我们更加悲惨，

他们穿着法国的鞋子骑在英国的猛兽身上，

啊，停止这种邪恶的艺术追求吧，

否则，你自己就可能成为消费税的奴隶。"

在当前暴怒的人民面前，如果不动用军事力量，这个法案是无法执行的；但是，如果必须用刀剑来支持，英国的自由就结束了……我不想做一个用血为代价来执行税收政策的大臣。〔14〕

当人民听到沃波尔撤销税收提案的消息时，他们在全国各地举行庆祝活动。教堂的钟声响了起来，篝火照亮了天空，沃波尔的肖像被焚烧了，在城市里，你可以听到人们唱着歌谣，还可以听到人们的呼喊声："拒绝消费税，拒绝木头鞋。"〔15〕这些欢庆活动不仅仅是因为击败这个税种后的经济利益，而且是因为击败了沃波尔无情税收征管手段的不断扩张。在消费税问题上的竞争就像是商人和底层民众对沃波尔以及富裕的土地绅士的战争。

如果能够认识到英国的商人阶层对于沃波尔的憎恨情绪，就可以更好地理解沃波尔严厉的税收制度。沃波尔所有新的执行措施都落到了商人的头上，甚至有人认为，他的严厉税收征管法律，无论是关税的还是消费税的，都是报复他所厌恶和憎恨的一部分社会阶层的行为。〔16〕这样，一个强大首相的奇怪个人报复行为就可以帮助我们解释为什么英国王室转而支持长期以来所确立的英国关于税收的正义观念。我们看到了相同的情形也发生在我们生活的时代，那时，富兰克林·罗斯福将联邦税收制度，他的税率以及犯罪条款，转化成对付他所不喜欢的美国社会富裕阶层的刀剑。〔17〕

沃波尔的"专制"制度受到英国纳税人的强烈反对。在我们有记录的一个时期，超过250名关税税收征管员被屠杀了，其中6个是被谋杀的。〔18〕因此，即使英国纳税人打到下巴，他也会被舔一口。反对压迫性或者甚至不喜欢的税收的起义模式也延伸到美洲，正如我们所看到的，当殖民地人民被按照一种他们所不能接受的方式来征税时，他们也选择了暴力。

为了保护自己，英国关税征收员被武装了起来。不仅为了保护他们免受纳税人攻击，也保护他们免受强盗的打劫。每位征收员都携带一支喇叭枪，配备17发子弹，考虑到一个人所能承受的最大重量，这是当时一个人所能配备的最大限度的武器装备。即使是被抢劫的，关税征收员也必须自己弥补

265

〔14〕 Ibid. , p. 269（引用的不同版本）；同时参见 Turner, "Excise Scheme".
〔15〕 Turner, "Excise Scheme", p. 46.
〔16〕 Plumb, *Sir Robert Walpole* 2, pp. 241, 247.
〔17〕 David Burnham, *A Law Unto Itself*（New York, 1989），pp. 228～30, 236～38. 同时参见 Joseph P. Lash, *Eleanor and Franklin*（New York, 1970），p. 120.
〔18〕 Plumb, *Sir Robert Walpole* 2, p. 246.

损失。[19]

英国纳税人并不像法国纳税人那样暴力，但是有无数的关于消费税征税人员被袭击、暴打、用马鞭鞭打，甚至被谋杀的记录。我们曾有过这样一个记载，一个人被从其床上拖下来，在其家人面前将其谋杀。[20]然而，毫无疑问，与海关官员相比，消费税征税人员是一个危险性更小的职业。

在沃波尔采取的严厉征管措施之后很长一段时间，他的严厉方法仍然生存了下来，但是并不像欧洲大陆那样严厉。在法国和德国，军队充当税收征管员，采取的是罗马帝国晚期所实行的丑恶税收征管模式。我们同时应当注意到，这种严厉的税收征管措施进口到了北美殖民地，并且一直生存下来并最终影响了美国《国内税收法典》，现在只是对它们进行了一些修正而已。邪恶的税法，包括邪恶的征管法，可以带来更多的税收收入，要想让它们灭绝是很难的，如果不是绝对不可能的话。

几十年以后，威廉·布莱克斯通，伟大的英国法学家，作出了这样的评论："消费税法严厉和武断的征管程序很难与一个自由民族的性情相协调。"[21]与其他人所说的话相比，这一评论是相当温和的。当北美殖民地抱怨没有享受到英国人所享受的权利时，国内的英国人也有相同的抱怨。

这就是消费税制度运行的方式。大部分案件在审理时根本没有陪审团，甚至连一个中立的法官都没有，经常是在征税的税务官员面前接受审判。这根本不是英国的司法正义，而是一种来自专制国家的官僚专制的正义（或者非正义）。那时以及现在，英国的税收制度在某种程度上是在宪法之外运行的——这是英国正义遗赠给美国的奇怪变种。这里是一位当代学者对这一制度的令人信服的分析：

> 然而，商人逃避消费税——这种骇人的毁灭力量——的机会是微乎其微的。大部分消费税法都包含一个条款，明确拒绝被告使用上级法院调阅下级法院案卷之命令以将其案件移交给更高级法院进行审理。一旦在税务官员面前，被告就已经将纸牌背着自己放置了。他将被认定有罪，除非他能证明自己是无辜的……即使是英国传统上反诉官员的策略也被

[19] John Brewer, "The English State and Fiscal Appropriations, 1688~1789", *Politics and Society*, vol. 16, nos. 2~3 (1988), pp. 335~85.

[20] Ibid. , p. 357.

[21] William Blackstone, *Commentaries on the Laws of England*, Bk. I (London, 1765), ch. 8, p. 308. 《英国法释义》在这一章对于美国革命之前的英国税收进行了卓越的总结和评论。

法律条款规定了 2 到 3 倍的成本，成功的几率非常小……在这种情况下，消费税案件中被定罪的比例达到如此之高也就丝毫不惊奇了：1789～1790 年期间，伦敦是 79%，农村则是85%。[22]

事实上，如果上面这位学者研究了今天的税务法院，他会发现相关统计数据没有任何差别，正当法律程序也没有更多改善。他也指出，严厉的制度可以通过适度地执行来缓解，大部分时候，这样正是我们对付大部分逃税案件的方法。

监督也采取了现代的规模。应当缴纳消费税的蜡烛制造商，受到了严密监视。任何人在制造蜡烛之前，必须将制造的时间、地点和期间通知税务人员。如果没有报告制造蜡烛的准确数额，就会受到 100 英镑的罚款处罚。蜡烛制造商每个月都必须完整报告所生产的所有蜡烛的数量，破裂或者损坏的蜡烛必须在消费税官员在场的情况下才能销毁。[23]消费税的监督让我们想到了今天运用计算机对所得税的监督。啤酒制造商，酒、茶叶和咖啡商店也要遵守类似的规定。在这种类型的执行下，你就可以理解为什么在沃波尔时代，人们会制造骚乱，消费税征收所会被烧毁。

关于英国在消费税问题上的实践，最独特的就是政府永远不可能从议会那里获得开征普遍消费税的同意，而整个欧洲都在征收普遍消费税。这种状态一直持续到 20 世纪，不仅发生在英国，而且发生在美国的联邦政府身上。消费税一直是选择性的。当 18 世纪后半期，战争要求增加税收收入时，曾经有过一些关于普遍消费税的讨论，切斯特菲尔德（Chesterfield）（他曾经在沃波尔当政时期领导过反对消费税扩张的运动）在其随后几年（1767 年）写给一位朋友的信中，谈到了英国人对于"消费税"这个词的蔑视。

> 关于普遍消费税，如果它要想被人民所接受，议会必须首先通过法律来修改它的名字，人民对于名字的熟悉胜过内容……据我所知，如果一部关于普通消费税的法律起下面这个名字，它很有可能被人民高兴地接受："为了更好地保护陛下臣民的自由与财产，取消某些最令人讨厌的海关法律的法案。"[24]

---

〔22〕 Brewer, "The English State", p. 357.

〔23〕 Stephen Dowell, *A History of Taxation and Taxes in England*, vol. 4 (London, 1965, reprint of 1884 edition), pp. 306～10.

〔24〕 Ibid. 2, p. 105.

在 18 世纪，英国的议会制政府独立并超越当时的其他政府。在很多方面，执行方面除外，英国解决税收事项的方法都是我们今天的楷模。首先来讲，它是人民的事情，人民通过平民院将他们的意志为世界所知，当平民院不履行职责时，他们通过起义让君主知道他们的要求。他们从来不顺从他们所不喜欢的税收，通过这种方法，他们也给政府做了件好事。事实上，英国在这一时期取得最大强国的地位有可能主要是源于英国纳税人的起义以及更多起义的威胁。政府很可能违背自己意愿被迫按照适度的税收制度来运行，因此，也就避免了如此破坏荷兰的经济衰退。

英国从来没有找到一个对于所有人而言都是正义的且能为人民所接受的税种。人民反对普遍消费税、壁炉税、累进人头税以及精确土地税。这些税种令人反对的最主要的方面就是侵犯了隐私。自由意味着隐私。

隐私意味着一个人的住房免受国王征税官的监督。所有这些形式的税种，虽然在理论上是非常适宜的，但是都需要牺牲自由，而这是英国人不愿意忍受的。

最后，英国人接受了很多税种组成的体系，这个体系作为一个整体是相当公平的。没有人被压迫。每个人都承担了一些国家的负担。土地拥有者缴纳土地税，但是他们受到极低核定土地价值传统的保护。商人缴纳关税和一些消费税，但是他们的负担可以通过走私和逃税来减缓。住房拥有者缴纳住房和窗户税，但是免除穷人的纳税义务。这一体系最值得关注的方面，就是缺乏对富人免税的规定。

英国的税收政策制定者引导世界采取累进税制，世界的其他地方则决定实行累退税制。议会是遵循这样一个基本原则的：财产越多的人，纳税越多。这种对于工人和穷人实行低税或者无税的哲学思想并不是人道主义的结果；它具有更加坚实的基础——经济共识。如果工人缴纳较高的税收，英国的资本家就必须支付高工资，就像在荷兰一样。这会提高英国商品在外国市场上的价格，从而损害贸易。通过免除工人的纳税义务，英国的商人就比他们欧洲大陆的竞争者更有竞争力。事实上正是如此，英国变成世界上处于领导地位的贸易大国长达 200 年的时间。

政府的开支受到锁紧出口的钱袋的约束。这一结果更多的是由不合作的纳税人和彻底的避税所导致的，而不是由乐观的议会和君主的希望所导致的。英国政府非常清楚，通过纳税人同意比通过议会游说税收法案能够取得更多的税收收入。沃波尔的继任者——亨利·福克斯（Henry Fox），在平民院总结了税收政策制定者所面临的问题：

268
　　　　所有的政府都必须不仅要关注人民能负担多少税收，而且要关注人民愿意负担多少税收，以及他们愿意接受的纳税方式，这样才不会导致起义。[25]

　　当下一代的英国统治者决定在英国位于北美的殖民地征税时，他们没有注意到这一原则。

---

〔25〕 Ibid. ，p. 122.

第27章

269

超级大国荷兰的衰落与超级大国英国的兴起

> 战争意味着开支。开支意味着税收。税收意味着贸易被扼杀。
>
> ——查尔斯·威尔逊（Charles Wilson），《荷兰共和国》

　　讲英语的人民从荷兰文化、政治和商业实践中学到了很多东西，然而，他们对于这个卓越的民族却所知甚少。美国独立战争并不是反对殖民主义的第一次现代革命，也不是美国人建立了第一个现代的共和国。荷兰联合省的形成时间比美国早200年，也是反对未经他们同意的税收而发动起义的结果。

　　大英帝国是建立在荷兰创设的商业实践的基础之上的。东印度公司、阿姆斯特丹银行、纺织品以及中国制造的商品、保险、海商法、大农场，以及其他类似实践都是在经过很少修改以后重新创造的。荷兰的税收是唯一没有被复制的主要的商业实践，这是有正当理由的。荷兰在西班牙崩溃以后没落了，这似乎进一步验证了英国人民而非他们的政府的税收哲学：消费税是商业癌症的体现，它可以吞噬和削弱经济，甚至最伟大的帝国。

　　荷兰摆脱西班牙获得独立以后，登上了世界的领导地位，变成了17世纪的超级强国。北美看到了新阿姆斯特丹（纽约）的建立，冒险的荷兰殖民者控制了非洲、亚洲和新世界的大部分地区。日本人关闭了所有欧洲船舶的港口，但是允许荷兰的2艘商船每年访问长崎（Nagasaki）一次，进行贸易。

270

　　当彼得大帝来访问西欧，学习欧洲文化的优点时，其旅行的亮点就是访问阿姆斯特丹，参观荷兰的造船业。如果英国在北海上有一艘轮船，荷兰就有一打。荷兰的优越性激起了英国和法国的嫉妒。在这一时期的很多小型战争中，这两个传统上的敌人曾经联合起来进攻荷兰。

　　英国使用高关税，试图将荷兰商品挡在英国市场之外，他们也禁止英国

271

　　在英国与荷兰的经济竞争中，英国禁止羊毛出口，这些羊毛制造成商品后
又被走私回英国。为了强制执行这一禁令，在晚上运输羊毛是刑事违法行为。
这幅蚀刻画表现了英国的走私者——因为他们在晚上工作，因此被人称为"猫
头鹰邮递员"——在灯笼的照耀下将羊毛运到小船上。这艘小船将会到约定的
地点与更大的、海岸边的远洋轮船汇合。

羊毛出口，这些羊毛往往走私到荷兰，制造成羊毛制品，然后再走私回英国。英国消费者寻求高质量的荷兰商品，或者是低价格的商品，他们走私烟草、白兰地、甘蔗酒、茶叶以及很多其他消费品。大部分走私者都感觉很容易规避英国海关，因为英国海岸有无数的海湾。由于走私是如此普遍，以至于英国的农场主发现很难在海岸附近找到工人来收割庄稼。年轻人都知道走私比种地更加赚钱。据估计超过 50% 的进口商品都逃避了纳税义务，这也导致了君主巨额的损失。沃波尔试图引进消费税的主要目的就是对付逃避关税的行为。

鹿特丹（Rotterdam）以及凯普维尔（Campvere）［现在叫维尔（Veere）］的小港口是走私者主要停泊的中心，不仅是英国走私者的中心，而且是欧洲其他走私者的中心。大部分荷兰商人都在进行走私贸易中被抓住了。在凯普维尔，走私是一个大生意和主要的产业。有很多特别的苏格兰房屋供那些为了躲避英国海关军队而来这里居住和贸易的富裕苏格兰人居住。苏格兰的羊毛运到凯普维尔，返回的苏格兰船舶再装满各种各样的商品，走私到英国。

英国与荷兰激烈的经济竞争至少导致了 3 次英荷战争。荷兰人犯下的最大的错误，就是为了南美的一片密林而放弃了纽约，但是在当时，在精明的荷兰人看来，这笔交易是不错的；毕竟，纽约只是他们花了 60 荷兰盾从印第安人手中买来的。

荷兰的优越性并不限于贸易。这是一个荷兰绘画大师的时代。在新兴科学与医疗发现方面，荷兰也走在世界的前列。在哲学方面，有斯宾诺莎（Spinoza）；而伟大的英国哲学家——约翰·洛克（John Lock），在荷兰完成了他的大部分著作，因为他已经被英国政府流放了。

荷兰是一个相对自由和开放的社会。欧洲的犹太人在这里可以被接受，272 很多省都有繁荣的犹太人社区。1650 年，犹太人在英国仍然是不受欢迎的。在克伦威尔时期，英国反犹太人移民法律的合理性问题受到了质疑。主张英国应当开放犹太人定居点的主流论据之一，就是荷兰领先与繁荣的例子。犹太人在荷兰的社区是荷兰优势的因素之一吗？这一论据具有相当的说服力，即使在今天也是如此。[1] 这一论点在 1655 年盛行，英国在这一年向犹太移民打开了大门，但是没有经过认真思考，然后又拒绝了，开始对所有犹太人居民征收一种特别的税收——犹太税（fiscus judaicus）。

---

〔1〕 Sombart, *Jews and Modern Capitalism*, pp. 37, 41.

荷兰比西班牙的优势被一种商业的领主从属关系所加强。随着卡斯蒂利亚的工业被税收和纳税人的逃离而破坏，西班牙所需要的商品来自阿姆斯特丹。为了支付这些商品，西班牙的白银在护卫之下通过英吉利海峡流向阿姆斯特丹。在这些白银和黄金的帮助下，荷兰珠宝商诞生了，在宝石和珠宝制造领域，他们仍然主导世界商业。

在 17 世纪结束之时，荷兰的黄金时代也过去了。荷兰共和国没有崩溃；它衰落了，非常类似大英帝国，主要原因是沉重的税收负担、过多的债务以及军事开支超过了其能力。荷兰必须维持耗费巨大的军事和海军力量来保护他们的商业生命线。持续的战争阻碍了经济发展；税收增加、价格上涨，荷兰商品的价格已经超过了外国市场上的价格。阿姆斯特丹商品的价格是伦敦的 2 倍；税收上涨了好几倍，工资必须上涨以确保荷兰工人能够支付高额的生活成本，特别是支付在食物和衣服上的税收。高税负增加了荷兰商品的成本，由此带来的通货膨胀破坏了荷兰的商业；反过来，荷兰政府的税收收入也出现了严重的下降。随着税收收入的降低，荷兰不得不退出与英国和法国展开的激烈的殖民地争夺战。荷兰做出了有序的撤退，保留了他们殖民帝国的一部分。

荷兰共和国是联合省的联邦。中央政府不够强大，征税权留给了各个省，它们征收人头税、壁炉税、印花税、土地税以及最坏的消费税，这正是他们最初起义反对的税种，不同之处是，这次征收是经过同意的。这些消费税阻碍了英国的发展；1659 年，一位位于海牙（Hague）的英国经济代表给伦敦写的信中提到了荷兰的税收：

273
> 看到这里的人们同意征收特别重的税收，与他们在与西班牙战争期间一样多的税收，你会觉得很奇怪……我曾经计算过，一个人如果要想在一个小客栈中吃一顿饭，必须缴纳 19 种消费税。没有比这更奇怪的事实了。[2]

很明显，情况变得越来越糟。若干年后，威廉·坦普尔（William Temple）爵士——英国位于荷兰的一位外交官，说："当你在小酒馆时，吃一种用通常佐料做的鱼，大约需要缴纳 30 种不同的消费税。"[3]看到他们的荷兰

〔2〕 Charles Wilson, *The Dutch Republic and the Civilization of the Seventeenth Century* (London, 1968), p. 232.

〔3〕 K. H. D. Haley, *The Dutch in the Seventeenth Century* (London, 1972), p. 154.

竞争者需要缴纳这么沉重的消费税,英国人感到非常吃惊。即使是荷兰的渔民在他们自己的餐桌上吃自己打的鱼,都需要缴纳消费税。

在 18 世纪,荷兰人向英国纳税人学习,最终通过起义的方式来反对损害荷兰贸易的消费税。这里,1747 年,荷兰税收起义者正在破坏一位富裕的税收承包人的住房。不幸的是,这次起义来得太晚,已经无法挽救荷兰在世界事务和贸易上的强国地位。

沉重的税收影响了荷兰社会，也给这个社会带来了常见的腐败。处于统治地位的家族将他们至于独裁的地位并且为他们自己的利益执行着税法。随着时间的推移，边缘的家族要想进入特权阶层已经变得不可能，除非通过婚姻。而且，这些人拥有决定税收的投票权，他们通过与代理人的协议来征税，很可能由其外甥来审计其纳税申报表，而相关争议则由其女婿来调解。

状况变得如此之糟，以至于为了躲避沉重税收负担而来荷兰享受自由的外国人都被迫雇用一位当地的官员来进行行贿，与今天在很多国家做生意的模式相同。现代国际商人通常在两种体制中经营：在腐败的国家，通过行贿体制进行经营；在腐败较少但比较复杂的国家，通过税收漏洞体制进行经营。结局都是类似的。现代的商人很快就知道了哪些国家需要在桌子底下进行交易而哪些国家则需要在桌子上面进行交易。

国内的高价格和国外的贸易壁垒迫使荷兰经济下滑。曾经有一段时期，连伟大的画家也消失了。随着越来越多的企业家和有才能的荷兰人移居外国，荷兰在18世纪出现了严重的"人才外流"现象。1747年，国内发生了税收起义。暴民冲进大城市抢劫和破坏荷兰税收承包人的住房。在补偿了税收承包人在这次起义中所遭受的损失以后，荷兰政府取消了有200年历史的税收承包制度。

应当对荷兰财政困境负责的是消费税，而非税收承包人。这些税收打击了商业、损害了荷兰的国际贸易，尽管税收承包人是腐败的，但这一腐败并不是问题的根源。与之相对比，英国只有非常有限的消费税。当暴民在1732年冲到伦敦抗议消费税时，他们举的标语牌上写着："拒绝奴役、拒绝消费税、拒绝木头鞋。"荷兰拥有广泛的消费税，性质与此相同，当然也对木头鞋征税。英国人不想要任何一样。

在这一时期，消费税是欧洲大陆处于主导地位的税种。荷兰在阿尔瓦之前征收了消费税；德国和法国在西班牙之后征收了消费税。即使在今天，欧洲仍然有一个与消费税具有很近的血缘关系的税种——增值税，欧洲经济体的所有成员都被要求开征增值税。这一税收实际上就是消费税，只是其税基是每一个制造环节商品价值的增值额，而非商品的价值总额。在整个制造过程中，税收抵扣从上一个环节到下一个环节一直传递下来，最大限度地减少逃税并实现这一制度的自我管理和监督。这种设计精巧和复杂精密的消费税降低了所得税的重要性。

从18世纪往后回顾到16世纪，荷兰反对阿尔瓦公爵的起义似乎使这一

275

困境进一步恶化。如果 1776 年美国革命者能够研究荷兰的历史，他们就会认识到经过纳税人代表同意的税收并不必然会减轻税负，还需要其他一些条件。

英国：新的超级强国

如果荷兰的衰退是因为他们的税收制度施加给商业和贸易的负担过于沉重的话，那么，英国的崛起并发展成为超级强国是因为他们学会了如何控制他们的税收。学者们现在开始认识到，英国从 17 世纪一个中等水平的欧洲国家发展成为 18 世纪、19 世纪和 20 世纪的超级强国是良好的税收制度管理的胜利。[4] 即使是英国在 20 世纪中期的迅速下降也可以通过下列事实得到解释：英国冒险从事社会主义，95% 的税率以及福利国家。资本从英国流出以避免被没收，就像它们最近从古巴（Cuba）流出一样，劳动者政府控制产业使问题更加复杂化。曾经被全世界羡慕的英国汽车最终变成了不可靠的、有缺陷的苏维埃洗衣机。

英国税收制度在克伦威尔以后就开始改进。在 1660 年到 1690 年期间，第一个最著名的改革是取消了所有的税收承包制度。取代税收承包人以后，专业的税务机关开始高效工作。这是建立在优点的基础之上的。税务官员必须参加考试才能取得相关执业资格，他们要适合从事他们要做的任何工作。他们会频繁地从一个税收地区转移到另一个税收地区，以防止他们与当地的商人过于熟识。他们的工资会定期从伦敦汇出，而他们的管理人也会接受定期的考查。

从 1721 年到 1724 年，沃波尔进行了一些重要的、积极的征管改革以促进经济增长。他取消了制造商品的出口税收并大幅度降低或者取消某些关税项目，这样就刺激了商业，提高了英国商品在世界市场上的竞争力。一位早期的传记作家在 1798 年这样写道："他发现我们的关税是世界上最差的，但他走后，却留下了世界上最好的关税。"[5]

消费税是欧洲大陆灾难的根源，它诞生于英国并变成了 18 世纪中期的主 276 要税种，但是它从来没有像在法国、德国或者荷兰那样，变成负担或者普遍开征。它是令人讨厌的负担，但它仅限于少数商品。英国并没有开征普遍消费税，像欧洲大陆那样，对一切能看得见的物品都要征税。消费者缴纳的消

---

〔4〕 Brewer, "The English State", pp. 335~85.

〔5〕 Dowell, *History of Taxation* 2, p. 89.

费税越来越多，但从来没有达到欧洲大陆那样可怕的税率。英国的实践说明了这样一个老生常谈的道理：大部分税种都可以管理得很好并让它们产生良好的经济效果。问题是，好税种容易变坏，因为政府从它们身上索取得太多了。英国，与当时世界上的其他国家不同，拥有控制消费税的税率以及限制其适用范围的智慧。这或许是因为英国人对税收的敌视超过了政府的智慧。1691 年，威廉·凯尔（William Carr）——一位英国的作家，对于消费税给出了一个英国的定义："由恶棍征收的臭名昭著的税种。"恶棍这个词，毫无疑问是指在欧洲大陆如此普遍的税收承包人。他也对人民对消费税的敌视进行了评论：

> 如果我们在英国也被迫缴纳在荷兰征收的税收，就会出现一个起义接着一个起义的现象。如果一切都要征收消费税，就没有人会自己烤面包，也不会自己去磨稻谷，或者自己酿造啤酒，任何人也不敢在自己家里放一台手磨机，尽管它是用来磨芥末或者咖啡的。[6]

在接下来的一个世纪中，我们没有在荷兰的文献中发现谴责消费税的内容，就像我们在英国的文献中所发现的那样。当英国决定提高消费税时，他们采取了谨慎、有限和主要的态度。在荷兰，消费税覆盖了所能看见的一切事物，甚至仆人、街灯，以及针对四轮马车、雪橇征收的累进税。其中一些税收具有人头税和财产税的性质，但是它们都是整个消费税的组成部分。穿过任何桥或者运河都有通行费，即使是在晚上离开城镇都有通行费。"牛奶首先按照牛奶纳税，如果它制成了奶酪还要纳税；甚至可以说，酸奶和乳浆缴纳类似的税，对于所有这些税收，人们会想，凡是维护他们自由的民族都应该发动叛乱或者拒绝纳税。"[7]

这种可怕的税收制度所导致的巨大灾难不仅仅是自由的丧失，因为这是很明显的，还会由于荷兰商品在世界贸易中的高价而导致经济衰退。对于英国税收最终的制约是经济以及英国人民反抗的本性。或许，荷兰人民再少一点点顺从，少一点点忍耐，他们的经济衰退都不会如此剧烈。正如我们所指出的，虽然荷兰也有税收起义，但他们并没有结出太多果实。高税负的习惯已经根深蒂固并已经被荷兰人民所接受。

毫无疑问，英国在 18 世纪的崛起并发展成为世界上居于统治地位的最强

---

[6] C. R. Boxer, *The Dutch Seaborne Empire*, 1600 ~ 1800 (London, 1965), pp. 64 ~ 65.

[7] Ibid.

大的国家唯一可能的原因是其优越的税收制度。关于英国政府用公众借款来支持君主从事的很多战争并取得胜利的重要性已经有很多论述了。但是，这种公众借款之所以成为可能是因为英国的税收制度保证了英国政府偿还债务的能力。英国的税收制度领先于任何其他国家几个世纪，当你回过头来看英国的制度时，基本制度仍然非常好，而且几乎被所有的现代国家所复制。英国人有一种良好的感觉，保证不发生大的起义。他们在当时所遵循的一种"边缘政策"是无法被反驳的，但是他们拥有在大部分时候不走得太远的智慧。只是在北美问题上，他们对于税收的反抗镇压得过分了，他们也因此失去了皇冠上的一颗珠宝。

珍·卢扎克（Jean Luzac）——18世纪荷兰的作家和美国独立的提倡者，为曾经辉煌的荷兰经济而悲叹。他说，沉重的税收负担，导致熟练技术工人大量流失——18世纪的人才流失。父母拒绝将孩子送到没有钱的工作岗位上。如果有太多人结婚，教区居民就会不高兴，因为这会增加穷人的税率。男人甚至乐意让妻子去卖淫。荷兰后院的很多战争需要或者似乎需要沉重的军事准备，而这是一笔巨额的开支。"开支意味着税收。税收意味着贸易被扼杀。"[8]荷兰，与今天的美国不同，不能再发展出新的贸易形式或者引进新的产品和技术，达到其曾经达到的程度。荷兰人的雄心壮志曾经摆脱了西班牙的枷锁并建立了17世纪的超级强国，而一个世纪以后，已经消耗殆尽了。

与竞争对手相比，日益增长的税收负担可以从荷兰曾经伟大的工业中心的衰落中体现出来。莱顿（Leyden）是一个荒凉的小城镇，其曾经繁荣的服装工业已经萧条了。这些中心曾经生产和出口的商品，现在可以在国外，在英国，以更低的价格购买。或许，具有讽刺意味的是，荷兰的商人和作家——莫里森·德克尔（Matthew Decker），离开荷兰来到了英国。他的著作中的自由放任思想极大地影响了亚当·斯密：自由贸易、少量和简单的税收、没有关税以及没有垄断。

英国和荷兰在18世纪的关系或许给20世纪晚期日本和美国的关系留下了一些影子。荷兰发明了商业实践、甚至税收实践并因此而繁荣，后来英国复制了这一切，当时的英国根本不是什么超级强国。通过复制荷兰已经发明和最初发展的东西，英国人将它们发展得更好，结果，很快在北欧超越了荷

〔8〕 Wilson, *The Dutch Republic*, pp. 234~35.

兰。荷兰，背负着沉重的军事和海军开支，对自己过分征税，直到自己衰落下去。英国人使用了荷兰的税收，特别是其消费税，但是英国人拥有不给贸易施加过多税收负担的智慧，以中等税率征收关税，不阻碍贸易。今天，在全球经济的时代，美国面临着同样的挑战。

第28章

~o@o

在税收事项上，启蒙运动拥有整个世界

没有人能看到整个世界。

——一个古老的海军谚语

18世纪的哲学，通常是指启蒙运动，与过去的迷信行为一刀两断，试图确立一种理性，作为所有信仰和政治行为规则的基础。美国及其宪法是建立在启蒙运动的原则之上的。就税收事项而言，这一运动使税收智慧、伦理、法律学以及正义的共识达到了一个相当高的水平。那一时代伟大的法律和政治思想家，即使是普通民众，在税收事项上拥有整个世界。

这一时代关于理性的智慧来自17世纪的暴力和冲突。在英国，君主政体被推翻，国王被砍头，整个国家经历了一场可怕的内战，所有这一切都是税收导致的。在6次大规模的税收起义的打击之下，伟大的西班牙帝国崩溃了。荷兰由于税负过于沉重而进入了急剧衰退时期。在法国，到处都是税收起义。正如我们所看到的那样，它们是血腥和残酷的。或许法国是情况最糟的，因为它使用准军事的税务警察来征税和惩罚违法者。

毫无疑问，邪恶的税收带给文明社会的浩劫促使当时的人们在废墟上进行思考。他们寻找历史上过去曾经实施过或者并未实施过的税收。他们经常讨论税收和专制政治之间的关系。要找到一个公正和明智的税收不是一件容易的事情，今天也是如此。这些思想家在他们的哲学中以史为鉴。他们很好地理解了他们的历史，我们的税收政策制定者曾经忽略了什么事情——一切都太好了。

首先，看起来好像很难理解，为什么在一个像我们一样的明智社会中——在我们指尖就有如此丰富的关于过去的知识，会重蹈前人的覆辙？会

　　孟德斯鸠，启蒙运动的伟大哲人。他关于政府的理想给美洲人和欧洲人提
供了很多灵感，特别是在政府形式、适度（有限）政府观念以及导致奴役的各
类税收等方面。

不断增加税收，达到不可理解的高税负，却从不考虑重税负给其他国家造成的灾难？我们如此愚蠢的原因可以从我们最近的过去——19 世纪中找到。我们的忽视来自过分的幸福。如果我们过去的一个世纪充满了邪恶税收所导致的流血冲突与经济崩溃，充满了由于税收所导致的战争与暴力，充满了由于税收所导致的自由的破坏，我们就会更加认真地思考税收问题。19 世纪税收的和平与低税负麻痹了我们的神经，使我们对于邪恶税收制度最终会导致的邪恶视而不见。

启蒙运动时期的人拥有我们所不具有的优势，这一点可以部分解释他们之所以具有良好判断力的原因。看一看他们刚刚过去时代的税收浩劫，他们从邪恶税收已经产生的危害中吸取了教训。他们使用历史最原始的材料，使用人类过去关于税收的经验，运用他们最好的思考和推理。他们是历史上第一批实践税收历史学家。

要挑他们观点的缺陷是很难的，其中很多观点都是我们敬畏地持有的。他们提出了权力分立、权力制衡、代议制民主以及有限政府的政治概念。他们关于税收的智慧统治着西方世界的思想。整个 19 世纪，在国会、英国议会以及法国政府所讨论的问题中，你可以读到和感受到洛克、孟德斯鸠、亚当·斯密以及启蒙运动其他伟大思想家的理念。到了 20 世纪早期，这些理念在我们渴望大政府、大战争和大开支的思想中消失了。他们对我们这个世纪所说的话，就像以赛亚（Isaiah）*，和耶利米（Jeremiah）**在公元前 800 年到公元前 600 年的困难和战争时期对他们的人民所说的话。就像古时的先知，他们预言了我们可能遇到的困难，如果我们坚持大政府和过分征税的话。

这些人留给我们的智慧语言是非常多的；在本章中我总结了 10 个最重要的思想。这些思想中的大部分已经从我们生活世界的思想中消失了。现代的税收领域的专家以及政府似乎并不知道这些人给子孙后代留下了什么。无论你怎样去寻找，你都不会在我们这个时代的"专家"的著作中找到他们思想的强有力的基础。即使当他们即将接触到这个强有力的基础时，他们也会轻易地将其抛弃。或许这就是关于生活的简单真理的例子——容易得到的从来不会被重视。我们的自由和独立是由过去的几代人传给我们的，他们曾经为我们现在所享有的自由而战斗。对我们而言，自由是某种遗产，而不是靠我 282

---

* 《圣经》中的人物，公元前 7 世纪和 6 世纪时希伯来先知，通常被认为是最伟大的先知。——译者注

** 《圣经》中的人物，公元前 7 世纪和 6 世纪时希伯来先知。——译者注

们自己的力量取得或者实现的。我们并不重视自由，我们似乎也不知道一旦失去它再重新取得会多么艰难。

以下就是启蒙运动时期的人们给我们留下的无价的遗产：

1. 政府最多是一个必要的恶

启蒙运动时期的人们对政府没有幻想。"政府，"托马斯·潘恩（Tomas Paine）在其著名的名叫《常识》（*Common Sense*，1776 年）的小宣传册的第一页写道："即使在其最好的时期也不过是一个必要的恶，在其最坏的时期，就是无法忍受的恶。"在美国革命战争早期的一个冬天，华盛顿将潘恩的这个小宣传册分发到他的军队中。杰斐逊（Jefferson）、富兰克林（Franklin）、麦迪逊（Madison）都高度称赞潘恩对美国革命所做出的贡献。约翰·亚当斯（John Adams）甚至走得更远，他说："如果没有潘恩的笔，华盛顿的剑只能徒劳无益地挥舞着。"[1]潘恩的主题是税收产生了专制。问题的根源存在于人们对于政府的愚蠢和天真的态度，他们认为"政府是某种美好的奇妙事物"。当他们相信这一幻想时，"也就获得了过分的税收负担"。[2]

潘恩将他自己描写成"穷人、制造商、商人、农场主以及承受真正税收负担的所有人的理想"的提倡者。[3]18 世纪晚期在欧洲和美洲的革命骚乱，事实上是由忍受到极点的愤怒的纳税人所发动的。1792 年，当他居住在伦敦时，他写道："在'英国'这个国家有两个明确区分的社会阶层，纳税的人以及收到税收和依靠税收生存的人。……当税收变得无法承受时，社会不得不分裂这两个阶层。"[4]

革命是产生一个"少开支、多生产"的政府、带来一个由"和平、文明和贸易"占统治地位的时期的必要过程。总而言之，当政府是公正的时候，"税收是非常少的"。促使人们革命的主要和简单原因是征税和臃肿的政府。"巨额的政府开支促使人们去思考"，最终就会导致革命。[5]

当政府征税过多，他们就从人民的手中偷走了他们产业和资产的成果。政府不再给人民的自由和财产提供保护——这是政府存在的唯一合法性基础——反而成为人民真正的敌人，就像外国侵略者一样的恶棍：

---

〔1〕 George Seldes, ed., *The Great Thoughts* (New York, 1985), p. 319.

〔2〕 Thomas Paine, *The Rights of Man* (New York, 1969), p. 206. 转载于 Thomas Paine, Common Sense, ed. Isaac Kramnick (New York, 1987), pp. 49~57.

〔3〕 *The Writings of Thomas Paine*, vol. III (New York, 1906), p. 204.

〔4〕 Ibid., p. 55.

〔5〕 Ibid., pp. 81, 183, 189.

当我们全面审视在政府"邪恶"制度之下人民的悲惨生存状态时，我们会看到一种力量从其家里往外拖东西，或者被另外一种力量驱使着这样做，税收所导致的赤贫胜过敌人，我们就会很明显地知道这些制度是邪恶的，对于政府的原则和构造进行一场普遍的革命就是必要的。[6]

283

潘恩所指的是欧洲的君主政体和专制制度，这些都是当时高税负的国家。然而，毫无疑问的是，他的批评也可以适用于我们今天这个经济发展缓慢并制定刑法来强制执行重税法律的社会。当潘恩说税收就是专制时，他实际上指出的是，所有的税收都需要某种程度的专制，都需要对自由某种程度的破坏。重税很明显是对自由的严重破坏者，也是对财产和产业的严重破坏者，到最后，它导致人民的赤贫状态胜过外国的敌人。潘恩的观点在人民中很受欢迎，原因是他所关注的是能够自我论证的观点。他将美国视为伟大的自由国土，因为它是一块低税负的国土。

2. 国家的虚幻需要

孟德斯鸠在他的《论法的精神》（*The Spirit of Laws*，1751 年）——这是一本对宪法的组织者有巨大影响的书——一书中解释了这个问题：

国家的税收是每位国民从其财产中交给国家的一部分，目的是确保其能够愉快享受剩余的财产。

为了运用一种恰当的方式来确定税收的数额，就需要考虑国家的需要以及国民的需要。人民的真实需要永远不能向国家的虚幻需要让步。

虚幻的需要来自情欲，来自统治者的弱点，来自特别项目的魅力，来自极度自负的不健全的渴望，来自无法理解空想袭击的头脑的萎缩。经常会出现这样的情形，拥有烦躁性格的大臣所想象的国家的需要是他们自己渺小和卑鄙灵魂的需要。[7]

我们可以举出政府几个世纪的浪费行为和愚蠢行为来支持孟德斯鸠的观点。如果政府所得到的是短期的定量供应，政府虚幻需要的数量有可能得到控制。瑞士是今天唯一用宪法结构来解决孟德斯鸠提出的问题的国家。瑞士政府开支和税收增长都交给人民了。政府只能建议；人民拥有最终的发言权。

越南灾难是孟德斯鸠思想的一个极有力的例子。约翰逊（Johnson）总统

---

〔6〕 Paine, *Rights of Man*, p. 165.
〔7〕 Montesquieu, *Spirit of Laws*, vol. 1, Bk. 13, ch. 1, p. 255.

被选为和平候选人（"人民的真实需要"）。选民否决了歌德沃特（Goldwater）提出的强硬态度。一次，在办公室，约翰逊将人民的需要替换为"国家的虚幻需要"，现在我们知道，这是一种心理上不平衡的产物。[8]它使这个民族遭受了多年的苦难，付出了生命和财产的代价才从这场毫无意义的战争中解脱出来。民族的自我尊重丧失了。

越南战争符合孟德斯鸠的警告："特别项目的魅力"（美国在东南亚的霸权）；"极度自负的不健全的渴望"〔我们可以称为对东方的天定命运（Manifest Destiny）〕；以及"空想袭击"（美国能够在法国失败的地方成功）。当然，我们可以断言人民的真实需要并不在那里，人民的真实需要是置身于全球殖民战争之外，拥有一个合理的货币制度，不要基于对共产主义假想的恐惧而采取军事冒险行动并随之屠杀数以万计年轻人的性命，时间会证明，这些对于建立一个合理的经济制度而言都是毫无意义的。

3. 政府应当待在经营之外

关于政府官僚经营管理的愚蠢性，最好的现代例子可以在社会主义和共产主义国家找到——即使是资本主义国家，曾经投资于政府所有的经营项目的资本也已经毁灭了。今天，俄罗斯仍然在为绝对的政府控制和计划付费。洗衣机不工作了；国有经营生产的一切东西都不如私有经济生产的。亚当·斯密与很多其他学者都很好地解释了这个问题：

> 然而，王子经常投资于很多其他的商业项目，他们也希望，能够像私人一样，通过变成商业分支机构的投资者而改变自己的运气。他们很少有成功的。王子们经营事项的慷慨使它们几乎不可能盈利。王子的代理人们将他们主人的财产视为无穷无尽的；从来不关心他们购买商品的价格，也不关心他们销售商品的价格；根本不关心成本。[9]

4. 自由携带着它自己毁灭的种子

这是这一时期所提出的最令人吃惊的结论。孟德斯鸠用了一章的篇幅来论述"自由的滥用"（第 13 本书，第 15 章）；他指出，生活在自由状态中的人们倾向于放下他们的防卫，并忍受沉重的税收，但是一旦如此，他们就会发现已经无法回头了：

---

〔8〕 "The War Within", *New York Times Magazine*, Aug. 21, 1988, pp. 34~38; "A Huge Leap into Unreason", Newsweek, Sept. 5, 1988, p. 70.

〔9〕 Adam Smith, *The Wealth of Nations*, p. 491.

对于自由自己所拥有的这些伟大的优点，自由本身已经被滥用了。因为一个适度的政府已经拥有了令人羡慕结果的生产能力，这种适度就会被搁置一边：由于很多税收已经提高了，他们就希望将他们提高到超额的程度；他们忘记了曾经给予他们这些礼物的自由之手，他们将自己称为奴隶，而奴隶从来没有给他们任何好处。

　　自由产生了过分的税收；过分税收的结果就是奴隶。[10]

这种简单的逻辑应当归功于孟德斯鸠。一旦在一个自由的社会中授予政府征收过分税收的权力，征税人员必须"拥有特殊的压迫手段，然后，整个国家就毁灭了"。[11]概括来讲，自由社会的人们愚蠢地授予政府征收重税的权力，这一点反过来会导致逃税，而这又需要严厉的惩罚措施。正是这些惩罚措施的后果毁灭了这个国家。

5. 直接税是奴役的标志；间接税是自由的标志

这一观念，正如我们所指出的，来自希腊和早期罗马。孟德斯鸠作出了这样的解释："按人头平摊的人头税'对个人征收的直接税'更加具有奴役的性质；对于商品征收的关税更加具有自由的性质，因为它与个人没有那么直接的联系。"[12]

孟德斯鸠的观点是过分的税收会导致奴役，同时也认为直接税"更加具有奴役的本质"，他的意思并不是指在美国内战之前南部经济中所拥有的家财奴隶。他所讨论的是完全不同种类的一种奴隶制度——税收奴隶制度。它的意思是作为独裁老大哥（Big Brother）的税务机关会使用奴役惩罚、侦探和没收等方式来强制征收针对个人所征收的税款。

6. 逃税不是犯罪行为

这是一个这样的时代：伟大的法律思想家用一种我们今天所缺乏的尊敬和敬畏的态度来审视刑法。政府没有权力将那些并不符合自然法的行为——或者我们今天可能称为"普通犯罪"的行为——判断为"犯罪"。约翰·洛克在其《政府论（下篇）》（*Second Treatise on Civil Government*）中表述了我们所讨论的问题的法律原则：

　　因此，自然法是所有人的永恒规则，立法者与其他人一样。他们为

---

〔10〕　Montesquieu, *Spirit of Laws*, Vol. 1, p. 267.

〔11〕　Ibid., p. 261.

〔12〕　Ibid., p. 266.

所有人的行为制定的规则，无论是他们自己的行为还是其他人的行为，都应当符合自然法。[13]

当《独立宣言》宣布殖民地与大英帝国分离并建立他们自己政府的权利时，他们运用洛克的哲学来论证他们行为的合法性："在世界各国之间依照自然法和上帝的意旨，接受独立和平等的地位。"用一句话来概括，他们的起义是按照自然法，这是"所有人的行为必须"遵守的规则。

洛克的观点，尽管在美国有很强的影响力且成为美国建国的基础，但在实行君主制的欧洲并不流行。在欧洲，神圣的王权占据主导地位。国王拥有创造犯罪的权力，而自然法则受到诅咒。亨利八世制定了 200 个针对微不足道行为的法律，他将这些都确定为重罪，处以绞刑。其中一部法律是反对乞讨的。但是，洛克的哲学反对政府任意制定刑事法规的权力。政府不能这样做，因为法律必须符合自然法。就不服从这一事项而言，洛克的追随者表达了强有力的观点，谴责将逃税刑事化。1751 年，孟德斯鸠为后来的思想家设定了舞台。逃税是过分征税的结果，过分征税诱使人们逃税，因为高税率给逃税者提供了"特别诱人的利益"[14]［汉密尔顿（Hamilton）在《联邦党人文集》（*The Federalist*）中也指出了这一点，第 35 篇文章］。孟德斯鸠说：

> 因此，追索权必须具有奢侈的惩罚，例如那些因财产犯罪而受到的惩罚。那么，所有惩罚的比例都终止了。并不能真的被视为坏人的人，也像恶棍那样得到惩罚，这是世界上最违背适度政府精神的事情。[15]

15 年以后，布莱克斯通写出了他的巨著《英国法释义》，其中一些章节讨论了英国人的自由。他强调，这些自由适用于踏入英国土地的每一个人。布莱克斯通在 1776 年写道，即使是黑人奴隶，也会立即变成自由人。我经常思考，南部的美国人是如何躲避这个伟大的英国法原则的。关于逃税，布莱克斯通补充了洛克和孟德斯鸠的论述：

> 因此，追索权必须具有特别的惩罚功能以防止出现这种结果；或许，即使是财产"重罪"犯罪：它破坏了所有惩罚的比例，并且将谋杀犯与那些没有真正的自然法罪刑，而仅仅是一个确定的违法行为的人放在一

---

〔13〕 John Locke, "Second Treatise on Civil Government", *On Politics and Education* (New York, 1947), ch. XI, para. 135, p. 145.

〔14〕 Montesquieu, *Spirit of Laws*, vol. 1, p. 261.

〔15〕 Ibid.

起了。[16]

"确定的违法行为"是由国家制定的一种行为，不能被称为真正的犯罪。这里所提到的财产惩罚或许是指沃波尔所制定的反对逃税的某些残酷的法律。

我们的讨论并未在这两位法律巨人这里结束。10 年以后，在 1776 年，亚当·斯密的伟大经典著作——《国富论》（*The Wealth of Nations*）出版了。他也将逃税归类为假想的或者不自然的违法行为。将这种违法行为作为一种"犯罪"，是违反自然法的。斯密说，逃税者经常是不可能违反刑法的人，并且， 287

> 在每一个方面，都是非常优秀的市民，如果他所在的国家没有将那些自然法从来不会这样定性的行为确定为犯罪的法律。在这些腐败的政府中，人们普遍怀疑大部分没有必要的开支，大部分公共税收都用错了地方，这些地方的法律很少获得人们的尊重。[17]

艾伯特·杰·诺克（Albert Jay Nock）在其著名的著作《我们的敌人国家》（*Our Enemy the State*）中是一个自然权利的现代追随者：

> 自由的理论建立在自然权利的原则之上，我总是与《独立宣言》（*The Declaration of Independence*）一起认为这一原则是合理的，人类被其创造者赋予了某些不可剥夺的权利，其中一项是自由。但是，世界已经很快地远离了我说的那种旧式的人民，有人告诉我，这一原则是可以讨论的，现在已经过时了；现在几乎没有人相信人类拥有任何自然权利，他们所享有的所有权利都是法律规定或者协议约定的，因此，应当很好地遵守主权者授予他们的限制和约束。[18]

7. 自由最危险的敌人：任意的税收

"但是，所有税收最致命的是任意。它们通常通过它们的管理而转化成对产业的惩罚……因此，看到在任何文明的民族中都有它们的影子，让人感到很惊讶。"[19]

如果你对启蒙运动思想家的以下思想感到吃惊：自由状态中的人倾向于

---

〔16〕 Blackstone, *Commentaries* 1: 307.

〔17〕 Smith, *Wealth of Nations*, p. 563.

〔18〕 Albert Jay Nock, *Our Enemy the State* (New York, 1989), pp. 94 ~ 95.

〔19〕 David Hume, *The Philosophical Works*, vol. 3, eds. Thomas Green and Thomas Grose (London, 1882, reprint 1964), pp. 356 ~ 60.

288

　　亚当·斯密，他的伟大经典著作《国富论》集中研究了税收以及坏的税收制度的 4 个标志。

使他们进入奴役状态的税收，那么，看到以下思想你就会更加感到震惊：任意的税收可以论证以下行为的合法性：逃税、抗税、暴力、谋反、武装起义以及武力推翻政府。不幸的是，这一术语对他们而言似乎是不言自明的，因为他们根本没有给它下定义。对我们而言，任意税收的含义并不是十分清晰。它从来没有成为我们今天集中研究的主题，直到它发生之时，我们都对它的含义不是十分了解，为什么它被视为自由的主要敌人，而不是其他的敌人？看起来比较清楚的是，它并不适用于某种特定的税收或者有缺陷的税收所导致的某种特定类型的缺陷。它是一种看起来会适用于所有没有适当制定或者管理的税种的危险。如果是任意的，这个税种应当缺乏某些原则，但是这些原则是什么呢？从启蒙运动的著作来看，有 3 个基本原则是最重要的，当税收违反了这 3 个基本原则时，它就是任意的。

第一个原则就是税收必须经过同意。对他们而言，在他们同意的前提下——而且只能是他们的同意——向他们征税是整个人类最初和最基本的权利。所有其他权利都是附属于它的。 ₂₈₉

一位纳税人在 1748 年的《马里兰公报》（*Maryland Gazette*）中写道，仅仅在你的同意下向你征税的权利，"是伟大的枢纽，自由就挂在上面，每当它被削弱或者被推倒，自由就会成比例地被削弱或者随之而跌倒"。经过同意的税收，这位作者写道，是

> 英国自由最醒目的标志，不但如此，而且就是它的灵魂和本质，对于人民而言，或者（这是同一件事情）对于人民的代表而言，他们拥有将钱袋控制在自己手中的权力，他们是判断有必要征收多少税收以及如何处置这些税收的唯一法官。[20]

这些人们对于真实的、真正的同意的重要性如此敏感，以至于新英格兰的代表大会会拒绝对那些尚未派代表来参加代表大会的城镇征税；1769 年，当佐治亚州（Georgia）总督拒绝允许 4 个新郊区选派的代表时，立法机关没有对它们征税。[21]

洛克强调了同意原则，我们可以将其归类到 17 世纪以及英国内战。对于居住在国内的英国人而言，同意的事项是由《权利法案》来解决的，正如我

---

〔20〕 John Phillip Reid, *The Constitutional History of the American Revolution*, *The Authority to Tax* (Madison, Wisc., 1986), p. 145.

〔21〕 Ibid.

们在第 23 章所提到的那样。但是它并没有解决居住在北美殖民地的英国人的问题，正如我们很快就会发现的那样。然而，"同意"在 18 世纪经过了相当的提炼，而且最精明和清醒的思想家在英国而不在殖民地。"同意"的观念将税收置于通常法律的制定和立法机关的领域之外。政府可以为了社会的利益而制定各种各样的法律和法规，但是当涉及税收时，税法必须经过纳税人同意；其他的法律不需要。威廉·皮特（William Pitt）爵士，曾努力阻止殖民地的革命，使用这样的语言来解释这个观念："税收并非行政权或者立法权的组成部分。税收仅仅是公众任意的礼物和馈赠。"[22]

很多处于领导地位的英国政治家都支持他的观点，其中一位是财政部长，卡姆登（Camden）爵士，他于 1766 年至 1770 年在职，在撤销《印花税法》（*the Stamp Act*）中起到了很大作用。卡姆登说：

290

> 我的立场在这里——我重复一遍——我会坚持到最后一分钟——税收和代表是不能分开的——这个立场是建立在自然法之上的；它本身就是永恒的自然法，因为属于一个人的东西，绝对是属于他的；没有人拥有不经过其同意就将它拿走的权利，这种同意或者由他自己来表达或者由他的代表来表达；企图这样做的任何人就是企图伤害；实际这样做的人就是一个强盗；他抛弃和损坏了自由与奴役之间的区分。税收与代表是这个宪法同时代的事情，也是这个宪法的核心。[23]

另外一个处于领导地位的英国政治家——谢伯纳（Shelburne），在《印花税法》被撤销以后，担任贸易委员会主席，也是殖民地事务的国家秘书，他说同意征税的原则是英国人民最初和最基本的自由——所有其他自由存在和依赖的最初的自由。"这是我们能依靠的唯一特权"，谢伯纳说，"只有保护好这一特权，我们才能拥有所有的特权和豁免权"。[24]

美国革命提出了这样一个问题："同意征税"到底等于什么？它是一个外观？是形式的问题？英国政府与美国人一样信仰同意，但是它们需要税收收入，"同意"就像自由一样必须产生征税人员。因此，他们创造了一个虚构的"同意"。议会为所有人"同意"——无论是国内的还是国外的，无论是投票的还是没有投票的，无论是男人还是女人，无论是基督徒还是犹太教徒。拥

---

[22] Ibid. , p. 86.

[23] Ibid. , p. 88；Page Smith, *A New Age Begins*, vol. 1（New York, 1976）, p. 242.

[24] Ibid. , p. 112.

有一个真实的代表根本不是必要的。但是最好的法律思想家不同意这样的观点。布莱克斯通在他的《英国法释义》中列举了英国人的很多自由，也讲到了同意征税的原则，其中，纳税人拥有"他自己的代表"，在英国历史上，已经有很多次缺失的"同意"，那时，税收的征收"缺乏真实和自愿的同意"。[25]爱德蒙·伯克（Edmund Burke）论证说，英国人不会是一个好公民，"如果，我们手中有任何有效的预防方法，我们都不会向我们不同意的税收屈服"。[26]

第二个原则是税收必须按照明确的标准或者规则在全体人民间进行分配。缺少分配的规则，税收就其事实而言也是任意的。汉密尔顿在1782年7月4日于纽约菲什基尔（Fishkill）的一次演讲中解释了这个概念：

当任何人拥有对其邻居财产的任意权利时，他们就会滥用它。他们的激情、偏见、偏好、厌恶，在测量他们权利延伸的能力时都会起到主要的引导作用……真正的自由在税收事项上排斥任何武断和任意。它需要每一个人通过明确和一般性的规则知道国家需要他的财产的多少比例。无论我们在理论上夸耀我们有多少自由，只要"任意"核定继续存在，它事实上就不可能存在。[27]

100年以后，这一概念仍然有活力，在19世纪拥有更大的活力。托马斯·库利（Thomas Cooley）是那个时期处于领导地位的宪法学者，他解释了任意税收的含义：

税收与任意征收的区别在于它们是按照某些规则来征收的，这些规则在主体之间分配了税收负担。因此，不考虑任何分配规则而进行的征收不是税收。[28]

如果它不是税收，那么，它是什么呢？库利法官与19世纪的很多人一样，很可能是亚当·斯密的追随者，或者至少是一位尊重现代经济学创始人的学者。斯密曾经说过，如果你放弃分配原则，你就进入了抢劫与勒索的王国。

---

[25] Blackstone, *Commentaries* 1: 135~36.

[26] Reid, *Constitutional History of the American Revolution*, p. 113.

[27] Harold Syrett, ed., *The Papers of Alexander Hamilton*, vol. III (New York, 1962). P. 104.

[28] Thomas M. Cooley, *The Constitutional Principles of the Constitutional Law of the United States of America* (Boston, 1880), pp. 55~56.

第三个原则是公平，这是为了计算每个人将自己的税收负担转移给他人的程度所必需的。大卫·休谟（David Hume）说："每个人当然都希望降低自己的税收负担，并将其放到其他人的身上。"[29]

除了同意以外，公平的准则就是一个正义税收制度的指导原则。国家就像是由很多人的财产组成的不动产，由于国家的主要任务就是保护全民的财产，就像一大块土地财产，其维护费用应当由每位所有者按照比例负担。简而言之，你应当为你的所得付费。一个人拥有的财产是另一个人的5倍，这个人所缴纳的费用也应当是另一个人的5倍。这是一个原则。亚当·斯密用这种方式来解释这一原则：

> 一个大国中的每一个人所负担的政府费用，就像共同租赁一个大房子的很多房客所承担的管理费用一样，每个人都必须按照他们在该房子中所享受利益的比例来承担费用。如果与这一准则相一致，我们就称其为税收公平；否则，我们就称其为税收不公平。[30]

1690年，度过了英国内战的约翰·洛克用这样的语言创设了这一原则：

> 第三，最高主权者不能从任何人的财产中拿走任何部分，在没有经过他同意的情况下。因为保护财产是政府的目标，人们正是为了这一目的而组建了政府……没有巨大的经费支持就不可能形成一个真正的政府，享受到政府保护财产利益的每一个人都应当从其财产中拿出一部分作为保护其剩余财产的对价。但是，这仍然要经过他自己的同意……如果他人可以随意取走我的东西，那么，我还有什么财产可言呢？[31]

到19世纪，分配原则已经成为不证自明的公理，超越了争论的领域："因为每个人都有义务按照其从公共保护中获得利益的比例来承担公共经费。"[32]从这一概念中发展出来的税收已经不是负担，而是为其所获利益支付的价款。

对于这些人而言，税收必须建立在分配的原则之上，如果不符合这一原则，税收就是任意的，而且是在税收掩盖下的没收。

---

[29] Hume, *Philosophical Works*, pp. 356~60.

[30] Smith, *Wealth of Nations*, p. 498.

[31] Locke, "Second Treatise", ch. XI, para. 135~40. pp. 147~48.

[32] Thomas M. Cooley, *Constitutional Limitation* (Boston, 1868, reprint, Birmingham, Ala., 1987), eh. XI4.

为"累进税制"辩护的人认为，我们指导性的原则应当是"纳税能力"，而不是税收中的任何分配或者公平。但是，纳税能力根本不是原则。它只是模仿卡尔·马克思所提出的"按照其能力纳税"的原则。弗里德里希·哈耶克（Friedrich Hayek）在其《自由秩序原理》（*The Constitution of Liberty*）一书中指出了这一思想的谬误：

> 与比例原则不同，累进原则没有给我们提供任何原则以指导我们不同的人应当承担的相对负担是多少……这一论断是建立在一个假定的正义基础之上：累进原则没有设定任何限制，正如经常被其支持者所采纳的政策那样，在一定标准之上的所得被没收了，而在一定标准之下的所得根本就不纳税。[33]

例如，1950 年代的立法者认为，91% 的最高税率是公平的。富人有能力缴纳那些税款。1986 年，一部新的法律认为 28% 是比较合适的符合"纳税能力"原则的最高税率。累进税制已经演变成了采取最有害税收形式的任意税收，而且比最有害税收的危害还要大。

8. 常识经济学：供给学派

供给经济学表面看来最荒谬的理论就是降低税率可以增加财政收入，但是这一理论实际上根本不是什么新理论，正如我们将要看到的，这一理论可以追溯到古代社会。在启蒙运动时期也能找到相应的理论支持。1788 年，一位不知作者的论文简洁地提出了这一观点："我们应当补充一点，如果财政收入是这里唯一的目标，那么，很明显，中等程度的税收可以带来最多的财政收入。"[34]供给学派认为，低税率可以鼓励创造更多的收入、储蓄和投资，因此，可以刺激经济活动，扩大应税所得或者财产的总量。孟德斯鸠用简单的语言表达了这一思想：

> 自然对所有人都是公平的；她会奖励人们所从事的产业；她按照人们劳动成果的一定比例来奖励他们。但是，如果任意的权力剥夺了人们获得自然酬谢的权利，他们就进入了一个令人讨厌的产业，那么，懒惰和懈怠看起来就是他们的幸福所在。[35]

[33]　Friedrich A. Hayek, *The Constitution of Liberty* (Chicago, 1960), p. 313.

[34]　*New and Old Principles of Trade Compared*; or a Treatise on the Principles of Commerce between Nations (London, 1788), p. 20, 转载于 A Selected Collection of Scarce and Valuable Tracts on Commerce, ed. John R. McCulloch (1859) (New York, reprint 1966), p. 582.

[35]　Montesquieu, *Spirit of Laws*, vol. 1, p. 256.

读者应当理解，按照我们的标准，适用于启蒙运动时期税收的"中等程度"这个词是相当低的。当 10% 的所得税在 18 世纪末出现时，它被认为是一种严重的暴行。今天，这样一个税率会被认为是上天的恩赐。

启蒙运动的思想家并非就是供给学派，我们可以将其称为超级供给学派。他们认为适当种类的中等程度的税收事实上会给商业带来好处：

> 税收，按照它们自己的本质，如果能够适当地、明智而审慎地征收，不仅不会损害商业，还会促进商业并给商业带来活力；因此，我们可以将其类比为用灵巧的双手来修剪树木，通过修剪，树木可以保持健康，可以活得更长久。[36]

9. 拙劣税收制度的标志：亚当·斯密的 4 个标准

在亚当·斯密论述税收的第一章中，他列出了关于税收——优良税收和拙劣税收的一些标准。他对于自由的问题不是很感兴趣，他所感兴趣的是聪明的税收，在各个方面都运行良好的税收。这里是斯密的 4 个原则：

第一，需要庞大官僚机构来征管的税收是拙劣税收。

第二，这样的税收是拙劣的，"它阻碍人民产业的发展，它打击人民从事能够创造大量物质财富以及就业岗位的经营项目的积极性。当它强迫人民纳税时，它就有可能因此减少或者破坏人民的创业资金，而其本来可以采取更好的方式来让人民纳税"。

第三，鼓励逃税的税收是拙劣的。"违反通常正义原则的法律就是先导致诱惑，然后再惩罚那些屈服于诱惑的人。"斯密说，逃税也是拙劣的，因为它会导致"终结社会共同体从他们运用资本中所获得的利益"。

第四，这样的税收是拙劣的，它让人民经受"丑恶的征税官的检查，它让人民处于不确定的痛苦、烦恼和压迫之中……税收经常采取这 4 种不同的形式以至于它们变成了令人民讨厌的事物，它们给人民带来的烦恼远大于其给主权者带来的利益"。[37]

10. 优良税收制度应当是这样的：卡梅斯爵士（Lord Kames）的 6 个准则

我们今天历史学、政治学、哲学和伦理学领域的学者几乎不研究税收问题。但是在 18 世纪，学者们将税收作为这些学科以及其他相关学科的基础问

---

〔36〕 Josiah Tucker, *A Brief Essay on …Trade* (London, 1753), pp. 104 ~ 5, 转载于：McCulloch, *Selected Collection*, pp. 412 ~ 13.

〔37〕 Smith, *Wealth of Nations*, pp. 561 ~ 64.

题予以研究。例如，在哲学领域，威廉·帕雷（William Paley）的《道德与政治哲学原理》（*The Principles of Moral and Political Philosophy*）从哲学上探讨了税收问题。[38]亨利霍姆·卡梅斯爵士（Lord Henry Home Kames）是那个领域著名的学者，他出版了《人类历史概览》（*Sketches on the History of Man*，1769年），其中就用了很长的篇幅来讨论和分析税收问题。他的著作对亚当·斯密的影响很大，后者基本上继承了卡梅斯的理论。以下是卡梅斯提出的"税收必须遵守的规则"：

> 第一，如果存在逃税的机会，税收必须是中等程度的。立法者"先引诱人们然后再惩罚他们"，这样做是非正义的。
> 第二，应当避免征收成本很高的税收。
> 第三，"所有人都厌恶"任意税收。任意税收的纳税数额是由"其他人模糊不清和任意推测的想法"来决定的。
> 第四，为了纠正"富人的不公平"，穷人应当被免除任何明显的税收负担。
> 第五，应当避免榨取民族元气的税收。这样的税收"与政府的真正本质是抵触的，政府的本质是保护人民而非压榨人民"。
> 第六，应当避免需要宣誓的税收。

卡梅斯说：

> 伪证已经变成了一种可以原谅的轻微过错，并且很少被归结到一个人的性格上……惋惜事实上已经变成了我们立法者的行为：在税收执行中，鲁莽地增加宣誓不仅不能改进和提高道德，而且会通过各个阶层蔓延腐败，而通过取消宣誓对于良心的权威性，已经使宣誓徒劳无益。[39]

在启蒙运动时期，谴责税收征管中使用宣誓是很常见的，正如我们所指出的，这一现象可以追溯到女王伊丽莎白时期。在卡梅斯之前25年，伟大的诗人亚历山大·蒲柏（Alexander Pope）说，或许政府可以征收"沉重和毁灭性的税收"，但是为税收而宣誓则是一件"耻辱和不诚实的事情"。[40]宣誓是

---

〔38〕 William Paley, *The Principles of Moral and Political Philosophy*, vol. II（London, 1788）, pp. 204～5, 388～96.

〔39〕 Lord Henry Home Kames, *Sketches in the History of Man*（Dublin, 3rd. ed., 1769）, pp. 486～513, at pp. 512～13.

〔40〕 Maynard Mack, *Alexander Pope, A Life*（New Haven, Conn., 1985）, p. 266.

一件神圣的事情。在一个对上帝充满恐惧和敬畏的社会，一个人一旦宣誓，就表明他声明，如果他违背了誓言就放弃了上帝的宽恕并请求上帝惩罚他。使用这种方法来征税是一种堕落的表现，因为它亵渎了上帝。

295　　启蒙运动时期关于税收和政府的思想一直流传到下一个世纪。亨利·戴维·梭罗（Henry David Thoreau）给潘恩的有限政府理论重新注满了活力，管得最少的政府是最好的政府，如果"政府不能一点都不管的话"。如果政府犯错误越出了常规，梭罗提议进行非暴力抵抗。在他的一生中，他将这一思想付诸于实践，曾因为拒绝纳税而被投入监狱。[41] 亚当·斯密及其税收原则继续在各个领域统治着经济学和税收哲学及实践。戴维·李嘉图（David Ricardo）在斯密停下的地方继续走下去，其身后又紧跟着约翰·斯图亚特·穆勒（John Stuart Mill）。[42] 对于税收征管中的宣誓进行谴责是由麦克库洛奇（J. R. McCulloch）提议的，他是 19 世纪中期的顶尖经济学家，他到处宣传，人民道德的堕落就是这种邪恶实践的后果。[43] 即使是最高法院也在 1885 年谴责在税收征管中使用宣誓。[44]

随着 19 世纪的结束，政治哲学也从有限政府理念转向了政府中的温和专制主义。披着羊皮的狼开始出现。曾经支持西方文明高贵理想的语言开始呈现出不同的含义。政府可以在税收的指引下拿走任何人的财产，而这也被称为"社会正义"，或者"税收分担"。共产主义的独裁者将其称为"民主共和国"。即使是"公平"这一词也在税收哲学中退化了，正如我们即将看到的。

在 20 世纪，西方社会被社会主义和福利国家的哲学思想俘获了，在这些思想的诱导下，启蒙运动时期的思想消失了。在其最残酷的形式中，温和专制主义在意大利的法西斯主义、国家社会主义（德国）以及日本的大东亚政策中找到了自己的表达方式。意大利的独裁者墨索里尼（Mussolini）表达了所有温和专制主义的基本观点，既残忍又仁慈："我们是第一个提出这种主张的：文明的形式越复杂，个人自由所受到的约束越多。"[45]

即使我们敷衍启蒙运动的思想，在现实生活中，我们也既没有适度的政府，也没有适度的税收（二者往往是并肩而行的。）如果我们回顾一下本章的

---

〔41〕　Henry David Thoreau, *Walden and Civil Disobedience*, ed. S. Paul (Cambridge, 1960), p. 248.

〔42〕　John Stuart Mill, *Principles of Political Economy*, Book V (London, 1885, 9th ed., reprint New York, 1961), Ch. II, pp. 802~72.

〔43〕　McCulloch, *Selected Collection*, pp. 170, 417.

〔44〕　*Boyd v. United States*, 116 U. S. 616, 631.

〔45〕　Friedrich A. Hayek, *The Road to Serfdom* (Chicago, 1972), p. 43.

很多教条，他们所主张的一切几乎都已经被我们抛弃。亚当·斯密提出的拙劣税收制度的 4 个方面几乎都存在于我们的税收制度之中。如果那还不够拙劣的话，我们甚至捡起了其他智者告诉我们的其他邪恶的东西。简而言之，当我们审视启蒙运动的税收智慧时，很明显，正如古老的海军谚语所说的，"没有人能看到整个世界"，至少，我们的税收政策制定者看不到。

第七部分
早期美国税收的艰难道路

　　没有哪个现代革命像英属北美 13 个殖民地革命那样深深扎根于税收。英国的税收不仅导致了革命，或许更重要的是，它在殖民地中形成了一种统一的力量。曾经分散和吵闹不停的殖民地为了无代表不纳税的目的而聚集在一起，拿起武器对付英国，最终形成了美国。美国独立运动并没有太深的根源；它始于 1766 年，那时，殖民地的领导人集中在一起反对英国的《印花税法》。印花税国会——人们这样称呼它，正是美国的诞生地。

　　导致人们团结起来反对君主税收的动因最初是大部分美国人头脑中的一个令人困惑的概念。殖民地最初认为，国内税，如印花税，都是邪恶的，而外部税收，如进口税，是可以接受的。英国财政大臣查尔斯·汤森德（Charles Townshend）非常适当地将美国人的这种状态称为"完美的愚蠢"。这种愚蠢的推理使君主很难知道应当怎样做。最后，当议会采纳了殖民地所说的他们愿意接受的税收种类时，美国人民起义了。你可以有正当理由地说，美国革命之所以发生，不是因为我们反对未经我们同意的税收，而是因为我们反对税收。

　　在战后，美国人的态度也没有大的改变。1765 年，人们在做什么呢？他们正在给英国的税务官员涂上柏油、粘上羽毛。1794 年，他们在做什么呢？他们正在给美国的税务官员涂上柏油、粘上羽毛。

　　一旦独立战争胜利，人们很少思考创建一个具有征税权的全国政府。每个人都认为国会不能征税——如果征税的话，就会击败他们革命的目的。但是，只过了几年，他们就明显看到，他们的很多共同问题无法得到解决，除非国会拥有征税权。尽管每个人都不喜欢这个思想，但是他们别无选择。根据《邦联条例》（the Articles of Confederation）建立的软弱政府失败了，因为它不能征税；所有其他的因素都是次要的。1789 年，美国尝试组建一个能够征税的新国会。由于没有征税权，美国第一届国会仅仅持续了 7 年；第二届国会，由于拥有征税权，在经过了 200 年以后，仍然非常强大。

英国北美人民比他们在英国的同胞更加具有反抗精神，主要是因为在议会制定税法时他们没有发言权。这幅蚀刻画表现了一位家庭主妇暴打英国征税官的场景。直到最近，征税官都是最危险的职业之一。由于这种巨大的风险，大部分征税官都会从其收到的税款中获得一部分，作为其从事危险职业的激励。

地方富裕种植园主和北方富裕工业资本家之间的地方本位主义又导致这一新的民族从事了长达 7 年的战争。最终，1861 年，随着林肯的当选，南方议员走出了国会并组成了美国邦联，他们制定了新宪法来制约他们新政府的征税权。美国南部 11 州在南北战争开始时脱离联邦部分也是对北方高税收政策的抗议。1861 年，奴隶问题并不是关键。林肯和国会明确保证南部的奴隶会获得尊重，但是南方不可能改变其脱离联邦的计划。南方领导人认为，脱

299

离联邦可以将世界贸易吸引到查尔斯顿（Charleston）、沙凡那港市（Savannah）以及新奥尔良（New Orleans），它们将取代波士顿、纽约和费城（Philadelphia）成为美国处于领导地位的港口——主要是因为它们的税负低。这是隐藏在脱离联邦梦之下的黄金赌注。

　　这幅英国的漫画表现了在一个"必要房间"（屋外厕所）里的两个政客。一个人撕碎了美国大陆国会抗议议会征税的决议（1774 年），另外一个人正在阅读塞缪尔·约翰逊（Samuel Johnson）的《税收拒绝专制》（*Taxation No Tyranny*），该著作认为美国人应当为他们的国防承担部分费用。墙上的一幅画表现了一个浑身涂满柏油、沾满羽毛的征税官。

第29章

∽๑๑

殖民地的税收革命

> 我充满信心地否认向美国征税的政策与权利的每一个观念。我
> 拒绝接受整个制度。它以不公平开始；它以让人愤恨的方式执行；
> 它最终只能以鲜血终止。
>
> ——格兰比侯爵（Marquis of Grandby），
> 在众议院的演讲，1775 年 4 月 5 日

我们可以毫不困难地论证，美国的建国之父们所反对的税收既不是不公平的，也不是压迫性的。美国人是地球上最幸运的人之一；他们拥有英国的保护，而他们的土地也是富裕和可以选择的。商业发展非常好，每个人都有工作。他们不受欧洲社会等级制度的束缚，他们的子女也不用被征召入伍到遥远的地方参加战斗。如果革命是压迫的结果，那么，美国革命永远也不应该发生。

英国人试图征收的税收也是适度的；所征税款全部用于保护殖民地人民的利益。这些税款从来不运回其母国。为什么所有的骚乱都高喊"暴政"的口号？难道母国拥有一批惯坏的顽童，他们不知道自己生活得多么幸福？他们为什么不应该为保护他们土地安全的军事力量承担一些费用呢？美国人是当时近期军事胜利的受益者，这一军事胜利取消了法国帝国主义的威胁并开辟了西部的土地。难道美国人没有道德上的义务来负担为了保护这些利益而发生的一些费用吗？

美国革命的根源可以从 17 世纪第一批来到新世界的定居者的态度中找到。他们中的大部分曾经卷入英国内战，他们所带来的是科克爵士（Lord Coke）的理想和《权利请愿书》（*The Petition of Rights*）。他们从英国议会取得

302 的殖民地宪章保证他们享有"英国人所享有的所有权利、特权以及豁免"。这就意味着他们享有陪审团审判的权利；他们应当遵守普通法；他们不能被任意监禁；在未经他们同意的情况下不能向他们征税。从理论上讲，君主在处理涉及他们的事项时所受到的约束与君主在处理国内事项时所受到的约束相同。一位英国公务员的一封信可以很好地表达他们的这种态度，这位公务员说，如果你让殖民地的人们为在美洲战斗的英国军队提供资金支持，他们的回答就是"关于他们所享有权利的长篇演讲"。[1]这种演讲经常是没有多少逻辑性的。

　　生活在殖民地的英国人在议会中并没有代表自己权利的代表。在这种情况下，他们不可能"同意"法律和征税。他作为英国人的权利是虚幻的，特别是当他发现他处于母国派到殖民地的傲慢官僚的控制之下时。

　　这种不幸的状态并不是任何人的缺陷。保证其权利的政治形式和实践尚未发明。地方法院在一定程度上能起到作用；可以提供陪审团也可以按照普通法来审理——但是大部分还是丢失了，特别是他们可以为税收而辩论或者同意征税的途径。地方民众大会可以被君主推翻。美国革命的真正原因很可能是缺少保护殖民地人民权利的政治机器。英国议会并不是为居住在遥远地方的英国人设计的。正如后来发生的事件所证明的，美国革命是迅速解决这一问题的方法。在随后的若干年中，其他的殖民地，如加拿大、澳大利亚，甚至20世纪的联邦国家，都找到了更加温和的解决方法。18世纪北美的基本问题是英国的殖民地实践与"英国人的权利"不和谐，美国革命是这种不协调的表现。

　　18世纪英国的殖民主义是建立在重商主义的基础之上的，重商主义是将殖民地与其母国联系在一起的一种经济实践。殖民地运送原材料到英国，他们将这些原材料或者用于消费，或者用于制造业和商业。最重要的，殖民地必须从母国购买他们的进口商品。重商主义者给英国的商人进行殖民地贸易的垄断权。走私对他们的打击程度远大于其对国家税收的打击程度，因为贸易法规和高额的关税都是为了阻止外国的竞争而设计的，而不是为了征税。一部商法——《1733年糖浆法》（*the Molasses Act of 1733*）对来自法国所属西印度的糖浆征收高额税收。这部法律从来没有得到真正实施过，因为廉价的法国糖浆很容易走私到殖民地。英国的糖浆商人抱怨得很厉害。他们说："美303 洲人通过欺骗国家的税收而取得了自己的权利，他们为自己做了伪证，从他

---

〔1〕　P. Smith, *A New Age* 1, p. 121.

父亲的例子以及自然权利中可以看出。"并且，他们还将继续"抱怨和走私，走私和抱怨，直到所有的限制都取消了，直到他们可以随心所欲地在任何时候、任何地点自由买卖。简而言之，仍然是抱怨，是奴役的标志"。事实上，英国商人没有权利去起诉那些走私的美国商人——他们在英国海岸走私得比在北美海岸更加猖獗。

在克伦威尔时期，财务法院通过给予援助令状授权海关官员负责搜查在英国的走私货物。为了获得这种独特的令状，海关官员必须在法官面前宣誓走私的财物就在某个特定的地方：如果能够出示适当的证据，法官就会签发令状，海关官员就可以在当地治安官员的协助下进行搜查。

这种令状在 1755 年来到了殖民地，由于其采取的是一种新颖的形式，因此，一开始并未引起人们的注意。但是 1761 年，在波士顿，詹姆斯·奥蒂斯（James Otis）在一场阻止这种令状延期（国王死去了，法院需要新的授权）的诉讼中，以首席检察官的身份代表波士顿的商人出席。奥蒂斯为他的服务分文未取，他说："在这样一个诉讼中，我鄙视所有的代理费。"一位名叫约翰·亚当斯的年轻律师（后来当上了总统）坐在法庭里，记下了诉讼的程序。奥蒂斯辩论了 5 个小时，并且认为，这种令状

> 是任意权力的最坏工具，是对可以在英国法律文本中找到的英国人的自由和基本权利的最大破坏……当专断暴虐的法庭权力终止以后，这种令状已经无法在我们的法律文本中找到，它只存在于任意权力达到鼎盛的时期，也就是查尔斯一世统治时期。[2]

奥蒂斯并不反对使用这种令状去搜查特定的地方，只要法官在海关官员宣誓的情况下作出了授权；他所反对的是这种令状所授予任何官员在没有法院命令的情况下进行搜查的权力。即使是议会也无权授予这种可怕的东西。奥蒂斯说："违反宪法的法律是无效的。"[3]法院的法官没有支持奥蒂斯，他们向波士顿的海关官员发布了这种令状。虽然奥蒂斯败诉了，但是它吸引了人们的关注，随后，法官和律师联合起来阻止海关官员再次获得这种令状。与大众的通常想法相反，殖民地人民从来没有受到给予援助令状的压迫。它仅仅存在于文本中，但是它激怒了美国人，但是由于一个勇敢法庭的勇气和　304

〔2〕　Charles Francis Adams, *The Works of John Adams*, vol. 2 (Boston, 1850), p. 525.

〔3〕　Richard Harris, "Annals of Law〔Fourth Amendment Ⅱ〕", *The New Yorker*, November 10, 1975. 参见 P. Smith, *A New Age*, vol. 1, pp. 179~88.

足智多谋，大部分令状都搜集在一起等待殖民地法官办公室签署。

给予援助令状在美国历史上是重要的，因为正是由于它的威胁，美国建国之父们才在《权利法案》中增加了第四修正案。尽管这一伟大的修正案现在并非用于限制征税官员，最初在采纳它时的确是为了限制征税官员。这一修正案禁止"不合理的搜查和查封"，这就意味着，最重要的是，征税官员不可能在没有法院命令的情况下就基于可能有的证据和宣誓到处窥探。

在美国革命之前，英国政府考虑对殖民地征税已经有 50 多年的历史。弗吉尼亚退休的总督告诉罗伯特·沃波尔先生，对殖民地征税是可行的。几年以后，1732 年，当消费税危机发展到葡萄酒和烟草之上时，一位大臣建议将新的消费税扩展到殖民地。"不，"沃波尔说，"我已经让老英格兰反对我了，你们认为我还会让新英格兰做同样的事情吗？"

到世纪中叶，沃波尔的和平时期结束了。英国与法国开战。战争对于税收的需要急剧增长。到 1764 年，英国军队已经将法国军队赶出了北美，让北美人民承担一些给他们带来利益的军费开支并不是不公平的。如果他们负担了一些，英国的土地税可以降低到和平时期的水平，一些消费税也可以取消。而且，在英国也开始流传北美的商人从免费使用英国的士兵、战争合同以及走私中谋取了暴利。对于很多英国人而言，北美就是一块充满牛奶和蜂蜜、饰带和亚麻布、白银和蚕丝的土地，而且他们的费用还要由英国纳税人来承担。

议会在 1764 年的《白糖法》（Sugar Act）中作出了回应，这是君主在殖民地第一个也是唯一成功的税法。位于新英格兰的北美商人强烈反对，但是殖民地的其他人对此漠不关心。在新英格兰，走私是公开的，而且大部分殖民地人民认为他们所得到的都是他们应当得到的。若干年以后，在美国革命之后，马萨诸塞州的总统约翰·亚当斯则以批评《白糖法》施加了"巨大的税收，沉重的税收，压迫性、毁灭性和难以忍受的税收"而闻名。[4]但是在那时，在新英格兰以外，没有人会有这种感觉。《白糖法》对很多非英国商品征税。税率是相当温和的。

对《白糖法》的抗议实际上是指向那些旨在控制逃税的征管措施。这部法律采取了典型的猛烈打击的税收政策，它将每个商人都视为骗子。杂乱的法规将所有的进口商，即使是很小的海岸附近的小船也纠缠在一起，任何违反法规的行为都会被查封船舶包括全部的货物。即使是船员的个人衣柜也会

305

---

〔4〕 Ibid.

被扣押，如果它们不在海关纳税申报表中列明。《白糖法》陷害的无辜人超过了真正有罪的人。

这部法律除了有罪推定以外，税务诉讼的程序也由地方法院和陪审团转移到了新斯科舍省（Nova Scotia）的哈里法克斯（Halifax），在那里接受支持政府的海事法院的审判。在新英格兰的审判中，宣告无罪是很常见的，因为根据普通法，与我们今天不同，如果陪审团的成员认为法律或者惩罚是非正义的，陪审团就会宣告无罪。[5]宣告无罪就为向君主的征税官和告密者进行损害赔偿的民事诉讼铺平了道路。在《白糖法》中，这种民事诉讼是被禁止的。告密者可以获得被没收财产的 1/3 作为奖励。

《白糖法》所带来的财政收入并没有给国内的英国纳税人减轻多少负担。1765 年，英国爆发了严重的骚乱。在消费税征税官被围攻以后，苹果酒消费税被取消了。为了寻找新的财政收入来源，富人以及未纳税的殖民地引起了英国政府的注意。首相向议会提出了这样的问题：是否有人对君主向殖民地征税的权力提出疑问？没有反对意见。他然后提出了这样的问题，殖民地是否会拒绝“贡献出他们微不足道的一部分以减轻我们所承担的沉重的税收负担”？（大约有 10 000 名英国士兵驻扎在美国用于保卫当地人的安全）他然后建议殖民地可以使用他们喜欢的任何形式的税收——但是就目前而言，政府会引入印花税。

对殖民地而言，印花税并非仅仅是微不足道的一部分。殖民地的立法者举行了紧急会议。乡镇集会、演讲和宣传册都在谴责这个税。暴民的暴乱产生了；财产被损坏了。总督给英国写信建议政府不能约束暴乱。即使是最激烈反对这个税的人也花时间让那些暴民冷静下来并努力恢复秩序。最重要的是，印花税使殖民地统一起来——在 1765 年之前这是不可能实现的事情。马萨诸塞州呼吁建立各个殖民地的国会，代表从几乎所有的殖民地政府中选派产生。

在这个时候，印花税在整个欧洲都很普遍。到 1750 年，它们在殖民地由殖民地政府开始征收。1765 年，英国法律遵循已经确立的实践，对于报纸、法律文件、商业许可、执照以及一些其他项目开征印花税。来自这些税收的资金将专门用于支付驻扎在北美的军队的费用。为了使税收更容易忍受，当地的公民将被授予销售和发行印花税票的专有权利。母国不会选派傲慢的官

---

〔5〕　Thomas Andrew Green, *Verdict According to Conscience* (Chicago, 1985), p. xviii.

僚，就像以前在关税上所发生的现象。甚至富兰克林（Ben Franklin）也申请印花税票销售员的工作。

306

英国士兵为运输印花税票而粗鲁地清理道路。

　　印花税国会请求英国议会取消印花税，他们的依据是印花税是国内税，因此，需要经过殖民地同意。议会不可能为他们讲话，因为它与殖民地之间缺乏自然的契约。当印花税国会休会以后，他们派了几位著名的市民到伦敦游说英国议会取消印花税。

　　本杰明·富兰克林就是那些被派去游说议会取消印花税的代表之一。他是新泽西州（New Jersey）、佐治亚州（Georgia）的代表，但最重要的，是马萨诸塞州——造反者的温床——的代表。他被邀请到平民院发表演讲。

　　这里是平民院议员向他提出的问题以及他的回答：

　　问："在 1763 年之前，美洲人对大英帝国的态度是怎样的？"
　　答："世界上最好的。他们自愿服从君主的政府，遵守议会的法律……"
　　问："那么，现在他们的态度是怎样的？"

答:"哦,已经改变了很多。"

问:"你是否听说过最近才提出的议会对美洲人制定法律的权力?"

答:"议会对于所有的法律都有令人信服的权力,但是征收国内税的 307 权力除外。使用关税来规制贸易的权力从来没有引起争论。"[6]

在这个发表证言的时刻(1766 年 1 月),富兰克林讲话的态度是很温和的。当他提到国内税时,他所指的就是印花税。当然,他也清楚地表明了关税(涉外税)是不能反对的。

印花税被取消了,殖民地一片欢腾。位于英格兰的英国商人与殖民地一样反对印花税。取消印花税对所有人都意味着胜利,国库和内阁除外。

取消印花税法的同时增加了一个附录,这个附录随后几年激怒了殖民地。事实上,这个附录说,议会有权征税,只要它愿意。议会想让人们清楚,他们并未以任何方式放弃对殖民地的权力,特别是征税权。当时,富兰克林说,这一条款不会产生任何负面影响,只要议会不实际去行使这个权力。若干年后,在革命的前夕,富兰克林则不这样认为了,他以痛苦的被嘲笑者的口吻说:

> 但是请记住,你们任意征税的权力比你们的附录条款更加令人痛苦,你们公开宣布可以在不经过他们同意的情况下征税的权力是不受限制的;因此,当你们在未经他们同意的情况下就从他们手中拿走 1 英镑中的 1 先令时,你们就对另外 19 先令拥有了明确的权力。[7]

当关于印花税法的狂热消退以后,议会遵循富兰克林的建议对北美从英国进口的商品开征了一些新的关税。如果美国人愚蠢地认为涉外税和国内税是不同的,君主会乐意给美国人他们所需要的税收种类,无论他们的想法是多么荒谬和可笑。这些新的关税,英国内阁的一位成员说,是"完全符合富兰克林博士自己的观点的,在他恳请取消印花税法的时候"。

这些新的关税被称为汤森(Townshend)关税,在平民院中遇到了一些反对意见(投票结果是 180 对 98)。当时的一位著名思想家埃德蒙·伯克(Edmund Burke)说,汤森关税与印花税法没有什么区别,并且预测美国人会看

---

〔6〕 L. W. Labaree, ed., *The Papers of Benjamin Franklin*, vol. 13 (New Haven, Conn., 1969), pp. 129~58.

〔7〕 Benjamin Franklin, "Rules by which a Great Nation May be Reduced to a Small One", *American Issues*, vol. 1, Willard Thorp et al., eds. (Chicago, 1944), p. 79.

到他们自己思想的愚蠢。无论这些税收是国内税还是涉外税，君主都不会从美国人那里得到1个先令。伯克比美国人自己更了解美国人，当然也比富兰克林更加了解他自己的人民。

308 　　根据《汤森法》，对于来自英国的少数商品——纸张、染料、玻璃和茶叶——征收关税。其中有一个驻扎条款，要求殖民地支持在北美的英国军队，这一条款可以间接实现《印花税法》没有实现的目标。

　　反对这一法案的起义首先来自殖民地的商人，他们联合抵制英国的商品。随着英国商业的急剧下滑，很多船舶公司破产了，大量的失业产生了。君主除了取消这一关税别无选择，但是对茶叶仍然征收少量税收，每磅茶叶的税额从12便士降低为3便士。

　　《军队驻扎法》（*The Quartering Act*）是一个伪装的税法，除纽约以外，其他地方都可以忍受这一法案，因为有大量的英国军队驻扎在纽约。这一法案是很不公平的，它给纽约人施加了过分的税收负担。纽约人拒绝为军队提供任何供给。愤怒的英国议会中止了纽约的立法机关并取消了其未来的法律。一种强硬的情绪滋生起来。当时一位处于领导地位的学者——塞缪尔·约翰逊（Samuel Johnson）博士说："他们是一个罪孽深重的民族，应当感谢我们给予他们的一切，应当感谢我们没有给他们绞刑。"[8]

　　《汤森法》最坏的方面是建立了一个关税委员会。给予援助令状被授予了这个委员会，位于波士顿的3位傲慢的委员会领导对于最终的革命起到了不小的作用。一位著名的美国历史学家说：

> 如果没有不幸地任命罗宾逊（Robinson）、帕克斯顿（Paxton）和希尔顿（Hulton）3个人，或许就没有革命了。从1768年到1772年，在委员会的委员和殖民地之间几乎都存在公开的冲突状态。[9]

　　加拿大可以保持在冲突之外或许是因为其最高总督拒绝容忍在这一领域海关官员的任何腐败和违法乱纪行为。随着事件的发展所最终表明的那样，革命很可能更主要是压迫性的税收征管的结果，而不是税收本身的问题，尽管所有人都在讨论税收和同意。

　　我们所掌握的关于英国税务官员专制的最好的记录是本杰明·富兰克林在1773年所写的一篇短文，这篇短文与他1766年在英国议会的发言没有任

---

〔8〕　Brinton et al.，*History of Civilization*，vol. 2. p. 649.

〔9〕　P. Smith，*A New Age*，vol. I（New York，1976），pt. II，ch. 1；pt. III，ch. 1.

何相似性。他后面的一篇论文被称为"一个伟大帝国的统治可以削减为一个小国"。他没有明确指出大英帝国的名字，但是他列举了殖民地对英国的20条不满意见。这一文献或许是母国对她的殖民地所犯下罪过的最好总结。它所讨论的是人类的问题，而不是法律问题，富兰克林在写它的时候仍然在英国享有很高的社会地位和声誉。关于英国的税务官员，他说： 309

第十一，为了使你们的税收更令人厌恶、更容易产生抵制，你们从首都派遣了一个委员会来监督税收的执行，委员会的成员是你们所能找到的最轻率、最粗野和最无知的人……如果任何税务官员连人民最谨慎的行为都要怀疑，你们就应该抛弃他们。如果其他人公正地起诉和抱怨，你们就应该保护和回馈他们。如果任何不称职的官员做出了上面所述的事情并引起人民暴打他们，你们就应该更换更好的官员。

关于海军，富兰克林说：

第五，将你们海军勇敢和诚实的官员转化成卑微的船上卸货监督员和海关的殖民地官员……让他们与庞大和真实的走私者一起腐败；（为了表现他们的勤勉）用武装的船舶搜索你们殖民地海岸的每一个海湾、港口、河流、小河、小湾和角落；让每一个沿岸贸易船、每一个木头船、每一位渔民停下来接受检查，打翻他们的货物，甚至将其压舱物品都查个底朝天；如果发现价值一便士的大头针没有向海关申报，就会将整船货物查封和没收。[10]

富兰克林对英国海军的抱怨是真实的。英国海军人员从销售他们没收的船舶所获得的收益和货物中获得了丰厚的回报。在美国海岸的英国战船事实上获得了缉私许可。不适当的进口文件就足以构成查封的理由；走私并不是必要的。

汤森关税帮助殖民地厘清他们关于税收和同意的思想。美国人不愿意将征税大门再次打开。涉外税和国内税的区分被放弃了。任何税收都需要同意。美国人的思想开始转向给予英国议会有限主权的政治结构。不幸的是，战争爆发了，这一新颖的政治理想并没有生根发芽。结果，英国议会要求对殖民地享有绝对的权力。值得怀疑的是，他们是否曾经放弃过他们至高无上的主权。进入现代，英国议会对于加拿大人民享有至高无上的宪法权力，尽管它已经很多年不敢干预他们自己的愿望了。直到1981年，加拿大政治家们才同

---

〔10〕 Franklin，"Rules"，pp. 80～81.

意加拿大宪法中的遣返条款，这一条款是由英国议会制定的，是《1867 年英国北美法》（British North America Act in 1867）的组成部分。

很多英国领导人赞同殖民地的观点。前任首相老皮特（Pitt the Elder）就反对向殖民地征税。但是，最好的思想来自埃德蒙·伯克，当战争的阴云开始出现时，他不赞同对殖民地采取军事行动，他说："人民应当按照符合他们性情和性格的方式来治理。"[11]

美国人最终认识到，没有经过他们同意的任何税收都是违背他们的性格的。或许，如果他们在 1766 年反对《印花税法》时就采取这种态度，有可能找到一种双方可以接受的解决方式，这样就不需要战争了。不幸的是，这一问题的解决采取了 16 世纪荷兰的模式——向母国发动战争，当母国坚持按照他们不喜欢的方式向他们征税时。

波士顿茶叶事件。在这幅蚀刻画中，茶叶箱被从甲板上举起，打开之后，里面的茶叶全部被倒入大海。富兰克林认为这些茶叶的所有人应当就这种对私人财产肆无忌惮的破坏行为得到赔偿。

波士顿茶叶事件是殖民地反对英国统治的导火索。到 1773 年，税收问题已经变得模糊不清。双方都在准备战争。

最近美国邮票将波士顿茶叶事件作为反抗英国殖民主义的光荣行为描绘

[11] 参见 *Burke Selected Works*, ed. E. J. Payne（Oxford, 1881）, pp. 95 et seq.

在邮票上。但部分人认为它是对英国向茶叶征税的抗议，但是这并不是事实。美国茶叶商已经联合抵制英国茶叶长达 5 年。整个殖民地到处都在使用走私的荷兰茶叶。为了应对这一情况，英国政府决定免除东印度公司到达英国的关税，这样它就可以在美国以低于走私的荷兰茶叶的价格销售茶叶。而且，对于这种廉价茶叶的垄断权已经授予了位于殖民地的王室英国商人。美国茶叶的走私者会面临失业。君主的计划是建立在美国消费者不会抵制低价的英国茶叶反而去购买价格更高的走私荷兰茶叶的基础之上的。 311

这一举动对美国商人的暗示是令人害怕的。如果可以授予茶叶的垄断权，他们也可以授予其他商品的垄断权。这种经济制裁会摧毁美国的商人。为了保护自己的利益，波士顿的商人假扮成印第安人，登上了装满茶叶的商船，将茶叶倾倒进港口。在私有财产受到高度尊重的时代，这是对私有财产肆无忌惮破坏的行为。任何政府的首要义务就是保护其国民的生命和财产。

波士顿茶叶事件是一个严肃的事件，它提出了复杂的法律问题和道德问题。它绝不是美国历史学家所制造的轰动一时的案例。殖民地并不接受这种对私有财产进行肆无忌惮破坏的行为。马萨诸塞州以产生暴躁之人和好战者而闻名于世。富兰克林震惊了，他提议应当立即给茶叶的所有者全额赔偿。大部分美国人都是这样认为的，但是不幸的是，大部分美国人感受到了英国靴子的后跟。君主通过了一些"不能容忍的法律"并引发了革命战争。按照字面含义来理解，英国的战船和军队侵入了殖民地。压迫性的税务官员，无论有多么坏，与战船和英国军队相比，都是相当温和的。榴弹炮、滑膛枪和刺刀取代了给予援助令状、查封和税收的征管。

6 年之后，美国赢得了战争的胜利，因为英国发现支持军队在 3000 英里外的敌人国土上进行战争的负担过于沉重。美国军队缺衣少食而且几乎没有工资。这些衣衫褴褛的人回到国内，使农场和政府破产了。英国的税收负担与他们现在所面临的财政义务相比是极少的。战争必须付费，所需要的税收即使经过代表同意，也将是巨额的。

拥护英国者遭受的损失最大。他们的财产被没收了，被涂上柏油和沾满羽毛是司空见惯的。大量的难民往北逃到加拿大。本杰明·富兰克林亲自访问加拿大并说服拥护英国者加入美国，但是战争的伤疤是很深的，它们不会愈合。富兰克林是在欧洲度过战争时期的。如果他留在国内，并目睹拥护者所遭受的苦难，他就会知道这些人最不希望的事情就是再与美国人发生任何联系。双方都遭受了苦难，但不是残暴。拥护者虽然遭受了这些苦难，但仍 312

313

　　一个拥护英国的报纸描绘了残忍的自由之子在茶叶被倾倒入港口期间给一位英国税务官员涂上柏油、沾满羽毛的情景。20 年后，自由之子再次出现，并为美国的税务官员涂上柏油、沾满羽毛。正如它所证明的，他们并不是仅仅反对未经同意的税收——他们反对的是周期性出现的税收。

然是幸运的。换了其他时代和地点，他们本来是会被屠杀的。

美国人通过大陆国会继续进行战争，在战争结束时，它已经变成了无足轻重的机构，特别是在新闻媒体眼中。它甚至不能向战斗的老兵支付欠发的工资，也无法支付战争债务的利息，然而它继续存在，并采纳了一些耗费巨大的项目来重建这个国家。很自然，由于没有钱，什么目标也没有实现，但是钱需要征税，而这是大陆国会所不具备的权力。

英国人从战争中学到了很多。1778 年，在革命战争开始后的 2 年，英国议会制定了一部法律，国王乔治三世批准了这部法律，它宣布："大英帝国的国王和议会永远不会为了筹集财政收入而在任何殖民地、省和新开垦地征收任何税收、关税或者其他规费。"不幸的是，这部明智的立法来得太晚了。在接下来的 150 年里，英国议会不断宣称其对它的殖民地拥有绝对主权，但是在征税的问题上，地方的议会，无论采取哪种方式，都要表达它们的同意。[12] 即使在加拿大，在殖民政府软弱并由英国的总督和公务员治理的时期，税收都要提交当地议会。美国人不仅为他们自己，而且为整个大英帝国赢得了这场战争的胜利，直到大英帝国在二战后自动终止。

---

[12]　Reid, *Constitutional History of the American Revolution*, pp. 282~83.

· 321 ·

315

第30章

为了"一个更完美的国家"而进行的税收斗争

1776 年 6 月，在签署《独立宣言》前一个月，大陆国会任命了一个委员会去起草殖民地的《邦联条例》。第一稿允许联邦政府做几乎任何事情，除了征收"任何税收或者关税"。这种广泛授予政治权力却不授予征税权的做法是可以理解的，因为这次革命就是反对一个外部的超越国家之上的政治力量来征税的。所有的税收都必须在国家的层面征收。这种思想遵循了荷兰联合省的实践，荷兰产生了第一个现代的共和国，其三级会议（国会）不能征税。

《邦联条例》的最后一稿于 1781 年获得了各州的批准。全国政府，被称为"集合国会中的合众国"，是有限的。它的很多权力都需要 3/4 的多数票，特别是涉及财政和战争的事项。正如我们所预料的，国会不能征税——所有人都赞同这一点——但是当缺钱的时候，各州根据私人拥有不动产的价值进行了征收。基于人口或者个人财产的征收被否决了，因为在奴隶问题上遇到了困难。对于南方人而言，奴隶是"财产"；而对于北方人而言，奴隶是"人口"。基于不动产的税收则避免了这一难题。

邦联给美国人贡献了一些东西：首先，它的名字是美利坚合众国；其次，它的货币是西班牙元；但是最重要的是，它在联邦层面的自我管理的经验。

财政的征收制度是从荷兰共和国复制过来的，还有一些联邦各州的关系也是从荷兰共和国复制过来的，但是在荷兰运行良好的东西不一定能在北美运行良好。新成立的大部分州都处于财政紧张状态，并不拥有国会要求他们提供的资金。由于没有钱，国会成了这个新国家可笑的摆设。

在 2 年的时间内，国会为税收问题不断争吵。每一个已知的征税方法都讨论了：人头税、消费税、壁炉税、食盐专营以及进口税。进口税是英国人民长期以来最受欢迎的税收工具，无论在殖民地还是在国内都是如此，尽管每个人都不喜欢这一思想，诉诸进口税似乎是联邦政府必须采取的方法。但是存在反对的声音，特别是由山姆·亚当斯（Sam Adams）所代表的马萨诸塞州的脾气暴躁的人，在独立战争中，他领导反对英国关税的暴动。他说，如果国会拥有对进口征税的权力，每一个海港，从缅因州（Maine）到佐治亚州，都会充满一队队的征税官员、船舶卸货的监督员以及地下室的告密者。从人民的血汗中筹集资金会发生什么事情呢？国会会使用最高的警觉来保护它吗？他们会用节俭的双手来发放这些赈济物吗？不会。他说，他们会用无节制的慷慨来挥霍它。由于有这些领导美国的爱国者的慷慨激昂的呼吁，我们对邦联不同意征税并不感到奇怪。对于《邦联条例》的修正案需要经过一致同意，马萨诸塞州肯定会投反对票。在接下来的4年中，国会什么事情也没做。国会的主要财政官员罗伯特·莫里斯（Robert Morris）用这样的语言总结了当时的状况："国会拥有要求一切事情的特权，"但是各州被授予了"什么都不给的特权"。各州会给多少资金以及它们什么时候给只有"无所不知的上帝才知道"。[1]

最终，国会号召在费城召开大会，修改《邦联条例》。最初，只有少数州任命了代表，看起来这次会议会由于出席不足而流产。但是对于这个斗争的民族而言，幸运的事情是，马萨诸塞州——反对国家征税权的温床爆发了起义。这场被称为谢司起义（Shays' Rebellion）的起义最多就是一个骚乱，但是它让马萨诸塞州的人民害怕了，同时也向这个国家的其他人表明了需要一个强大的全国政府。

谢司起义是在这个新国家成立后的最初15年中困扰这个国家的3次税收起义中的第一次。造反者是穷人，他们背负着沉重的战争税收和债务。他们要求一个州进行宪法修正（类似于1978年加利福尼亚的第13条建议）以约束马萨诸塞州的开支权和征税权。年迈的战争老兵形成了几个军团，他们在讨论起义。当其中一个军团试图攻占一个军械库时，两个榴弹炮走火，起义者被驱散，起义结束了。报纸夸大了这个故事，这一行为促使各州组建一个强大的全国政府。一份报纸说，意大利的热那亚（Genoa）城就可以打败美国的军事力量。在匆忙中，各州代表来到了费城。与1765年的《印花税法》类似，谢司起义让争吵的各州再次团结在一起，这次是为了"组建一个更完美

317

〔1〕 参见 Ellis Paxson Oberholtzer, *Robert Morris*, *Patriot and Financier* (London, 1903).

的国家"。

1787 年，费城的代表们迅速放弃了修改《邦联条例》的思想。邦联制度下的生活已经让人无法忍受。没有钱，政府什么也做不了，只能空谈。到 1787 年，已经没有人为延续邦联的税收贫血状态而争吵，每个人都同意联邦政府必须能够征税，但是应当对这个权力施加什么限制呢？国会绝对不能变成英国议会；对其征税权必须有明确限制和控制。每个人也同意这一点。

宪法对征税权的限制并不是什么新鲜事情。征税必须通过税收代表的同意在整个欧洲都很常见；但是除此以外，很多欧洲人民也在享受着某种税收的保护。很多中世纪的宪章规定，租佃税和人头税是不能征收的。宪法的组织者决定界定和控制国会的征税权。除了纳税人通过他们代表的"同意"以外，控制是必需的。国民的一个阶级很容易获得对征税机器的控制权，并且通过某些压迫少数人群的税收。无论开征什么税收，它们都必须平等地对待多数人和少数人。换句话说，如果农场主控制了征税权，他们必须不能给城市的人们施加他们自己实际上不承担的税负。需要一个确保公平的标准是非常明显的，以至于不用过多讨论。制宪会议上的人们对于内含在缺乏防止非正义的宪法标准的民主征税权中的邪恶并非视而不见。

1787 年，没有哪个公民可以选举出谁不是纳税人；结果，代表们决定成立一个纳税人代表组成的立法团，所有的税收就从这里诞生。所有投票人都必须是纳税人的要求并未出现在新宪法中；这是一个惯例的问题，不仅在殖民地时期如此，而且在整个欧洲也是如此。立法者的主要经济功能就是为政府行政机关的开支征税和筹集资金。由此就可以推论出，如果一个人不是纳税人，他就无权对政府如何花钱发出声音。反过来，如果纳税人不是投票人，"同意"的过程就被削弱了。因此，投票人必须是纳税人。

318　　授予新国会的第一项权力正是"征收税收"，但该税收必须"在整个美国是一致的"。其中最重要的词是"一致的"（uniform）。它是从会议中的语言"对所有人是共同的"（common to all）——这一用语是 1787 年 7 月 23 日提出的——演化而来的。后来，在 1787 年 9 月 12 日批准最后一稿时，使用的语言是"一致的和均等的"（uniform and equal）。这一草案提交给委员会进行文字修订时，出于某种原因，完全丢弃了这一短语。麦迪逊（Madison）用铅笔写下了现在我们所看到的短语，但是遗漏了"均等的"。[2] 这些遗漏都是故意而

―――――――――――――――

〔2〕 Max Farrand, *The Records of the Federal Convention of 1767*, vol. 2（New Haven, Conn.,
1966）, pp. 143, 181, 418, 594 note 13, 614; vol. 3, pp. 205, 365.

为的吗？它很重要吗？或许不是。在美国共和国的早期，宪法中出现"一致的和均等的"这样的说法被认为是多余和冗长的。19世纪的宪法权威学者托马斯·库利（Thomas Cooley）在他于1868年写的一篇论文《宪法的限制》（Constitutional Limitation）中解释了这一原则：

> 各州的宪法已经非常明确了，但是在规定均等性和一致性方面，它们做得很少，仅仅用简洁的语言规定了宪法的原则，而这一原则是内含在征税权之中的。[3]

由于"一致的"是整个美国所有税收的标准，为了理解它们的含义，这一时期的著作阐述了事实上并不需要阐述的内容。"一致的"这个词是基本的英语单词，它有着公认的含义。当宪法提交各州批准时，最坚定的支持者——他们被称为联邦党人——都认为征税权是有限的和受到约束的。当时，没有人希望国会可以任意征税。最坚定的联邦党人之一诺亚·韦伯斯特（Noah Webster）于1787年10月10日（在会议之后不久）写了一本小册子，献给"本杰明·富兰克林阁下，宾夕法尼亚州州长"，其中，他强调："认为国会可以任意征税的思想是错误的，这种建议完全不可能得到支持。"[4]

在纽约立法机关批准宪法的辩论中，亚历山大·汉密尔顿（Alexander Hamilton）（也是坚定的联邦党人）说："征收一种在整个美国具有一致性效果的税收是非常合适的，它将均等地和安静地运转。"[5]我们再一次看到了适用于一致性的"均等地"这个词。本杰明·奥利弗（Benjamin Oliver）——一个深爱着他的国家并渴望将其优点告诉整个世界的人——在1832年出版了一本著名的著作，这本书是这样论述国会的征税权的：

> 这种权利"财产权"不会被具有公共利益目的的均等的税收所侵犯，这种税收是由充分合法的主权者开征的。然而，错误适用或者错误分配公共国库中的资金必须被视为对这种权利"财产权"的侵犯……因此，正如征收不均等的税收是违宪的一样，压迫那些被迫缴纳较大比例税收的人的法律也是违宪的。[6]

319

---

〔3〕 Cooley, *Constitutional Limitations*, p. 495.

〔4〕 Paul L. Ford, ed., *Pamphlets on the Constitution of the United States 1787 ~ 1788* (Brooklyn, 1888), p. 50.

〔5〕 "The Third Speech of June 28, 1788", *The Papers of Alexander Hamilton*, 1788 ~ 1789, vol. 5 (New York, 1962), p. 123.

〔6〕 Benjamin Oliver, *The Rights of an American Citizen* (New York, 1832), p. 95.

在《联邦党人文集》(*The Federalist*) 第36篇中，汉密尔顿结束了7篇讨论征税权及其控制以防止"偏袒和压迫"的系列论文。征税权的可能滥用已经被充分地预防，其最终的保护就是税收"必须在整个美国是一致的"。汉密尔顿将"一致的"这个词的所有字母都大写了，与现代用斜体字排列的风格是相同的，都是强调这个术语最充分和最基本的含义。那么，"一致的"这个词到底是什么含义呢？

19世纪的《牛津英语词典》(*Oxford English Dictionary*) 是一部花费了数10年才完成的多卷本巨著。它将词语的含义和习惯用法追溯到了中世纪晚期。它将"一致的"定义为："在不同的地点，在不同的时间，或者在变化的环境中保持不变；表现出没有差异、多样性或者变化。"

在19世纪中叶，当最高法院在审查涉及酿酒厂的税收时，似乎没有在这个词的含义上遇到任何困难：

> 在我们看来，这部法律并没有遇到任何宪法上的障碍。针对酿酒厂所征收的税收在本质上是一种消费税，对于国会征收这种税收的权力的唯一限制就是在整个美国，它必须是"一致的"。这一税收从其运行来看是一致的；它也是对所有酒精的制造商均等征收的，无论它们位于哪里。这部法律并没有给一个酿酒厂制定一个规则，而给另一个酿酒厂制定另一个规则，而是对所有类似的酿酒厂适用相同的规则。[7]

这种观点也能在州法院的判决中找到，它们都认为宪法要求一致性。但是，正如我们所指出的，即使没有宪法的命令，一致性和均等性也是民主社会中的任何"税收"的基本要素，即使没有明确表达出来。俄亥俄州 (Ohio) 最高法院早期判决认为，禁止一个规则适用于一个所有者，而一个不同的规则适用于另一个所有者。禁止对一个人征收10%的税，对另一个人征收5%的税，对第三个人征收3%的税，而对剩下的所有人不征税。[8]

库利教授关于宪法具有历史纪念意义的著作总结了既具有社会适用性，也具有地理适用性的规则：一致性的规则是设计用来提供均等的税收负担的，

---

[7] *U. S. v. Singer*, 15 Wall：111, 121；21 L. ed. 49, 51 (c. 1873).

[8] Cooley, *Constitutional Limitations*, p. 493. 库利在其关于宪法的很多论文中都阐述了一致性的含义。在他《关于税法的论文》[*Treatise on the Law of Taxation* (Chicago, 1876), p. 138] 中他提出了这样的观点，税法如果对从事相同商业或者贸易的个人或者阶层区别对待，税收就不是一致性的。以后这本著作又不断印刷，也有新的版本，直到20世纪20年代。因此，负担的平等构成了一致性这一规则的实质内涵。

防止立法机关对于国民的某个阶层或者阶级征收不同于或者重于其他阶层或者阶级的税收。[9]在实践中体现为税收中没有"漏洞"。

正如我们将要看到的，一致性的规则在 20 世纪消失了。你可以对一个人的所得征收 90% 的税，对另一个人征收 70% 的税，对第三个人征收 20% 的税，而对剩余的人不征税。最高法院将一致性规则重新解释为仅仅要求"一致性条款"，这一规定已经从宪法中删除了。[10]诺亚·韦伯斯特错了，国会可以任意征税。

在英国，关于不一致的问题于 1871 年在平民院中被提出，但并不是作为一个宪法问题，而是作为一个政策问题和累进所得税率的问题而被提出的。财政大臣反对累进税率，他说："如果要维持一个所得税，它就必须是一致的。也就是说，对所有人适用相同的税率——这也是一致性所要求的。"[11]

在要求所有的税收都具有一致性以后，宪法的制定者们希望进一步限制国会对直接税的征税权。麦迪逊说，这样的税收只能在特别紧急情况下征收，就像西塞罗（Cicero）在 2000 年前所说的一样。它们必须按照人口在各州之间进行分配。在《联邦党人文集》第 10 篇中，麦迪逊作出了精明的解释：

> 然而，或许没有哪部法律会将巨大的机会和诱惑给予一个占统治地位的党派，让它去践踏正义的规则。弱势群体每多负担 1 个先令，就会节约他们口袋里的 1 个先令。

麦迪逊所强调的是在一个民主的社会中，税法会给那些控制政府的人带来好处，而给那些在政府之外的人施加过分的税收负担。在当时以及过去几百年的欧洲，这种现象太普遍了。新教徒对天主教徒和犹太教徒按照 2 倍、甚至 4 倍的税率征收税收。被贵族阶层控制的政府，例如法国，通常对自己征收很低的税甚至根本不征税。直接税似乎永远不受人们喜欢。

在辩论中，马萨诸塞州的鲁弗斯·金（Rufus King）提出了这样的问题："直接税的准确含义是什么？"麦迪逊在他的笔记中作出了这样的评论："没有人能回答。"这并不是一个不能言说的问题。这种区分是历史形成的，而非法律规定的，因此，其准确的含义没有人知道。1798 年，当最高法院在审查四轮马车税的合法性时，这一问题提到了最高法院的面前。最高法院得出的结

〔9〕　Ibid.

〔10〕　Comment，"The Uniformity Clause"，51 *U. of Chicago Law Review*，1193（1984），44 Tax Law Review 588～601（1989）．

〔11〕　B. E. J. Sabine，*A History of the Income Tax*（New York，1966），p.103.

论是，直接税是人头税和土地税。100 年以后，在著名的 1894 年所得税案件中，这一问题被再次提出，正如我们即将看到的，最高法院在斗争了 1 年以后得出了一个令人非常困惑的定义。

　　直接税和间接税之间如何区分的问题由加拿大人在他们的《宪法》以及《英国北美法》中再次提出，这两部法律都限制了加拿大各省的征税权。在 20 世纪 70 年代晚期，加拿大萨斯喀彻温省（Saskatchewan）的特别石油税被宣布违法，因为这一税收违反了加拿大宪法的分类及其限制。顺便说一句，加拿大人和英国人对于"直接税"的定义与美国法院的定义大不相同。[12] 所得税是直接税，而且人们经常这样称呼它们。大部分美国法律权威认为所得税是在收到所得时所征收的一种消费税，因此，是间接税。

　　对于脱缰奔跑税收的主要控制是对国会开支权力的约束。毫无疑问，邪恶的税收是过分开支的产物。控制了开支，税收自然就得到了控制。最近对宪法进行的平衡预算修正案就是旨在完成宪法制定者们运用宪法第 1 条第 8 款所力图完成的任务：国会有权"为偿还债务和为美国的共同防卫和公共福利筹集资金"而征税。其中关键的词语是债务、共同防卫和公共福利。在批准宪法的辩论中，在《联邦党人文集》中，这些术语被认为是对联邦政府的最后限制和约束。在这些术语之外的开支都是违法和违宪的。这样，通过控制开支，你就控制了税收并且可以预防联邦政府变成一个拥有至上权力的全国政府。当然，那些都是历史了。就像一致性规则一样，开支限制根本没有具体的含义。但是让我们花一点时间来看看宪法的制定者们是如何想的。

　　"共同防卫"这一术语是否意味着军事开支只能用于防卫？也就是说，不能为侵略性战争提供资金？这正是宪法制定者们所讨论的问题。在《联邦党人文集》第 34 篇中，汉密尔顿说，他们正在从事一项"崭新的……政治实验，捆住政府从事进攻性战争之手，这些战争建立在政府推理基础之上；当然，我们不应当使得政府无力保护公众免受其他国家的野心和敌意的侵害"。

　　限制国会为军事而开支的权力是因为军事需要高额的成本和税收。正如汉密尔顿所说，政府非军事开支的成本"与国防相比就是微不足道的"。

　　正如我们所指出的，将税款限定用于防卫的观念可以在英格兰以及西班牙的各省中找到强大的支持。这一观念也来到了新世界，在早期美国宪法中可以找到明确的表达。在《马萨诸塞州法律和自由》（*The Laws and Liberties of*

---

〔12〕　Mill, *Principles of Political Economy*, Bk. V, ch. III, s. l.

Massachusetts，1648 年）中，为军事服务而征兵（这是一种劳务税）限于州内的防御性战争。

回顾美国过去的 200 年历史，很明显，有一些战争并不是防卫性的，而属于汉密尔顿所分类的"进攻性战争，这些战争建立在政府推理基础之上"。 322

"公共福利"条款也是用来限制政府开支的。正好相反，它并不意味着一切公共事务。它意味着为整个民族带来利益。公共意味着不能为某些"特别福利"而进行开支。你不能建设一个仅仅为纽约人带来利益的项目；这个项目必须给作为整体的民族带来利益。"政治分肥"（pork barrel）是一个简单的政治科学术语，用来形容能够通过国会游说"特别福利"开支项目的政客所取得的开支。强制执行宪法的"公共福利"条款，大部分错误分配纳税人税款的腐败就会消失。

宪法的制定者们对于政府都是现实主义者，对于政治权力的危险不报一点幻想，即使政府处于最有智慧的人的控制之下。政府必须处于控制之下，为了保持启蒙运动的精神，政府必须是有限的，只能授予严格控制之下的征税权和开支权。他们都相信他们所设计的宪法所做的正是如此；在一开始，它的确做到了。然而，当最终完成他们的工作，当签署文件的时刻来临的时候，他们对于其劳动成果已经没有兴奋感了。哲学家富兰克林博士签署文件时，"眼中满是泪水，他为自己这样做而道歉，他的心中充满了怀疑和恐惧"。随后他作出了这样的预言："它的性质是令人怀疑的，它有可能持续很多年，涉及地球的 1/4，它很可能在专制暴政中葬送自己。"[13] 对于专制的担忧在演讲和著作中反复出现，即使是在最坚定的支持者如富兰克林的演讲和著作中也是如此。随着《权利法案》的通过以及在批准宪法的辩论中强有力的论据指出征税权和开支权都受到了严格限制，这种负面的观点消退了。支持者们说，只要这些控制能发挥作用，专制主义就会受到约束。但是，我们或许会问，如果这些控制失灵了，富兰克林的预言会变成现实吗？

威士忌男孩

一旦政府的目的被歪曲，公众的自由就明显受到威胁，其他所有的

---

〔13〕 Mercy Otis Warren, *History of the Rise*, *Progress and Termination of the American Revolution*, vol. II（Boston，1805，reprint Indianapolis，1988），p. 660. 这一观点受到了一些学者的质疑，参见 Warren p. 660n.

323

一位联邦威士忌酒征税官被涂上柏油、沾满羽毛，他被宾夕法尼亚抗议威士忌酒税的人们赶出城镇，这一税收是在亚历山大·汉密尔顿的建议下制定的。

矫正手段都是无效的，对于专制权力和压迫的不抵抗主义就是荒谬的、奴隶性的，对于人类福利和幸福而言是毁灭性的。[14]

亚历山大·汉密尔顿变成了华盛顿的财政部长。他的任命曾经被称为"在适当的地点，在适当的时间，任命了一个适当的人"，但是让我们怀疑的是，1794年，位于西部边境的农场主们是否会同意这个说法。汉密尔顿追随着亚当·斯密的《国富论》(*the Wealth of Nations*)，说服国会对威士忌酒开征消费税以补充来自关税的收入，因为关税不足以支付各州所欠的战争债务。用汉密尔顿的话来说，威士忌酒税是一种奢侈税。而且，这个国家消费的威士忌酒也太多了，因此，这一税收同时也是一种健康的措施。而且，在战前就有关于威士忌酒的税收，这些经验并不差。国会最终采纳了汉密尔顿的建议，对于威士忌酒、一些奢侈项目、拍卖以及可转让票据征税。

对于威士忌酒所征的税是消费税。随后谣言开始蔓延，说政府准备对食物和衣服征税，并且准备在美国引入令人憎恶的欧洲消费税。促使移民来到美国的因素中，排在第一位的可能就是消费税。一本18世纪的英语词典将消费税定义为："对于商品征收的一种令人憎恶的税收，其税额不是由通常的财产法官来裁判，而是由征收消费税的人所雇佣的卑鄙可耻之人来裁判。"[15]这种具有强大吸引力的定义，明显表达了对消费税的偏见，表现了英国人对消费税的抵触情绪。对于美国的很多人而言，汉密尔顿的消费税就是对革命的背叛。

威士忌酒消费税立即陷入了困境。在西部边境，威士忌酒并不是奢侈品，而是交换的基本媒介。货币几乎不存在。农场主会种植裸麦，将其酿成威士忌酒，越过山区，将威士忌酒运到费城，在那里可以将其销售掉或者进行以物易物的贸易。粮食运输起来过于笨重，因此，这一税收严重打击了西部的农场主。用硬通货缴纳25%的消费税是令人吃惊的；事实上，它是对货币征税。到1794年，整个地区都处于公开的骚乱之中。消费税的征税官被涂上柏油、沾满羽毛，他们的住房被烧毁，幸运的是，他们本人并未被以私刑处死。即使是那些愿意纳税的也无法做到依法纳税。正如一位温和的威士忌酒起义者所说："支持这一税收的一句话就足以毁灭任何人。"[16]

---

[14]　New Hampshire Constitution, Article X.

[15]　*The Oxford English Dictionary*, Thirteen Volumes. London, 1928, Reissued in Compact Edition, 1971. Volume 4 (E), p. 379, "Excise" 26.

[16]　Hugh Henry Brackenridge, *Incidents of the Insurrection*, Daniel Marder, ed. (New Haven. 1972). P. 17.

为了强制执行这一税收，组建了国内收入署（Internal Revenue Service）的前身。全国被分成 14 个地区，同时有 14 个地区主管。每一位主管可以得到他所在地区所征税款的 1%；每一位税务官员可以得到他所征税款的 4%。剩下的 95% 交给国库。这种征管制度将消费税变成了一种税收承包制度——它将征税官员置于纳税人的对立面。对于税务官员而言，他们所征收的税款越多，个人所获得的利润就越多。

1792 年，当这一税收被采纳时，边境地区开展了和平抗议。到处都是演讲、集会和请愿。在匹兹堡（Pittsburgh）举行的一次集会中，艾伯特·加勒廷（Albert Gallatin）——后来成为著名的参议员以及杰弗逊的财政部长说，这一税收是非正义的，是令人无法忍受的。消费税是地球上苦难的根源。加勒廷说："对消费品所征收的所有税收，由于相关的权力必须留在征税官员的手中，最终会破坏同意开征消费税的任何人的自由。"[17]

加勒廷的推理可以从英国臣民对消费税长期的憎恨以及欧洲 300 年的经验中得到证明。当政府没有采取任何取消这一税种的步骤时，推理辩论很快就发展为要求退出联邦。自从波士顿抗议《印花税法》开始，自由选举就已经确立。税收官员被称为"亡命之徒"，叛乱者之间全部有誓约来约束，他们称自己为威士忌男孩，对于征税官员不会提供任何协助和便利。协助征收消费税的县行政司法长官被逮捕、剥光衣服、剃光头发、涂上柏油、沾满羽毛。缴纳消费税的农场主的威士忌酒蒸馏器被罗宾汉们——他们自称"英国兵焊锅匠"——用枪打得都是窟窿。[18]

威士忌男孩的敌意可以用一个当地小村庄的傻瓜的故事来说明，他开玩笑地假装帮助征税官员收集信息。有理智的人都不会去理会这个不幸的人，但是愤怒的纳税人是没有理智的。这个傻瓜被从床上拖了下来，带到铁匠铺、剥光衣服、用烧热的铁给他打上烙印，然后涂上柏油、沾满羽毛。

当国内秩序在 1794 年崩溃时，最高法院的一位法院证实西部宾夕法尼亚州已经处于起义之中。汉密尔顿说服国会授权华盛顿总统从临近的 4 个州召集民兵组织进行武力干预。华盛顿领导了这些军队。这是第一次也是唯一的一次，美国总统担当起武装部队总司令的职务，在自己的国土上领导着穿着统一制服的军队。幸运的是，军事冲突避免了；起义者投降，并接受联邦政府对他们的大赦。没有一位起义者被送进监狱。

---

[17] Henry Adams, ed., *The Writings of Albert Gallatin*, vol. 1（New York. 1960），p. 3.

[18] Leland D. Baldwin, *Whiskey Rebels*（Pittsburgh. 1968），pp. 102 ~ 3.

起义的最终结果给起义者带来了好处。杰斐逊废除了全部的消费税法，这些农场主认为这些法律是违宪的。这个消费税是不一致的。南部的种植园主不需要就他们最基本的产品（棉花和烟草）缴纳消费税；新英格兰农场主的产品不需要纳税；整个国家的其他农场主、商人以及工匠不需要纳税。为了保证税收对所有人都是一致的，在变化的环境下，这些其他的人都承担了类似的税收负担吗？这个问题从来没有答案。

教科书总是赞扬针对威士忌叛乱所采取的强硬军事行动，并将其作为新联邦的一项重要胜利。但是就在最近，历史学家们发现这是错误的。正义在起义者一边，整个军事行动不过是汉密尔顿所发动的旨在向全民展示联邦政府力量的政治做秀。[19] 在军队到达之前起义者已经有条件投降了。其中 20 位起义者被带回费城面临叛国罪的指控，只有 2 个人被定罪，他们又被华盛顿赦免了。不仅这些起义者被证明是无辜的，这次起义还给我们这个时代提供了非常重要的政治信息。最近的一位学者说："在 1991 年，就像在 1791 年一样，税收的抵抗运动给我们提供了民众关于民主应当如何运作的信仰的信号，也提供了值得理性关注的信号。"[20]

而且，威士忌起义也是一个重要的历史事件。在这里，美国边境的一群勇敢的民众站了起来，反对在他们特定的环境下属于明显不公的税收。在面对无法战胜的军事力量的面前，他们有条件投降了，但是，最终，当杰斐逊当上总统以后，这一税收被取消了，他们通过民主的方式实现了最初通过暴力的方式实现不了的目的。然而，这样的问题仍然存在，如果没有暴力，这个税收最终能被取消吗？因此，起义是杰斐逊所理解的健康政府的"必要的良药"吗？

弗莱斯起义

在威士忌起义被平定以后不久，另一场税收起义又在东部海岸爆发，这次起义是由德国定居者领导的。1798 年，国会开征了第一个直接税，对土地、住房和奴隶征收 200 万美元的税款。根据宪法的要求，这一税收在各州之间

326

---

〔19〕 Thomas P. Slaughter, *The Whiskey Rebellion: Frontier Epilogue to the American Revolution* (Oxford. 1986), pp. 199~228.

〔20〕 Bernard A. Weisberger, "Seeking a Real Tax Revolt", *American Heritage*, vol. 42, no. 3 (New York, May/June, 1991), p. 24.

进行分配。宾夕法尼亚州获得的定额是 23.7 万美元，其中大部分都落到了土地和住房之上。住房提出了估价的问题。税款是根据每处住宅窗户的数量和尺寸来确定的。

当核定员来计算和测量窗户时，德国定居者以为政府准备征收令人憎恶的欧洲壁炉税。他们组成小的团体，武装自己，在整个乡村搜索核定员，随后，核定员被抓住、袭击并将其赶出乡村。当一些起义者被逮捕时，一位名叫约翰·弗莱斯（John Fries）的拍卖商赶到法院释放了他们。约翰·亚当斯总统召集了民兵组织。弗莱斯被逮捕、审讯，以叛国罪定罪后判处死刑。随后，他被亚当斯总统赦免，这一决定遭到了总统全部内阁成员的反对。[21]

亚当斯总统，与汉密尔顿一样，是联邦党人。他的联邦直接土地税，与汉密尔顿的消费税类似，被全国人民憎恶。当杰斐逊在 1800 年竞选总统时，他反对联邦党人的税收纲领使他赢得了人民的心并确保了他的竞选胜利。到处都是反对联邦党人税收政策的言论。因此，联邦党人退出了国家的领导地位，连同他们的政策很快从历史上消失了。历史学家赞赏联邦党人的合理的货币政策以及它们对新国家的有利影响，但是他们没有指出支持这些财政政策的税法遭到了人民的反对。很多美国人公开质疑革命的智慧。由于联邦党人的存在，经过代表同意的税收结果比未经代表同意的税收更坏。汉密尔顿作为财政部长，有可能是在适当的时间，担任适当职务的适当的人，但是对他的理想而言，他的税收却是错误的。尽管这些税收给新的联邦政府带来了好处，但是它们却在历史的进程中摧毁了联邦党人。

现在，我们可以在历史的进程中来看待杰斐逊所说的，对于政府而言，每隔 20 年左右的时间拥有一次起义是良药。在他的一生中，他事实上所感觉到的起义几乎有 12 次之多。6 次在美国，开始于《印花税法》起义，结束于弗莱斯起义。所有这些起义，包括美国革命，都是激烈程度有所差异的税收起义。在欧洲，17 世纪发生了很多次税收起义，从英国的消费税起义，到荷兰的税收承包起义，再到法国无数的起义和革命。再强调一遍，所有这些都是税收起义。因此，当杰斐逊告诉我们起义是政府的良药时，他所指的应该是税收起义。对于一个相信要制衡政府的民族而言，毫无疑问，对于邪恶税收制度最好的制衡方法就是杰斐逊所说的。他甚至认为政府不应该阻碍起义

---

[21] 参见 N. Kittrie and E. Wedlock, Jr., eds., *The Tree of Liberty*, *A Documentary History of Rebellion and Political Crime in America* (Baltimore. 1968), pp. 91~97, 其中收录了法院的全部观点、请求原谅的观点以及汉密尔顿的反对意见。

或者对于不成功的起义者进行过于严厉的惩罚：

> 对于真理的观察应当使诚实的共和国州长在心中记住，惩罚不要过分阻碍他们。对于政府的健康而言，它是必要的良药。[22]

杰斐逊用一句拉丁语格言来论证容忍非暴力抗议和起义的合理性，这句格言现在已经没有人信奉了："宁要危险的自由，也不要安宁的奴役。"

---

[22] *Papers of Thomas Jefferson*, vol. II (Princeton, 1955), p. 93.

第 31 章

导致内战的是税收，而非奴役吗？

> 以"废除奴隶制"的借口作为这场战争的动机或者合法性证明
> 就像以"维护国家的荣誉"为借口一样虚伪和欺诈。
>
> ——莱桑德·斯波纳，《没有叛国罪》（*No Treason*），1870 年
>
> 关税，与联邦税几乎同义，是内战的主要原因。
>
> ——《美国人的传统》（*American Heritage*），1996 年 6 月

关于美国历史，流传最广的神话就是内战是奴隶制引起的，林肯，作为伟大的解放者，推动这个国家通过流血战争来打破束缚在 350 万美国黑人身上的锁链。这个流传很久的儿童时期的历史故事是虚构的神话。

在内战爆发前的 11 个小时，南部的奴隶主们尚没有进行战争的必要。他们不费一颗子弹就赢得了所有战斗的胜利。在最高法院的支持下，在林肯和国会批准永远保护奴隶制的宪法修正案的背景下，毫无疑问，他们是保护美国奴隶制度斗争的胜利者。一定是其他的原因导致他们打出了第一枪。

在 1860 年，林肯竞选总统的时期，林肯不断重申他不会干预南方的奴隶制。他的第一次就职演说也是这样说的。他强调了他的政府坚持反废奴主义政策，这一点"可以在他向你公开发表的几乎所有的演讲中找到证明。这里我仅引述其中一次演讲来证明我所说的：'我无意直接或者间接干预存在奴隶制度的各州的奴隶制度。我相信我没有这样做的合法权力，我也无意这样做。'"

林肯在他的就职演说中向南部奴隶主保证会返还逃跑的奴隶。为了提供进一步的保证，国会，在林肯的批准下，提议和通过了新的宪法修正案，规

定联邦政府永远不干预任何州的奴隶制度。即使是最高法院，也在著名的德雷德·史考特（Dred Scott）案件中对奴隶制度给予了祝福。联邦政府的三大分支机构都支持南部的奴隶制度。它们已经尽力了。

当内战爆发之时，南部的道德理由非常强烈——他们想要自治政府；关于这一主张没有任何错误。为什么联邦中的半数州被拒绝给予自治的权力？这不是一种基本的人权和社会权利吗？

当林肯发布解放宣言时，距离内战爆发已经 2 年了，这时北方已经遭受了连续的军事失利，这是在值得追求理由的掩盖下联合北方的最后一次努力了。以下是林肯关于这一主题的演讲：

> 状态已经从糟糕走向了更加糟糕，直到我感到我们已经走到了我们正在追求计划的末端；我们已经亮出了最后一张牌，我们必须改变策略，否则我们将满盘皆输。我现在决定采取解放政策。[1]

美国内战有很多名字，它曾经被称为各州之间的战争、平定叛乱战争（官方的名称）、北方侵略战争（在南方很流行的名称）以及最准确的名称——"富人和穷人之间的斗争"。这一冲突已经酝酿了几十年了。在南部的富裕种植园主和北部的富裕工业资本家之间长期存在斗争——并不是关于奴隶制的斗争。

到 1860 年，这 斗争指向了南方。新的领地正在变成联邦的各州，它们中的大部分都与北部相连。这个国家的经济生活和人口中心已经明显转向了北方，经济利益统治着北方的政治。南方人认为，他们变成北方经济竞争者的附属只是时间的问题。他们的判断非常正确。他们在内战中的失败只是加速了无法避免的北方统治时期的到来。

大部分人都没有认识到，在 1860 年之前，南方人在美国联邦官员中占多数。全国政府中的很多关键人物都是来自南方，而不是来自其他地方。下表展示了在内战到来之前，联邦政府南方领导人的力量： 331

---

[1] Paul M. Angle, ed., *The Lincoln Reader* (New Brunswick, N. J., 1947), p. 407.《解放宣言》并非如它所宣称的辉煌的人权文献。一位历史学家认为："这份著名的文献，也是被后代如此庆祝和误解的文献，……宣布解放被联邦力量控制的造反各州的奴隶，因此，只有军事解放的地方才有可能实现奴隶解放。"编辑攻击了林肯所宣称的虚幻的解放奴隶范围。军队都是强烈反废奴主义的，他们因此士气低落。"向 Joe Hooker 开火，"当时的联邦总司令说，"军队中多数人对此持反对意见，他们宣称如果他们预料到政府采取这种行为，他们根本不会参加这场战争。"参见 T. Harry Williams, *Lincoln and the Radicals* (Madison, Wis., 1960), pp. 215~16, 240~41.

	来自南方	来自北方	合　计
总　统	11	5	16
首席检察官	14	5	19
最高法院法官	17	11	28
白宫发言人	21	12	33

　　上面的表格同时也代表了 1860 年的状况。[2] 如果我们分析从 1860 年到 1960 年这 100 年上述官员的分布情况，来自南部的数量几乎是零。尼克松总统最终放弃了试图让一位南方人进入最高法院的想法，最高法院在过去 100 年的时间里一位南方人也没有。在过去的一个世纪，我们有 4 位南方的总统，其中 2 位是由于总统在职期间去世而从副总统当上总统的。林肯的总统任期为国家政治开辟了一个新时代，期间，全国政府的所有重要职位全部将南方人排除在外。这是南方在内战中战败所付出的永远的代价。直到吉米·卡特（Jimmy Carter）当上总统，对于大部分国民而言，在国家事务中，"南方人"都是一个不好的词。

　　到底是什么导致了 1860 年南方的独立运动？北方是用什么方法统治南方以至于促使他们脱离联邦？由于解放奴隶并不是 1861 年战争爆发之初林肯纲领中的一部分，在林肯当选之时，是什么促使南方脱离联邦并造反？

　　对于这些问题的答案可以在这一时期的著作中找到，特别是在南方领导人的演讲中找到。南方最有名的代言人是约翰·卡尔霍恩（John C. Calhoun）。他并不是反叛者，他也不拥护脱离联邦。1850 年，他濒临死亡。丹尼尔·韦伯斯特（Daniel Webster）在参议院发表了一篇伟大的演讲来保全联邦。卡尔霍恩太虚弱了，以至于他不能出席并回答韦伯斯特的问题。他将他的回答送到参议院并由其同事代为宣读。他列举了南方的 3 个抱怨，这些抱怨会导致它们脱离联邦。

　　前两个抱怨主要是对未来可能发生事情的担心。并没有一个特别的法案来纠正可能发生的事情。第一个是这样一个事实，南方被排除在大部分新领地之外。他们担心这些新的州会站在北方一边反对南方，从而颠倒南方和北方之间的力量对比。第二个担心是日益增长的联邦政府权力，尽管宪法规定了它的界限。卡尔霍恩可以在地平线上看到一个全副武装的强大全国政府向

---

　　〔2〕　Edmund Ruffin, *Anticipations of the Future to Serve as Lessons for the Present Time*（Richomnd, Va.,
1860）, Appendix. A. O. Craven, *Edmund Ruffin*, *Southerner*, *A Study in Secession*（New York, 1932）.

他走来，它将抹杀各州的主权。他非常有远见，他的担心已经成为过去。联邦政府已经不再拥有任何重要的限制，但是在 1850 年，一个全副武装的强大全国政府还有很长的路要走。

卡尔霍恩所表达的一个具体的抱怨涉及税收。这是一个在北方与南方 30 年斗争中处于统治地位的抱怨。北部的商业和制造业利益集团已经通过国会的税收来压迫南方的种植园主并使北方制造业资本家更加富有。这也正是内战有时也被称为"富人和穷人之间的斗争"的原因。以下是卡尔霍恩的原话：

> 北方已经采纳了一种税收和支出制度，其中，给南方施加了不合理的税收负担，同时，不合理的支出比例使北方受益⋯⋯南方作为这个联邦中被残酷剥削的部分在事实上缴纳了超过其应当负担比例的税收。[3]

联邦进口税法，在南方看来，就是反对南方的阶级立法。在南方征收的重税却在北方开支。这是不公平的。卡尔霍恩进一步说，高额的进口税收迫使南方为北方的商品支付高额的价格或者缴纳超额的税收。来自欧洲的竞争被摧毁了，因此，北方在南方市场上处于垄断地位。联邦税收产生了这样的经济效果：将财富从南方转移到北方——与欧佩克国家自 1973 年对于石油消费国所做的事情一样。

南方反对高进口税的第一次起义发生在 1832 年。南卡罗来纳州（South Carolina）召开了一次大会来取消新的联邦进口税。这些税收被宣布违宪，州长被授权抵制全国政府的任何强制执行的企图。安德鲁·杰克逊（Andrew Jackson）对此作出了强烈的反应，看起来内战即将爆发。冷静的头脑占了上风，最终达成了妥协方案。在随后的几年中，关税（进口税）降低到南卡罗来纳州能够接受的程度。这就是 1833 年伟大的妥协。

一个州可以废除它认为违宪的联邦法律，这种原则具有很长的历史。杰斐逊和麦迪逊于 1798 年最初提出了这一原则。宾夕法尼亚州、新英格兰各州、佐治亚州和亚拉巴马州（Alabama）都曾废除联邦法律。这是对于内战和脱离联邦的一种和平的替代方案。联邦政府从各州获得其权力，因此，各州有权撤回其给予联邦政府的权力，如果联邦政府滥用它的权力。今天，加拿大的阿尔伯达（Alberta）以及其他一些反联邦主义的省份也提出了类似的原则。

1828 年的关税被称为"令人厌恶的关税"，这是一个双关语，意思是它

333

---

[3] John C. Calhoun, "Speech on the Slavery Question", March 4, 1850, in Edwin Rozweus, ed., *The Causes of the Civil War* (Boston, 1961), p. 4.

是一个最大的邪恶。在此之前，开征关税是为了偿还 1812 年战争以及革命本身的债务。到 1832 年，国家的债务已经还清，征收高额关税的合法性基础已经不存在，只能用来维护北方工业资本家的垄断地位并提高南方消费者所支付的价格。南方出口其货物的 3/4，然后用这些钱来购买包含高额关税的欧洲货物。这就意味着南方支付了所有联邦税收的 3/4，其中大部分都花在了北方。如果他们没有购买外国的商品或者支付高额的税收，可替代的方案就是以高额的价格购买北方制造的商品。无论哪种情况，南方的钱都会流到北方。这种不合理的结构是导致南方憎恨北方的主要原因。一位历史学家说："在整个南方都憎恨关税，把它当成一个破坏他们经济的不公平税收看待。"内战结束后一年，一位南方人在一本好像叫做《迷失的理由》的书中表达了这种憎恨：

> 贪婪采取了各种足智多谋的方式从南方掠夺财富到北方，其所导致的代价就是在联邦内部有低人一等的特征。[4]

1861 年，当南卡罗来纳州向位于萨姆特堡（Fort Sumter）——南卡罗来纳州查尔斯顿（Charleston）海港的一个岛屿——的联邦卫戍部队开火时，美国内战爆发了。指挥打响第一枪的是埃德蒙·鲁芬（Edmund Ruffin）。后来，当他听到李于 1865 年投降的消息后自杀了。在内战前夕（1865 年），他写了一篇文章，该文章在整个南方都很流行，在文章中，他呼吁脱离联邦并为南方各州描绘了美好的蓝图："北方各州不可能取得他们现在成就和财富的一半，北方的这些成就和财富都是建立在通过立法政策'高额的进口关税'从南方掠夺的贡金的基础之上的。"[5]

鲁芬说，如果不是北方的税收政策的话，南方的富裕和强大程度将会是现在的 2 倍。每当南方人购买北方人的货物或者缴纳进口关税时，他们都将自己视为向北方缴纳贡金的奴仆。

关于奴隶问题，大部分北方人并不关心处于奴役状态的黑人，就像他们不关心位于西部的印第安人以及工厂里那些贫穷的文盲一样。整体而言，黑人奴隶获得的待遇比北方的贫穷工人要更好。[6]

334

---

〔4〕 Edward Pollard, *The Lost Cause* (New York, 1866; reprint 1970), pp. 61~62.

〔5〕 Ruffin, *Anticipating the Future*, Appendix.

〔6〕 George Fitzhugh, *Sociology for the South on the Failure of Free Society* (Richmond, Va., 1854), ch. V; William J. Grayson, "The Hireling and the Slave" (1854), in *Selected Poems by William J. Grayson*, comp. Mrs. William Armstrong (New York and Washington, D. C., 1907); By a White Republican, "Negros and Slavery in the United States", *Fraser's Magazine* (London, February 1863), pp. 192 et seq.

　　一位当时的报纸艺术家也得到了维兰迪甘以及其他内战"温和派人士"所获得的总统待遇。标题为"小铃铛"的漫画引用了国务卿威廉·H. 西沃德（William H. Seward）写给一位英国大臣莱恩兹（Lyons）爵士的一封信，信中说："阁下，我可以碰一些我右手边的铃铛，逮捕俄亥俄州的一位公民；地球上没有任何权力，总统除外，可以释放他们。英国女王能做到这样吗?"

林肯是美国历史上最强有力的总统。他经常非常残暴。平民通过军事法庭来审判，这样他们就可以拒绝陪审团审判和其他适当司法程序。不满他政策的人们经常未经审判就被关押起来。一件令人震惊的例子涉及一位北方的来自俄亥俄州的民主党人，他的名字是克莱门特·维兰迪甘（Clement Vallandigham）。他是一位"温和派人士"。他反对战争、提倡和平。1863 年 3 月，在参加俄亥俄州的一次政治集会之前，那时他是州长的竞选人，他宣称这场战争是"邪恶和残酷的"，并认为它正在"使共和党人登基为美国的专制主义者"。他称林肯为独裁者，并用这样的语言来指责他的所得税政策："通过一部税法，它的喜好全部强加到一个被征服的民族头上，他们（共和党）已经拥有……这个国家人民的全部财产。"[7]

林肯对此的反应是暴怒。提醒一下，这是民主党的政治集会。美国总统被反对派称为独裁者已经不是第一次了。维兰迪甘犀利的评论并没有什么不妥。但是维兰迪甘被逮捕了，并在俄亥俄州的一个军事法庭受审了，即使民事法庭仍然敞开大门并且俄亥俄州并不是战区。军事法庭认为他犯了表达"叛国言论"之罪。林肯并未将维兰迪甘关押起来或者枪毙，而是强制将其流放到南方。他并不是一个南方人，因此，维兰迪甘逃到了加拿大，在那里，他能够参加 1864 年的民主党大会并给战争贴上失败的标签。

他被军事法庭判定犯了表达"叛国言论"之罪与前苏联过去的实践有些类似。亚历山大·索尔仁尼琴（Aleksandr Solzhenitsyn）被抛出前苏联与林肯将维兰迪甘抛出美国的理由是相同的。可以想像一下，前苏联将亚伯拉罕·林肯作为权威来放逐索尔仁尼琴以及其他俄罗斯的反对派。

林肯在严厉的政策或者苛刻的税收措施方面并不孤单。南方联盟的总统杰斐逊·戴维斯（Jefferson Davis）也被南方人以同样愤怒的态度攻击：

> 然而，里士满（Richmond）政府正在迅速发展为专制国家，对恭顺和毫无怨言的人民行使绝对的权力已经长达 4 年。它不能忍受任何质疑，不能容忍任何抵抗，听不进任何告诫。它对于已经贫困到接近挨饿状态的人民征收沉重的税收。[8]

336　　这种"特别"税法就是所得税，很多南方人将其视为联邦政府专制的证

---

〔7〕 Clement Laird Vallandigham，"Speech before the Democratic Union Association". New York, March 7, 1863, *Speeches*, *Arguments*, *Addresses and Letters of Clement L. Vallandigham*（New York, 1864）; also found in *American Issues*, vol. 1, pp. 553 ~ 60.

〔8〕 George Eggleston, *A Rebel's Recollection*（New York, 1897）, pp. 193 ~ 94.

THE SITUATION.

OFFICER LINCOLN. "I guess I've got you now, JEFF."
JEFF DAVIS. "Guess you have—well now, let us Compromise."

　　这幅早期的内战漫画提倡通过协商和平解决。北方的军事力量被描绘成在女王大街（遇到麻烦的人会去的地方）上抓住杰斐逊·戴维斯的由林肯扮演的警察。戴维斯手中握着美国财政部，暗示着南方的财富和税收。不幸的是，这种和平的观点并未占主导地位。

据。所得税包括 10% 的利润税和对于所有庄稼的收成征收 10% 的税。这是一种"毛所得税"。显然，其中没有成本和费用的扣除。一些南方人像北方人一样不喜欢戴维斯。

南卡罗来纳州 1832 年的起义是更大和更暴力事件的前奏。这是南方第一次对于起义的尝试；1861 年是其最后一次尝试。林肯在竞选总统时受到北方富裕的工业资本家的支持。他是他们的人，而且他在很长一段时间是他们的律师。林肯竞选纲领的核心是回归高额进口税，让人联想起 1828 年的"令人厌恶的关税"。国会在 1861 年召开后不久就通过了高关税法案，并且在林肯就职之前就由总统布坎南（Buchanan）签署了。莫瑞尔（Morrill）关税，人们这样称呼它，是历史上的最高关税，是 1857 年关税的 2 倍，平均达到了进口货物价值的 47%。铁制品的税率超过 50%。这是共和党的重大胜利，他们的支持者喜气洋洋。他们已经履行了他们对北方工业资本家和商业资本家的承诺。但是，这一关税激怒了南方人，和解的大门关闭了。在林肯的就职演说中，他决心到南方去征收关税，即使它们要退出联邦。关于奴隶制度，他可以调和；关于进口关税，他在威胁。萨姆特堡位于查尔斯顿海港的入口处，那里驻满了联邦军队以支持美国的海关官员。对于愤怒的南卡罗来纳州而言，打响第一枪并不是很困难。

当共和党人在通过国会推动高关税时，南方人正在做相反的事情。他们通过了新宪法，模仿《美国宪法》的模式，其中有一个独特的条款，禁止征收高额进口税。南方联盟的第一位总统杰斐逊·戴维斯在其就职演说中论证了脱离联邦的合法性，其中就提到了《独立宣言》，也强调了进口税收问题。他说，关税和商业限制应当降到最低程度。如果实行低关税，北美的贸易会从纽约、波士顿以及费城转移到沙凡那港市（Savannah）、查尔斯顿以及新奥尔良（New Orleans）。这会迫使北方建立从大西洋海岸到密西西比河的一系列海关以及进行边境巡逻。北方会吵闹着从南方购买免关税的商品。这就会给北方的工业资本家毁灭性的打击。脱离联邦不仅使南方免于遭受北方税收的束缚，而且使南方有机会从被压迫者变成压迫者。美国北方佬现在就要局促不安了！

1862 年，在英国平民院，威廉·福斯特（William Forster）说他相信，一般认为奴隶制度是导致美国内战的原因。他回答平民院说："不，不！是关税！"[9] 情

---

〔9〕 John Ford Rhodes, *Lectures on the American Civil War* (New York, 1913), pp. 2~16.

况很可能是这样，英国的商业利益集团——这一利益统治着平民院——比知识分子和作家更关心美国内战的经济因素。奴隶制导致美国内战的观点是由约翰·斯图亚特·穆勒推广的，他是当时英国处于领导地位的政治经济学家。他于 1862 年 2 月在英国非常畅销的期刊《弗雷泽杂志》（*Frazer's Magazine*）上强有力地表达了他的观点。这篇文章后来在美国的《哈柏杂志》（*Harper's Magazine*）上重新发表。他的老对手查尔斯·狄更斯（Charles Dickens）写了一篇辩论的文章，其中他写道导致美国内战的是税收，而非奴隶制。今天穆勒关于奴隶制导致了冲突已经占据了美国内战思想的主流（当然，在南方例外）。[10]这一说法给北方攻击南方联盟提供了一个冠冕堂皇的目的以掩盖真正起作用的真实经济问题。

　　美国内战的起因已经讨论了超过 100 年。所给出的最常见的原因是奴隶制和巨大的文化冲突。文化的差异是巨大的，但是文化的差异通常不会导致起义。奴隶问题在双方都是容易激起情感的，特别是在南方，只是林肯和国会决心在奴隶制度存在的一切地方保护奴隶制，德雷德·史考特案的判决进一步抚慰了奴隶主：国会在这块领地上禁止奴隶制的权力是受到约束的，公民权不适用于非洲人的后裔。奴隶制度从来没有像 1860 年那样获得了更加充分的法律保障。

　　1832 年，南方反对高额关税的是"州对联邦法令拒绝执行"的权力。到 1850 年，南方宪法思想家已经转向了脱离联邦。1832 年，卡尔霍恩是"州对联邦法令拒绝执行"最坚定的支持者；到 1850 年，他已经用脱离联邦来威胁韦伯斯特了。

　　19 世纪 50 年代北方和南方领导人那一代人被称为"浮躁的一代"。韦伯斯特、克莱斯（Clays）以及卡尔霍恩等主张通过妥协来实现联邦统一的思想家都不在了。通过和平的方式来解决难题需要伟大的领导和能力。任何白痴都可以开始一场战争。这是白痴的一代。

　　战争结束以后，奴隶的生活状况并未改变。当这些筹码的重要性在紧张的总统选举中下降了时，共和党人为了几张选票而出卖了这些黑人。最高法院也对种族隔离给予了完全的支持。"隔离但平等"是高等法院的裁判规则，尽管任何农村的白痴都知道提供给黑人的公共设施是绝对不公平的。武装推

<hr>

〔10〕 *Collected Works of John Stuart Mill*, vols. 22 ~ 25, Newspaper Writings, eds. Ann and John Robson (Toronto, 1986), pp. 1204 ~ 5; *Fraser's Magazine* (London, February 1862), pp. 258 ~ 68; F. A. Hayek, *The Life of John Stuart Mill* (New York, 1954), p. 423.

行种族隔离制度，南方的立法者将黑人重新推到了经济上的奴隶、教育上的文盲和社会上的"汤姆叔叔"*状态。如果奴隶制是内战中一个如此重要的问题，在这场战争中超过33万的北方人战死，为什么黑人为之奋斗的自由却在10年后受阻在萌芽状态？

战争事实上并不是为了解放某些不幸的但并未直接卷入冲突的少数人。想要解放的人民必须自己为之奋斗。前来援助的局外人通常都有不为人知的动机，特别是当局外人又是一个民族的时候。北方对于被奴役的黑人的关心仅仅是表面现象，绝非实质。[11]起到绝对作用的是经济方面的关心。波士顿报纸在内战前夕的这篇社论非常具有启发性：

> 不需要太多的睿智就可以发现商业或许是阻碍这些准备脱离联邦——他们已经放弃的联邦——的各州重新回来的具有决定性的动因。所声称的关于被奴役的抱怨是导致种植棉花的各州脱离联邦最初的原因；但是面具已经扔掉了，脱离联邦的主要州的人民现在明显是为了争取商业独立。他们梦想关税的中心可以从北方转移到南方的海港。新奥尔良、查尔斯顿、沙凡那港市的商人怀抱着这样的理想：纽约、波士顿和费城的商业财富在未来有可能被自由贸易的税收制度掠夺一空。如果南方联盟被允许执行这样一种政策，即对进口货物仅仅征收名义上的一点点关税，毫无疑问，北方主要城市的商业都会因此遭受严重打击。
>
> 联邦与联盟各州的关税差别如此之大，以至于整个西北都会发现在新奥尔良购买他们的进口货物比在纽约购买更划算。除此以外，这个国家制造业的利益会因为低关税所导致的进口增加而遭受损失……如果不

---

* 即黑人的逆来顺受状态。——译者注

〔11〕 By a White Republican, "Negros and Slavery in the United States." pp. 192 et seq. 基督教会非常支持奴隶制。黑人被视为诺亚（Noah）的儿子哈姆（Ham）的后代，他被他的父亲诅咒成为奴隶，"仆人的仆人，"《创世纪》9：25。参见 Thomas T. Smiley, Sacred Geography (Philadelphia, 1924). 亚历克西斯·托克维尔（Alexis de Tocqueville）记录了黑人在北方的境遇，他们的权利以及北方白人对他们的态度，这些记录被那些认为黑人在北方拥有很多朋友的人毁坏了。参见 Democracy in America (New York, 1838), pp. 336~61. 北方的废奴主义者并没有得到大多数公民的支持。普鲁登斯·克兰德尔（Prudence Crandall）是一位教友派信徒，她在康涅狄格州为黑人孩子建了一所学校。这是违反该州禁止为黑人建立学校的法律的。克兰德尔女士被判有罪并被关进了监狱。北方废奴运动的领导人威廉·加里森（William Garrison）不得不逃离波士顿以避免因为其出版的废奴著作——《解放者》（The Liberator）——而被处以私刑。在伊利诺斯州，一位名叫利亚·洛夫乔伊（Elijah Lovejoy）的人出版了另外一份废奴报纸。他的报纸被攻击了4次，他的报社也被毁坏了。最后，一群暴徒不仅结束了他的废奴报纸，也结束了他自己的生命。毫无疑问，废奴主义是一场小型的、受人鄙视的改革运动，无论如何，也是没有政治影响的运动。

阻止这种状况发生，政府就失职了。[12]

我们很难不将这篇高瞻远瞩的社论视为武装反对南方的号召。北方和南方为了商业而战，因为所有的北方商人都受到了南方超低进口税收的威胁，这一税收会导致北方商业和贸易的毁灭。南方正要向北方所做的事情就是当年罗马对罗兹岛所做的事情。（参见第 8 章）

内战中的税收问题并不像奴隶制那样是一个富有魅力的因素。奴隶制与任何一方的目标都没有太大关系。双方都拿出来作为其斗争的高贵目标让我们想到了超级大国经常宣称一些崇高的目标来掩盖其帝国主义的本质。这里应当指出的是，北方并不是为了解放奴隶而进行战争的，同样，南方也不是因为白宫里那些好动武的反奴隶制斗士而脱离联邦的。

对于生活在南方的所有人而言，1861 年共和党的关税意味着高价格，高的生活成本，北方美国佬的超额利润，以及储存在国库中的南方货币被林肯花在了共和党及其支持者身上。脱离联邦就摆脱了共和党的束缚。而且，它为南方在新世界商业上取代北方提供了机会。

在林肯据推测属于安抚的就职演说中，有一句评论一定会引起南方人的注意。林肯承诺"不会有流血和暴力"，对于脱离的各州"不使用暴力"；即使是邮件也可以断绝，如果他们不希望的话。但是税收是另外一件事情。林肯会"征收关税和进口税，但是超越为实现这些目的所必要的手段，不会有侵入，不在很多地方针对人民使用武力"。换句话说，南方可以脱离联邦，只要它们向北方纳税。难怪他们向萨姆特堡开火。林肯已经给他们提出了最后的选择：纳税或者战争。

林肯的演讲也引起了英国作家的注意。在当时很流行的《弗雷泽杂志》［就像我们的《时代》（*Time*）和《新闻周刊》（*Newsweek*）］上，林肯被描绘成一个受人尊重的领导，并不急于进行战争。除了在南方海港征税，将联邦的堡垒保留在南方的土地上以协助征税，以及使用武力夺回南方已经占领的堡垒以外，他不会侵犯南方。[13]正是这种政策引发了战争，没有一点迹象表明奴隶制是所谓的重要的问题。事实上，奴隶制是大部分南方人和北方人达

〔12〕 *Boston Transcript*, 18 March 1861, 载于 Kenneth M. Stampp, *The Causes of the Civil War*（Englewood, N. J., 1959）, p. 80. 北方也有一些编辑呼吁进行战争，因为南方的免费港口会给北方经济带来毁灭性的打击。*New York Evening Post*, March 12, 1861; *Newark Daily Advertiser*, April 2, 1861; 载于 Howard Cecil Perkins, ed., *Northern Editorials on Secession*, vol. II（New York, 1942）.

〔13〕 *Fraser's Magazine*, April 1861, pp. 403 ~ 14.

　　这幅反关税的漫画，名叫"在海底"，出现在 1863 年 6 月 6 日北方的报纸上，在解放农奴宣言发表几个月以后。关税是一个沉重的锚，"是打压美国商业的固定重载"。背景是插着外国国旗的很多商船，精力充沛地参与世界贸易活动。南方人并不是憎恨高额关税的唯一民众。在面对实质性反对声音时仍然维持高额关税表明北方的工业资本家已经控制了共和党及其领导人——林肯。如果奴隶制导致了美国内战，那么，为什么没有看到关于这个主题的漫画，为什么这些漫画都集中关注税收和关税问题？如果漫画是"这个时代真正的历史"，那么，它告诉我们了什么？

成一致意见的问题。[14]被解放的是一群特别小而且不受欢迎的少数民族,而且他们在当时已经被剥夺了选举权。

征税和恢复联邦的堡垒是直接相关的。早在1861年1月15日,宾夕法尼亚州的领导报纸《费城通讯》(the Philadelphia Press)已经详细说明了二者之间的关系,用林肯的话来讲,这二者是侵入南方的理由。《费城通讯》说:

> 在税法的执行中,堡垒和要塞具有非常重要的作用。他们的枪口覆盖了如此之多的土地,以至于它是保证美国有能力执行他们法律的必要条件……必须保持美国的这些堡垒和要塞。这并不是压迫南卡罗来纳州的问题,而是执行税法的问题……从实践的观点来看,这是美国税法能否在这3个海港——查尔斯顿、波弗特海(Beaufort)以及乔治城(Georgetown)执行的问题,或者是它们是否会变成自由港,向世界商业开放,对于南卡罗来纳州认为适当的税收没有任何限制的问题……

> 保持堡垒和要塞是为了执行税法,而不是攻占一个州。

内战结束后5年,马萨诸塞州的莱桑德·斯波纳(Lysander Spooner)——他是一位拥有自由精神的律师,他也曾经是一位坚定的、叫嚷的废奴主义者——曾经写了一本小册子来谴责那些公开宣称内战是为奴隶而战的伪善:

> 所有这些高喊"取消了奴隶制"、"拯救了这个国家"、"保存了联邦"、"建立了同意的政府"以及"维护了国家的荣誉"的口号都是令人讨厌、不知羞耻、显而易见的欺骗——它们是如此显而易见,以至于它们欺骗不了任何人。[15]

1927年,伟大的学者A.查尔斯(Charles A.)以及玛丽·比尔德(Mary R. Beard)提出了第一个对美国历史深度研究的成果。它不仅迷惑了门外汉,也迷惑了学者。在仔细研究了有关奴隶制和内战的事实以后,他们得出了这样的结论:

> 由于废除奴隶制从来未出现在任何大政党的施政纲领之中,由于关

---

〔14〕 参见注释6、11和14。除了这些漫画家的作品以外,北方和南方的宣传员还为邮件设计了无数爱国的信封。作者和图书管理员在美国集邮协会图书馆对这些信封的审查仅披露了一些反奴隶制的信封。参见 Robert Grant, *Handbook of Civil War Patriotic Covers and Postal History*, 2 vols.(Hanover, Mass., 1977)。

〔15〕 Lysander Spooner, "No Treason", *American Issues*, p. 573.

于这一问题的选民的唯一呼吁也被轻蔑地否决了，由于共和党的代言人（林肯）明确宣布他的政党从来无意以任何形式或者方式干预奴隶制，因此，合理的推论就是在炮击萨姆特堡之前的一段时期内，奴隶问题并不是根本的问题。[16]

最后，是什么"导致"美国内战这个问题的答案取决于你对"导致"的理解。孟德斯鸠在他关于罗马灭亡的著作中说在任何国家都有一般性的原因和特殊性的原因在起作用。当一个民族因为一次战争而灭亡时，背后总有一般性的原因在起作用并最终导致这一结果成为可能。

毫无疑问，北方和南方社会存在很多冲突，直到 1860 年，都是通过和平的方式解决的，或者在没有任何解决方式的情况下只是简单容忍了下来。但是在 1860 年，南方改变了它的策略，将脱离联邦视为解决这些冲突的更好方式以及走向繁荣富强之路。你可以说，脱离联邦的行动来自他们对独立的渴望，就像今天的苏维埃共和国。如果北方的税收政策能够满足南方的要求，他们还会离开联邦吗？与奴隶问题不同，税收冲突对于双方而言都是不可协商的。安抚是北方针对奴隶制的政策；而对于规避重税的行为，运用军事力量强制执行是北方的政策。

毫无疑问，脱离联邦是导致内战的原因。本章的主题是税收是双方所考虑的最重要的因素。南方的奴隶制可以被北方容忍；南方的自由港却是北方所不能容忍的。战争是由南方的一些头脑发热之人朝着位于查尔斯顿海港的联邦堡垒开炮而导致的。战争也是林肯决定运用军事力量镇压这次起义而导致的。但是在这些暴力行为以及脱离联邦行为背后，其本身是双方都不愿意妥协的税收问题。从压迫人的税收中解放出来导致了美国革命、法国革命以及整个人类历史中数量多得数不过来的起义和叛乱。这次起义战争，正如官方的称呼那样，也有其核心，这一核心就是我们早期历史记录中的大部分起义的核心：税收。

[16] Charles A. and Mary R. Beard, *The Rise of American Civilization*, vol. 2（New York，1927），pp. 39 – 40.

第八部分
下金蛋的怪物

自从人类历史开始以来，政府就采取绕道的方式来对所得征税。事实上，大部分税收，如果不是全部的话，都是从所得中来支付的，尽管它们不是按照所得来计算的。当罗马人和埃及人从收获物中拿走一定比例时，他们就是在对所得征税，只不过他们是对估计的毛收入征税而已；这一税种不允许扣除成本和费用，也不对歉收行为给予减免税。按照现代会计方法来计算的话，10%的产品税相当于20~50%的所得税。英国早期的补贴与某些人头税一样，是与所得联系在一起的，特别是累进的那种类型。第一个所得税出现在中世纪晚期1404年。不幸的是，我们对这一税种所知甚少。一位早期的英国历史学家托马斯·沃兴汉（Thomas Walsingham，1372~1422）在这个税种出现后不久就开始写作了，因此，他的记录被抹掉了，他说这个税收应当对子孙后代隐瞒起来，因为它是一种邪恶。在国库或者财政部中没有保留关于它的任何记录，根据议会的命令，关于这一税收的每一个记录都被销毁了。另外一位英国历史学家，最迟在1803年，将其称为"没有先例的丑恶怪物"。[1]这首诗保留到了今天：

> 一个丑恶的怪物在世界上诞生了，但历史学家将其隐藏了起来，这个怪物让世界知道了什么应当做，什么不应当做。[2]

所得税再次进入英国是作为一种战争时期的税收措施而出现的，这是为了满足与拿破仑进行战争而产生的可怕财政需要而开征的。实践证明，它所带来的税收收入比想象的还要多。不久，这一税种传遍了整个世界——人们

---

〔1〕 *Historia Anglicana* (London，1422，trans. 1864)，pp. 369~70.

〔2〕 Sinclair, *Public Revenues of the British Empire* 1，p. 139.

346

发现了一个可以下金蛋的税种。所得税在全世界的迅速传播再次验证了亚当·斯密的观点："一个政府从另一个政府那里能够迅速学到的艺术就是从人民的口袋中榨取钱财的艺术。"〔3〕所得税演化成20世纪各国的实践，阐明了另外一个经常出现的历史学主题——良税变成了恶税。所得税，在19世纪的英国看起来是一个良税，它的成本很低，收益很高，对于个人自由的侵犯保持在可以忍受的数额限度内，再加上合理的公平感觉，现在却演化成了这样一种工具，如果不加约束，它很容易将一个自由的社会转变为专制国家，其中，起义、逃跑和欺诈盛行。政府针对所有公民的刺探情报工作——这是所有集权主义国家内部安全保卫机构的特征——可以在西方民主社会的税收侦查中找到自己的对应物。集权主义国家的密探关心的是内部的安全，西方的税收警察关心的是税收的安全。存在差异的仅仅是结果，而不是刺探情报的范围。

所得税的不断演化为文明提出了很多问题、制造了很多困难。我们的自由，甚至我们文明本身的未来发展都将在很大程度上取决于我们如何解决这些难题。这并不是一个独一无二的观点，我们所遇到的这种状况也不是独一无二的。它在历史上不断出现，以至于我们没有必要去进行过多评论。阿尔卡巴拉导致了西班牙帝国的覆灭，当政府最终开始纠正其税收制度产生的邪恶时，已经太晚了。欺诈的习惯在我们的社会秩序中已经根深蒂固。大部分政府都无法认识到这些简单真理的智慧：你不能制定违反文化和人类本性的法律。当你征税过多时，无法避免的结果就是起义（西班牙帝国就是葬送在起义中的）、逃走以避税（西班牙最优秀的人才逃离了母国以避税）以及欺诈（逃税采取无数形式到处都是）。增加严厉的惩罚手段来强制执行恶税只能让结果变得更糟。所得税采取的就是阿尔卡巴拉的模式，是阿尔卡巴拉在现代的孪生兄弟。阿尔卡巴拉最初带来的税收收入使西班牙成为现代社会早期的超级强国；所得税已经使美国成为我们这个时代的超级强国。

所得税有其积极的优点。它提供的财政收入使美国有能力参与20世纪的一些战争，其中一些是正义的战争，其中一些也不是那么正义。或许其最大的利益就是对于资本主义的改变。政府有能力从社会财富中攫取较大一部分，从而使用它们来纠正社会的非正义或者改进社会秩序以避免革命。

在大多数工业化国家，贫穷已经大大减少，在一些国家，根本就不存在

---

〔3〕 Smith, *Wealth of Nations*, p. 532.

贫穷。马克思主义宣称资本主义会不断增加对工人的压迫——童工、饥饿工资、超常劳动时间以及不安全的工作环境会变得越来越严重——并未过去。今天，这样的预言已经没有太大的意义。工业资本主义国家工人的生存状态超过了前共产主义国家。资本主义国家已经在不改变其社会秩序的前提下纠正了其 19 世纪制度中的缺陷。税收制约了财富在少数人手中的集聚。最富人的财产已经被打破。新法律保护工人，保证工资和工作环境。马克思主义的目标正在通过税收和劳工法实现。马克思是高额累进税收的作者，这一税收导致了革命的社会。其他什么都不需要了，当然，也不需要它带给人类的革命、痛苦和混乱。马克思主义最大的缺陷是对过分使用暴力革命的渴望。相似的，所得税最大的缺陷是对过度征税的渴望。

第 32 章

打败拿破仑的税收

现代所得税法来源于拿破仑时期的《英国所得税法》（the British Income Tax Laws），开始于 1799 年。第一部所得税法的纳税申报表与我们每年 4 月份提交的纳税申报表惊人的相似。甚至纳税申报表的清单都很类似。你可以将它们附在你的现代纳税申报表上，它们很有可能通过审计。这种所得税法已经被称为"击败拿破仑的税收"。毫无疑问，它是英国对于现代世界的财政制度所做的最重要的贡献。

对于启蒙运动的领导人而言，法国革命是一个悲惨的事件，他们曾经希望在人类的能力下运用理智和正义来治理他们自己。自法国革命以来我们已经学到了很多，其中我们学到的人部分是革命倾向于失控，经常发生的事情是用一个暴君取代另一个暴君。

法国革命政府在国民大会上失败了，它没有治理一个国家的经验。它没有钱，共识也很少——空谈理想的人到处都是，但是税收和征税官员没有。国民大会谴责盐税，但是转而要求所有人缴纳盐税，直到一个新的税种设计出来替代它。在这种自愿的盐税被驳回以后，国民大会要求所有的法国人将其所得的 1/4 捐给国民大会。由于没有税务机关，这种特别复杂的税收工具也被驳回了，连同被采纳的土地税一起。最终，国民大会决定采取亨利八世的方式盗窃教会。发行纸币，以教会土地做抵押，但是一旦这些土地被出售，政府拒绝赎回纸币。很快，这些纸币就变得毫无价值了。

财政的混乱又面临着外国的危险。欧洲的专制君主国家联合起来推翻新的共和国。由于国家处于危险境地，国民大会将政府交给了一个大胆且富有进攻性的将军：拿破仑。但是，正如现代古巴的卡斯特罗（Castro）一样，革 命的未来是由拿破仑的个性而不是由理想和原则来决定的。

一旦掌权，拿破仑就开始忽略宪法——宪法禁止进行侵略性的战争——试图完成其征服欧洲的梦想。税收是其阿喀琉斯之踵（Achilles' heel），即致命的要害。法国农民天真地相信他们是为结束税收而斗争的。随着皇帝骑着白马穿过巴黎的街道，人们用这样的语言欢呼着："不要税收，打倒富人，打倒共和国，皇帝万岁！"

当然，拿破仑不能结束税收，增加税收或者开征新税是没有问题的。最终，由于没有税收来支持，他被迫去追求其宏大的军事冒险计划。

"打倒税收"：法国革命的这句口号被证明是拿破仑最不可征服的敌人，最终导致其失败的最主要原因并不是俄罗斯的冬天，也不是滑铁卢，而是税收。这个具有很多头的税收之龙再次被描述了出来。

人头税在任何情况下都不可能被接受。它们是专制主义之轭。所得税不过是另外一种人头税。对于消费所征税收（消费税）是与税收承包制联系在一起的，它已经在革命中被取消了。最终，政府只能回到中农主义者（Physiocrat）的土地税中。中农主义者认为，所有的财富最终都来自土地，因此，只有土地应该被征税。这就意味着商业应当免于承担税收或者其他负担——我们可以称为绝对的放任主义。

除了土地税以外，一些商业税收也被开征了。店主和商人按照他们年度租金的 10% 缴纳执照税。另外还对"动产"征税。富人需要就其四轮马车、壁炉，甚至家庭仆人纳税。工人和农民很难核定税收，因此，政府每年拿走其 3 天的工资。最成功的税收是住房和窗户税，这是英国模式的，它一直持续到 1925 年。

拿破仑开征的税收中，不成功的多，成功的少。入市税，或者城市过路费，也被尝试了，但农民再次烧毁了收费站和海关房屋。盐税也开征了，但很快就取消了。"杀死征税官"仍然存在于人民的心中。

最后，借款也被否决了，因为拿破仑认为贷款人之手高于借款人之手，他并不打算向任何人低头，特别是银行家。

拿破仑所开征的基本税收作为一个整体是合理的、适当的，但是它们并不能支持他的军事冒险。拿破仑决定将其军队建立在掠夺物的基础之上，这就意味着他不能容忍失败。由于没有坚实的税收收入基础，在某个地方的滑铁卢总是不可避免的。简而言之，拿破仑的失败是由英国新发明的所得税所导致的，也是由他决定在没有适当税收制度支持的情况下从事军事冒险所导致的。几乎任何一个坚实的税收制度都会最终击败拿破仑。

最初，英国决定用传统税收来支持战争，如消费税、进口税、继承税、土地税和关税。但是这些税收并不够，而且它们已经扩展到了极限。财政部的智囊们开始寻找新的税收工具。

消费税并不是答案，因为它们是在错误的地方——消费——对商业征税的。英国大部分商业财产控制在生产者的手中，而非消费者手中。税收应当落在生产者身上，但不能是他的资本。因此，所得税是唯一的选择。

我们可以说，所得税是从侧门中走出来的。皮特引入了一系列小的税种，被称为三重核定，它对任何事物都征税，从头发粉到衣袖的外套。一位英国作家将这种核定称为"在我们的税收历史中无与伦比的财政败笔"。这种所谓的财政败笔伴随着一个独特的附加条件，它给纳税人提供了一个选择权，可以缴纳最高 10% 的累进所得税以代替缴纳这种核定。为了开征所得税，政府宁愿放弃这种核定，并将所得税作为备选方案。皮特不可能知道，他当初附属在他的核定之上的所得税将会成为现代社会最重要的税收发明；在不到 100 年的时间里，它将被世界上的每一个主要国家所采纳。

皮特的所得税原计划在战争结束后的 6 个月内被取代。但是，到 1816 年，这一税种已经运行了超过 15 年，政府的很多税务官员希望这一税种能继续存在下去。但是大部分英国人憎恨这一税种，比政府想象的要严重。反对

352

这一税收的领导人在平民院中总结了英国人民的心情：

> 它所造成的伤害远大于它所提供的税收收入，他必须承认，它的确是一个最有效率的税收。他希望整个国家能够像一个人那样站起来反对它……官僚机构的权力延伸到每个人的日常生活之中，这是所有拥抱专制和暴政的先声。[1]

WE ARE THE ASSESSED TAXES.

> "我们是核定税收。"1797 年 12 月。不受欢迎的客人用身体的形式向约翰牛（John Bull）自我介绍。他惊讶地问，同时也非常恐慌："你们想要什么，你们这些魔鬼？你们难道还没有把我折磨够吗？我猜想这是很多扒手的工作吧？"魔鬼们彬彬有礼地回答："尊敬的阁下，我们是核定税收。"真正的魔鬼，正如英国人即将发现的，是这部税法中包含的可供选择的所得税。

这一税种被大多数赞成票给废除了，其中还规定销毁政府关于这一税收的全部记录，就像 1404 年的所得税一样。销毁税收记录，就像死人一样，不会撒谎了。

对于英国第一次所得税制度的销毁还有一个奇怪的但尚未得到解释的历史孪生兄弟。所得税大臣在财务法院保留了一份所有税收记录的复制本，它没有被销毁，尽管据报道事实上就是这个大臣点着了烧毁税收记录的大火。

---

〔1〕 Sabine, *A History of the Income Tax*, pp. 42～43.

　　关于报纸税的漫画表现了一张有 10 英尺长的报纸，这是一种减少纳税的方法，因为报纸税是根据报纸的页数来征收的。今天世界上的报纸继续保留很大的纸张，其最初是为了避税的。

没有人知道他为什么有意保留一份完整的税收记录。他为什么为一件与他没有什么关系的事情而冒丢掉工作的风险？做这件事情是根据首相的秘密命令而进行的吗？我们永远也不会知道了。

必须等生活在皮特所得税制度下的那一代人都去世以后才能重新引入这一税种。在这期间，无数小的税种给社会带来了沉重的负担。英国的税收政策必须从寻找适当的税收转向对能够看得见的一切事物征税："承担无数个很轻的税种，加在一起就非常沉重。换句话说，应当尽最大的力气避免……税收的简化。"

这一时期所征收的不寻常的税收之一是"对知识征收的税"，这是一种报纸税，目的是约束新闻媒体。自从沃波尔时代开始，报纸就开始自由地批评政府，政府不能直接约束新闻媒体，但是它可以对反对政府的新闻媒体征税直到其闭嘴。一个印花税就关上了大部分反政府报纸的大门。上层社会的报纸也要纳税，但是它们仍然在经营，因为它们的读者负担得起。因此，通过税收政府可以间接实现其不能直接实现的目标——封锁改革者和批评者报纸的言论。

这种做法在今天是很常见的，而且这种状况已经持续一个世纪以上了。南方的人头税禁止黑人投票好多年。祖胸的女服务员、拍卖行或者任何其他经营项目都可以通过重税让停止经营。美国国会开征了一种大麻税来限制抽大麻烟的行为。一天，在旧金山（San Francisco），一个年轻人到国内税收署总部去缴纳这种税。在等待了很长时间以后，一位发怒的国内税收署官员让他离开。国内税收署并不适合征收这种税，它只会起诉那些没有纳税的人。

随着时间的发展英国的商业利益集团开始抱怨这些无数的税收给商业造成的压迫性效果。一种新的税收哲学开始发展起来，不应当征收不能带来实质性税收收入的税种。由于所有的税收都会伤害某些人或者某些商业活动，因此，只有那些能够带来税收收入的税种才具有正当性，换句话说，国家应当开征最少数量的税收并带来最大数量的税收收入。1842 年，当罗伯特·皮尔（Robert Peel）爵士采纳了一种现代的、固定 3% 税率、在源泉扣缴的所得税时，这种哲学最终占了上风。税收记录应当是秘密的并且建立了一个特别委员会来确保个人隐私。皮尔说：

> 你必须或者选择直接税或者选择间接税，它仅仅是一个不同邪恶之间的互相比较而已。我从来不否认一个好的交易的麻烦之处是由为征收所得税……而进行的调查所导致的……因此，一定程度的审问监督应当

355

独立于所得税。[2]

1842 年的所得税将在 3 年后被废除，那时政府税收收入预计可以实现收支平衡。不幸的是（或者幸运的是），所得税所提供的税收收入超过预计收入的 50%。皮尔发现了一桶黄金；它被废除的机会微乎其微；事实上，它从来没有被废除过。商业也喜欢它，因为它除去了那些伤害商业却仅带来极少收入的无数小税种。

威廉·格莱斯顿（William Gladstone）紧随皮尔，安排了决定性的程序来废除所得税，但是像皮尔一样，他无法找到一个合适的替代方案。格莱斯顿认为这一税种作为一种永恒的税收手段是不可能获得合法性基础的，尽管它具有提供税收收入的潜能：

> 公众对其不平等的感觉是一件最重要的事实。它所必需的调查是其最严重的缺陷，它所导致的欺诈也是一种邪恶，就像不可能用准确的术语来描述它一样。[3]

格莱斯顿也将税收视为上帝对战争的制衡。人类是具有战争倾向的动物，但是人类厌恶税收，而战争就意味着税收。只要税收重重地落在人民的身上，战争就可以被避免。

到 1875 年，与格莱斯顿的意图相反，所得税已经变成英国人生活的永恒组成部分。格来斯顿说，应当对这一问题负责的被告是"公共开支"以及政府节俭精神的抛弃。议会的成员更热衷于花钱，而不是发展一个适度的、公平的税收制度。

自由会遭受重税的损害，因为巨额税收收入的征收需要一支拥有巨大权力的税务官员队伍。在这种情况下，开支的喜悦导致政治家们倾向于支持给他们的面包抹上奶油的税务官员，而不是生产奶油的纳税人。格莱斯顿的面包和奶油的分析精确地指出了我们当代改革者所面临的问题。

所得税已经变成了一个巨大的妥协税，即使它最初并不是在一种妥协的气氛中被开征的。18 世纪的政治家和哲学家们不断斗争，力图找到最正当的税收模式。在 17 世纪和 18 世纪，最大的问题是"同意"。但是同意并不能保

356

[2]　James Coffield, *A Popular History of Taxation* (London, 1970), p. 108. 参见 Charles Mackay, *Life and Times of Sir Robert Peel*, 4 vols (London, 1850), vol. 4., pp. 305～42.

[3]　Francis W. Hirst, *Gladstone as Financier and Economist* (London, 1931), p. 148；同时参见 Edwin Seligman, *The Income Tax* (New York, 1970, reprint of 1914 edition), p. 153.

DARING ROBBERY OF AN OLD GENTLEMAN NAMED "BULL,"
By the Aid of Chloroform.

约翰牛，由于废除了窗户税而被"用氯仿麻醉"，而其钱包却被皮尔的
所得税掏空了，取代窗户税的正是所得税。

证公平——这是 18 世纪痛苦的教训，那时，在议会中盛行的阶级福利超越了
税收基本权利。在法国，君主是最高的，这一阶级的福利也盛行于国王的法
院之中。两套制度所产生的税收，一方面让部分人背负沉重的税收负担；另
一方面却免除了另一部分人的税收负担。

到 18 世纪末，启蒙运动的哲学家们转向了古希腊的观念，正义的税收必
357 须在税收收入和国民财富之间保持一定比例，只有穷人可以免除纳税义务或
者承担较低税收负担。没有其他的免税政策。这一理论听起来合理，但是存
在很多无法克服的征管难题。为了适当地核定财产税而必须对隐私权进行一
些侵犯，在一个浪漫地热爱自由的社会，这是无法接受的。现代壁炉税被称
为奴役，当税务检查员只是要求进入建筑物中去计算壁炉的数量时，这几乎

导致英国发生革命。在严密的限制条件下对所得进行严格监管，毫无疑问，这是任何政治家都不敢在英国主张的政策。在法国，同样没有政治家敢走那么远。断头机始终为不受欢迎的征税人员准备着。寻找正义税收的脚步停了下来。税收政策制定者变成了实践家。税收是否会伤害商业？它能否被人民接受？主导税收政策制定者的是这些问题，而非哲学的理念，直到今天依然如此。

所得税不仅是财产税的一种妥协形式，它也是重农主义土地税的一种替代方案。国民的所得比土地能更好地测量国民的财富。土地忽略了商业、货币、私人财产以及来自劳动和服务的所得。所得税仅仅忽略了非产生所得的财产。但是这不是一个严重的问题，没有人会为了避免10%的所得税而故意购买财产。换句话说，没有人会愿意为了节约10分钱而放弃90分钱；所得税的拥护者是这样辩护的。

所得税还存在商业利益。所得税是增加关税、消费税和印花税——商业在自然负担——的替代物。尽管有很多不完善之处，所得税是至今所设计出的最好的税收形式。最后，随着时间的流逝，早期批评者的担心被证明是没有根据的。1911年处于领导地位的经济学者塞利格曼（Seligman）教授在其关于所得税的经典研究中指出，过了100年以后，所得税从来都未超过6%，"早期关于这个税种具有爱打探别人隐私的抱怨几乎已经完全消失了"。〔4〕但是在1911年，人们怎么能预见到其他的情形呢？

19世纪，德国各州也在尝试征收所得税。与英国不同，普鲁士的制度号召纳税人到主管税务机关面前进行核定。所有的纳税人都必须声明和缴纳他们的税款。普鲁士的监管是如此广泛，以至于一位德国立法议员宣称："这个国家被完善的间谍制度统治着。"但是普鲁士的压迫与民主的西方没有什么关系。塞利格曼将普鲁士的制度视为脱离正道的畸形制度。这种间谍制度"在几乎任何其他地方都是行不通的……没有哪个地方的人民在面对官员时会如此恭顺。世界上任何其他国家都不可能实施我们所熟悉的在普鲁士实行的这种间谍程序"。〔5〕

几年以后，在美国处于领导地位的税收专家的这种观点就会与世界上几乎每一个所得税制度的发展过程相反。拿破仑时代，那些危言耸听者最坏的担心已经成为过去。英国的适度所得税法的精神将会变成过时的和不起作用

〔4〕 Seligman, *The Income Tax*, p. 216.
〔5〕 Ibid., pp. 271~72.

德国人喜欢描绘纳税人被某种或者其他形式重压的漫画。这幅漫画所涉及的是德国在 19 世纪开征的最高税率为 8% 的所得税。纳税人所感受到的税收负担更多来自税收征管的方式，而非税率。

的；而普鲁士所得税法的精神会迅速影响地球上的每一个高税负国家。简而言之，英国人发明了我们现代所得税法的形式，但是普鲁士人却给了我们它们现在运行的肌肉。

359　　法国的所得税历史紧跟着一个与英国不同的过程。即使所得税是打败拿破仑的税种，直到第一次世界大战中期，法国才开始考虑英国人的所得税制度。主要的原因可以追溯到法国大革命，这是一场扎根于腐烂税收制度的革命。这场革命最坏的地方就是它采取了过时的砍头方式，精神变态狂指挥着具有杀人倾向的怪物，它所导致的对邪恶税收制度的强烈憎恶延续了100年。

一百年以后（1967年），德国纳税人再次被巨大的压力碾碎。德国读者应该能够认出拿着桶的是总理基辛格（Kiesinger），转动螺杆的是财政部长斯特劳斯（Strauss）和经济部长席勒（Schiller）。这幅漫画的标题是："等着，你会看到第二次经济奇迹。"

整个19世纪，法国人在辩论、提议、讨论和诅咒着所得税。累进税率的思想就是一个非正义的暴行，他们不会接受它；这个税种所要求的调查制度更是一种暴行，这也是他们所不需要的。因此，无论这个税种能够带来多少税收收入，如果开征这种税收，就会击败法国大革命所追求的目标。

在法国大革命和拿破仑之后，法国的确有一些种类的所得税，但是最重要的是，他们有一些税收原则是必须遵守的。所得税应当遵守以下原则：

1. 征税对象必须是事物，而不能是人。

2. 只要有可能，它必须是估计的所得税。应税所得并不是准确的或者真实的所得，而是一个中等的所得，是一个给定的财产或者一个给定

360

的经营项目在一定期间的平均所得。

3. 应税所得应当通过外在表现形式（它们看起来有多么繁荣）来确定，换句话说，应当是推测的所得。提前声明你的所得，然后再配以惩罚条款的思想是法国人难以容忍的，这是对公民自由的侵犯。

简而言之，这一税收制度包含了强烈的个人主义思想，这一思想是建立在法国大革命的理想基础之上的。这是一个为小型经营者或者中小规模的制造商和贸易商的国家设计的税收制度，在这里，每个人都用壁垒坚实地围住他的农场、店铺或者经营项目，小心翼翼地守护自己的权利并将国家视为敌人。最重要的是，它涉及税务官员与纳税人之间的最低程度的合同，并将最大的自由留给了后者。长达一个世纪，直到第一次世界大战产生了巨额需要，法国事实上才做了在通常情况下不可能做到的事情——他们将税收制度隶属于自由。伟大的战争结束了一切。到战争结束之时，法国人已经将他们的所得税变成了英国式的所得税通常所要求的"清单"模式。

正是在这一反所得税时期，法国才开始转向美国的自由状态。在那一时期，美国人和法国人都将检查式的所得税视为对自由的诅咒。我们可以设想，如果美国在 19 世纪就开始采取与我们今天一样的检查式所得税，法国人还能在那时创造这样一份礼物吗？

第33章

掠夺与盗窃的脚手架

> 如果从1%到80%的累进制度不是"掠夺与盗窃的脚手架",那
> 么我想知道它到底是什么。
>
> ——詹姆斯·科菲尔德（James Coffield），
> 《广为流传的税收历史》（*A Popular History of Taxation*，伦敦，1970年）

1894年或许是文明史上最重要的纳税年度。英国开征了新的具有累进税率的死亡税，美国开征了所得税。英国的累进税率很快适用于世界各地的所得税。文明的征税习惯永远不会重复。在美国，所得税和财产税很快就会让社会革命化。真实的1894年与奥威尔（Orwell）虚构的1984之间的联系不仅仅是数字的转化。如果奥威尔的社会与其神通广大的独裁老大哥来到西方文明社会，那个怪物的根有可能伸到1894年的税法之中。

关于死亡税收，我们有两个区分明显的形式——继承税和遗产税或者死亡税。遗产税是针对死者的遗产征收的，几乎不考虑受益人。相反，继承税看到了受益人，根据他们与死者的亲疏关系按照不同的税率对他们征税。

现代的继承税来自荷兰，他们学习罗马人设计了他们的税收。儿童和妻子免税；兄弟按照5%的税率纳税；更远的亲属税率会进一步增加。陌生人要缴纳30%的税。荷兰式的继承税被英国人复制后用来为反对美国独立的战争提供资金支持。英国首相诺思（North）勋爵是亚当·斯密的追随者，斯密支持继承税。议会将遗赠给兄弟的税率固定为2%，将遗赠给陌生人的税率固定为6%。这一税种仅仅适用于个人财产的遗赠，而不适用于不动产，因此，它有时也被称为遗赠税。后来，儿童按照1%的税率征税，其他人的税率也有所增加，陌生人适用10%的税率，这是税率表的最顶端。值得注意的是，这种

模式被美国大部分州的继承税法几乎一字不差地复制了过去。在美国以外，继承税的重要性比较复杂。很多国家，如加拿大和澳大利亚已经放弃了它们。

遗产税在中世纪比较普遍。25%的遗产税主要用来对付富裕的犹太人。农民要将死亡家庭成员最好的耕牛给他们的领主。正如我们所看到的，耕牛通常会返还给农民，作为一种友好的姿态以及共识。在中世纪，贵族的继承人要将其继承土地一年的所得缴纳给国王。反过来，国王赠与继承人贵族的身份。

现代遗产税起源于英国。这一税种可以追溯到1694年《印花税法》。法律文件要缴纳印花税，这也包括遗嘱执行人的"委托书"。"遗嘱委托书"是遗嘱认证法庭根据遗嘱的指示发放给每一个遗嘱执行人的文书。遗嘱执行人必须在其遗嘱委托书上粘贴印花税票。1853年，格莱斯顿试图通过将遗嘱执行人的印花税变得能提供更多税收收入和更加公平而取消所得税。到1881年，遗嘱执行人的印花税变成了遗产税。根据新税的要求，应当按照遗产的价值缴纳3%的税。不动产是按照其租赁价值而非真实价值来评估的。征税范围扩展到信托、联合继承遗产以及终身财产权。在进行这些改变以后，它离现代遗产税仅有一步之遥。

1894年，威廉·哈考特（William Harcourt）爵士完成了格莱斯顿开创的事业。所有的财产都按照其价值核定，按照从1%到8%的累进税率征收遗产税。哈考特遗产税的基本模式没有发生变化并且已经复制到了美国。美国现在的最高税率是55%，这一税率甚至比英国的税率还高。对于顶尖级的富人而言，这种直接的财产税是狰狞持镰收割者 *。巨额财产能够生存下来的唯一方法就是细致的遗产税筹划。在欧洲，富裕的英国人将其住所搬到避税港，例如，泽西岛（Jersey）或者摩纳哥（Monaco）。在美国，私人基金是一个很好的选择。基金允许巨额遗产的继承人为公益目的管理遗产的收益，他们在管理这些基金和财产时有很大的自由和裁量权。1969年，国会要求私人基金按照公共慈善团体那样运行。国会同时制定了详细的规章和税收惩罚措施来防止基金变成家族的表演。建立了私人基金的美国顶尖级富人发现他们自己走入了圈套。在避税港的富裕欧洲人对他们所有的家族财产都有绝对的所有权，而富裕的美国家庭由于相信国会的仁慈而失去了一切。

拿破仑时期，英国的所得税实行的就是累进税率。当皮尔和格莱斯顿恢

363

---

　　* 即死神形象。——译者注

复所得税时，他们对每个人都适用单一比例税率；否则，这部法律永远不会通过。他们通过在一切可能的条件下实行源泉扣缴制度而降低了这一税种的征管给纳税人带来的痛苦。当哈考特要求对遗产税实行累进税率时，议会提出的问题是：受人尊敬的首相难道想要在所得税中也引入累进税率吗？哈考特回答说不——而且特别强调了不！源泉扣缴的所得税占到所有所得税的75%，这一制度取消了在所得税征管中内含的大部分邪恶。如果税率是累进的，源泉扣缴的优势将不复存在：

> 没有刺探每个人生活方式和方法的制度。你并不要求查看他的现金账簿或者他的存款记录，在大多数情况下，是在所得到达他手中之前将税款扣缴下来……确定每个人各种来源的所得所需要的刑事惩罚手段以及令人厌恶的调查措施会使所得税的征管如此令人憎恶以至于危及这一税种本身的存在，在各种环境下，维持这一税种都是不可能的。

哈考特对平民院的回答降低了他们关于累进税率有可能适用于所得税的担心。对于遗产税而言，累进税率并不涉及额外的调查或者"审讯式刺探"。即使如此，累进税率仍然遭到了前任财政大臣的强烈反对，他用这样的语言来谴责这一思想：

> 但是，你到哪里去找关于什么是正确的标准……我认为不同议会会有不同的标准，少数派和多数派也会有不同的标准；这样，税收的原则将取决于公众意见的变化，而不取决于内含于我们财政学的税收公平……我很担心这种累进税率会变成一种掠夺与盗窃的脚手架……很有可能在非正义之后再强加非正义，因为没有标准来引导你——在税收的道路上，没有路标可以设置。[1]

1910年，当劳埃德·乔治（Lloyd George）说服议会引入了"附加税"以后，对于累进税率的抵制终于屈服了。这种附加税设立了一个特别委员会，对于超过5000英镑的所得征收。税率非常适度，只有百分之几。乔治在平民院演讲时说，富人不会在意，而且"对于这一提议并不存在真实的怨恨……我们没有让它成为压迫性的。我们让它变得非常公平。累进的程度非常缓和"。[2]

〔1〕 Parliamentary Debates, 16 April 1894, 4th series, vol. 23; James Coffield, *A History of Taxation* (London, 1960), pp. 140~41.

〔2〕 Seligman, *The Income Tax*, pp. 210~11.

这样，到 1910 年，英国所得税已经演化成了它们今天的模式，这种模式已经传遍了整个世界而未发生实质性的变化，唯一的变化是越来越复杂，累进的程度越来越高，直到"非常缓和"的累进税率变成了"野蛮剧烈"的累进税率，同意变成了敲诈勒索。简而言之，哲基尔医生（Dr. Jekyll）已经变成了哈德先生（Mr. Hyde）。*

1894 年，国会开征了所得税，也是开征哈考特遗产税的同一年。为和平时期的所得税进行斗争的美国人拥有一个英国人所不具有的超级武器——他们的宪法站在他们这一边。

美国的第一个所得税是在内战期间开征的，正如我们所指出的，战争结束以后，它就被取消了。19 世纪 80 年代，在农民和工人之中开展了一场民粹主义运动，他们反对高关税，因为它提高了价格、伤害了消费。高关税的替代物就是英国式的所得税。反对所得税仅仅是感情上的。著名的约翰·斯图亚特·穆勒——他在美国与在英国一样受人欢迎——说，这个税种是"抢劫的温和形式"。两位国会议员指责这个税种是"因为富人富而惩罚他们"，它可以"按照拦路抢劫的强盗为自己的行为辩护的方式来为自己辩护"。另外一个人说，所得税是"由教授用他们的课本设计的，由社会主义者用他们的阴谋设计的，由无政府主义者用他们的炸弹设计的"。这些严厉的语言并不是没有道理的。卡尔·马克思是高累进税率的所得税的坚定拥护者。

1894 年的所得税法对超过 4000 美元的所有所得按照 2% 的税率征税，1894 年的 4000 美元相当于今天的 80 000 美元。结果，98% 的人是免税的。这部法律立即在法院里遭到攻击和挑战。不到 1 年，这个问题就在波洛克诉农场主贷款和信托公司（*Pollock v. Farmers Loan and Trust Co.*）一案中摆到了最高法院的面前。听证和再听证的报告几乎占据了最高法院报告的一整卷。它是这一时期被谈论最多和最经常被庆祝的案例。在法庭的最后陈述部分，一位律师用这样的语言总结了这一案件的重要性：

> 我们这个法庭中没有一个人可以活得足够长以至于他能够聆听一个其所涉及问题的重要性超过这个案件的另外一个案件，它所涉及的问题是保护基本的财产权和法律面前的公平权，保护美国人民依赖《宪法》

---

* 《化身博士》（*The Strange Case of Dr. Jekyll and Mr. Hyde*）是苏格兰作家罗伯特·路易斯·斯蒂文森在 19 世纪 80 年代创作的一部脍炙人口的经典小说。故事的主人公是善良的哲基尔医生，他将自己当做实验对象，结果却导致人格分裂，夜晚会变成邪恶的哈德先生。《化身博士》曾经被拍成电影、音乐剧以及游戏作品，流传十分广泛，"哲基尔和哈德"也成为"双重人格"的代称。——译者注

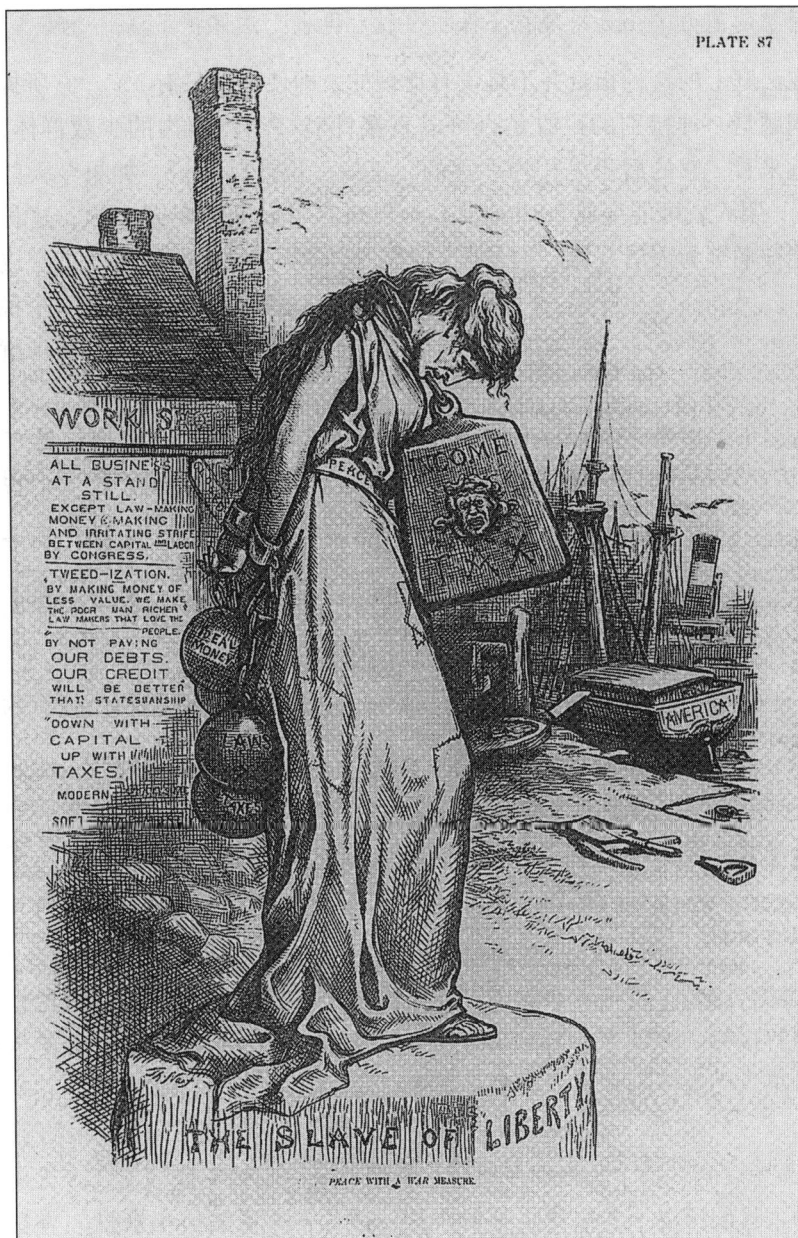

1878年《哈柏杂志》上的一幅漫画，它激烈地攻击了在美国内战后提议的所得税法。漫画家表现了自由女神脖子上挂着沉重的石磨以及"奴役"纪念章，借用了孟德斯鸠的《论法的精神》中的思想。

保护的能力……如果现在不保护，以后再也无法保护了。[3]

在法庭上的这种指责并不是没有道理的，即使税率只有2%。它所提出的核心问题是一种特别的税收是否可以直接针对一个国家内的少数群体征收。从长远来看，它的后果是相当严重的。正如一位律师所说，如果今天的税率是2%，明天就可能变成20%。没有人预测它明天可能变成91%；这种观点有可能被嘲笑为诉诸荒谬。但是能够带来巨额税收收入的税法就有变成荒谬的倾向。另外一位律师说："我们所讨论的基本原则是美国是否是一个税收公平的乐土。"因为，一旦你决定多数人可以对少数人征税，再倒退回来就已经不可能了。

法庭中的多数法官认为，这个案件的技术问题是所得税是否是"直接税"，因此，是否应当根据人口在各州之间进行分配。对不动产征收的税收是直接税；因此，对不动产的所得征收的税收也应当是直接税，这样就使整部税法违宪。

公平的问题也进行了讨论，但是并未对其进行判决。多数法官认为，缺乏一致性和公平性的税收是在缺乏正当法律程序的前提下拿走财产。菲尔德（Field）法官就公平问题对案件进行了判决。98%的人免于纳税是任意的，缺乏正当性，他说：

> 这种偏袒没有体现出任何公平；它缺乏合法税收立法的外表……根据睿智和合宪的立法，每一个公民都应当贡献出他的一份财产来支持政府，无论这一份的数额是多么小，怂恿我们公民中的任何人逃避这一义务都不是仁慈。[4]

大法官约翰·哈伦（John Harlan）发表了不同意见支持这一税种；它根本不是直接税。他认为，4000美元的免征额并不是没有道理的，但是他也提醒，如果它失去控制变成"在税收伪装之下的"立法者的脚手架，它是不能成立的。[5]哈伦说，免除纳税义务是"危险的"，也是"最容易招致反对的"。毫无疑问，整个法庭都在履行其严格审查税收的宪法职责。今天，这已经成为古代的历史。菲尔德法官对税法的评论——税法应当来自"睿智和合宪的立法"——已经被卡特总统的不证自明的评论——《国内税收法典》是

---

〔3〕 157 U. S. 429，543（1894）.

〔4〕 157 U. S. 429，596.

〔5〕 158 U. S. 675.

1894年的所得税法不仅在法庭中被攻击，它也被富人规避。这幅1895年的漫画表现了美国3位最富的公民被带到了国内税收署的窗口前，他们的口袋中装满了避税的钱。海蒂·格林（Hetty Green）被认为是世界上最富的女人；她在纽约证券交易所有一个席位。罗素·赛奇（Russell Sage）和乔治·古尔德［George Gould，简·古尔德（Jan Gould）的儿子］是铁路巨头以及精明的股票商人。

"人类的耻辱"——所代替。

所得税的支持者通过州立法机关推动了《宪法第十六修正案》（the Sixteenth Amendment），这一修正案授予国会不需要在各州之间进行分配的征税权。之所以要通过新的修正案是因为人们确信这一税率永远不会超过百分之几。随后不久，奥利弗·温德尔·霍姆斯（Oliver Wendell Holmes）作出了他的著名言论，他喜欢纳税，因为"我用它们购买了文明"。首先进入到我们头脑中的问题就是，他购买的是什么样的文明，价格是多少？当时的税率从1%到10%。霍姆斯用这些税收购买了一个非常稳定的文明的以及没有用巨大的侦查网络来征税的政府。当时的所得税是一个非常光荣的制度，其税率对所有人都是公平合理的。今天的美国不仅试图成为世界警察、进行进攻性战争，而且它也试图不断征税和开支直到它死亡。霍姆斯用他缴纳的税款进行了一笔不错的交易——难怪他喜欢纳税。

霍姆斯并不是喜欢纳税的第一人。当第一部所得税法制定时，有些人即使什么都不拥有也去纳税。他们想承担一些他们所享受的政府成本。当然，我们所讨论的是1%的最低税率。[6]下面刊登在《生活》（*Life*）杂志上的漫画表现的是第一个纳税申报之日。

所得税法就是"规律"，正如《生活》杂志的漫画所揭示的。

富人没有太高的热情。他们是目标，就像处于屠宰房的动物一样，他们可能已经感觉到了，如果不受任何控制，累进税率将很容易导致合法敲诈勒索的结果。1894年，《时代》杂志在评论亚当·斯密的《国富论》时说："当数学上的比例规则被打破，敲诈勒索的大门就打开了。"下一页来自衣阿华州（Iowa）报纸上的一幅漫画讲的就是这个道理。

令人憎恶的任意

一旦你放弃了按照相同的比例从每个人的所得或者利润中征税的基本原则，你就处于一个既没有船舵也没有罗盘的大海上，没有什么非正

---

〔6〕 Nancy Shepherdson，"The First 1040," *American Heritage*，（New York，March 1989），pp. 101～5.

　　最初，所得税是针对富人阶级的立法，正如这幅 1914 年衣阿华州首府得梅因的漫画所清晰描绘的那样。随着时间的流逝，它再次验证了古老格言的真理性：当你挖个坑让你的邻居掉进去时，你很有可能自己也掉进去！

义或者愚蠢的事情是你不会做的。[7]

当麦迪逊在《联邦党人文集》第10篇中预测在民主社会中，多数人会对少数人征税时，宪法制定者认为他们已经通过宪法的分配条款和一致性条款防止了这种老生常谈的邪恶的产生。麦迪逊的结论——学者们从来没有引用过——是："多数人……必须被设计得……无法协商一致达成并有效执行压迫少数人的计划。"或许没有任何压迫少数人的计划能够比迅猛发展的累进税率更有效了。我们最初在1916年的7%所得税率在接下来的30年中已经提高到了90%，如果真的有哈伦法官所说的"在税收伪装之下的"立法者的脚手架，这就是。之所以会这样就是因为税法的制定者不受宪法标准的约束——他们变成了一艘没有船舵的轮船，他们所可能从事的非正义和愚蠢的行为是没有限制的。累进税率的早期批评家已经变成预言家了。

19世纪在法国处于领导地位的政治领导人路易斯·梯也尔（Louis Thiers）说："在这里我意识到一个原则。比例是一个原则，累进只是一个令人厌恶的任意。"[8]这一时期的另外一位批评家用简单的语言来阐述了这个问题："如果一位面包师或者一位食品杂货商或者一位任何其他商人所要求的是相同的公共产品，但其价格却随着购买者财产的多少而发生变化，你会说什么？"[9]

为了使用更加具有泥土气息的语言来深入探讨这一问题，美国内战时期的一位国会议员在关于税收的辩论中这样说道："税收非常像一个人鼻子上的疮。他整天抱怨这个疮的存在，他的朋友问他：'你想让它长在哪里？'他想了一会，然后回答说：'好，我希望它长在其他人的背上。'"[10]

过去5000年制造税收的历史可以用一句简单的话来概况：我可以将我身上的多少税收转移到其他人的身上？为了防止这种现象的发生，现代早期的政治思想家们在通过同意的税收中找到了答案。坦白地说，对任何阶层的纳税人征收90%的税收都没有什么问题，只要他们作为一个阶层同意了，因为存在一个作为规律的格言：自己同意的事情不会伤害自己。几个世纪以前，对犹太教徒征税的税率是对基督教徒征税税率的4倍也没有什么问题——只要犹太教徒自己同意（事实上他们并不同意）。事实上，是基督教徒代表犹太教徒同意了。代议制民主的基本原理就是代表们必须接受他们施加给人民的

---

〔7〕 J. R. McCulloch, *Taxation and the Funding System* (London, 1845), pp. 141~43.

〔8〕 Coffield, *History of Taxation*, p. 251.

〔9〕 Ibid.

〔10〕 Randolph E. Paul, *Taxation in the United States* (Boston, 1954), p. 26.

任何负担。我想，如果每一个国会议员都必须按照他们所定的最高税率来纳税的话，税率会变得多么公平啊！

那么，应该怎么做呢？由最高法院来批准累进税率吗？他们在诺尔顿诉莫尔（*Knowlton v. Moore*）一案中就这样做了，他们用这样的语言讨论了立法者的脚手架的问题，或者"用支架支撑脚手架"的问题：

> 如果征收累进税收的权力被肯定，它所断言的严重后果一定会在未来出现，这涉及这一断言最根本的方面，即自由和代议制的政府是一个失败，权力最大程度的滥用是可以预料到的。[11]

371

这一经常被引用的论断在历史上并没有根据。它代表了儿童对于民主过程的看法。将这一观点与19世纪早期美国顶尖级的法律学者詹姆斯·肯特（James Kent）法官的观点进行比较，他在1821年纽约州制宪大会上对代表们发表的演讲中警告他们注意民主过程中内在的关于税收的危险。他说，在民主社会中，存在这样一个倾向：

> 侵害财产权以及自由的原则……自由，正确地理解，是难以估量的祝福，但是没有智慧的自由，其非正义胜过野蛮的放荡……我们不得不担忧对少人数的压迫、侵犯私人权利的倾向……以及削弱、腐蚀和吓倒正义的管理；我们不得不担忧建立一个不公平的，因此也是非正义的税收制度，担忧粗野和反复无常立法所产生的所有邪恶。[12]

随着20世纪累进税率的到来，所有这些担忧都已经成为过去了吗？这不正是最高法院对5000年有记录历史的观点吗？是针对税收立法过程中阶级政策的现实吗？是麦迪逊所断言的在税收立法过程中存在一个内在的"情绪"让"多数党派去践踏正义的规则"吗？[13]

并非所有的正义都是如此天真幼稚的。大卫·布鲁威尔（David Brewer）法官是一致性的坚定拥护者，他认为这一原则应当适用于税率和百分比之中。

---

〔11〕 *Knowlton v. Moore*，178 U. S. 41，109（1899）．这一论断与美国社会最受尊重的学者在19世纪得出的结论是背道而驰的。Alexis de Tocqueville 所著的 *Democracy in America*（New York，1838）将"多数人的暴政"视为我们最大的缺点。50年后，James Bryce 所著的 *The American Commonwealth*（London and New York，1888）也持这一观点，他甚至精确地指出税收将是这种暴政最有可能出现的领域之一（第 XV 章）。这些著作从那时到现在一直在出版发行。

〔12〕 N. H. Carter，W. L. Stone，and M. Gould，*Reports of the Proceedings and Debates of the Constitution of 1821*（Albany，N. Y. ，1821），found in *American Issues*，vol. 1，pp. 198～201.

〔13〕 *The Federalist*，No. 10.

他持不同观点。他的观点在一年前的一个继承税案件中已经表达得很清楚:
"在特定的条款中,税收必须是一致的,在宪法要求的意义中,它是一致的,
如果把它设计成所有的美国人都承担相同比例的负担。"他说,累进税率是邪
恶的,因为它创造了一个"不平等的税收,因为不是按照遗产数额的比例来
征收的;它之所以不平等是因为它是建立在对财富完全任意的分类的基础之
上的——这是一个直接和故意被设计得不平等的税收。"布鲁威尔法官作出了
进一步的,也是最令人迷惑的结论:法庭的大多数法官"勉强承认如果这是
一个对财产所征收的税收,这种税率的增加是不能成立的"。[14] 因此,1898
年,最高法院已经对继承税之外的累进税率进行了判决。

最高法院法官大卫·布鲁威尔,他是认为累进税率违反宪法关于一致性和平等性要求
的现在还活着的最后一位法官。

《宪法第十六修正案》之后通过的第一部所得税法采取了较低的累进税
率,最高是7%。正如人们所预料的,合宪性的问题很快就到了最高法院的面
前。法庭使用了一个"小笑话"的方式来处理这个问题。认为所得税中的累

---

[14] *Magoun v. Illinois Trust and Savings Bank*, 170 U. S. 283, 301 ~ 3 (1898).

进税率违宪的观点没有任何价值，它们"纯粹只是想要一个推理的根据"。[15]一旦法庭的判决作出以后，法律学者们就开始抨击法庭的观点。他们对于法庭可以这样轻易处理他们认为应当是这个民族历史上最重要的税务案件——很有名望的《耶鲁法学评论》（the Yale Law Review）说"这是一个非常重要的问题"——而目瞪口呆。"在很多律师看来，所得税法的特征违反了平等原则，这一原则要求所有的应税所得，就我们所讨论的数额而言，应当给予类似的对待。"[16]

法庭的捍卫者提出了怀旧的逻辑，这一特别逻辑也是几年前支持隔离主义者所使用的。"隔离但平等"这种假冒伪劣的概念使隔离与平等相容，现在"负担平等"的假冒伪劣概念又将累进税率变成平等的了。如果，根据累进税率，国家将一个人所取得的超过基本生活费的所有财产全部没收，这会使他与那些仅仅挣得维持基本生活费且不纳税的人平等。最终，每个人都因为被降低到贫困的水平而平等了。

最高法院的判决非常引人注目，不仅是因为它拒绝真正面对宪法原则所要求的平等和一致的问题，而且因为很多州的法院判决都否决了累进税率，正如《耶鲁法律杂志》（Yale Law Journal）和其他法律学者所指出的。[17]40年以后，在20世纪50年代，宪法专家仍然在谴责法庭1916年的判决。芝加哥大学1953年出版的学术论文集《累进所得税不稳定的案例》（The Uneasy Case for Progressive Income Taxation）再次开始了全面的论战。《耶鲁法律杂志》用容易理解的语言和共识的逻辑提出了平等性的问题：

> 税收平等的原则其本身是如此正确、如此合理，并且已经获得了如此一致的默认，坚持这样一个观点是毫无争论必要的：故意违反这一原则的立法机关无非是想将一部制定法变成一个行使任意权力的问题，而这样的制定法在事实上根本就不是法律。当提出这样的问题，累进税是否符合平等的原则时，只有一个答案可以回答它。[18]

最高法院法官斯蒂芬·J. 菲尔德（Stephen J. Field）在20年前的波洛克（Pollock Case）一案中，用更加不吉利的语言来讨论这个原则："如果法庭承

---

〔15〕 *Brushaber v. Union Pacific R. Co.*，240 U. S. 1（1916）.

〔16〕 Frank Warren Hackett，"The Constitutionality of the Graduated Income Tax Law"，*Yale Law Journal* 25（1916）. P. 427.

〔17〕 Cooley，*Constitutional Limitations*，ch. XIV.

〔18〕 25 *Yale Law Journal*，p. 438.

认了区别征税的权力并取消了宪法一致性的指令……它将标志着我们的政府真正衰落时刻的开始。"[19]

最终，诺尔顿诉莫尔以及那一时期的其他判决——它们都支持了基于财产的累进税率——是真正实现了与时代的脉搏保持一致的政治判决。巨大的财富已经被洛克菲勒家族（Rockefellers）、范德比尔特家族（Vanderbilts）、阿斯特家族（Astors）、铁路大亨和"抢劫大亨"——这些顶尖级的富人——经常被人这样称呼——积累了起来。他们是极端不受欢迎和受人鄙视的少数群体，他们的财富给了他们贵族的地位和权力。人们认为对这些财产征收重税是维持这个国家健康所必要的。爱德华·贝拉米（Edward Bellamy）的著作《回溯过去》（*Looking Backward*，1888 年）在哪里都很受欢迎。有很多"贝拉米俱乐部"在颂扬社会主义以及他的空想社会主义社会的优点。《回溯过去》甚至在最高法院的一个观点中找到了自己的道路。[20] 有趣的是，60 年后，无限聪明的世界看到社会主义国家更像奥威尔的《1984》，而不是贝拉米的《回溯过去》。那时，社会主义似乎是未来之歌，最高法院领会了其主旨并随着其旋律而跳舞。几年以前，法庭可以毫不费力地用平等来调解种族歧视，因此，用一致性来调解财产歧视也被毫不费力地实现了。而且，其中很少能够看到一点内疚的痕迹，因为它耗费了法庭 70 页纸才将内脏从统一性条款中掏出来。

〔19〕 157 U. S. 607 （1894）.
〔20〕 *Budd v. New York*，143 U. S. 517. 551 （1891）.

第34章

∞⊙∽

良税是如何变成恶税的

> 即使是在自由社会最自由的时期也存在很大程度的集权主义。
>
> ——埃里克·霍弗（Eric Hoffer），
> 《激情心灵状态》（*The Passionate State of Mind*），1955 年

随着所得税的演进，它可以被类比为一个肮脏的工业精炼厂，它在做着有效的精炼矿石的工作，这对于社会而言是非常必要的，但是它也污染了空气、毒害了河流以及杀死了森林。这些直接的负面效果是可以被容忍的，如果精炼矿石是必要的，并且无法获得不产生污染的清洁方法。与肮脏的工业精炼厂一样，我们的所得税制度也污染了社会秩序。我们在寻找一个充满着平等、诚实以及自由的社会，但是所得税正在将我们推向相反的方向。我们所拥有的不是平等，而是非平等，这是有意和故意施加在我们身上的。我们所拥有的不是诚实而是欺诈。我们所拥有的不是自由，而是集权主义的监督和检查。简而言之，所得税是一个肮脏的税收，而且我们从它那里索取的越多，它就会变得越脏。我们已经钉在它上面了，因为我们没有时间去清洁它或者发展某些更好的税收。我们生活在一个这样的时代，在税收和开支事项上我们需要英雄领导；否则，我们公元 2200 年的后代们有可能在回顾我们的历史时努力去研究到底是哪里出了问题，就像我们回顾西班牙帝国以及荷兰的历史并去研究到底是什么导致了他们的没落一样。在寻找线索的过程中，就像聪明的历史学家一样，我们的后代也会关注我们的漫画和讽刺画。拉尔夫·沃尔多·爱默生（Ralph Waldo Emerson）精明地发现："讽刺画经常是各个时代最真实的历史。"

我们的后代将会发现每年的 3 月和 4 月，我们的报纸和杂志就会刊登文

章提醒和劝告我们用一颗纯洁的心来缴纳即将到来的所得税。同时，这些历
史学家将会注意到，漫画表现了没有哪个作者敢说的东西。我在本章里已经
376 收集了一些普通类型的漫画。在这些漫画中，第一种类型指明了琐碎的税收
欺诈。纳税人被叫到税务局进行询问。他已经被发现滥用法律，构成了轻微
的税收欺诈。我们的税务官员都是心地善良的人，整个情节会被从轻处理。

'Just tell him it's about a matter that's something like pulling teeth!'

随着所得税的开征，产生了一种新型的漫画，它们在一定程度
上取代了 17 世纪到 19 世纪严肃的讽刺画。国内税收署的官员成了
关注的中心，他们会即兴地拿普通纳税人开玩笑，就像这幅过去的
国内税收署的漫画所表现的那样。然而，我们更感兴趣的是这些漫
画用图画的形式说出了很多出版商不愿意用语言说出的东西。图中
的一句话是："直接告诉他，它涉及一件事情，这件事和拔牙有点
类似！"

在第二种类型中，国内税收署被描绘成美国的盖世太保。*这种类型与之
前的漫画形成鲜明对比。当税务局要求纳税人进行审计时，纳税人会被一位
心地善良的税务官员用机智和幽默吓唬一下。即使是在大街上，如果纳税人

----

* 纳粹德国的秘密警察。——译者注

偶然遇见了税务官员，他们也会爬到树上并试图将自己隐藏起来。在这种类型的漫画中，轻微的逃税行为也会导致恐怖的后果。当前对滥用税收征管权力的幽默能力是我们这个时代的特有现象。当本杰明·富兰克林将英国税务官员描写为"不明智的"、"傲慢无礼的"时，他是在号召反抗，而我们对这种事情只是当做一个笑话。读者可以将富兰克林的评论与下面来自《华盛顿邮报杂志》（*Washington Post Magazine*）的一篇讽刺性文章进行对比：

> 在一场彻底的政变后改革运动中，戈尔巴乔夫（Gorbachev）取消了 377
> 共产党，并解散了数千名根深蒂固的前苏拉政府官员，所有这些被解雇
> 的人立即被国内税收署雇用了。[1]

"You say you made all these charitable deductions directly to God?"

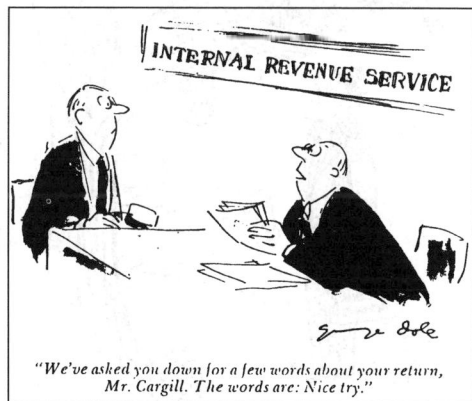

INTERNAL REVENUE SERVICE

"We've asked you down for a few words about your return, Mr. Cargill. The words are: Nice try."

第一种类型：面对轻微逃税行为的国内税收署心地善良的人。第一幅图上的语言为："你说你将这些公益捐赠都直接给上帝了？"第二幅图上的语言为："嘉吉先生，我们已经就你的纳税申报问了一些问题。我们的结论是：这是很好的尝试。"

---

〔1〕 *Washington Post Magazine*，Dec. 29，1991，p. 23.

第三种类型是税收讽刺画最古老的类型，今天仍然流行，表现的是纳税人被挤压的情形。这种简单的漫画（第四种类型）并不是漫画家们占据非常主导地位的主题，但是对几乎每个纳税人阶层都是有吸引力的。它表现了税收实际是什么——没收财产。除非一个制度对所有人都是极其公平和平等的，否则，它很容易在很多人的心目中退化成合法的抢劫。回顾罗马或者很多重税社会的历史学家经常使用类似抢劫或者合法盗窃的术语来描述这个制度。200 年后的历史学家是否也会用相同的术语来描述我们？如果他们仔细研究无数的漫画，他们就会从我们的时代中找到支持他们观点的证据。而且，如果他们也曾经受到亚当·斯密以及约翰·洛克或者启蒙运动时期的其他很多学者的影响，他们也会为以下观点找到哲学基础：缺乏实质同意的任何税收都是敲诈勒索。

第二种类型：国内税收署盖世太保。第一幅画上的语言是："在我审查你的纳税申报表之前，我必须告知你的权利！"第二幅画上的语言是："我想要的仅仅是一场比赛。"

第三种类型：巨大的压力与卑微的纳税人。一个人手中拿着"国内税收署升级改革"。另一个人问："你的意思是我们不再用加仑来测量了?"

第四种类型：我们的真实感受是怎样的。图片的上方写着"国内税收署"的简称，图片上的文字是："我们使用古老的方式来挣钱……我们盗窃钱!"

　　每个时代的政治讽刺画都为历史学家起到了非常重要的作用。在税收事项上，它们让未来的历史学家准确掌握人民对税收的感受。简而言之，我们看到了税收的罪恶，它们让税务局看起来更加卑鄙和丑恶。我们的漫画家用

380

第五种类型：我们如何看待税务官员——让我们害怕的人。

第一个人的头上写着"阿拉伯恐怖分子"；第二个人的头上写着"爱尔兰恐怖分子"；第三个人的头上写着"美国恐怖分子"；第三个人的手中拎着一个包，上面写着"国内税收署"。

第五种类型：官员们能够挺得住，但是他们是恶棍吗？

图片下方的文字是："……隐士中没有我的朋友……气象预报员中没有我的朋友……税收征管员中没有我的朋友！"

一种简单的方式解释了人民对于我们现在所实行的所得税制度的蔑视和反抗心理。政府朝着一个方向在前进，而人民则朝着另外一个方向前进。几年前，吉布斯（Gibbs）署长雇用了广告委员会（他们给我们制造了烟熏熊）来改善国内税收署的形象。它火爆了。在 20 世纪 70 年代，商业电视试图将税务官员展示为警察式的英雄形象。这部系列的奥海尔（O'Hare）电视机让美国财政部也火爆了。

　　不幸的是，税务机关的工作人员承担着人民愤怒最沉重的打击，正如第 381 五种类型的漫画所展示的那样。在考察了这些漫画以后，未来的历史学家们随后就会深入研究导致这种蔑视和谢绝的根源。首先，他们会发现：

1. 纳税人处于反抗状态，这一制度失去了同意

　　未来的历史学家将会发现很多著作、无数文章和众多组织都在呼吁采取某种形式或者其他形式的税收反抗。毫无疑问，这是对我们的税收制度看得见的最严厉控诉。20 世纪 70 年代加利福尼亚州的税收改革运动留下了一系列著作、文章和一个新的州宪法修正案。这一运动的亮点是霍华德·贾维兹（Howard Jarvis）的著作《如地狱般疯狂》（*Mad as Hell*），这一标题就表达了大多数加利福尼亚人的感受。另一个极端是一些抵制者，他们在联邦的层面上非常活跃。与加利福尼亚人不同，他们没有推动宪法改革的真实能力，他们通过拒绝提交纳税申报表的方式来反抗这一制度，或者如果他们提交了纳税申报表，他们就会在上面填写各种各样奇怪的反对税收的宪法条款。卡尔·海丝（Karl Hess）是最有名和受人钦佩的税收抵制者。在他的著作《亲爱的美国》（*Dear America*）中，他这样解释：

　　　　我变成税收抵制者，不仅仅是因为越南战争，也不仅仅是因为腐败……我变成税收抵制者，在那个特定的时刻，是因为我发疯了，是因为在每个人的一生中，总会遇到一个你无法通过的真实世界，经常遇到我所感受到的、你所萎缩的、依靠的和为之而斗争的突然愤怒。[2]

　　卡尔·海丝不屈不挠的生活和斗争是电影《奔向自由》（*Toward Liberty*）的创作基础，这部电影在 1981 年获得了奥斯卡最佳纪录片奖。海丝离开了华盛顿的政治生活，搬到了西弗吉尼亚州的后山上，准备做一名电焊工来谋生，用他的劳动来换取生活必需品，几乎是梭罗（Thoreau）的生活方式。他用犀利和有洞察力的机智，通过不停地演讲和写作来反对国内税收署。国内税收

---

〔2〕　Karl Hess，*Dear America*（New York. 1975），p. 92.

署接受了这个挑战，他们派了 2 卡车税务官员去他遥远的农舍来调查他的事件。他给子孙后代留下了丰富的可以将税收制度置于被告席上的大量著作和文章，他认为税收制度是一个法西斯的组织："如果法西斯分子想统治这个国家，他们已经在每个主要的城镇拥有了可怕的骨干分子。"[3]

国内税收署对抵制者展开了全方位的攻击，从他们的纳税文件开始到刑事部门全副武装的税务官员都插上了胜利的红旗。一些人已经被定罪并送进了监狱。[4]与殖民地时期美国的法官不同，现在的联邦司法机关对于他们的理由已经没有任何同情了。或许，如果他们将抵制建立在更加坚实的宪法基础之上，而且这些理由非常合理，他们或许会得到更好的听证。他们的"米老鼠"纳税申报表以及宪法上的胡说八道给这次税收改革运动带来的或许不是利益而是伤害。一些法官给这些抵制者提供了两个选择：或者接受现行制度，或者进监狱。很多人都进了监狱。处于中立地位的改革者所热烈讨论的问题是，这些抵制者是真正的爱国者还是精神有点怪的人。

未来的历史学家可以清楚地看到我们这个时代的税收反抗运动。他们不得不指出这场运动的弱点，就像在古代政体下法国的税收反抗一样。它缺少一个核心的、强有力的全国性领导；它最多是一场无组织的大杂烩，分割和击败它是很容易的。

从积极的一面来看，它是一次草根反抗，在民众中有很大的影响——这种影响主要是感情上的。它在富人中也有影响，很多富人离开了这个国家，变成了其他地方的公民和居民。没有人研究过为了规避这个税收制度究竟有多少人离开了美国，但是我们想一想数百万生活在国外且拒绝提交纳税申报表的美国人——根据国会审计总署的统计——这场运动对于他们的移民一定起到了非常重要的促进作用。[5]

对于贫穷的阶级而言，现金经济既提供了抵抗的手段，也提供了救济的方法。对于中产阶级而言，不证自明的道理是，无论他们在其他方面多么守法，一旦有比较容易逃税的机会，他们都会倾向于逃税。简而言之，税收反抗起源于公众的下列观点：你从税收制度和政府开支中并没有得到多少好处。这是隐藏在税收改革家和抵制者心中的观念，这是一个如果没有它就会严重

---

〔3〕 Mike Bryan, "Profile: Karl Hess", Gallery (New York, December 1981), pp. 38 et seq., at p. 41.

〔4〕 Martin A. Larson, *Tax Revolt, the Battle for The Constitution* (Greenich, Conn., 1985), passim. 书中充满了税收抵制者的账目及其胜利与失败。

〔5〕 Judith Rehak, *International Herald Tribune* (Paris, August 24, 1991), p. 15.

分裂这场运动的公分母。

你或许会认为对于所得税的抵制始终都伴随在我们的身边，当前的状态并不是什么新鲜事物。事实上，它的确是新鲜事物，这才是值得我们警醒的原因。在 20 世纪 40 年代，最高法院的法官、国内税收署的前首席顾问杰克逊（Jackson）曾经夸耀美国人在提交所得税纳税申报表时是如何遵纪守法——那时有问题的纳税申报表非常少。这是一个受人尊重的制度；税收抵制者在那时并不存在，地下经济也比较少。杰克逊法官说：

> 美国拥有一个通过坦白而实施的税收制度。人民如此众多、分散，而且都是个人主义者，他们每年自我核定纳税义务，而且核定的数额相当高，这是我们政府的制度稳定和有效的象征。[6]

383

给杰克逊法官印象最深的是几乎没有反抗、自我计算错误以及公然逃税的现象。当然，现在已经不是这个样子了。15 年以后，即 1962 年，国内税收署署长凯普林（Caplin）使用同样自豪的语言来评价与他同时代的这些人：

> 世界上没有任何其他国家拥有这种自愿纳税的记录。这是全体人民的贡献，诚信是他们的传统，他们在支持我们的……政府方面拥有高度的责任感。[7]

我们可以与首席大法官尼利（Neely）在 1982 年的观点相比较，那时，到处都是税收欺诈行为：

> 联邦和州所得税的欺诈在社会的各个阶层都非常流行，除非在强制诚实的情况下，欺诈的发生概率与机会的大小成正比。[8]

最近（1996 年），美国的一位最受人尊重的法学家大卫·布里克林（David Brinkley）赞同尼利法官的观点：

> 美国人民作为纳税人已经开始大规模欺诈，主要是出于他们对于税收制度的愤恨，他们认为这一税收制度不公平、太强迫而且是在浪费他们的钱。所谓的地下经济在迅速发展——人们只进行现金交易，什么也不报告，一分钱的税也不交。

---

〔6〕　Gerald Carson, *The Golden Egg* (Boston, 1977), p. 252.

〔7〕　Jerome R. Hellerstein, *Taxes, Loopholes, and Morals* (New York, 1963), p. 231.

〔8〕　Richard Neely, "The Politics of the Crime", *The Atlantic* (August 1982), at p. 28.

到底是哪里出错了？从历史上来看，仅仅用了几十年，或许是一代人，对于邪恶税收制度的强烈反对意见就结出了果实。美国税收政策制定者正在获得他们长时间播种的报应。

几年前，当我与我的祖父谈论所得税时，我得知当所得税提交国会批准时，它是社会热烈讨论的主题。当时所得税的拥护者们承诺，所得税税率永远不会太高——税率永远不会达到两位数。第一部所得税法的最高税率为7%，1916年就提高到了15%。1917年，这一税率提高到了67%，然后又提高到了77%。一旦被这种极端的税率击中，高所得就迅速消失了，"仿佛变魔术一样"。根据财政部的报告，1916年当税率为7%时，所得税收入为2.06亿美元。1921年，当税率为77%时，所得税收入仅为0.21亿美元。这就意味着9/10的所得已经消失了。

统计数据所显示的巨额所得的消失生动地展示了富人的反抗。他们有可能已经离开了这个国家。更有可能的情形是，他们重新安排了自己的经济事项，这样，他们就降低了自己的应纳税所得额。直率地讲，77%的税率无异于敲诈勒索——至少这是英国政府在17世纪曾经使用过的标志。英国财政部非常诚实地将缺乏同意的税收界定为敲诈勒索。[9]当然，没有人会同意77%的税率——甚至是乡村的傻瓜也会知道这一点。我们是在真正的意义上来使用"同意"这个词的。90%的所得税收入的消失就明显地表明了他们的不同意，他们是用自己的脚或者自己的机智来投票的。不仅是能够挣百万美元的富人消失了。1916年，处于30万到100万美元之间的所得有1090个。到1921年，这一数字下降了大约80%，仅仅有225个。[10]

对于所得税的广泛反抗——富人的移民、地下经济、只要有机会就一定要逃税的倾向——所有这些反抗税收制度的行为在其他时间和地方都有历史的根基。其含义是非常明显的——所得税已经不再是经过纳税人同意后才征收的。我们已经知道了，国会、议会、代表大会的同意并不必然代表着纳税人的同意。当15世纪英国国王试图（在议会的同意下）征收人头税时，人民反抗了，在经过了长期和反复执行这种类型税收的努力后，财政大臣建议取消这个税种，使用英格兰人民"最容易、最乐意"缴纳的税种来代替它。

一个世纪以后，亨利八世尝试征收人头税。最后他也不得不取消了这个

〔9〕 Sinclair, *Public Revenues of the British Empire* 1, pp. 282~83, 316.

〔10〕 Andrew Mellon, *Taxation*, *The People's Business* (New York, 1924), pp. 220~21, table p. 193.

税种。17 世纪晚期英国内战以后，议会提议开征壁炉税，这个税种是英国家庭主妇所痛恨的。征税人员被称为"烟囱人"，他们遇到了强烈的抵制。当这一税种被取消后，议会尝试开征人头税达 3 次之多。每一次英国人民都会反抗。没过多久，议会以这个税种"不适合英国"为由废除了。300 年以后，在议会的同意下，英国有活力的玛格利特·撒切尔（Margaret Thatcher）试图重新引入人头税，在全国到处发生骚乱以后，她也被她自己的政党赶下了台。她的继任者约翰·梅杰（John Major）宣布其将废除这个税种。这个税种仍然"不适合英国"。或许，如果铁娘子对英国的税收历史做了一些研究的话，或者其他人给她提供一些建议的话，她仍然会继续执政，人民对她的欢迎程度也不会改变。

在议会的同意下，18 世纪的消费税被采纳了，最开始几乎没有遇到抵制，直到在沃波尔时期君主试图扩大消费税的征税范围。到处都是骚乱，君主被迫取消这一税种。几年以后，在议会的同意下，在北美殖民地开征了新税。同样，这些没有经过殖民地批准的税种也受到了抵制，很多地方也发生了骚乱。这一次英国政府决定不再退让（就像其过去经常做的那样），结果爆发了美国革命。

因此，同意必须最终来自人民。毕竟，税收是人民的事情，当政府不符合人民的愿望时，反抗就会随之而来。在民主社会中，反抗可以采取逃税、移民以及骚乱的形式。有时，人民会建立一个新政府。在加利福尼亚州，人民将局势掌握在自己手中，他们通过了宪法修正案迫使政府向他们的愿望低头。当无法得到这种林荫大道时，就像联邦政府那样，长时期冷战式的默默逃税就会在整个国家蔓延开来。

因此，所谓邪恶的税收就是人民不想要的以及不支持的税收。这个问题并不是专家能够决定的。人民所需要的就是做税收政策的最终裁决者。当逃税盛行时，政府就应当获得这一信息了。向逃税低头的社会，就像西班牙帝国那样，随着时间的流逝会逐渐衰退。有时，强制可以让一个叛乱的社会稳定下来，就像戴克里先统治下的罗马，他们使用武力和奴役的方式来解决逃税问题。在民主社会，这并不是一个容易的过程，但是政府往往将其视为优良的政策。接下来我们将讨论未来的历史学家会发现的第二个因素。

2. 我们的税收制度是一个自由社会中的专制和暴政口袋

这是一个新现象。杰克逊法官所说的所得税制度，在 20 世纪 50 年代人民支持、逃税相对较少的所得税制度是自愿的，事实上也是一个荣誉制度。

相反，这一荣誉制度已经被一个这样的制度所取代，在这个制度中，由于纳税人有强烈的逃税倾向，所有纳税人都处于监督之下。这是一场冷战式的税收反抗，如果没有暴力、强制和间谍，这个税收制度就会崩溃。在杰克逊法官的时代，这一税收制度是经过同意的，也成功地成为一个荣誉制度。而今天，同意已经没有了，强迫是武力的。

未来的历史学家将会发现在20世纪50年代的税收制度中，没有哪家银行会将客户的信息报告给国内税收署。利息不报告，提取现金不报告，进入你账户的任何信息都不会被独裁老大哥看到。不动产交易信息不报告给税务官员，股票交易信息和股息也不报告，来自其他领域的所得，如独立工作或者劳务（表格1099）所得，也不报告。只有工资是报告的，而这也是为了纳税人的利益，因为这样他就可以主张退税。美国海关不要求你申报随身携带的现金数额，他们也不会没收你所携带的超过限额的现金。这是一个荣誉制度，从头到尾，它都在起作用。

这一荣誉制度的侵蚀开始于25年前并一致在持续，一年不如一年，直到今天，在实践中，有财政意义的任何事情都要向税务官员报告。在税收监督立法崩溃之前，即20世纪50年代，税收审计员在我们荣誉制度之下开展每年度一次的例行审计工作，这也是一个自由社会所需要的。纳税人通常对此给予积极配合。今天，已经不是这么回事了，荣誉的部分已经消失了。这是否意味着自由社会也处于危险的境地？

在某种程度上，的确是这样。自由并不存在于任何抽象的形式中。它总是附着于某种具体的对象之上。对于瑞士人而言，它是隐私权。对于美国的创建者而言，它是税收。对于今天的我们而言，它的含义已经不同了。请思考一下埃德蒙·伯克（Edmund Burke）于1775年3月22日向英国平民院所发表的演讲，这一演讲旨在弥合殖民地与大英帝国之间的裂缝：

> 自由的狂热精神在英国的殖民地或许比地球上任何其他地方都更加强烈……因此，他们不仅追求自由，而且追求符合英国理念和英国原则的自由。抽象的自由，就像其他纯粹抽象的事物一样，是找不到的。自由一定要附着在可以感知的目标之上……先生们，你们知道，对于这个国家自由的质疑从很久以前就集中在征税问题上。古代共和国对自由的质疑主要集中在地方官员的选举权上……他们对于涉及钱的问题的关注不是那么急迫。但是在英国，情况并不是这样……
>
> 殖民地从你们那里，同时也从他们自己的生活方式中学会了这些理

念和原则。他们对自由的热爱，就像你们一样，固定在这个特定的征税点上。自由在其他 20 个特定的事情上可能是安全的，也可能受到了威胁，但是他们对此并不关心，也不会大惊小怪。但是，他们在征税问题上感受到了自由的脉搏，他们认为这是最关键的，他们认为可以据此判断自己是健康还是生病了。[11]

3. 用残酷的惩罚来恐吓纳税人

在埃德蒙·伯克演讲的时代，结交吉普赛人是重罪，有可能受到死刑的惩罚。1726 年，英国议会通过了《沃尔瑟姆黑夜法》（*Waltham Black Act*），将其作为规制逃税的手段。任何人只要被发现涂黑脸或者遮盖着脸（走私者通常都这样装扮）在晚上出现，就会被处死。毁坏威斯敏斯特大修道院也是重罪，也会被处死。在北美早期，我们最值得庆祝的马萨诸塞州海湾聚居地，其《马萨诸塞州法律和自由权利》（*Laws and Liberties of Massachusetts*，1648 年）规定："巫婆，也就是拥有熟悉的妖精或者与熟悉的妖精商量的人，应当被处死。"我们都听说非国教徒的礼拜堂的巫婆被处死了，这并不是个案。"亵渎神灵"也会被处死。我们看到了这样一个记录，一个妇女因为说了"耶稣是私生子，我可以用《圣经》来证明"而被处死。很明显，"自由"这个词并不包括宗教表达和行为的自由。正如我们所预料的，通奸也会被处死。相似的，同性恋也会被处死。另一方面，包括财产税和人头税的税收制度却没有刑事处罚。

在普通法中，在真正的犯罪和违法行为（并非犯罪）之间有明确的区分，国家可以规定的仅仅是违法行为。这些"积极的"违法行为——人们往往这样称呼它们——被认为是"人造的"，并不是自然秩序的组成部分。正是布莱克斯通指出使用刑罚手段来对付逃税者是错误的，因为违法者"并不是自然的犯罪行为，而仅仅是积极的违法行为"。[12]

在前苏联各国，对大部分公民的集权主义并非来自克格勃（KGB）。*控制所有公民的主要工具，与美国类似，来自财政犯罪。如果一个人需要一种救命的药品，医生们就会告知这个家庭可以买到这个药品的黑市。医院会监管

---

〔11〕 *Burke Selected Works*, vol. 1, "Thoughts on the Present Discontents, Two Speeches on America", ed. E. J. Payne (Oxford, 1881), pp. 178 ~ 89.

〔12〕 Blackstone, *Commentaries* 1: 307.

* 克格勃一直是前苏联对外情报工作、反间谍工作、国内安全工作和边境保卫等工作的主要负责部门，是一个凌驾于党政军各部门之上的"超级部"，是一个超然的机构，它只对中央政治局负责。——译者注

这件事。并非所有财政犯罪都如此高贵。大部分俄罗斯人都必须生活在法律的阴暗面以获取在国有商店中无法购买的产品和货物。结果，几乎任何人都可以在任何时候被逮捕。然而被逮捕的几率很低，因为每个人都在违法，犯罪感非常强烈，给这块土地投上了恐惧和偏执狂的阴影。

大卫·史普勒（David Shipler）曾经在莫斯科担任《纽约时报》主任几年，他作出了这样的观察结论：

> 从政治控制的角度来看，对于主管机关而言，让大部分苏联公民都处于一种经常非法的状态并总是可以基于与政治无关的理由将其逮捕是非常便利的。由于被各种义务网络所纠缠，每个人都对这个国家的巨大权利感到渺茫……
>
> 由于如此多普通人的生活都被各个领域的非法状态所笼罩……官方媒体的诽谤……犯罪变得既严重又轻微，既意味着坟墓又意味着到处都是。它激起了感情上的巨变以及狡猾和眨眼的妒忌。犯罪的概念变得模糊不清，让人失去方向，直到综合性的犯罪和常规犯罪不断淡入或者淡出每个人的生活，最后全部融入模糊不清的、可接受的、声名狼藉的糨糊之中。[13]

根据我们所遵守的无数刑事税收法规来看这个问题，这些税收法规几乎将任何违反税法的行为都当作重罪来处罚。我们的刑事税收法规与前苏联的财政法规没有什么区别，它们导致"公民都处于一种经常非法的状态"。正如一位国内税收署的官员在令人高兴的著作《四月的竞赛》（*The April Game*）中所说的：

> 我点点头，然后从我胸口的口袋中掏出一个小小的黑色笔记本和一支钢笔。"你叫什么名字？"这句话镇住了他。这句话几乎总能镇住人。几乎没有一个在贫困线以上的美国公民，其对自己的税收道德观念是如此清楚以至于他可以不用担心被审计。[14]

388　　这种有趣的情节是十分常见的，因为它是一位税务官员训练的一部分。它表明我们的税务机关事实上非常类似于一个微缩的苏联国家，它拥有威吓几乎每一个人的权力，这是因为国会制定的综合性犯罪带来了这些税务警察，

---

〔13〕 David Shipler, *Russia* (New York, 1983), pp. 224~26.

〔14〕 Diogenes, *April Game*, p. 124.

特别是国内税收署的刑事部，它是恐吓艺术的大师。

　　每年都有数百万人取得了所得但没有向税务局报告，这也正是我们支持对利息进行源泉扣缴的原因；每年都有大量的人被发现从事兼职服务，他们的所得需要填报表格1099。没有人被惩罚，尽管这些未申报的行为大部分都是故意而为。甚至连比较严厉的民事罚款也没有。一封来自国内税收署的信件中有纳税通知书，大部分纳税人都非常明智地按照其要求纳税了。此时，惩罚性的条款就不适用了。如果它们适用的话，特别是那些刑事条款，会发生什么事情呢？

　　首先，我们必须盖更多的法院，雇用更多的法官和缓刑犯监督官，盖更多监狱。国内税收署负责刑事案件的人手要增加10倍。

　　这种状态的悲剧程度如何强调都不过分，特别是对于一个因为秘密警察、国内间谍而谴责其他国家处于集权状态的国家而言，在集权国家甚至警察式的财政官僚机构都有权随意惩罚任何人。纵观大部分西方文明社会，凡是逃税被定性为犯罪的地方，几乎都征收罚款。例如，在加拿大，按照人口来计算的话，那里被按照逃税来定罪的人是美国的10倍，但是在1000个被定罪的人中只有不到3个人会被送进监狱，而且也是非常短的刑期。在德国，一位内阁部长奥特·拉姆斯多夫（Otto Lamsdorff）（经济部长）被确认逃税150万德国马克（大约相当于100万美元）。他被罚款18万德国马克，随后又被选举为前联邦德国众议院议员。他将这次审判称为"麻烦"。与他一起还有两个人被定罪，其中一个是德累斯顿银行的主席。由于逃税160万德国马克，这位银行主席汉斯·弗德里希（Hans Friderichs）被罚款61 500德国马克。这次审判较长，涉及的证人超过80人。[15]

　　与此相对，在美国被判定逃税罪，尽管很少，但经常会导致野蛮的惩罚。1988年12月，联合通讯社报道一位名叫迪恩·韦伯（Dean Whipple）的堪萨斯州法官判处一位名叫图拉·沃克（Trula Walker）的女士30年监禁，因为她逃税100万美元。她的丈夫获刑25年。如果图拉持枪抢劫联邦银行并盗窃100万美元的现金，她的刑期还会更短一些。将图拉的30年监禁以及利昂娜·赫尔姆斯利（Leona Helmsley）的4年监禁与索菲亚·罗兰（Sophia Loren）由于类似的税收违法行为而被判处在私人的家庭中关押30天相比较。这位堪萨斯州的法官并不是特例。最近，在俄勒冈州的波特兰（Portland），

---

〔15〕 "Lamsdorff, 20 others found guilty", *International Herald Tribune* (Paris, 17 Feb. 1987), pp. 1, 6.

389　　一位高中的教练策划了一组税收筹划者，他们的组织超越了法律允许的界限，这位教练从罗伯特·马洛尼（Robert Maloney）法官那里获得了 25 年的监禁。当这位教练的律师试图获得较短的刑期时，这位法官坚持这个刑期。[16]如果这位教练持枪抢劫银行同样会获得较短的刑期。

前苏联及其支持者是世界上唯一对于财政犯罪行为给予类似野蛮惩罚的国家。这些精神病的惩罚表现了布莱克斯通和孟德斯鸠关于将逃税变成犯罪所警告我们的："这些不能真的被视为坏人的人们被当成恶棍一样惩罚，这种做法……与宽容政府的精神是严重相背的。"[17]当未来的历史学家回顾我们野蛮的税收惩罚时，他们会不太客气地给美国人下结论，特别是考虑到在苏联已经解散了以后我们最近却制定了所得税法的情况下。对逃税的惩罚仅仅是经济制裁。[18]没有人因为税收上的罪恶而被关进监狱，因此，逃税的公民也不用担心自己的余生将在美国式的古拉格 * 里度过了。

从内部来看国内税收署，一位因为厌恶而离开的国内税收署官员迈克·克莱（Mike Klein）所写的故事让我们看到了官僚主义的问题。克莱先生大约在 55 岁时变成了国内税收署的官员，开始在佛罗里达州西棕榈滩办公室跟着自己的上司混日子。他的经理"对案件统计很着迷，职务的晋升取决于发出了多少税收传票，抓住了多少拖欠税款的纳税人，征收了多少税款"。在国内，他失去了他所有的朋友。"我的兄弟已经不再给我打电话了。他说：'你已经加入敌人的阵营了。'"

很多税务官员喜欢"打击别人……有些人还是恶意的——他们会在办公室吹牛'我让那个家伙跳了起来'或者'我把那位女士弄哭了，当我告诉她我把她和她小孩的秘密泄漏了出去时'。还有一位税务官员吹嘘他让一个人的业务冻结了，当这个人过来问他现在怎样做才能对外付款时，这位税务官员说：'到你老婆那，搬弄她自己的是非。'"

克莱先生所讲述的最令人不安的一个故事是，一个人来到税务局接受审计，他竟然在国内税收署的办公室中死于心脏病。"他们将尸体放在一个空闲的办公室中，在上面盖了一张毛毯……然后将其从后门偷偷运走，这样在大厅里等待的其他纳税人就不会看见他。请想象一下他们的反应：你为审计而

---

〔16〕　Confidential source, U. S. Attorney's office, Washington, D. C. 参见 *Wall Street Journal*, May 9, 1988.

〔17〕　Montesquieu *Spirit of Laws*, vol. 1, Bk. 8, ch. 8, p. 261; Blackstone, *Commentaries* 1：307.

〔18〕　Natalia Milchakova, "New Soviet Income Tax", *Tax Notes International*（March 1991）, p. 242.

*　古拉格，前苏联的劳改营、集中营。——译者注

进来，最后待在一个箱子里出去了。"[19]

近期在美国参议院（1997年至1998年）举行的系列听证中提供了很多证人证言，特别是国内税收署的雇员作证说国内税收署滥用权力针对小规模纳税人，他们没有能力应对那些恃强凌弱的税务官员。甚至有这样的记录，一些疲倦的纳税人被逼得自杀了。[20]当然，美国并不是唯一这样的国家。我们友好的邻居加拿大已经将税务官员的劣迹带到国内了，那时议会的一个委员会在国内调查，邀请纳税人参加当地的听证会并讲述他们所遭遇的不幸。加拿大最高税务部长很快发表了这样的言论：他们每天都期待听到比以前更恶劣的新的"恐怖故事"。

390

4. 通过庞大的监督系统来进行税收的征管

未来的历史学家可以毫不费力地发现我们的财政隐私已经被执行税收制度的法律所破坏。在大部分西方社会，税务局的间谍到处都是。一位瑞士的辩护士强调："即使在一些非共产主义社会，也有一些国家几乎没有什么隐私不被政府任意侵犯，几乎没有什么隐私的事情是政府不愿意知道的，它们对隐私的干涉几乎没有任何界限。"[21]

看一看我们的法律，未来的历史学家一定会发现《银行保密法》（the Bank Secrecy Act），但这部法律已经根本不是银行保密的法律了。事实上，它应当被称为《银行禁止保密法》（Bank No Secrecy Act）。这部法律的目的是确保进入任何人银行账户的任何款项都被记录下来并随时接受政府的检查。在自由社会中，没有其他国家是这样做的。现任首席大法官威廉·伦奎斯特（William Rehnquist）在当时论证了这部法律的合理性，因为它在刑事调查和税务调查中都是有用的。有3位法官持不同意见。大法官威廉·O. 道格拉斯（William O. Douglas）批评了伦奎斯特"有用论"的逻辑：

> 对于政府间谍而言，更有用的可能是来自所有书店、所有五金店和零售店以及所有药店的信息报告。在刑事调查中，这些记录可能更"有用"……强制性地记录下所有电话交谈的内容可能比根据《银行保密法》

---

[19] Art Harris, "The Tax Man and the Big Sting", *Washington Post* (April 16, 1989), pp. Fl~5.

[20] Floyd Rogers. "Fighting the IRS", *Winston-Salem Journal* (October 22, 1989); "One Death. Taxes and a Callous IRS", *Newsday* (May 19. 1992).

[21] Wilhelm Ropke, "The Right of Privacy", *Switzerland Image of a People*, ed. Alfred Vetter (Bern, 1971), p. 92. Ropke was a key architect of Germany's economic miracle. 参见 Johannes Overbeek, ed. , 2 *Essays by Wilhelm Ropke* (New. York, 1987).

检查相关记录更好，如果独裁老大哥准备走这条路的话。[22]

这个案件被称为加利福尼亚银行协会案（*California Bankers' Association*），这个案件必须涉及 1885 年一个案件［布德诉美国（*Boyd v. United States*）］中的以下语言，这些语言否定了要求纳税人提交记录以供检查的税法：

> 通过利用一个政党的宣誓所得到的任何强制性发现，或者通过其私人笔记本或者信件而强迫得到的信息，如果使用这些信息来给一个人定罪或者没收他的财产，这是违反自由政府原则的。这是与英国人的本性相违背的；这是与美国人的本性相违背的。这有可能适合暴君权力的目的；但是它不能容忍政治自由和个人自由的纯洁气氛。[23]

路易斯·布兰代斯（Louis Brandeis）的名字几乎总是出现在最伟大的最高法院法官的名单之中，他卓越的反对意见随着时间的经过经常变成法律，在其著名的反对意见中，他说，布德案"将被永远纪念，只要美国的民事自由仍然存在"。[24] 我们未来的历史学家将会发现布德案在其判决之后的 1 个世纪中被州和联邦法院引用超过了 3000 次。如果我们的历史学家研究这些案例，他们会发现被引用的主要是反对意见或者回避的意见，是为了区分或者否决布德案。最高法院的一位女大法官承认，法院已经"吹响了布德案死亡的钟声"。[25] 由于不断这样做，经常这样做，法院事实上已经吹响了我们大部分民事自由死亡的钟声。

法院已经变得在根本上反对布德案，伦奎斯特是这场攻击的领导人。1986 年 7 月 20 日，《纽约时报》曾经这样预言，随着伦奎斯特被任命为首席大法官，"我们将拥有一个不同的国家，在这个国家里，我们的自由将得到更少的保护，官员的权力将受到更少的约束"。优雅的语言描述了对法西斯主义的司法容忍。[26]

我们未来的历史学家将会不断看到将联邦税务局视为盖世太保的说法。这些说法来自税收怪人或者少数叫嚣的税收抵抗者吗？或者这些经常出现的

---

[22]　416 U. S. 21, 845 (1974).

[23]　116 U. S. 616. 631~32.

[24]　*Olmstead v. U. S.*, 277 U. S. 438, 474 (1927).

[25]　*U. S. v. Doe*, 465 U. S. 606, 618 (1984).

[26]　参见 William H. Rehnquist, *The Supreme Court, How It Was, How It Works* (New York, 1987), p. 313. Rehnquist calls the commands of the 14th Amendment "fuzzy generalities", p. 180. 同时参见 Sue Davis, *Justice Rehnquist and the Constitution* (Princeton, 1989).

极端表达是社会公众的流行看法吗？1975 年，那时的监管远远少于 20 世纪
90 年代，一位国内税收署的官员写了一本畅销书《四月的竞赛》（*The April Game*），其中一章的标题就是"美国盖世太保"：

> 　　在世界上所有政府的信息收集机构中，最聪明的肯定是美国的国内
> 税收署了。这个怪物组织比其他组织收集了关于更多公民更多的信息，
> 但是其是静悄悄地做到这一点的，在这一过程中，他比我所知的任何其
> 他政府所激起的民愤都小得多。
>
> 　　或许苏联可以吹嘘自己的机构可以在各个方面超越美国的国内税收
> 署。我对此持强烈的怀疑态度……盖世太保呢？我觉得也无法与美国的
> 国内税收署相比。[27]

与瑞典相比，美国好像还不是最坏的侵犯者，但是美国凸显出来了，因
为它叫喊着热爱自由。请考虑一下瑞典人是怎样做的。瑞典税务官员可以使
用反恐怖分子的法律来执行税法。1976 年，他们将其最著名的公民驱逐出境。
英格玛·伯格曼（Ingmar Bergman）在指导一场电影时，突然被捕。他被带
到了瑞典税收调查司令部，接受了数小时的审问。伯格曼非常气愤以至于他
在医院待了好几天。对于世界上最著名的导演，这样做已经足够了，即使没
有对他提起任何指控。他收拾行囊，离开了他的祖国。在瑞典法律中，这种
盖世太保的策略可以没有限制地使用，甚至可以对不属于调查对象的人使用。

这一故事并没有随着伯格曼的自愿出境而结束。瑞典通讯社对此事件进
行了调查，发现其他人也受到过相同的野蛮待遇。[28]根据瑞典的税收制度，
自由职业者需要缴纳 105% 的税收（85% 的所得税加上 20% 的雇主税）。结果
这一制度违背了公共利益，统治瑞典 30 年的政府被赶下了台。随后，伯格曼
回来了。

逃跑以及自愿出境，就像英格玛·伯格曼一样，已经在现代社会重复了
几千次。为了逃避重税而逃离祖国的著名人士的名单如果读起来就像国际名
人录。逃离是富人为了规避重税而使用的首要工具。它不像起义和暴力那样
剧烈，也不像欺诈那样秘密，它是安全的，几乎不会导致违法。在伟大的埃
及帝国、罗马帝国和西班牙帝国的衰落时期，纳税人的逃离达到了相当高的
比例。

---

〔27〕　Diogenes, *April Game*, pp. 120～21.

〔28〕　"Swedes may Smite a 'tenable tax giant, at polls tomorrow", *The Toronto Star*（Sept. 18, 1976）.

电影明星比比·安德森（Bibi Anderson）从瑞典的税务官员那里感受到了盖世太保的威力，那时，他们认为她可以帮助他们彻底调查伯格曼导演的经济问题。她也被逮捕了，而且进行了更长时间的讯问，甚至连打电话都被禁止了。用她自己的话来说：“他们的所作所为就像纳粹。”

税收领域的所得税也可以与能源领域的原子能相比较。它们都有带来福利或者邪恶、繁荣或者幸福的巨大潜能。它们也都具有破坏的巨大潜能。原子能所带来的是物理破坏；所得税所带来的是社会、道德和精神的破坏。格莱斯顿（Gladstone）将所得税视为实现伟大民族目的的巨大能量，但是在使用时应当谨慎。

393　　如果我们回顾一下所得税从其产生之日都做了些什么，我们就知道它既值得我们称赞，也值得我们谴责。它资助了很多战争；事实上，在英国，它最初就是一个战争税，也正是战争所要求的巨额税收收入才导致所得税的税率不断提高到没收的领域。自古以来，战争税都是这样的。它曾资助了反对希特勒的战争，它资助了马歇尔计划，它还资助了很多耗费巨资的项目来加强社会秩序；但是它也资助了两次悲惨的战争，这两次战争给整个世界带来了巨大的灾难。最坏的是美国参与了第一次世界大战。威尔逊（Wilson）认为通过加入这次战争并赢得这次战争的胜利就可以将整个世界塑造成对民主国家安全的社会秩序并且创造一个确保和平的国家联盟。那场战争根本没有那个目的，所谓的和平也根本不是和平。

《凡尔赛条约》（*Treaty of Versailles*）给文明社会带回了一个古老的和令人

憎恶的税收形式——贡金。德国人民在战争中被打败了，他们在和平的会议中再次被打败，他们被迫缴纳"赔款"，这是贡金在现代社会中的名称。这一税收破坏了德国的财政经济，导致了我们所知的最恶性的通货膨胀，为希特勒铺平了道路，也为希望通过战争收复失去的土地和帝国的愤怒的德国人铺平了道路。在第二次世界大战后的纽伦堡（Nuremberg）战争犯罪审判中，辩方试图用《凡尔赛条约》的非正义作为德国在第二次世界大战中侵略他国的借口。华盛顿特区战略和国际研究中心的高级研究员爱德华·勒特韦克（Edward N. Luttwak）关于一战作出了这样令人不安的结论：

> 美国豪情万丈地参加了战争，防止欧洲产生妥协和平的自然结果，无可挽回地强求在欧洲大陆实行文明的结构，给欧洲大陆留下了一片荒地，在这里，希特勒和斯大林都可以茁壮成长。[29]

很多美国人看到了这一点并反对战争。美国政府对那些对战争发表不爱国的口头抱怨的美国人提起了发表叛国言论罪的指控。指控总数超过了 2000 个，其中 700 人被定罪，监禁期限达 20 年。这一时期，美国的自由言论处于黑暗时期。[30]

越南战争是另外一场用这种巨大的能量谋取国家目的的战争，这场战争也是美国历史上的一个亮点。

那么，如果税收能够筹集巨额的财政收入，它就使政府能够做很多事情，包括愚蠢的和破坏性的事情。或许孟德斯鸠赞赏适度政府的原因是其缺乏控制世界或者让整个世界警察化的财政收入。宪法的制定者们也不希望看到一个能够这样做的联邦政府。他们的设想错了吗？

---

〔29〕 *American Scholar* (Washington, D. C., Spring 1989), p. 292.

〔30〕 Kittrie and Wedlock, Jr., eds., *The Tree of Liberty*, ch. 7.

395 # 第35章

~<del>QC</del>

灵巧的躲闪者：逃税与避税

尽管现在一般的民众还不太相信税收筹划（tax planning）或者避税（tax avoidance），但是我预测，在未来的10年内他们会相信。我并不认为已经确立的政府干预模式能够持续很长时间。我并不认为我们以及我们的社会有必要对政府予以完全地配合。我们有抵制的责任。

——弗朗西斯·拉布列（Francis E. LaBrie），
多伦多大学法学教授，1974年

鹿特丹（Rotterdam）有一个独特的博物馆，叫做凡德·波尔（Van der Poel）教授税收博物馆。到这个博物馆参观是免费的，它还有一个收藏丰富文献的图书馆。它始建于1937年，但是在1940年鹿特丹爆炸中被毁坏。当时它被称为荷兰税收博物馆。战后，凡德·波尔教授花费了几十年的时间来重建相关收藏品。当他于1967年退休时，这个博物馆就以他的名字命名了。这一博物馆最迷人的部分是其主要展示过去逃税（tax evasion）实践的相关内容，展示了各种各样用来逃避税务人员的设备与工具。荷兰拥有这样一个博物馆看起来非常合适。在荷兰以及欧洲的大部分地方，逃税和避税拥有一个很长的并受人尊重的历史。在拿破仑战争时期，拿破仑在敦刻尔克（Dunkirk）建立了特别的码头和港口来安顿从事英国走私贸易的人。

逃税或许是世界上最古老的职业，尽管提供娱乐的妇女声称是最古老的职业。没有哪个文明是不征税的，同样，或许也没有哪个税收没有被逃避过。

在所得税之前，逃税主要集中在消费税和关税上。那时或许还没有避税
396 或者税收筹划。通过逃税的方式来减少纳税义务主要使用的手段包括记录造

假、行贿以及隐瞒等。通常它需要用到有技术的专业人员。欧洲沿海大规模的走私持续了几个世纪。我们现在还可以看到很多迷人的古老书籍，其中记载了走私者的很多传说以及奇妙的图示。[1]

欧洲几个世纪沉重的税收负担或许可以解释欧洲人对于税收罪恶的态度。为了推行军事冒险计划，欧洲政府在税收的掩盖下掠夺他们的民众达如此长的时间，理解了这一点就比较容易理解欧洲人为什么会对税收有这样的态度。除了少数适用较高累进税率的富人以外，北美人民生活在半无税的状态。为政府基本支出而缴纳的适度税收或者低税是受到人们尊重的，美国人和加拿大人度过了很长一段这样的历史，直到最近，适度和较低的权力导致了较高的税收负担。不幸的是，美国人的这种态度正在改变，并逐渐被欧洲人的观点所取代。腐败、浪费、愚蠢的战争、令人吃惊的开支、无耻的税率以及免税制度导致每个纳税人公平负担公共开支变成了公平负担政府的错误决策和财政的非正义和愚蠢行为。美国人正在像欧洲人那样思考，因为他们的政府正在像欧洲的政府那样。

过去的逃税：在康沃尔（Cornish）海岸，这是英国走私的温床，在海关人员看不见的地方，他们正在卸货。

现在已经不像过去那样很难发现人们直接讨论大西洋的逃税问题了。这

---

〔1〕 Duncan Fraser, *The Smugglers* (Montrose, Scotland, 1971)；Henry Shore, *Smuggling Days and Smuggling Ways* (London, 1971).

397　一问题曾经被列入与性有关的问题，高雅的人们是不讨论这些问题的。新闻媒体并不会经常讨论这一话题，或者由于担心说错了话或者害怕人们放弃他们应当承担的财政责任。税务局被描绘成严厉但公平的机构。用心纳税的人是不用担心的。坏人——逃税者——将会受到惩罚。这就像战争期间的新闻报道一样。据说，真理是战争中首要的不幸事故，在 3 月和 4 月的税收文章中也不会有太多真理。

　　所得税总是与欺诈相伴，即使在英国所得税采取非常低的 3% 税率时也是如此。格莱斯顿说欺诈是所得税不可避免的组成部分。我会提供一些解释来说明这种欺诈与贪婪或者邪恶无关。征收所得税国家的公民与不征收所得税仅征收间接税国家的公民之间有明显的差异。所得税的要求是由探寻纳税人的事务——他的个人生活、他如何经营他的业务以及他如何花钱——来支撑的。这是与专制暴君联系在一起的权力，每个纳税人都知道这种税收制度是自由社会中的集权主义。这使纳税人发疯和造反。当累进税率达到没收的程度时，他知道他正在被抢劫，任何主张有人同意这种抢劫的说法都纯粹是胡言乱语。

　　标准的说法是他正在购买文明，用于交换的是他所缴纳的税款。这种说法越来越不可信，因为所谓的文明利益带来的问题越来越多。当纳税人意识到他所缴纳的税款被用于他所不同意的目的、用于宪法的制定者所努力避免出现的目的，或者当他所缴纳的税款被挥霍了或者被丢失了时，这种结论就更加具有真理性。亚当·斯密认为，当"社会公众普遍怀疑开支的必要性，以及公共税收的不正当使用时"，逃税就会产生，税法就不会受到人民的尊重。这句话在今天与其在 200 年前都具有相同的真理性，即使再过 200 年，它仍然会被证明为真理。

　　中华人民共和国的报纸《人民日报》（*The People's Daily*）在 1989 年 3 月报道，自从国家开征累进所得税以来，逃税开始盛行。在过去的 2 年，13 位所得税官员已经被愤怒的纳税人杀害，超过 700 位所得税官员被愤怒的纳税人伤害。现在已经处于暴力反抗的状态。而且，到处都是地下经济。税收收入下降超过 1/3，即使私营经济在不断上升。

398　"我为什么要交税？"一位挣了很多钱的女演员反问道。"所有的表格都要填满。我宁愿将我的钱花在我高兴的事情上，如吃饭和衣服。"这份国家报纸讲了这样一个故事，江西省的一群养猪专业户将 4 位税务人员关进了猪圈里。

这份报纸说"群众在攻击、围堵和殴打"税务人员。[2]美国的税务人员应当庆幸大西洋这边的纳税人仅仅是欺诈，否则这些税务人员一定会被关进猪圈。

前苏联也遇到了麻烦，但是它仍然在和平的范围内。最高苏维埃，有点像美国的国会，做出了不可想象的事情，当戈尔巴乔夫的新税法被引进时，令政府震惊的是，代表们否决了增加税率的提议。[3]做出这种行为不仅需要勇气，而且它告诉我们人性和税收之间的关系。

俄罗斯人对高税率的抵制有可能是天生的。几年以前，在美国的一个谈话电视节目中，2位到美国不久的俄罗斯移民已经非常成功并挣了很多钱，他们被问到他们在西方的新生活以及他们现在所享受的自由。在表达了对西方生活各个方面的赞赏之后，他们转到了国内税收署，他们说不仅在俄罗斯有将你的一半以上的所得拿走的机构，在美国也有。这个谈话节目的主持人惊得目瞪口呆，一句话也说不出，只好改变了话题。在独裁帝国时期，俄罗斯政府对于税收抱怨总是采取严厉制裁的政策。

作为一个一般性的原则，广泛的逃税现象肯定是政府的税收制度是坏制度的象征。人民会纳税，即使是所得税他们也会缴纳，只要税率是合理的。最近的一项研究表明大部分美国人都喜欢第一部所得税法。这就意味着，他们也是这样想的，降低税率是一件好事。"75年以前"，这位作者说，"美国人第一次缴纳了所得税。那时，他们喜欢它"。[4]我相信，美国人现在依然会喜欢它，如果政府让它保持简单、公平和适度的话。

有人认为某些民族比其他民族更倾向于逃税，裘德·万尼斯基（Jude Wanniski）对此提出了质疑："拉丁美洲人或者意大利人或者亚洲人并不比纽约人或者德国人更倾向于逃税。"[5]一项德国的调查发现税收道德相当低。一项法国的研究表明大多数商人和职业人士认为逃税是正当的。1962年意大利的一项研究表明每年有100万份纳税申报，而事实上，应当有250万份纳税申报。

一般而言，税务律师和会计师看到逃税不会太愉快，因为逃税者没有使用他们的方法。毕竟，他们是靠设计合法的避税手段来谋生的，这些避税手段经常非常复杂而且很耗费时间。当他们的客户从避税转向逃税时，税收专

〔2〕 "Tax Evasion Rampant in China", *Cayman Compass*, Beijing, AP Friday10 March 1989.
〔3〕 参见第38章。
〔4〕 Shepherdson, "The First 1040", pp. 101~5.
〔5〕 Wanniski, *The Way the World Works*, p. 259.

399 业人士就失去了一项业务，如果太多的人转向逃税，他们就要寻找新的工作了。逃税不仅威胁国家的税收收入，而且威胁税收专业人士，甚至对后者的威胁更大。

门外汉不会对税收罪过表示出伪装的虔诚。他认为通过聪明地控制其会计方法从而将所得减半的商人与将其一半所得埋在后院的商人没有什么区别。将所得埋在后院的商人状况更好（如果他不被抓住的话），因为他不必为他的方案支付高额的咨询费。他所要做的仅仅是在其现金登记上写上"没有销售收入"，再买一个不漏水的箱子，或者采取其他类似的"不入账"技巧。

北美富有经验的富裕纳税人通常采取避税的方法。它可能耗费多一些，但是从长远来看，它更安全。逃税者仅仅"不入账"是愚蠢和懒惰的。毕竟，对于逃税的追究没有时效限制。而避税，即使做得很不好而且比较容易受到攻击，在时效经过以后也不会受到追究，这一时效通常是 3 到 6 年。

我们社会的逃税达到了怎样的程度呢？北美的谎言探测器操作员经常问被调查者他们是否在税收问题上存在欺诈行为。对这一问题的反应通常都会很剧烈，这就给我们的测谎器操作员一个信号来研究他的对象的情绪反应。由于大部分人都曾经在税收问题上存在欺诈行为，否定的回答就会给操作员一个被调查者撒谎时如何反应的迹象。欧洲的测谎仪操作员通常不使用这个问题，因为在欧洲的很多国家，逃税并不是犯罪，即使在认为逃税是犯罪的国家，人们也不认为逃税在道德上有什么问题。"这有什么奇怪的？"是典型的欧洲人的反应。

测谎仪操作员频繁使用逃税的问题说明逃税非常普遍，但是大部分人逃税的数额可能是很小的或者微不足道的。在我们得到金赛报告（Kinsey Report）关于逃税的调查结论之前，我们只能猜测。国库和财政部官员经常说逃税的数额在 10 亿美元左右，这是西方经营者"不入账"的实质性商业数额。由于两个原因，这一数据应当打折扣：首先，它们没有事实根据，引用这些数字的政府官员通常是为了怂恿国会给予他们更多的权力。一个诚实和直率的回答应当是没有人知道我们这个社会中有多少所得"不入账"。其次，我们这个时代的大部分商业和贸易都集中在大公司身上，他们或者是公开的或者是私人的。从这类经营者的本性来看，逃税的可能性不大。熟练的会计师会仔细审计所有的交易。税收欺诈，一旦出现，通常是为了盗用公款而附带产

400 生的，并不是其主要追求的目标。而且，雇主在支付款项之前必须扣缴税款，扣缴税款的税率足够高并且超过了工人事实上应当缴纳的税款。我们的所得

税制度，对于大部分纳税人而言，是很难逃避的，这是与税务局经常说的结论相反的。

在西方文明社会，逃税并不是"普通犯罪"；事实上，在欧洲大部分国家，它更像是一场国际竞赛。在欧洲，一点税都不逃的人经常成为其商业合作伙伴嘲笑的对象。在北美，一位诚实的进口商被指责试图欺诈海关，因为他的进口商品的价格比其他进口商报告的价格低很多。海关坚持认为（而事实胜过了他们的主张）他的发票低开了价格。这位诚实的进口商是如此正派的一个人，以至于他不能打竞争对手的小报告，不能告诉海关人员其他人都多开了发票，这样他们的钱就能转移到位于其他地方的隐蔽账户上了。

税务局发表的常见的毫无意义的言论就是逃税迫使诚实的纳税人缴纳更多的税。但是被逃掉或者避掉的税收负担并没有落到其他纳税人的头上。如果我的邻居采取了"不入账"的技巧，没有缴纳任何税款，我的税率并不会因此而提高。那个言论在古代埃及有可能是正确的，那时，每一位村民都需要就全村的税收负担负责，但是今天已经没有这种制度了。税交得越少，政府花钱就越少，而且大部分人认为政府的钱太多以至于到处乱花钱。20 年以前，一位名叫帕金森（Parkinson）的英国人将一些关于税收及其官僚机构的格言进行了公式化："开支增加以应对所得的增加，"这就意味着政府会花掉它所取得的每一分钱；以及"工作会不断膨胀直到填满为完成这些工作所可能获得的时间"。换句话说，政府（及其雇员）会浪费时间和金钱，只要给他们机会。相反，政府会相当节俭，如果他们口袋中的钱很少。因此，从长远来看，逃税对于控制公共开支会有一些好的效果。

格莱斯顿提到了对于所得税的不公平性的"公共感觉"，这又可以为逃税者提供一个借口。任何所得税制度中避税的机会也刺激了逃税。逃税者仅仅是去掉了中介人士——税务会计、避税计划以及税务律师。

最后，公众并不喜欢所谓的罗宾汉主义（Robin Hoodism）：税收分担。自从罗马时代以来，强盗的标签已经被用于不适当的税收。自《大宪章》开始，英国人认为，如果政府追求错误的目标，税收就是邪恶的，逃税就是正当的。过分的浪费和开支也是刺激逃税的因素之一。很多美国人因为在越南战争期间不缴纳所得税而被关进监狱。税收是非法的，因为税收的开支是非法的。 401 这一观点听起来在历史上有合理性基础，但并没有法律支撑。隐藏在其后的哲学思想就是理查·卡特赖特（Richard Cartwright）——他曾为加拿大政府担任自由财政部长和首席税收发言人近 40 年——于 1876 年向加拿大众议院所表达的思想：

> 所有的税收，无论怎样伪装，就其本身而言，都是一种损失……这
> 是政府的职责，政府的神圣职责：仅仅从人民那里取得为了适当提供公
> 共服务所必需的财产；任何其他的税收，无论采取哪种形式，都是一种
> 合法的抢劫。[6]

这也是美国人长达 150 年的观点，起码是直到新政（New Deal）之前的
观点。19 世纪杰克逊的民主政体（Jacksonian Democracy）的主要发言人威
廉·莱格特（William Leggett）对这个问题作出了最好的阐述。他说，我们的
政府"除了保护人身和财产安全所必需的税收以外，无权侵犯私人产业一根
毫毛"。[7]

75 年以后，白乐威（Brewer）法官——19 世纪晚期单一税收制度的提倡
者——说："对我而言，政府的父亲理论是可恶的。个人最大限度的自由以及
对个人财产最充分的保护既是政府的界限也是政府的职责。"[8]

对于不受欢迎法律的和平抵制也鼓励了逃税者。西方社会拥有对邪恶法
律进行抵制的长期和根深蒂固的历史，特别是对邪恶的税收法律。逃税者正
好符合大西洋两岸过去 400 年英国税收反抗者的最高理念。如果邪恶的税法
可以论证反抗的合理性——历史充分支持这种观点——那么，现代的逃税者
就是所有时代最具有合理性的税收反抗者。

对于今天的大多数人而言，道德问题已经被遮蔽了，结果，害怕和强迫
支撑着我们的税法。只要我们的税法仍然是阶级政治的产物，只要我们的税
法仍然不受宪法的公平和平等标准约束，这个问题就会一直被遮蔽着。毫无
疑问，只要有机会，逃税会一直有人尝试。理发师与钻石商人拥有同样多的
机会，他可以与平时一样向诱惑低头，即使这个数额非常小。当美国最高法
院最近支持一部允许政府监管银行账户的新法律时，生病的大法官威廉·道
格拉斯（William O. Douglas）发表了反对意见，因为他并不认为这个国家的
每一个人都是坏蛋。很明显，多数法官不这么认为，我猜想，他们或许比道
格拉斯更加现实，即使他们在这个问题上保持沉默。一般而言，经验丰富的
和受过教育的税收评论员对逃税问题会保持沉默，因此，道格拉斯法官的直

---

〔6〕 J. Harvard Perry, *Taxes, Tariffs, and Subsidies*, vol. 1 (Toronto, 1955), p. 287.

〔7〕 L. White, ed., *Democratick Editorials* (Indianapolis, 1984), p. 4.

〔8〕 *Budd v. New York*, 143 U. S. 517, 551 (1891).

率，而且在正式的司法意见中将其思想表达出来，是非常少见的。这让我们想起了非常现实的滑稽演员威尔·罗格斯（Will Rogers）的评论。

威尔·罗格斯并未受过正规教育，但是他受到全世界的尊重和崇拜。人们不仅对他所说的哈哈大笑，人们也相信他所说的，或许比美国历史上其他任何人都更加为人们所信任。罗格斯说："所得税所制造的美国撒谎的人远比高尔夫运动所制造的多。"他并不是仅仅在谈及他的纳税人朋友；他所谈论的是他自己。1924年，他主张扣除26 000美元给他妻子，因为他的妻子担任了他的秘书，但这是虚假的。她所做的所有事情仅仅是打开信件。罗格斯用普通人的语言表达了受过牛津教育的格莱斯顿在50年前当他谈及所得税所导致的不可避免的欺诈时所表达的思想。

在20世纪20年代，按照今天的标准，那时的所得税是简单的，罗格斯发现他很容易嘲笑这部法律的复杂。当他按照要求缴纳所得税时，他不知道"自己是一个坏蛋还是一个殉难者"——这部法律太不确定了，以至于不知道自己属于哪一类。

一般而言，在税收以及税收正义的主题上，罗格斯就是普通人的雅里斯底德（Aristides）*。他说："人民想要正义税收的渴望比想要低税收的渴望还要高。他们想知道每个人都按照他的财产的一定比例来纳税。"[9]换句话说，税收正义是用财产来衡量的。在罗格斯的眼中，就像大部分人一样，财产是如何获得的并不重要，无论是通过工作、经营商业、赠与、投资或者通过继承。纳税义务应当根据一个人所拥有或者掌握的财产来衡量。这些财产是如何获得的并不重要。

关于避税最著名的评论是一位英国法官在20世纪20年代作出的："在这个国家，没有任何人有任何义务，无论是道德上的还是其他的，去如此安排他与其经营或者财产的法律关系以至于让税务局可以将最大的税款装进国库。"[10]

避税与逃税一样，也是所得税固有的组成部分。避税的机会导致了一个新兴产业的诞生。最聪明的律师和会计师经常转移到税收筹划的经营领域，再加上几个创始人。大部分适用高税率的纳税人很快就会明白节约1个美元

---

　*　雅里斯底德（Aristides the Athenian 或称 Saint Aristides 与 Marcianus Aristides）是一位公元2世纪雅典的基督徒哲学家，针对神的存在与永恒性加以辩护，强调基督徒的爱是优胜的证据。——译者注

　[9]　Art Wortman, ed., *Will Rogers, Wise and Witty Sayings of a Great American Humorist* (Claremore, Okla., 1969), pp. 14～15.

　[10]　Lord Clyde in *Ayrshire Pullman Services Ltd. V. C. I. R.*, 14 TC 263～64.

403

威尔·罗格斯，美国最受人爱戴的滑稽演员，他说所得税在美国所制造的撒谎者比高尔夫制造的还要多。他一定是在为他自己在纳税申报中虚假抵扣寻找借口。当他依法提交纳税申报时，他不知道他自己是坏蛋还是殉难者。

比挣 1 个美元要大得多。*几个小时精巧的筹划常常可以帮助富人节约数万美元。律师从事其他什么职业有可能在这么短的时间内为他的客户创造这么大的收益呢？然而，精巧的税收筹划并不是一件容易的事情；为了变成一个大师或者"税收炼金术士"往往需要花费数年的时间。

在中世纪，炼金术士是奇怪的冶金学家，他试图将普通的金属变成黄金。今天，税收炼金术士是试图将普通的应税所得变成低税所得或者免税所得。与古代的炼金术士不同，税收炼金术士一点也不奇怪；他是一位成功的、拥有高超技艺的专业人士。旧金山地区的优秀税务律师相当臭名昭著，他们的方法很不正统就像他们足智多谋一样，他们曾吹嘘他们能将任何纳税人的税负降低为零。然而，他们也有一个缺陷；他们的律师费经常比节约的税款还要多。

霍华德·休斯（Howard Hughes）——他的财产小于人们赋予他的数十亿美元的桂冠——仍然是地球上最富裕的人之一。他没有缴纳任何所得税。每年一度的财产税很明显会消除这种荒谬的结果。休斯先生拥有大额的所得，但是他的税务律师创造了足够多的扣除将其应税所得降低为零。当然，最终，不会有遗嘱，也不会有遗产税筹划，休斯先生绝大部分财产都进入到山姆大叔**的口袋中了。尼克松总统的纳税申报表成了《时代》杂志的封面，这份纳税申报表几乎让尼克松进了监狱，因为它显示总统不纳税。支持税收筹划的理论听起来足够合理，如果某个人在尼克松阵营中不是很懒的话，这位纳税申报表会被认真审计过。尼克松的税收筹划者通过倒填一个文件的日期使其可以利用一个税收漏洞——这一税收漏洞已经被弥补——如果尼克松行动迅速一些的话，他本来可以利用这一漏洞的。

不幸的是，越富的纳税人避税越容易。霍华德·休斯的税收筹划非常简单，任何初级的会计师都可以做到。最令人着迷的一条账目是休斯每年向简·拉塞尔（Jane Russsell）支付 50 000 美元（加上费用），共支付 20 年，而他什么东西都不要。[11]

---

*　因为挣一个美元需要按照高税率纳税，剩余的才是个人的所得，此时已经所剩无几，而节约一个美元不需要纳税，全部都是自己的。——译者注

**　山姆大叔被用来代指"美国"或"美国政府"，主要在美国、英国，尤其是在新闻界中使用较多。"山姆大叔"是美国的绰号，它同自由女神一样，为世人所熟知。——译者注

〔11〕　John Blosser, "Howard Hughes paid no income taxes for 15 years", *National Enquirer* (February 7, 1978). 这篇文章中展示了一份休斯纳税申报表的复印件，其中记载了每年向简·拉塞尔支付 57 300 美元的情况。

尼克松的纳税申报成了《时代》杂志的封面，这份纳税申报表表明他只缴纳了878.03 美元的所得。它被证明是最糟糕的税收筹划——在文件上倒填日期以充分利用税法典中已经作废的条款。

　　假设纳税人甲拥有 1000 万美元。在银行，这一笔钱每年可以产生大约 100 万的利息，全部应当按照最高税率纳税，纳税数额大约是 100 万的 1/3。如果甲将这笔钱投入成长型股票、延期纳税项目、未开垦的土地、黄金、钻石、艺术品或者其他类似的投资，他不需要纳税，因为他没有所得。甲现在拥有隐私、安全以及预防通货膨胀的保障。如果甲每年需要 10 万现金来生活，他会选择并卖掉一些资产来产生这笔现金。这 10 万美元的大部分将是成本的返还——没有税。所得也常常按照较低的资本所得税率来纳税。损失的物品可以卖掉用来抵销所得。每年 1 万美元的税款就是甲通过税收筹划所需要缴纳的。将这一结果与每年 35 万到 60 万美元的重税——如果将这笔钱用于获得利息——相比，这种炼金术是否已经达到炉火纯青的地步了呢？

　　政府经常公布关于取得大额所得纳税人的信息，以此表明他们正在缴纳实质性数额的税款。从这些统计来看，超级富人的状况似乎在政府的控制之下。这些统计数据没有揭示的是拥有很少应税所得、缴纳很少所得税的千万富翁的数量，如果他们拥有勇气的话，这些人甚至会去申请社会福利待遇！

407 第36章

逃向避税港：离岸世界

几年以前，英国航空公司的空中杂志说，开曼群岛（Cayman Islands）被"一位名叫查尔斯·亚当斯（Charles Adams）的英国律师"发现作为避税港（tax haven）。*这些岛屿之前已经"被发现"了3次。第一次是1503年被哥伦布发现的；然后又被海盗发现，他们将其作为抢劫西班牙船舶的基地；后来又被克伦威尔军队的逃兵们发现，他们从西班牙手中夺取了牙买加（Jamaica）。之前的发现没有在世界上留下太多痕迹，但是避税港的发现在某种意义上可

"避税港？当然，你是计划去那里，还是仅仅想把钱送到那里？"

---

* 避税港（tax haven），也称为避税天堂。——译者注

以与在克朗代克（Klondike）发现黄金相媲美。人们来到这里碰运气，希望能发现一块有黄金的地方。开曼群岛是一个只有太阳和沙滩而没有税的地方，对于很多人而言，这个地方就像黄金一样好。大部分人并不去那里，而只是把钱送到那里。

大开曼岛*只是庞大离岸世界的一个很小的方面，在离岸世界，太阳永远不落。事实上，一天是从大西洋上的国际日期变更线上开始的，那里有很多避税港可以迎接宣布新的一天到来的太阳的第一缕阳光。当新的一天到达开曼群岛时，太平洋上的银行已经关门了，每个人都去睡觉了。但是，当太阳在加勒比海（Caribbean）升起的时候，在太平洋上从事业务的结果会扩散到大开曼岛上。

这样看来，离岸世界是一个在地球的表面展开的复杂的地理马赛克。它也是一个复杂的金融与法律马赛克，这里提供大量的服务以满足人们各种各样的需求，如采取合法或者非法的方式规避他们所在国的金融或者政治主管机关。大部分无知的作者并不欣赏这里，他们将离岸世界视为追求非常普通目标的金融和法律机构的伪装——总之，不是直接追求。

如果你知道避税港世界所提供服务的种类，你会感到惊讶。就像一道很好的北欧式正餐前的小菜，如果你愿意花费时间并愿意找出你所正在寻找的东西，你几乎能在里面找到一切东西。除了你做梦都想象不到的服务以外，你会发现一个完整的从胜任到不胜任的系列。在黑暗的一面，这些金融中心——它们喜欢人们这么称呼它们——是一个无人地带，这里由金融人士、小偷和骗子、傻瓜和妓女以及各种各样能想到的人组成的工作组。顾客留心、货物出门概不退换或者买者小心是在与离岸世界打交道时最适合的形容词。菲尔茨（W. C. Fields）关于永远不要给吸管一个喘息机会的名言在这里也相当适用。我们所知的消费者保护或者投资者保护在这里根本不存在。

当税负过高时，出现避税港是必然的。在罗马帝国晚期，成群结对的罗马纳税人来到了野蛮人居住区以规避罗马丑恶的税收奴役。没有什么复杂的原因，逃跑只是为了避税。伊斯兰教国家是17世纪和18世纪基督徒的避税港。在过去的中世纪中，第一个避税港是美国。历史学家们已经愿意承认更多的人从欧洲逃到新世界主要是为了逃避欧洲令人憎恶的税收而不是为了宗教和政治自由。20世纪逃亡避税港不过是人类历史上不断重复的一种模式

---

* 开曼群岛（有时也译为凯门群岛）是英国在西印度群岛的一块海外属地，由大开曼、小开曼和开曼布拉克3个岛屿组成。开曼群岛是世界第四大离岸金融中心，并是著名的潜水胜地。——译者注

而已。

409　　避税港这个词起源于天堂，而且它们之间并不仅仅是一个类比。几个世纪以前欧洲背负沉重税收负担的农民也有宗教的赞美诗，就像我们一样，其中很多赞美诗与我们在教堂中歌唱的类似。但是也有一个非常明显的差异。这些农民赞美诗中的天堂所指的是一个和平和休息的地方，它还有一个特征就是没有征税人员——避税港就没有。

《泰晤士报》（*The Times*）1894 年 5 月 17 日的一篇社论预言了本世纪避税地的兴起，那时，英国引入了累进税率：

> 挑出大的和相对较大的财产来征税，很快，就像变魔术一样，它们就会开始规避你，随后它们就消失了，因为世界上的所有事物都会很合理地这样做，一旦它们被挑出来征税。即使是饿得半死的乌鸦也不会一直呆在那里等着你不断射击。

在美国采纳高额的累进税率以后不久，柯立芝（Coolidge）总统最先从财政部那里了解到高额的累进税率导致我们"最终什么都得不到"。[1]这些所得都到哪里去了？10 年以后，当罗斯福将柯立芝的所得税提高到 170% 时，一位富裕的美国金融家在巴黎的一家酒吧里告诉罗斯福的一位朋友："我的财产都在巴哈马（Bahama）群岛，而且会一直待在那里，只要那个杂种待在白宫。"[2]今天，同样巨额的所得和财产很可能会留在开曼群岛。全世界还有超过 26 个避税港，但开曼群岛的成功故事超越了其他的避税港。由于拥有一个优良的政府，一个稳定和安全的社会，没有所得税和财产税，世界上很大一部分财富已经存入开曼群岛的银行系统中了。

开曼群岛自 20 世纪 60 年代开始成为避税港。那里没有铺好的路可走。它们与外界联系的唯一方式是通过邮件。有一条穿过牙买加（Jamaica）的电话电缆，但是它如此混乱以至于不能让人依靠。飞机场是木制的简陋房屋，窗户上是细铁丝网围栏。这里的宾馆，如果你能称它们为宾馆的话，只有一星的等级。这里只有几家银行的几间简陋的经营场所。加拿大皇家银行在这里拥有一个信托办公室，在海港的前面拥有一个古老的仓库。这个海港非常小，只能应付小型的蒸汽机轮船。今天，那里到处都是铺好的街道和大量崭新的办公楼。超过 100 家银行在这里拥有它们自己的办公室和雇员；数百家

---

〔1〕　Mellon, *Taxation*, pp. 216～27. 参见 Wanniski, *The Way the World Works*, pp. 120～21.

〔2〕　Paul, *Taxation in the United States*, p. 201.

银行在这里拥有营业执照并且进行了登记。在那里成立的公司数以千计。那里的宾馆和公寓非常豪华，甚至连到处都是的蚊子都消失了。在开曼群岛的早期，当新的访问者来到机场时，经常会有人大喊"鲜肉"。几分钟后，一大群有毒的昆虫就开始叮咬访问者并在他们的耳边嗡嗡乱叫。这样我们就可以理解为什么《国家地理》（*National Geographic*）在 20 世纪 20 年代称开曼为"被时代遗忘的土地"。在 20 世纪 60 年代，避税港早期，情况依然如此，但随后有些事情发生了变化。

开曼基本上是一个岛屿，旁边是在英国统治之下的牙买加首都金斯敦（Kingston）。当牙买加独立以后，开曼人非常聪明地与牙买加断绝了关系，成了大英帝国皇家殖民地。除了体育运动中的潜水以及一个令人喜爱的海滩以外，开曼很可能是整个加勒比海最没有吸引力的岛屿。大部分岛屿都是被海水包围的陆地。它们拥有一项世界记录。离乔治城（George Town）——这些岛屿唯一可以吹嘘的文明中心——不远的地方，一个蚊子捕捉器在 30 分钟内捉住了超过 30 万只蚊子。牲畜经常窒息而死，当它们的鼻孔充满了蚊子以后。

建国之父们决定建立高效的银行和信托法律，模仿巴哈马群岛的首都拿骚（Nassau），希望通过一些避税业务来推动经济发展。几个世纪以来，开曼人都是到海上发展，可以在世界各地很多商船上发现他们。这就意味着这些人经常离开他们的家庭，每年大约 6 到 9 个月。有了避税的业务，开曼经济生活中这些不理想的方面就会改变。这些人可以待在国内与他们的家庭在一起。一开始，没有几个开曼人相信避税港业务能给他们带来经济繁荣。优良的政府、稳定的社会以及低税，这些都是获得成功并永不失败的诀窍。

我们可以把开曼与另外一个避税港进行比较，这个避税港是在中东成长起来的，在 20 世纪 60 年代，它比名不见经传的大开曼岛具有更加诱人的未来。它就是黎巴嫩（Lebanon），它经常自称为"中东的瑞士"。其最大的银行中心是其首都贝鲁特（Beirut）。黎巴嫩看起来更加安全和更有前景，以至于俄罗斯都在那里建立了银行——莫斯科诺劳尼银行（Moscow Norodny Bank）。在 20 世纪 60 年代，这家银行并未在开曼开设机构，其他银行也未在开曼开设机构。不用煞费苦心地预测会发生什么事情。黎巴嫩变成世界金融中心的机会非常大。瑞士的巨大成功就是其政治和社会稳定——她保持在欧洲很多战争之外的能力、她保持货币与黄金之间稳定关系的智慧、她的银行保密制度，这些都是安全的另外一个方面。用它们自己独特的方式，开曼赶上了瑞士。在某些方面，开曼做得更好。瑞士对存款在瑞士银行取得的利息征收

35% 的所得税；而开曼不征税。

411

VRYHEDEN

By de Vergaderinghe van de Negenthiene bande Geoctroyeerde West-Indilche Compagnie vergunt aen allen den ghenen / die eenighe Colonien in Nieu-Nederlandt lullen planten.

Jn het licht ghegheven,

Om bekent te maken wat Profijten ende Voordeelen
aldaer in Nieu-Nederlandt, voor de Coloniers ende der
lelver Patroonen ende Meelters, midtlgaders de
Participanten, die de Colonien aldaer
planten, zijn becomen,

*Weftindfen Kan fyn Nederlands groot gewin.
Verkleynt fvyands Macht brengt silver-platen in.*

T AMSTELREDAM,

Voor Marten Ianfz Brandt Boeckvercooper/ woonende by
de nieuwe Kerck/ in de Gecrofrymeerde Cate pilraet, Anno 1630,

今天我们可以利用 1630 年的名叫"自由"的小册子来为避税港如开曼群岛的好处做广告。这本小册子总结了纽约的优势和自由，特别是那里没有税。北美是现代时期第一个避税港，因为更多的人移民到新世界是为了避税而不是为了任何其他原因。

根据定义，任何地方都是避税港，只要在那里货币或者所得是安全的、保密的、免税的或者低税的。很多外国人认为美国是一个避税港。在某些方面，它是。美国银行向外国人支付的利息是免税的。证券交易的资本利得是

412

免税的，与其他种类的个人财产收益相同。当国内税收署准备对股票交易收益征税时，国会对此作出的反应是通过一部法律，免除这种收益的纳税义务，即使是通过具有任意决定权的经纪商从事的交易也是免税的。大部分其他国家也是这样做的。高税负的国家希望吸引世界上的一些资金来本国，特别是美元，因此，它们不得不采取一些避税港的政策。古老的格言"如果你不能打败他们，就加入他们"在这里是适用的。钱是不讲忠诚的，除非你是安全和利润。避税港，如开曼群岛，不断发展并变得越来越富有，因为他们在竞争中胜出了。这正是一个好业务。有很多资金从世界上的无人之地留出——欧元以及石油美元——它们会流向出价最高的人以及最安全的出价者。有一次，美国政府通过取消在银行账户中所得利息以及从政府债券所得利息的纳税义务而吸引更多的资金。不幸的是，它们都被竞争对手超越了，根本没有实现其所欲达到的目标。他们拒绝给不记名票据发放没有限制的批准，因为它们有可能被用于逃避美国的税收。逃税者在国外有很大的市场，他们根本不需要美国的证券。加拿大政府以及毫不夸张地说数百家世界上最大和最安全的公司都在离岸世界发行不记名票据。

避税港的资金以及证券，实际上并不存在于避税港。避税港的银行会将这些资金转移到纽约、伦敦、苏黎世（Zurich）、卢森堡、巴黎或者其他金融中心。如果涉及美元，它们迟早会回到国内。避税港只是采取一种特殊的方式将它们带回母国，这种方式保护存款人的隐私，提供免税的利息，并且从一个稳定的基地国家来做这些事情；这个基地国家越稳定越好，这就是开曼群岛具有如此大的吸引力的原因。避税港不会走远；经济使它成为一种必然，历史也承认了它。简而言之，高累进税率创造了避税港，现在，世界上很多高税负的国家都在收获它们自己播种的恶果。逃向避税港仍将是，就像其已经存在了数千年一样，对实行高税负政府的必然反应。

资本逃离以规避税收或者外汇管制仅仅是避税港作用的一部分。世界上很多主要公司都发现了这些金融中心。国际金融、银行、销售、版税、许可证、保险——几乎所有可以想象的应税交易都可以在避税港发展并合法的降低税负。一位资深的国内税收署律师承认，"通过使用开曼群岛可以非常合法地省数百万美元的税款"。[3]随后，他向我透露，在国内税收署工作30年后，他想退休去避税港，开展税收筹划业务。

413

---

〔3〕　根据作者的要求保密。

大部分逃到避税港的人之所以这样做是因为他们对母国的财政或者税法忍无可忍。千万富翁、企业家泰勒（E. P. Taylor）移居巴哈马来"躲避加拿大严寒的冬季"。每个人都知道，他的离开是为了躲避加拿大严酷的税法。来自瑞典的网球冠军比约·博格（Bjorn Borg），以及他本国的同胞、伟大的滑雪运动员英格马·史旦马克（Ingemar Stenmark）都离开了瑞典到了摩纳哥（Monaco），他们的原因非常明显。

避税港难民报告说他们已经厌烦了与税务人员作斗争（亚当·斯密所强调的一点）。他们已经受够了审计的折磨，一年到头将他们的银行账户和会计记录一张一张挑出来，反复提问。他们厌倦了税务调查人员将他们的隐私全部破坏。他们已经厌烦了复议、高额税务律师费以及无休止的税务诉讼。很多人抱怨，他们祖国的劫富济贫哲学与他们所受到的财税机关的骚扰和蔑视一样让人无法容忍。这是瑞典伟大的导演英格玛·伯格曼的抱怨。他愿意与瑞典的高税负一起生活，但他不愿意与瑞典税务人员的盖世太保方式一起生活。

在拉弗曲线上的滚石乐队

1971 年，滚石乐队（Rolling Stones）离开了英国。1988 年，他们向《华盛顿邮报》（*the Washington Post*）的一位作者解释了离开的原因：

> 1971 年我们被迫作出一个决定来讨好英国政府——生活在英国并且由于高税负以至于买不起吉他弦，或者离开英国让乐队团结在一起，因此，"被流放到大街上了"。[4]

这种移居国外或者"被流放到大街上"的现象被富裕的音乐家、体育运动员、商人、投资者、演员、作家、发明家不断上演——几乎包括了在各个领域上升到社会顶层的任何人士。他们的国家将这些财富和人才赶出国门所遭受的损失是相当大的，这就是仍然在起作用的拉弗曲线（Laffer curve）的一个方面。拉弗曲线用图形的方式展现了当政府的税收过高时会发生的结果。它表明政府取得的收入会越来越少，直到当税率达到 100% 时，政府什么都收不到了。[5]

---

〔4〕 Richard Harrington, "Stone Free", *Washington Post*（November 11, 1988）.

〔5〕 关于拉弗曲线的著作很多。最容易理解的是 John Galt, *Dreams Come Due*（New York, 1986）, pp. 177 - 79；或者 Wanniski, *The Way the World Works*, ch. 6.

　　这幅图描绘了税收筹划者所使用的古老格言："国内损失，国外赚钱。"关联企业之间为避税而安排商业交易。公司内部定价可以将利润从高税负地区如美国转移到低税负地区。日本人是这方面的大师，他们雇用国内税收署前任高官作为他们的代表。1991 年 10 月 18 日的《华尔街日报》（ *Wall Street Journal* ）报道，前任国内税收署署长吉布斯（Gibbs）就是日本人专业顾问团队中的一员。

当能够取得巨额所得的人，如滚石乐队离开这个国家时，拉弗曲线仅仅阐明了国家税收损失中很小的一部分。很多为滚石乐队服务的工人和经营项目失去了一个很有价值的顾客。他们本来能够从滚石乐队取得的所得，对他们而言是一种损失，对英国税务人员而言也是一种损失。最终，英国政府实行的"劫富济贫"的社会主义政策根本起不到作用。它会事与愿违，最终导致的是经济甚至文化领域的荒漠。

— Drawing by Allan Bunce

尽管所得税最初是一种针对富人的适度阶级税收立法，但随着累进税率的引进，它很快就变成了这幅漫画所描绘的狰狞持镰收割者（系死神形象）。富人与税务人员在赛跑，在超过一个世纪的时期中，他们取得了很好的逃跑成绩——或者将他们的财产隐藏起来，或者将他们的住所转移到没有狰狞持镰收割者的地方。

避税港并非都是坏处，即使对于美国而言也是如此。事实上，它们就像带刺的玫瑰。它们的刺就是税收损失。玫瑰的部分完全可以弥补刺的损失。让我们来解释。

很大一部分投资资本和银行资金都是从不仅存在外汇管制，而且违反该国外汇管制法律的国家进入到美国的。这些烫手的外汇管制的资金是如何到达美国的呢？通过分布在世界各地的大开曼、拿骚（巴哈马群岛的首都）、香港等避税港金融中心的数百家银行来完成的。这就是这些银行所做的大部分工作，这也是美国联邦允许美国银行拥有海外分支机构的原因——这个国家需要这些钱。

即使面临严厉的刑事处罚，我们也没有看到这些烫手资本的流动有任何减少的迹象，美国财政部也是最早承认这些避税港银行和保密法从而让这些重要的资金流动渠道更加顺畅。你从来没有听说过美国政府准备打击外汇管制逃避者。

外汇管制是政府用来掩盖其财政愚蠢行为——过分财政支出以及资金的浪费——最著名的手段。对西方承担沉重债务的大部分第三世界国家都有外汇管制。美国政府对于资助外汇管制逃避者的行为不会有也从来没有任何愧疚之意，因为这些外汇管制经常用来控制向美国以及其他西方国家支付的利息。

美国主要的期刊已经详细描述了美元回流抵消了我们向海外支付的不平衡，以保证利率不会脱离我们的视线以及维持我们货币制度的健康发展。这些期刊所没有说明的是，如果没有世界上的避税港，大部分国家所存在的外汇管制将阻碍美元的回流。

外汇管制主要是限制本国货币兑换成外国货币，例如，将谢克尔（shekel）*兑换成美元。外汇管制主管机关是权力强大的独裁者，它们管理所有的对外贸易。在未经外汇管理机关同意的情况下，居民往往不能与任何外国人从事任何商业交易；即使将货币转移到境外也会受到限制。这些独裁者会决定你去购买瑞士奶酪、荷兰奶酪或者固特异轮胎橡胶（Goodyear tire）的行为是否能满足这个国家的最大利益。如果它们不同意，你是没有上诉的机会的。

这些控制不仅是任意的，有时也是压迫性的，对于违反者的惩罚也非常严酷。当他们按照较高的汇率与旅馆侍者兑换货币时，他们就会待在监狱里。

---

　*　以色列使用的货币。——译者注

这些随后就被逮捕的恐怖故事往往充满着对于行贿、罚款和肮脏监狱的传说。有时一个受到怀疑的美国人会被旅馆侍者扣押下来，他会分享这位美国人为了获得自由而支付的行贿资金。

生活在外汇管制国家的人们经常被政府错误地管理着他们的资金；否则他们就不需要外汇管制了。这些管制的主要目的是防止人们因为政府的不当行为而离开本国。所有的本地居民所能做的唯一事情就是看着他们的货币不断贬值。在这种毫无希望的状况下，最好的方法就是自己动手通过走私或者其他方式将自己的钱转移到避税港，在那里，你的隐私可以得到保护，你的钱可以任意转换成美元或者其他硬通货。

无论何时，你都会发现，生活在外汇管制国家的富裕家庭，如果货币由于政府在财政事项上的不当管理行为而缓慢贬值，或者存在严重的通货膨胀，他们会把实质性的财产存放在高税负的国家。危险吗？当然，但是这是他们必须面对的生活事实，或许也是为了下一代而这样做的。如果你对这个案例再增加沉重的税收负担以及内在的政治不稳定或者被没收的危险，可以肯定的是，在海外一定存在秘密账户。事实上，瑞士银行中的大部分账户，包括其他地方的银行账户，都是人们为了保护他们的财产免受外汇管制的侵害而设立的，主要不是为了规避没收性的税收。税收利益通常是第二位的。

我们来考虑一下其土地即将被没收的一个秘鲁家庭的悲惨境地。外汇管制禁止他们将自己的货币和有价值的个人财产带出这个国家。他们能怎么做呢？合法的方式没有。因此，他们带着自己全部的货币和个人财产，将它们藏在自己的卡车中，在一个星期天的下午，只带着一顿野餐的午饭就穿过边境去郊游了。他们被允许通过边境，他们一直走下去，放弃了所有的东西，永远也不回来了。他们只带了随身穿的衣服，因为装满衣服的行李箱会暴露他们的行程目的。他们一直来到巴拿马（Panama），将他们全部的货币都存放在巴拿马的避税港银行中。政府没收了他们的土地，因此，那里还有什么值得他们回去呢？很多富裕古巴人的土地被卡斯特罗（Castro）没收了，但是他们的钱却来到了避税港，甚至进入了迈阿密(Miami)*和纽约的银行中。正如经常所发生的那样，古巴人来到了佛罗里达州，定居在迈阿密。但是并非总是如此；经常发生的情况是一个拥有秘密账户的家庭继续生活在他们的祖国，接受被发现以及被惩罚的风险，这是他们无法避免的生活事实，除非他们愿

---

* 美国佛罗里达州东南海岸都市。——译者注

意让他们的政府以这种或者那种方式毁坏他们的财产。这些在避税港拥有财产的家庭以最高的警惕来保护他们的财产，即使是与他们具有类似安排的最亲密的朋友也不会互相告知。

幸运的是，大部分不稳定的政府并不会试图打击外国账户。他们从外国政府那里得不到任何协助。这些统治者们通常都有自己的秘密账户，他们也不想暴露自己。如果过分追究这些境外财产有可能发现是"总统的"财产或者他朋友或者亲戚的财产。秘密账户通常是自我保护的一种方式。当下一次叛乱来临之时——它或早或晚都会来临，这些现任统治者不得不在夜里逃走，通常是为了活命。他们在海外的某个地方需要有一窝鸡蛋，尽管这窝鸡蛋实际上是一大部分国家财产。

生活在具有严格外汇管制国家的商人会将他们的一些美元存入避税港银行之中，他们所使用的都是历史悠久的方法，当然也有一些现代的戏法。以下是最近几年出现的有趣的方案：

牙买加运输飞机。这一方案是在曼利（Manley）时代（20 世纪 70 年代早期）使用后命名的，那时，迈克尔·曼利（Michael Manley）在一个早晨突然宣布实行新的严厉外汇管制，这一举措震惊了牙买加人。他非常草率地管理着经济，并且与卡斯特罗暗中勾结。几个小时以后，一架装满货币的小型飞机飞离了牙买加的一个小地方，飞行 250 英里来到了大开曼岛的西部海岸，在那里他们将这些货币存入了乔治城的银行。这一方法可以用于各种各样的财产，如艺术品、珠宝、货币、小型贵重物品以及黄金。

当这种飞机全力运输时，牙买加银行中的现金就被取完了，它们不得不向位于大开曼岛的兄弟银行发出绝望的呼救，请求他们将牙买加现金返还到牙买加，因为这个岛屿上已经没有现金了，商人们已经无法经营商店了。与药品的运输不同，这种动产的运输，只要是所有人的财产，在大部分地方都是合法的，而且通常所涉及的都是不需要缴纳关税的财产。牙买加运输飞机几乎在世界的大部分地方，在大部分时间，都在全力运输着财产。

有漏洞的平底船。你获得了外汇管制主管部门的允许，可以购买一艘小型的商船。你购买了一艘有漏洞的平底船，而不是一艘很大的轮船，这艘小船很快就沉没了。乐于助人的销售商将你的大部分资金都存入了一个避税港银行。除了有漏洞的平底船以外，还有旧飞机（已经坠毁了）、过时的机器设备或者任何其他符合清单的要求并且遭受了损失或者不幸的财产。

邮票收藏者。这是英国人在撒切尔政府取消外汇管制之前最喜欢使用的工具。在伦敦购买一张有价值的邮票，将其带到国外，在那里将其换成硬通货，然后存入英国人在避税港的银行账户。由于邮票非常小，早期英国殖民地时期的邮票是世界上最贵的邮票之一，这种邮票也有一定的供应量。让这种方案暴露的现象是这些邮票在伦敦的拍卖价格明显高于世界其他地方的价格。希望将他们的货币逃离英国外汇管制的英国人很明显会互相竞争购买邮票。一旦外汇管制被取消，伦敦的邮票价格又回到了世界平均价格的水平。

苏维埃鱼子酱–青鱼之间的转换［由贪渎腐败者领导的政权（kleptocracy）］。[6]

419　苏联是一个拥有一个巨大的资本家和 2.5 亿非资本家的国家。这个资本家就是政府。在这些数量庞大的非资本家中，有一些胆大的企业家。一个令人吃惊的团体组建了鱼子酱–青鱼转换结构并引起了社会公众的关注。在改革*之前，除了你的袜子以外，苏联政府几乎拥有一切物品。他们同样也拥有鱼子酱和青鱼——拥有全部。为了遵循法国的谚语"没有人能够从国家那里偷东西"，少数有创业精神的俄罗斯人开展了以下"似鱼"的可疑交易。

这一计划是将鱼子酱装在罐头中运往西方，罐头上贴着青鱼的标志和发票。西方的行家需要大量的鱼子酱。一小罐鱼子酱就可以卖到 100 美元。青鱼主要用于猫食，而不用于人类的消费。在这种转换中，西方购买者按照青鱼的价格向苏联政府付款，他们随后打开罐头，到市场上销售鱼子酱。他们随后帮助与他们合谋从事这一计划的具有创业精神的俄罗斯人将差价存入瑞士的银行账户中。

事情进展得非常顺利，直到有一些愚蠢的员工将这些"青鱼"运到莫斯科的食品市场。这那里，令大部分顾客兴奋的是，他们也可以享受一点俄罗斯人给予这个世界最伟大的礼物。正如我们所预料的那样，莫斯科的一位店主将这个信息报告给了渔业部长，经过调查，莫斯科监狱中很快就装满了来自渔业部的工作人员以及运输的船员。我知道，领头的人被执行了死刑。这些富有创业精神的俄罗斯人可以被认为是自私自利的罗宾汉，他们应当是苏联随后进行改革的恩人。

然而，这个概念并不是新的，它已经在东方很多国家被很多人以各种各样的形式使用过。现在，东欧已经扔掉了共产主义的帽子，随着越来越多的资金流向西方的避税港，地下金融运输系统有可能出现堵车的现象。

---

　　[6]　Melanie S. Tammen，"Kleptocracy-Capitalism in the Soviet 'Second Economy'"，*Journal of Economic Growth*，vol. 4，no. 3（Washington，D. C.，December 1990），pp. 3 ~ 13.

　　*　指 80 年代前苏联的经济及政府机构的新调整。——译者注

第 37 章

奇迹经济的兴盛与衰落

在太平洋战争之前不久，西方世界正在思考日本人是否是他们所说的超级种族，他们曾迫使美国、法国、英国和荷兰屈服于自己。即使日本人最终被打败，他们的武士在战斗中的凶残也是令人胆战心惊的。在日本陆军和海军中没有懦夫，因为他们经常战斗到死，战斗到最后一个人。这种对皇帝的超级爱国主义是过去和现在日本武士阶级的特点。大部分人所不知道的是，这种武士阶级在几个世纪中一直是征税官。从征税官变成英勇无畏武士之间的转变方式是令人困惑的。然而，我们在俄罗斯看到了类似的演进，那时，在伊凡，这位恐怖的税收暴徒时期，特辖军（oprichniki）最终变成了沙皇的秘密警察。

当太平洋战争结束后，日本人的优越性似乎再一次冒了出来——这一次是在商业、贸易以及优良的产品方面。尽管日本曾经是伪造品的世界，"日本制造"仍然变成了一种优异质量的标志。这又给日本人带来了一个新的标签——他们创造了经济的奇迹，在他们所进入的任何领域，他们对整个世界都是一个威胁。全世界再一次以敬畏之心来看待这些具有超级旺盛精力的日本人。解释这一现象的清单在不断增长。没有人可以确切地知道造成他们这种超常成功的原因是什么。或许指挥太平洋战争的神道教军国主义者是正确的。日本人看起来的确是一个超级种族，如果在战争领域他们不是，那么在商业领域他们肯定是。[1]

然而，日本被证明是一个非常人性化的社会，其战无不胜的性质只持续了一个很短的期间。他们的整个财政结构在 1989 年开始崩溃。首先，他们引

---

〔1〕　Jon Woronoff, *Asia's "Miracle" Economies* (New York, 1986), ch. 5.

422

　　日本凶残武士的卡通画；最早他们是凶残的征税官。你会希望让这样的人做你们
的税务审计员或者征税员吗？

423　进了一些西方式的税收改革。利息——曾经是免税的，被征收了很重的 20%
　　的税，而且实行源泉扣缴。他们还引进了一个美国式的资本利得税，随后不

久，资金开始从日本股市流出，它们要求退场，日本股市崩溃了。这些资金都流向了哪里？随着这些资金一起流走的，是否也包括日本健康的股市？

真正的罪魁祸首可能并不是这些新的税种，尽管每个人都很明显地看出这些资金流向避税港是为了规避日本的税务局。日本的税务局被称为大藏省（okurasho），在现代社会以令人最为害怕而著称。很多富裕的日本人看到这个税务局不断侵入到他们的生活之中，他们将避税港，甚至比开曼群岛还遥远的地方，视为他们资金的避难所。但是真正的罪魁祸首是中央银行。与大多数谨慎的中央银行家不同，他们从过分刺激的商业会变成繁荣－萧条的场景中学到了很多经验。日本人，按照他们复制西方经验并随后将其发展得更好的特殊智慧，似乎认为他们可以比西方社会更好地操控中央银行的这场游戏，并为日本带来更大的经济奇迹。在 20 世纪 80 年代，日本的中央银行天才们让这个国家进入了繁荣与萧条的过程。在中央银行的信用之下，日本银行可以对外发放的贷款远远超过了其在日本私人领域所能获得的储蓄财产。随后，中央银行人为地推动利率降低到市场利率之下。每个人都会有大量的资金。这些低利率又推动了需求，经济中的所有领域都很容易借到钱，人们对所有物品的需求都在上涨。随后，价格开始疯狂上涨。一些经济学者甚至主张东京的土地比美国的所有土地还值钱。[2]破产是必然的，它在 20 世纪 90 年代爆发了，就在股市暴跌 60% 以后不久；然后是暴跌 80%。得益于日本中央银行天才们的愚蠢，日本不得不与奇迹经济说再见了。历史可能会认为她的财政设计者与她在 20 世纪 40 年代的军事设计者是相同类型的人。都是该死的蠢材。

尽管日本当时的中央银行犯了大错——这是整个太平洋沿岸国家经常犯的大错——他们在发展为超级经济大国过程中的税收制度一直是几乎所有地区税务人员羡慕的对象。在日本经济奇迹的顶点，我们一些最优秀的税收思想家们建议废除美国的《国内税收法典》，用日本的法典来取代它。那么，日本的税法典最吸引人的地方在哪里？

首先，它是商业友好型的，被称为"日本公司"，这是私人商业与政府机关之间的一种紧密的工作关系。日本战后的税法典是模仿美国《国内税收法典》的，因为美国占领政府在被占领的日本强制推行美国税法。但是，一旦他们有可能，日本人就开始把这部法典打得满是窟窿以间接降低和取消美国

424

---

〔2〕　Marcus Gee, "The real end of Japan, Inc.", *The Globe and Mail*, Toronto（April 18, 1998），

税法所要求的重税。税法的这种改变是从日本允许各种各样的现代价格折扣和勾销呆账开始的,那时,几乎任何领域都允许提取准备金。利息是免税的,资本利得是免税的,税收返还,对出口几乎不征税。整个制度给每个人都规定了免税制度和税收豁免制度。最终,美国式的高累进税率仅仅停留在了纸上。在这种税法典之下,日本经济开始繁荣了;它的资本形成了,它们为日本的经济奇迹提供了动力,其发展速度超过了历史上的任何时期。

对于超额税收最奇怪的制衡——逃税的内在安全阀——是日本的邮政储蓄制度,与其他制度一样,也是日本人从其他国家学来的。这一次是从美国学来的。很多年以前,你可以到当地的美国邮局购买邮政储蓄证书,它所支付的利息比银行存款利息略高。你可以将该证书返还给邮局从而取得相应的利息。这一证书是不记名的,也不需要将你的利息所得向税务人员进行报告,也没有关于这些利息被支付给谁的任何记录。美国这一发明的好处被日本人民充分发掘。今天,日本邮政储蓄证书的数量比生活在日本的人口数量还要多。[3]1982年,当日本政府准备为这些账户使用认证卡时,公众产生了强烈的抗议,这部法律也被废除了。这些账户仍然是匿名的,因为邮政服务只需要一个印章,而非签名,存款者可以使用虚拟的名字,如果他们愿意的话。但是税务人员并未放弃,1988年,对于所有的利息自动源泉扣缴20%的税率,这一制度似乎可以让税务人员安静下来,[4]但是它也让很大一部分储蓄资金从日本流到了无税的国家,这就意味着这些资金几乎流到了任何地方,包括美国。外国人在美国银行的存款在取得利息时不需要纳税。

吸引世界上的税收宗师到日本来的是这里的人民具有高度的储蓄倾向。然而,这一现象也有一个原因,而且不是文化上的原因。令我们惊讶的是,很多研究都已经注意到,在战前,日本的储蓄率与美国的储蓄率是相同的,因此,这并不是原因。[5]较高的储蓄率可以由免税以及利息所得的低税属性来解释,而不是通过任何倾向储蓄的文化来解释。这里有一个经济学常识在起作用:"无论你给谁补助,你所得到的都会超过你所给予的。"因此,如果一个国家希望他的人民去储蓄,它只需要免除利息所得的纳税义务即可。日本高储蓄的倾向可以由几乎任何国家复制,只要它们让利息所得免税或者低税即可。

---

〔3〕 Pepper, Jarow, Wheeler, *The Competition*: *Dealing with Japan* (New York, 1985), p. 91, n. 36.

〔4〕 Hiromitsu Ishi, *The Japanese Tax System* (Oxford, 1989), p. 16.

〔5〕 Pepper et al., *The Competition*, p. 91, n. 35.

日本将同样的刺激政策用于鼓励商业扩展和产业升级，不久，它们就超 425
越了竞争对手国家的产业（日本现在的国内生产总值大约占世界总国内生产
总值的10%）。股息并不多，因为大部分所得都用于企业发展和扩张了。在美
国，如果所得不以股息的形式支付，公司就有面临可怕的税收罚款的风险，
但是在日本不会这样。因此，美国税法是用来创造更多纳税义务的；而日本
税法则是用来推动企业发展的。日本及其亚洲的很多邻国学会了亚当·斯密
在两个世纪以前告诉我们的——重税损害商业、创造失业并且培育逃税。还
有什么事情比这些更糟糕的吗？

有一句古老的格言，你的汽车维修员经常使用他，但它几乎可以用于任
何领域："如果它没有损坏，为什么要修理它呢？"日本政府一定从这里学到
了很多并或许因此造就了日本经济的奇迹。他们本来可以不玩中央银行的游
戏的，这样就可以避免出现繁荣 - 萧条的场景，并避免损害日本经济和财政
状况。他们本来可以避免在储蓄和企业方面引入西方的税收制度。尽管西方
的税收专家在建议我们采用日本的税收制度，日本人却忙于拆除这些税收制
度，而且不只采取一种方式。很明显，日本公司的领导人没有从英国（特别
是加拿大）的经验中学到，你不可能通过征税或者将资金从生产部门借走转
而用于非生产领域而长期刺激经济发展。他们没有学到的其他财政因素就是
强制推行高税负对一个国家的财政健康是不利的。日本从 20 世纪 70 年代的
低税负国家发展为 20 世纪 90 年代的高税负国家，也正是在这时，它的经济
困难开始出现了。在 20 世纪 90 年代后期，赤字和债务都达到了顶点，日本
现在已经成为世界上债务最多的国家之一。日本人的智慧都到哪里去了？在
复制西方制度的热情推动下，难道他们最终复制了错误的制度？在 20 世纪 60
年代，他们实际上在违背美国的强烈建议而实行减税政策。在 20 世纪 80 年
代，他们就转而实行增税政策，这次遵循了美国的建议。

20 世纪 80 年代的增税政策不仅刺激了逃离日本金融市场的行为，而且刺
激了企业拓展海外市场，特别是在美国，仅仅在美国就带来了 60 多万的新增
就业岗位。同时，我们还应该加上用于支持和辅助这些新建的日本公司而创
造的工作岗位。总而言之，日本公司在近期美国产业发展中起到了关键作用。
最近我们所看到的在汽车工作人员所驾驶的汽车保险杠上的贴纸——"失业
了，饿了吗？吃你们的进口吧！"——已经没有任何意义了。日本的进口已经 426
不再是进口，已经变成了重新出口回日本。

或许现在已经是日本人民像他们在过去几个世纪中——在佩里（Perry）

将军让日本向世界开放很久之前——那样主张自己权利的时候了。在日本与世隔离的很长一段时期内，也就是德川（Tokugawa）时期（1600 年~1867年），日本发生了无数税收起义。每当政府增加税负时，"起义，起义，起义！"就是当时最流行的口号。[6]由于大部分近期的日本财政领导人看起来似乎都没有脑子，愤怒的民众或许能将他们带回近代和古代的税收智慧之中。

太平洋金融危机

1997 年后半年，世界被太平洋沿岸国家很多货币连锁崩溃的事件震惊了。[7]日本喜欢贷款的银行制度影响了太平洋沿岸的国家。由于低利率（大约1%~2%）所带来的巨大借款热情带来了整个亚洲地区的金融危机。那时，只有香港可以保护其货币制度。为了理解这种令人震惊的状态，让我们回顾一下历史，法国的历史。

在法国大革命时期，当断头机在不断运行，砍掉税务人员以及其他人的头颅时，法国最杰出的财政顾问和科学顾问拉瓦锡（Antoine Lavoisier）花了一些时间给税务部门提出了很多建议，他甚至还获得了短时期总税收承包人的头衔，作为对他服务的奖励。革命者在税务部门的记录中发现了他的名字。这引起了革命者的怀疑，随后，他被革命法庭逮捕并被送上了断头台。他请求饶他一命，因为他是天才，他可以为政府服务。审判法庭是这样回答他的："共和国不需要天才。"除了缺少寒暄和礼貌以外，这个经典的案例可以适用于今天大部分政府中的财政天才。我们不需要他们——当然不需要这些中央财政和经济计划者，他们经常将一个拥有良好商业和工人的国家沿着报春花之路引向灾难。

法国的故事并没有在断头台结束。一个世纪以前，法国财政部长考伯特（Colbert）向一群商人询问，政府能够为他们做点什么。其中一个人回答："给我们自由。"亚洲金融危机很大程度上是由于政府将他们的鼻子伸到了经济和金融事项上——鼓励过分借贷和开支，使这些国家"孤立无援"，其中，市场则被"切断了"。国际货币基金组织（International Monetary Fund）前来救援，提供资金给这些银行以挽救它们，这些资金被用来弥补坏账，这些坏

---

[6] Hugh Borton, *Peasant Uprising in Japan of the Tokugawa Period* (New York, 1968, reprint 1938 edition), passim.

[7] James K. Glassman et al., "Curling the Asian Flu," *Reason* (Los Angeles, May 1998), pp. 18~27.

账所支持的项目都是商业世界中没有经济价值的项目。这些贷款，只是形式有所不同和规模更大而已，让我们想起了贷款给美国存款和贷款所带来的灾难，这些损失都是由美国纳税人来担保的，它们所能担保的也仅仅是很小一部分。

在日本南边太平洋沿岸的国家中，中国人后代的一些小国也创造了他们自己的经济奇迹，这并非海市蜃楼。最近的金融危机不会掩盖这些新兴国家在过去几十年经济的发展。这些亚洲虎合理的税收政策会帮助他们再次恢复经济发展，当然要在这些政府中的财政天才们离开以后才能实现，这些财政天才进行了一场灾难性的货币游戏以及对擅长贷款银行的财政激励政策。只有香港能够预测这些给其邻国带来浩劫的经济台风。香港可以继续繁荣下去，即使在被中央政府接管以后，主要是因为在所有的亚洲虎中，只有香港能够有足够的理性让政府的经济"天才们"不去毁灭一件运行良好的事件。

尽管在太平洋沿岸国家的上空悬挂着乌云，需要吸取的一个教训是他们的税收历史，其中，香港提供了最好的智慧。

英国在 150 年前获得了香港。帕尔姆斯顿子爵（Viscount Palmerston），这位英国历史上最好但最不被人们记住的首相对这次获得行为并没有太大的影响，他说香港是"一个不毛之地的岛屿，上面几乎一栋房子都没有"。英国人以及一些具有创业精神的中国人，为东方贸易创建了一个自由港。在不长的时间内，香港很快变成了远东商业的一个繁荣的贸易中心。在第二次世界大战中，日本迅速占领了香港。英国和中国的商人迅速逃离了香港。战争结束后，香港的居民从 90 万迅速下降到 60 万人。这个地方死气沉沉；商人们都走了；殖民地变成了摇摆不定的地方。即使饮用水以及其他食物都必须从一些贫穷的殖民地进口。曾经有一段时间，香港看起来要变成一个国际慈善的例子，主要由英国纳税人来支持。

"香港政府"，与曾经是英国殖民地的大部分避税港一样，由伦敦派出的一位总督以及负责地方事务的地方立法会和行政议会组成。即使英国正在广泛实践社会主义，"香港政府"一点也不想要社会主义。随着中国革命所带来的经济混乱，很多中国人逃到了香港。这些人并不是富人，大部分是小型的商店业主以及企业主，他们知道在共产主义制度下留给他们的是什么。很多人来自小村镇和上海。也有少数仿制品制造商很有远见，他们将自己的制造机器运到了香港。这些小型的资本家不仅在香港建立店铺而且统治了地方政府。香港的人口也迅速增长到 250 万（今天香港的人口已经超过 600 万，与

428

40 年前相比增长了 10 倍)。

香港没有变成国际慈善的经典案例,香港领导人让每个人都去工作。政府采取了真正资本主义的姿态:让市场来控制;让商人拥有自由的空间。简而言之,政府不干预经济事项。在一个放任自由的市场经济被认为过时的年代,对于一个除了人口以外一无所有的国家,对于一个除了他们的大脑和创业精神以外没有任何自然资源的国家而言,采取这种政策是惊人的冒险。他们遵循了托马斯·潘恩的名言:"管得最少的政府是最好的政府。"从 20 世纪 50 年代到 20 世纪 70 年代,没有人会相信这句名言。相反,占据主导地位的思想是政府必须干预经济;政府必须促进某种产业发展、创造就业岗位、给经济指出发展方向、拥有一些国有企业——或多或少的计划经济,越多越好。类似马克思主义的完全国家计划要求得过分了,但是健康的社会主义药剂以及政府干预是这个时代的新经济政策和理论。这是直到今天仍然统治加拿大的经济哲学。加拿大有 3 个政党,但是都是社会主义的,只是程度有所不同。加拿大的经济在大部分时期都是繁荣的,因为它的经济将美国的自由放任经济放在肩上。

在被贫困和过多人口困扰的香港,政府在商人中保持诚信,尊重他们的判断以及乐意在市场中奋斗的意愿。如果没有这些商人,没有风险承担者,没有关于如何投资的更好的判断,持有纳税人财产的官僚机构能够作出更好的判断吗?香港政府中由商人主导的领导人认为,政府最没有资格来决定如何花钱。因此,香港没有促进出口产业的政策,没有计划,没有工业项目或者工作创造项目。香港实行的是最好的自由放任经济政策,同时伴随着低税政策,以提高利润。这些利润反过来增加了投资,也创造了新的就业岗位。这并不是一个恶性循环,而是一个良性循环。

利润可以使世界经济不断运转。它们是工资、新的产业、资本,甚至是政府税收的来源。利润也是市场的主要旗帜和标志。商人的目标是利润,这是激励他的根本。正如我们现在所知的,也是共产主义和社会主义实践者经历痛苦后所知道的,官僚主义者是无知的,他们对利润没有感觉。这是一个他们根本不理解的世界,更不用说其中还有一些天才。计划经常在一定时期扭曲市场。计划经济容易导致在某些领域过剩,而在其他领域则不足。直言不讳地说,他们倾向于将事情拧在一起。日本政府和韩国政府认为船舶制造业是政府应当大力支持的产业。他们作出了错误的判断。他们损害了全球的船舶制造业,包括他们自己闲置的造船厂,对此,他们已经投入数十亿。感谢政府的支持，这数十亿投资已经浪费了。

如果这些热情的政府不资助他们的船舶制造商人，世界的船舶需求就不会遇到产量过剩的问题，也不会损害世界其他地方的造船厂。这仅仅是一个例子。还有一打以上的例子在等着我们呢。今天，无论在韩国还是在日本，政府干预的程度都有明显下降。加拿大也从其很多国有飞机制造厂吸取了自己的教训。其中大部分工厂都卖给了美国飞机制造商或者加拿大企业家，加拿大纳税人遭受了巨额损失。当政府计划者碰巧正确时，我们忘记了给纳税人造成的损失，只要有正确的利润和税收激励，私人经济在任何领域都很活跃。商人被利润所吸引，就像旧金山淘金者被加利福尼亚的黄金所吸引一样。只要有足够的潜在利润，就会有足够的投资者和开发者。当官僚机构作出了错误的判断时，纳税人是必然的损失者，另外还有陷入捕蝇器中的商人。

香港的奇迹对于其他亚洲"奇迹"产生了重要影响。新加坡、台湾地区、日本和韩国的领导人都大幅降低了政府干预经济的程度。亚当·斯密以及自由放任经济学的智慧战胜了社会主义、国有企业以及对市场的干预。我猜测，100 年以后，我们聪明的后代会将 20 世纪视为一个采取了各种民主和极端形式的社会主义的大实验。他们可以很容易指出，社会主义并没有解决经济的疾病；它经常让事情变得更糟。香港的混合避税港，连同其低税和不干预经济的政策，就是一个突出的反对社会主义并从一个几乎没有希望的状态中收获巨大繁荣的典型例子了。尝试实行社会主义的大部分第二世界国家都是　团混乱。*

其他三个亚洲虎通过使用适度税收政策实现了奇迹般的发展，它们都是从太平洋战争中走出的，在当时看来，除了强有力的刺激，根本无法前进。 430
新加坡曾经是一个马克思主义的国家，当它退出英国殖民体系时。没有资本，没有自然资源，与香港类似，他们给予外国投资者 5 到 10 年的税收自由，如果他们来到新加坡建立出口制造业。如果这些公司继续出口并将利润带回新加坡继续投资制造业，它们可以继续享受免税政策。政府建立了工业园，当劳动者变得好斗且以罢工相威胁时，政府开始规制工资、工作时间、加班费，甚至退休金。[8]

作为一个规律，在所有这些努力经营的先驱以及熟练工人的条件下，年度投资在 12 年间可以从 0.4 亿美元增长到 5 亿美元。出口——制造商被要求

---

* 作者对社会主义的批评并不客观，对此，读者应具有独立分析能力，不要受作者观点的误导。——译者注

〔8〕 Woronoff，*"Miracle" Economies*，p. 132.

从事的活动，从 1960 年的 200 万美元增长到 1985 年的 350 亿美元。

台湾，与新加坡类似，也进行了社会主义的实验——中国钢铁、中国船舶制造、中国石油——基本产业都是国家所有，这是社会主义的教条。但是随着时代的发展，社会主义被抛弃了，外国投资增加了，首先是日本的投资者来了，其次是美国的投资者来了，然后是整个世界的投资者都来了。政府的座右铭是："人民会生产，如果他们被允许保留他们的劳动成果。"[9]如果你回顾我们的历史，这个座右铭是杰斐逊政策拥护者的理想。但是，这个座右铭也可以简单说成保持低税，这一政策已经在太平洋沿岸国家中创造了另一个经济奇迹。

今天，经历金融灾难的亚洲虎们已经认识到如果要保持繁荣必须维持适度税收制度。100 万美元的项目会给来访者留下深刻的印象，但是它们会在资产负债表上留下深刻的印象吗？利润还是损失？如果巨额贷款无法得到偿还，当地方货币不受欢迎，市场会怎么做呢？当政府和银行无法控制精明的商业野马，剩下的只能是当地货币、当地股市以及当地繁荣的自由落体运动。[10]

从积极的角度来看，亚洲经济仍然有活力，这显示了适度税收的价值，从负面的角度来看，亚洲经济也体现了中央银行的愚蠢以及过分和鲁莽的借款行为。但是，他们相信适度税收的智慧，他们相信推动经济繁荣应当依靠私人经济，而不能依靠政府的中央计划，乍看起来，这一信念是对西方智慧的简单复制，这是我们在这个世纪在被社会主义哲学诱惑之前所拥有的智慧。曾经，美国的经济学格言是："美国的本职工作是商业。"现代的亚洲虎们就是从这里得到它们的智慧的吗？还是从两个世纪之前的亚当·斯密那里获得的？都不完全是。

431　　在亚当·斯密之前，自由放任的经济哲学在中国就已经非常流行，正如我们已经注意到的，公元前 2 世纪中国皇帝汉景帝所信奉的政治和经济哲学就是"无为而治"。他的统治时期被中国历史学家称赞为和平与繁荣的时期，帝国的国库和粮仓装的满满的。

以色列经济的缓慢发展

以色列与亚洲虎大约在同一时期形成，但是还有漫长的道路要走。在全

---

〔9〕 Gracula Ortez, ed., *Journal of Economic Growth*, vol. 3, no. 1, p. 2.

〔10〕 Gee, "Real end of Japan, Inc.", p. D4.

世界以及以色列犹太人虔诚精神的帮助下，在巨额财政支持包括美国的资助下，以色列国家应当是世界上最繁荣的国家。没有哪个新兴国家能够像以色列那样从海外获得如此多的道义和财政上的支持。而且，精力旺盛的人力资源也源源不断流入这个国家——人民愿意接受政府施加在他们身上的任何负担，人民也愿意做出任何必要的贡献以将这块土地变成流着奶和蜜的国家。曾经，在所有这些支持下，以色列繁荣了，她的社会主义似乎行得通。但是这些都已经成为过去；除了来自前苏联的犹太人以外，犹太人民已经不再移民到他们所向往的乐土了。他们古代祖国——亚伯拉罕、以撒（Isaac）、雅各布（Jacob）、摩西和以色列部落的土地——的诱惑已经被所有政党所拥护的社会主义政策所导致的经济发展缓慢所掩盖了。在过去的 10 年中，移民到以色列的犹太人净数量是负数。更多的犹太人正在离开以色列，而不是进来。

以色列的衰落始于过分和愚蠢的税收，这些税收无论对企业而言还是对个人而言都是太高了。正如我们所能预料到的，这些税收对经济发展和企业产生了巨大的负面刺激作用，所带来的税收收入也非常少。简而言之，以色列的税法典扭曲了价格，打击了工作、储蓄和投资。它也刺激了具有创业精神的犹太人移民到更加温和的税收环境中。

国有企业构成了以色列工业和农业经济的骨骼，它们效率低下，拖累了经济发展。[11]对于国有企业而言，每一个雇员的税收低于私人企业，每一美元投资的销售额低了私人企业，每一美元资产的利润低于私人企业，而经营成本则高于私人企业。尽管犹太人民有精神和热情，与整个世界经济相比，以色列经济仍然在走下坡路。以色列处于混乱的状态。正如两位著名的犹太人学者所说："以色列不断打破教科书上的每一个主要的经济规律。结果，它的社会主义经济正在遭受低速增长的困扰。这种社会主义的缓慢发展不仅破坏了犹太复国主义，而且损害了这个国家的国家安全。"[12]

这一切是怎样发生的？犹太人民，号称是地球上最聪明、最有创造性的民族之一，怎么可能在财政和经济上如此愚蠢？当高效生产的西方国家降低税率、取消外汇管制、私有化政府企业、依靠市场力量、让官僚机构和政客离开经营决策领域时，为什么以色列没有得到这些信息？

我们无法回答这个问题。或许认为自己什么都知道的官僚机构过于根深

432

---

〔11〕 Tom Bethell, "Is the Kibbutz Kaput?", *Reason*（October 1990）.

〔12〕 "Israel's War Against Capitalism", *Journal of Economic Growth*, vol. 3, no. 3（Washington, D. C., 1989）, pp. 49～57.

蒂固，就像俄罗斯一样。但是我们能理解，社会主义是如何控制以色列的。以色列的建国之父们是从东欧移民而来的，那时，东欧对社会主义的信仰非常强烈。资本主义被视为进步、社会正义和经济健康的敌人。经济大萧条（Great Depression）被认为是资本主义制度的结果。社会主义可以保证不出现这种经济灾难。如果一个国家的经济是由聪明的官僚机构来指挥的，这个国家的繁荣是可以得到保证的。资本主义，正如马克思所指出的，社会大众的剥削者，会导致有无数穷人的社会，整个社会都受到少数最富裕阶层的剥削。社会主义可以结束这一切。毫无疑问，无论是共产主义还是社会主义都有很强大的犹太人支持者以及思想家。马克思、托洛茨基（Trotsky）以及其他狂热信奉者都来自犹太人思想家的行列。在以色列很多政党的创建者以及领导人中都可以发现这种思想。正如一位作者指出的："直到今天，拥护犹太复国主义者与社会主义者之间的联系依然相当强大。"[13] 同时，我们应当补充一点，其结果就是经济系统依然相当脆弱。

拉弗曲线：税收制度应当怎样做

亚瑟·拉弗（Arthur Laffer）是南加利福尼亚大学的经济学家，他观察到总是有两个税率可以产生相同的税收收入，一个高税率（消极的）和一个低税率（积极的）。美国财政部最早了解这一点，当所得税的累进税率从 1916 年到 1921 年不断攀升时。附加税（所得税的累进税率）从 1916 年的 7% 增加到 1921 年的 77%，所带来的几乎是相同的税收收入。[14]

年度	税率	按照累进税率缴纳的税款	所得超过 30 万美元提交纳税申报的数量
1916	7%	81 404 194 美元	1 296
1921	77%	84 797 344 美元	246

433　　　将这些数据放到拉弗曲线上，消极的一面，A 点，将会是 77%；积极的一面，B 点，将会是 7%。这两点都产生相同的税款数额。低税率是"积极的"一边，高税率是"消极的"一边。

但是你可能会感到奇怪，1921 年，所有的富裕纳税人都到哪里去了？从

---

〔13〕　Ibid. , p. 50.

〔14〕　Mellon, *Taxation*, pp. 74～75.

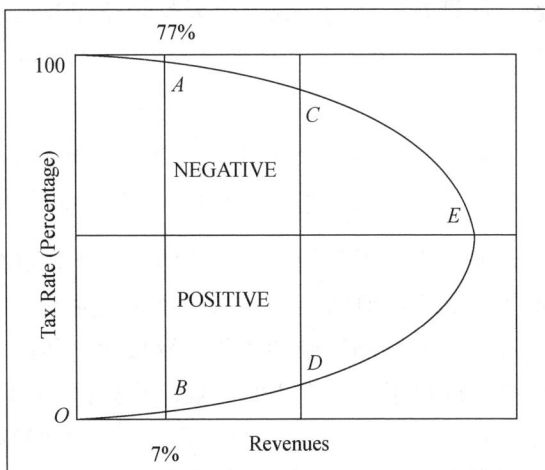

拉弗曲线。20 世纪 20 年代，财政部发现 77% 的税率所带来的税收收入
与 7% 的税率所带来的税收收入大体相当。这个常识已经被丢弃了大约 50
年，现在仍然没有被我们大部分的税收政策制定者所认识到。

纳税名单上消失的 80% 的人都到哪里去了？这不正是罗马所遇到的相同的问
题吗？那时，戴克里先不得不因禁曾经自由的罗马人，当他们集体从罗马的
纳税人名册上消失时。尽管今天有很多人用他们的脚起义了（就像罗马人一
样），离开了美国，剩下的也通过税收筹划者飞离了，我把这些人称为“心灵
手巧的美国佬”。应税所得可以在非应税所得或者不需要纳税的投资收益中找
到藏身之处，它们也可以通过税法典中某些迷人的漏洞来逃避纳税义务。与
日本政府输入他们税法典中的漏洞不同，美国税法典中的漏洞，在大多数情
况下，都来自税收筹划者。

434

　　美国的税务人员设计了一个计划，让税法越来越复杂，部分是为了约束
避税行为，但是税收筹划者接住了这种复杂性并将其返还给了税收制定者。
这场游戏不断进行下去，直到我们拥有一部如此复杂、如此详细的税法，以
至于今天没有一个人能够掌握整部税法典——随着时间的流逝，它也会超越
人类的理解能力，而且会变得越来越不可理解，甚至晦涩难懂到超越人类的
理解能力。有一件事是肯定的，你不能指责政府的税收政策制定者太聪明。

优良的税收制度能够创造经济奇迹吗？

　　拙劣的税收制度当然是创造经济奇迹的阻碍因素，优良税收制度是能够

助一臂之力的因素，尽管我们怀疑，我们今天是否还像我们上一个世纪的先辈那样深深地信奉这一点。1862 年，《大西洋》（*The Atlantic*）杂志的一位编辑说：

> 引入一个聪明和高效的税收制度，生命和活力就会充满这个国家。没有这样一个制度，我们就会进入一个普遍和彻底瘫痪的状态。

欧洲人在同一时间也看到了这句话。当美国内战正在进行时，相信美国民主的欧洲人震惊了，民主政府的伟大承诺已经无法兑现了。人们希望美国民主能够带来一个和平、商业和繁荣的时代，没想到它却爆发了内战，蹂躏和屠杀无辜者。但是它取得了三个重要的成就，《季度评论》（*The Quarterly Review*）的编辑在 1861 年 10 月写道。它产生了一个廉价和没有债务负担的政府、低税负以及一群来自欧洲希望找到工作的移民。它也产生了历史上已知的最伟大的繁荣。不幸的是，和平以及公民之间的友善并未建立。民主不能保证这些。

对于欧洲人而言，廉价政府和低税负是一个伟大的成就。移民也是推动繁荣的重要因素，但是这些能够解释美国无法比拟的繁荣和经济成就吗？是否有一些隐藏的催化剂是观察者所没有看到的？

435 欧洲的观察者没有注意到的隐藏因素是美国人的创业精神，这种精神在欧洲也起作用，但是这种精神被大规模的、侵犯性的、征税和规制的政府所窒息了。同样的精神创造了美国今天的伟大，尽管美国政府也并不廉价，并未摆脱债务而且税收也不低。这种精神，富兰克林称为诚信、节俭、勤劳和良好的资金管理，在西班牙殖民地时期的新世界完全没有。他们所拥有的精神是对黄金、剥削以及放纵的渴望。那个时期的一位西班牙小说家承认，一个人宁愿饿死也不会从事商业和工作。

今天，在非洲、中东和拉丁美洲的第三世界国家，资金和低税已经起不到作用了，它们无法提供创造财富所必需的动力和创业精神。美国的外国人资助以及石油财富看起来似乎是进入黑洞的资金。然而，在亚洲，我们已经看到他们来自西方世界的工作与创业精神。当日本在一个世纪以前抛弃武士社会并开始复制西方制度时，我们看到了现代日本经济的奇迹。在太平洋沿岸的亚洲虎身上我们也看到了相同的奇迹，尽管它们被官僚机构的愚蠢和金融的傻瓜政策严重削弱了，但它们会以曾经拥有的惊人活力和经济增长重新出现在世人面前的。尽管没有人在市场之上，包括亚洲的金融傻瓜们，同样，也没有人能够比市场聪明。这是日本必须吸取的教训，如果日本想重返正轨的话。

大卫・兰登（David Landes）在其著名的研究成果《国家富裕与贫穷》（*The Wealth and Poverty of Nations*，1998 年）中预测，富国将会越来越富，穷国将会越来越穷。对此，我们无能为力，因为它们缺乏创业精神，而这是获得财富所必需的，其他任何东西都起不到作用。无论有多少外国资助、石油财富、自然资源，即使是低税甚至廉价政府也无法弥补这种精神。

437　第 38 章

我们要宪法干什么

> 制定宪法是为了防止……政府实行暴政。
>
> ——詹姆斯·麦迪逊,《联邦党人文集》

当麦迪逊呼吁我们预防在民主政体下多数人对少数人征收重税的危险时,他进一步强调了这个问题,他说:"让开明的政客去调节这些互相冲突的(税收)利益并使得它们都符合公共利益是徒劳无益的。掌权的并非都是开明的政客。"[1]在北卡罗来纳州批准宪法的会议上,一位名叫考德威尔(Caldwell)的聪明代表赞同麦迪逊的观点:"这是非常关键的,先生们,这是对宪法每一个不适当部分的最好回答,告诉我们每一件事情都由我们的代表来做,这些代表都是好人。我们并不能保证这些代表明天会是好人,更不能保证他们一直是好人。"[2]

我们不必回顾很久远的历史就可以知道这些人是多么睿智。政府制衡的概念主要起源于对征税机关的制衡。最终的制衡是宪法。不幸的是,在联邦的层面,我们生活在一个缺乏保护的时期,但是纵观整个西方历史,从公元614 年巴黎的官方公告到现代的《大宪章》,我们可以看到人们不断运用宪章、条约和宪法来戏剧性地制衡税收。然而,美国仅仅在这个世纪才开始没有宪法保护的历史。

在州的层面上,很多宪法都在积极和活跃地保护纳税人。在联邦的层面上,宪法对税收的控制已经从 19 世纪的立场——税收必须是平等的[3]——

---

[1] *The Federalist*, No. 10.

[2] Cecilia M. Kenyon, ed., *The Anti Federalist* (Indianapolis, 1966), p. lxiii.

[3] Benjamin Oliver, *The Rights of an American Citizen* (New York, 1832), p. 95.

演化到 20 世纪的立场——它们可以是不平等的，只要国会同意，无论是奇怪的、滥用的还是残酷的都可以，只要议会能设计得出来，无论多么丑陋和邪恶都无妨。如果人民不喜欢它，他们拥有投票箱。早在 20 世纪 50 年代，法律学者们被迫承认联邦税收立法权已经不再受到任何宪法的约束。[4]还剩下一个约束，人们认为它是地理上的限制。税收必须在任何地方都一致，但是到 20 世纪 80 年代结束时，这一原则也已经变成一个"空壳"了。[5]最高法院事实上正在从事一种奇怪的"取消"表达，"取消"宪法要求的行动，法律学者称为"空壳"技术，也可以表达为掏出宪法的肠子。

这种空壳程序开始于本世纪，与《权利法案》中的很多条款被"大胆抛弃"发生于同一时间，正如令人欣赏的记者亨利·路易斯·门肯（H. L. Mencken）在 20 世纪 20 年代所观察到的那样。"是什么原因导致，我不知道"，门肯说，"但是《权利法案》的漏洞被猛烈抨击，一些奇怪并常常是想象的新法开始从这些漏洞中穿过"。[6]

法院发展出了一种严重分裂的人格，几乎就是精神分裂症。种族隔离制度合法存在长达一个世纪，现在已经是违宪的了，因为，用首席大法官的话来说，它具有"内在的不平等"，甚至违背了正当法律程序。与此相对，不仅内在不平等的税法，而且故意和明显不平等的税法都是合宪的。就种族隔离制度而言，法院用尽了宪法的语言来实现种族之间的平等。就税收而言，他们也用尽了宪法的语言，但这一次是按照相反的方向，确认和支持不平等，取消了一致性的要求。出现这种现象的原因部分是历史形成的，部分是华而不实的学问和逻辑的结果，部分是对自由的认识改变了的结果。我们注意到，或许有些惊讶，建国之父们是怎样将税收置于自由所拥护事项列表的最顶端的。[7]今天，税收已经不在这个列表中了，甚至连最低端都没有了。或许这就是隐藏在法院观点突变背后的原因。

宪法拥有一个漫长的保护纳税人的历史。在宪法领域中有三个主要的方法。第一个方法就是将征税权与用税权相分离。正如我们所看到的，这是在议会变成全能议会之前英国以及英国宪法的核心。英国议会开始随意使用纳税人的钱，用税权很快超越了纳税人的利益以及适度税收的长期历史实践。

---

〔4〕 Randolph Paul, *Taxation in the United States* (Boston, 1954), p. 654.

〔5〕 Comment, 51 *University of Chicago Law Review*, 1193 (1984).

〔6〕 *Chicago Tribune*, January 17, 1926.

〔7〕 "Speech of Edmund Burke, March 22, 1775", *Burke Selected Works* 1, pp. 178 ~ 89；同时参见第 26 章，注释第 20 ~ 24。

439 英国政府也很快从节俭转变为奢侈，从保家卫国转变为无限制的军事冒险，转变为侵入人民生活的无限政府。自由已经退让了，已经向提高政府收入妥协了。

当用税权和征税权在同一个政治团体手中时，无论是国王还是最好的民主机构，都不可能依靠他们来控制他们开支的胃口。分权的概念——在美国宪法思想中是最基本的——应当首先用于政府的征税和开支领域。

戈尔巴乔夫的改革极其短暂但戏剧化的苏联政府为分权在税收领域运作的价值和简便易行提供了让人想象不到的支持和证据。自从斯大林在1936年创建最高苏维埃以来，它一直是橡皮图章的国会，这一历史超过50年。它会批准共产主义的政府提交给它的任何提案。这一状况在戈尔巴乔夫的改革中结束了。资本主义合法化了，正如我们所预料的，所得税随之而来。然而，在最高苏维埃50多年的历史中，这些代表第一次否决了政府提高所得税税率的提案。这一结果令苏维埃政府震惊；这一结果也令西方的政治专家震惊，但是它真的不应该让任何人震惊。由于没有真正的开支权，为了照顾苏维埃纳税人明天的利益，这些代表们认为税率应当适度。政府所提议的税率是我们的国会毫无疑问会批准的税率。事实上，苏维埃政府所提议的最高税率（55%）与我们从富兰克林·罗斯福到里根时期实行的最高税率相比，是相当低的。

如果反对高所得税税率还不够的话，在1989年10月的早期，苏维埃立法机关还否决了另外一项对啤酒、香烟、鱼子酱以及少数其他奢侈品食物开征新税的提案。立法机关认为这些常见物品的价格已经足够高了，对于大部分消费者而言，它们的价格已经太高了。

现在，如果这些否决发生在戈尔巴乔夫之前，上帝知道在这些持不同意见的代表身上会发生什么事情。随着戈尔巴乔夫的改革与开放，这些代表们拥有了按照他们认为正确的方式投票而不是按照他们被告知的方式投票的自由。这个新的最高苏维埃，就像古代英格兰议会一样，并没有真正的开支权。同时，又像过去的英国议会一样，他们首先为纳税人考虑，其次才为政府考虑。

第二种宪法方法我称为瑞士制度，尽管这一制度已经从美国建国开始就在州和地方政府的层面运行着。投票者必须批准征税和开支。地方学校董事
440 会和道路董事会的问题就是很好的例子。瑞士是在国家的层面来处理这个问题的。瑞士纳税人经常否决提高税收和增加开支的提案，政府不得不调整其

行为，包括其餐桌上的食物，这就是瑞士总统骑着自行车去有轨电车里上班的原因。从理论上讲，这种税种才是经过真正的同意，而不是经过代表的同意。在民主制度下，有些事情必须留给人民自己来决定，对瑞士人民而言，征税和开支就是这样的决定。

我们当前的制度非常类似于主人和仆人的关系，主人允许他的汽车司机去决定购买什么种类的汽车。这位司机——他的主要工作是驾驶——最终会根据他自己的乐趣和喜好来选择，但是他的主人可能并不想要一辆劳斯莱斯。*类似的，纳税人可能并不想要他们的立法机关所希望的服务和活动。我们的问题是，我们让司机来作出本来应当由主人——纳税人——来作出的决定。

第三种宪法方法就是美国宪法制定者们头脑中所想的。这个概念非常简单——对于征税和开支建立宪法控制机制。由于担心在批准宪法的辩论中表达出不受控制的税收，他们所提出的这些控制机制都是预防滥用税收和开支的有效手段。即使是联邦主义最坚定的支持者也乐意承认，正如我们所指出的，如果对税收和开支没有宪法控制，税收政策制定者就不会采纳明智的税收，而会滥用税收。麦迪逊说，诱惑太大了，少数群体会遭到蹂躏。在税收领域如果没有适当分配、一致和公平等原则，政府就会过分开支，过分征税，就会增加一部分群体的税收负担，而减轻另一部分群体的税收负担。当然，现在我们就生活在这样的制度之中。

1787年，当代表们前往费城时，他们对于授予联邦政府征税权的危险并未产生错觉。他们都同意——标准、限制和控制都是绝对必要的。在那时以及在讨论中，没有一个人甚至提议国会拥有任意征税的权力。没有人希望大鱼吃小鱼（纳税人）。200年过去了，我们正好回到了起点，他们认为已经植入宪法制度中的控制不见了。19世纪的法院经常表达宪法控制的重要性。在一个早期的案例中，大法官撒母耳·彻思（Samuel Chase）说，我们不能假设宪法制定者们"在讨论税收问题时所遵循的原则是一个最终会导致巨大不平等和非正义的原则"。另外一位最高法院的法官帕特森（Paterson）说，认为宪法制定者们会允许一个不平等的税收存在是"荒谬的"。还有，大法官艾尔德（Iredell）提到了邪恶税收所带来的"危险结果"，它会"摧毁整个民族对于创立宪法基本原则的一致性理解"。[8]

441

---

* 劳斯莱斯是世界顶级豪华轿车品牌。——译者注

[8] *Hylton v. United States*, 3 Dall 171, 175~183 (1796).

我们在 20 世纪没有发现类似的表达。一位联邦法院法官曾经愚蠢地认为一致性条款还有一些效力（他被最高法院的一致同意的判决所压制），他认为税收可以是任意的、破坏性的、没收性的——这是我们用来形容邪恶的词语——它仍然可以是不违反宪法的。[9]我们可以设想一下，如果宪法制定者们在 1787 年宪法提交批准之时说出这些话，在 13 个州中是否有 1 个州会对宪法投赞成票？事实上，各州立法机关的代表中是否会有 1 个人对宪法投赞成票？直言不讳地讲，如果税收的制定没有严格和清晰的宪法标准，根本不会有 1 个人祈祷批准宪法。

宪法控制拥有一个让大鱼保持在一定尺寸范围内的漫长和成功的历史。近期的例子，曾经引起全世界关注的是 1978 年加利福尼亚的《第十三条建议》（Proposition 13）。加利福尼亚的税收起义导致了《第十三条建议》的诞生，这是政府甚至媒体都没有预料到的。它的领导人霍华德·贾维斯（Howard Jarvis）被当做疯子解雇了，他的支持者都是一些小型的但是比较招摇的少数派。加利福尼亚纳税人在选举中取得的压倒性胜利在整个世界都引起了反响。澳大利亚的重要城市悉尼的报纸用战时才会使用的大尺寸标题来报道这个消息。世界上愤怒纳税人的数量比大部分政府愿意承认的数量要大得多，这些愤怒的纳税人希望拥有一个更好的税收制度和更加节俭的政府。在现有制度体系内，税率的变化甚至定期的修改都是不够的。我们迫切需要一个新的税收革新。《第三十条建议》就是这样一个革新，这就是它为什么能够引起全世界想象的原因。加利福尼亚的大部分纳税人并不贪婪，并不像加拿大媒体所描述的那样；他们只是为了保护自己的住房而进行斗争的铤而走险的住房所有者。加利福尼亚财产税的增长速度已经远远超过普通家庭平均收入的增长速度。必须做点什么事情了。

《第十三条建议》是一个宪法修正案，它为不动产税的税率设定了上限。税收应当符合宪法标准的思想并不是什么新思想。现代的宪法是从中世纪的"宪章"发展而来的。其中最著名的《大宪章》就是限制国王和贵族征税权的宪章。对税率的限制和对征税权的限制都是很常见的。你可以说，《第十三条建议》就是限制征税人员的古代技术的复兴。

如果我们准备复兴对于税收的宪法控制，就像宪法制定者们意图的那样，我们只需要回顾一下他们帮我们设计的条款，特别是一致性条款即可。正如

---

〔9〕 *U. S. v. Ptasynski*, 1035 S. Ct. 2239 (1983)；有意思的是，根据联邦诉讼程序规则，一旦一项联邦税法被宣布违宪，该案件就会自动上诉到最高法院。

他们所设想的那样，在税收领域没有差别待遇。不再有"可恶的任意"。不再442
有对某些人免税，而对其他人则实行没收性税率。无论是什么税收，它都应
当对所有人一视同仁。

《第三十条建议》被加利福尼亚的媒体和两个政党嘲笑，但是它不仅为纳税人改变了
加利福尼亚的宪法——它也变成了其他很多州变革的模版。

有很多迷人的词语可以用来形容现存的免除纳税的不同种类。非法的方法被称为逃税，或者按照最近的称呼，不适当的自我帮助；税收的小花招被称为避税，或者税收筹划；免税是税法典表达的漏洞。纳税最多的纳税人是那些坐下来休息什么都不做的人。尽管税收筹划曾经是富人专属的游戏，但是现在它已经成为除了傻瓜以外的所有人的追求。

从我个人的角度而言，我觉得应当将所有的免除纳税描述为逃税，因为所有的财产（包括劳动）都应当缴纳其所应当承担的一份维持社会的成本。没有做到这一点的财产就逃避了它应当向保护它和支持它的社会所应尽的义务。税收道德既应当适用于政府，也应当适用于个人。政府授予免税与公民隐藏其所得一样不道德。当然，这是一种新的税收道德概念，但是我们应当拥有一种税收的新思维，并从中发展出新的税收创新。

如果任何公民从刑法那里获得了免税资格，我们会感到很震惊，然而，我们却可以在很大程度上容忍来自税法的免税资格。各种各样的压力团体正在向政府要求以及从政府那里得到税收利益，就像法国王国的很多平民阶层要求和获得了贵族身份一样。现代宪法剥夺了政府授予贵族身份的权力。它们不应当被剥夺授予税收豁免身份的权力吗？因为这就是法国王国中的贵族身份所拥有的一切。我们税收制度中最严重的缺陷是其与民主的基石相冲突，这就是，法律，如果要保证是正义的，就必须平等对待所有的人。

如果我们的立法者被禁止授予税收豁免和免税，阶级政治就不能统治税收的制定。一旦这一目标实现，我们社会中专制主义的最后一个堡垒也将消失。强制要求平等的宪法是受到人民欢迎的，就像清洁兑换钱币的神殿一样。从根本上而言，我们的立法者不会喜欢这种方式，因为他们就是现代社会中兑换钱币的商人。

在20世纪50年代，沃伦（Warren）法院推翻了给予种族隔离宪法支持的判决。法院重新返回了平等保护条款。不幸的是，最高法院不愿意重返一致性条款，至少今天的法院不愿意，尽管宪法在税收领域对于一致性的要求比对学校的公共汽车甚至比对种族隔离的要求都更加强烈。19世纪的法院有很多先例都坚持这样的观点，《国内税收法典》在很多方面是如此缺乏一致性，以至于其公然违反宪法。为了避免这种判决所可能导致的财政混乱，法院可以暂缓执行这一判决5年，以使国会可以清理他们所创造的混乱并采纳更加明智和一致的税收立法。与种族隔离判决会激怒南方各州处于统治地位的制度不同，税收中一致性原则的复活可以给所有的纳税人带来一场税收的文艺复兴，这当然比另一场波士顿茶叶事件更好。[10]

接下来，国会的开支权应当受到约束，就像宪法所规定的那样。毫无疑问，宪法制定者们认为这是保持大鱼在一定尺寸之内的关键制度之一。他们认为他们已经实现了这一目标，因为宪法规定税款只能用于全国"公共安全"的军事目的以及公共福利。最重要的是，这些条款就是税收控制工具，它们可以使税收保持适度。我们已经走得离这些要求太远，以至于我们已经很难回去了。

但是这一目的是非常清晰和明确的——税收支出只能用于防卫。你会奇怪，我们的政府是如何践踏这些明确的限制的，它试图给予我们子孙后代的智慧又是怎样的。在人类的历史中，我们已经支付了沉重的代价，也缴纳了抵制这一智慧的税收。西班牙 - 美国战争、甚至第一次世界大战，当然还有越南战争都与国家的防卫无关。如果美国不参与这些战争，根本就不是什么不可思议的事情，整个世界以及美国的状况都会比现在好很多。

亚历山大·汉密尔顿在《联邦党人文集》第 34 篇中承认，在宪法之下，我们已经"捆住了政府的双手"，使其不能"出于各州可以主张的理由而从事侵略性的战争"。这一点并非像他所说得那样"新颖"，至少在几个世纪以前并不新颖。在整个欧洲，国王请求封建资助的行为经常被否决，如果这次军事行动并不是为了保护纳税人的土地。在现代早期，曾经打垮西班牙帝国的税收起义就是由于既不是用来保护帝国的海外"关键利益"，也不是用来保护纳税人土地的税收引起的。只有防卫才能证明战争税的合法性。这根本不是什么新颖的思想，我们在基督教道德中就能够找到其根源。正如一位欧洲历史学家所写道的：

> 他们（荷兰）处于持续的警觉之中，以确保西班牙国王不将荷兰税收用于（侵略性）战争……这种策略与在荷兰和西班牙处于主导地位的观点是相符合的，这种观点认为税收只能用于保家卫国的战争。[11]

汉密尔顿评论中的关键术语是"各州可以主张的理由"，这一术语在汉密

---

[10]　参见 Thomas M. Cooley, *Constitutional Limitations*, ch. XIV; Walter Blum and Henry Kalvern Jr. . *The Uneasy Case for Progressive Taxation* (Chicago, 1953); *Pollock v. Farmers Loan and Trust*, 157 U. S. 429 607 (J. Field), 614 (J. White and Harlan), 158 U. S. 675 (J. Harlan) 1984: *Magoun v Illinois Trust* 1898; "The Uniformity Clause", 51 *U. of Chicago Law Review* 1193 (1984) Lawrence Zclenak, "Are Rifle Shot Transition Rules and Other Ad Hoc Tax Legislation Constitutional?", 44 *Tax Law Review* 563 (1989); 同时参加第 28 章、第 31 章以及后面的第 32 章。

[11]　Grappenhaus, *Taxes, Liberty and Property*, p. 134.

尔顿的时代以及从当时到古希腊的整个历史的大部分时期都是很好理解的。斯巴达与雅典进行的战争是预防性的战争，是为了制约日益增长的雅典帝国的力量和威胁。越南战争的理论基础与此类似，其理由是为了反对共产主义扩张的预防性战争。当雅典人对中立的城市开展野蛮进攻时，西得底斯（Thucydides）告诉我们，他们论证自己行为合法性的理由是必要性。德国在1914 年侵略中立的比利时时也提出了相同的理由。"各州可以主张的理由"就是允许每一个国家在其感到"有保护其健康和力量的必要时"，开展军事行动的普遍性原则。[12]据说，它就是"为了王国的公共利益以及共同福利而立法、司法或者进行战争的正当理由和必要的证明"。[13]

苏联入侵阿富汗可以用"各州可以主张的理由"的原则来进行合法性论证。不幸的是，这一原则将道德从战争需要考虑的因素中剔除了。参议员 J. 威廉·富布赖特（J. William Fulbright）在 1959 年说："在政治讨论中引入道德因素只会混淆我们所要讨论的问题……实现目标的政策中不需要考虑道德因素。"[14]简而言之，各州是与道德无关的，甚至是不道德的。它可以做任何事情，包括如果是个人或者私人团体去做就属于可恶的违法行为的事情。

在过去几年中，美国在巴拿马（Panama）、格林纳达（Grenada）、越南以及波斯湾从事的军事行动都建立在"各州可以主张的理由"之上，也可以用"各州可以主张的理由"来论证其合法性。但是它们能用宪法来论证其合法性吗？能用比国家法更高的法律来论证其合法性吗？宪法并不禁止出于"各州可以主张的理由"而进行侵略性的战争。美国政府可以从事它想从事的所有战争，只要国会同意。而它所不能做的是将税款用于这些目的。这就是汉密尔顿说"捆住了政府的双手"的原因，也就是说，禁止将税款用于这些目的。

没有哪个美国政府曾经认真与这个问题进行斗争的事实说明没有哪个美国政府认识到这种禁止的存在。里根总统由于为尼加拉瓜起义的军事开支提供资助而被起诉了，事实上，宪法是禁止这种开支的。国会禁止的这种军事开支不仅是不必要的，而且是违法的，因为国会最初根本无权为内战而开支税款。在反对伊拉克的波斯湾战争期间，日本和德国拒绝派遣军事力量，因为他们的宪法禁止这样做；事实上，美国宪法也禁止这样做。在华盛顿的告别演讲中，他说："宪法在任何时候都存在，直到它被全体人民明确和真实的

---

[12]　Post, *Medieval Legal Thought*, p. 252.

[13]　Ibid. , p. 250.

[14]　*Wisconsin State Journal*, editorial, 27 Aug. 1959.

行为所改变为止，它是施加在我们每个人头上的神圣义务。"[15]

最后，公共福利条款是用于防止将税款用于一些特别团体、特定地区或者人群的福利，也就是说，防止肉桶立法（Pork Barrelling）。*除非将整个国家视为一个整体按比例分配利益，否则，都是违宪的。

宪法的改变不会像通过平衡预算修正案那样容易。这一修正案是为了防　446止巨额预算赤字，直到近期，巨额赤字一直困扰着我们这个国家。现在，我们将这些巨额债务都转嫁到我们的子女和孙子女的身上了。通过防止有可能适合国会幻想的无法控制和无限制的开支来约束政府支出绝对是更好的方式。不幸的是，宪法制定者通过明确规定税款的使用方向来控制支出的愿望并未起到作用。

联邦主义最基本的概念规定在《第十修正案》中，其中规定联邦政府只能从事宪法明确授予它的事情。所有其他的政治权力都保留给各州和人民。近期宪法的历史是一个如何规避联邦宪法及其修正案对联邦权力进行限制的历史。我们已经达到了这样一种悲惨的状态，在税收事项和任何其他事项上，已经没有联邦政府所不能做的事情了，只要它想做并且遵循着宪法中的适当漏洞——这些漏洞并不是有意设计的，而是偶然出现的，但是却被政府发现了，并且被最高法院的祝福所容忍。

美国宪法的历史可以用一个关于 W. C. 菲尔兹（W. C. Fields）的故事来阐述，在他的晚年，有人发现他坐在床上读《圣经》。他的朋友问他："比尔，你读《圣经》做什么？"菲尔兹回答说："寻找漏洞。"[16]

---

〔15〕　H. L. Mencken, ed., *A New Dictionary of Quotations* (New York, 1987), p. 213.

* 肉桶立法，也称为政治分肥、政治分赃、猪肉桶政治或肉桶政治，是议员在法案上附加对自己的支持者或亲信有利的附加条款，从而使他们受益的手段。猪肉桶的说法由美国产生，据说是源自印地安人在族人中分享腌制猪肉的传统。猪肉桶条款一般都是在法案最后通过时采取紧急附加条款的方法加入，法案的支持者为了获得这些议员的支持和法案的及时通过只能放任这些政客加入自肥的附加条款。——译者注

〔16〕　John-Rogers and Peter McWilliams, *You Can't Afford the Luxury of a Negative Thought* (Los Angeles, 1989), p. 211.

447 **第 39 章**

从过去中学习

> 历史让人明智。

> ——弗朗西斯·培根爵士

波利比乌斯（Polybius）被认为是古代世界最伟大的历史学家，他说，对于政治最好的准备就是学习历史以避免其他人所遭受的灾难。[1]一位现代的哲学家，已故的乔治·桑塔亚纳（George Santayana）回应波利比乌斯说，忘记历史必将重蹈覆辙。尽管这些格言不断重复，我们并未将它们用于税收领域——至少，在 20 世纪是这样。尽管从这一研究中，它看起来是不可反驳的，但是错误的税收已经给文明带来了可怕的灾难。过分征税的政府就像与他人通奸的配偶一样。其破坏性通常从表面是看不出来的，但一旦爆发就已经无法挽回了。

曾经有人问来自俄亥俄州大学的著名足球教练、已故的伍迪·海耶斯（Woody Hayes），你的重型卡车足球队为什么没有经常超越足球。伍迪回答说，当一直队伍超越了足球，通常有 3 件事情要发生，其中 2 件是坏事。伍迪的回答可以用来类比重税。当政府过分征税时，也会发生 4 件事情，其中 3 件是坏事：起义、逃离以避税以及逃税。社会上还可能发生更多坏的事情：慢性的通货膨胀，低下的劳动生产率以及缓慢的经济发展，国家规制管理机构对自由的遏制，家长作风的政府对个人自由和自我决定的缓慢侵害，以及惩罚性的和没收性的税收制度。

大部分纳税人不会跳出其日常负担来看待税收，不过仅就日常负担来看

---

〔1〕 Polybius, *The Rise of the Roman Empire*, trans. Scott-Kilvert（New York, 1979）, p. 41.

已经足够沉重了。直到 20 世纪 80 年代，税率才开始失去控制。政府似乎已经无法阻止日益提高的税率和越来越复杂的税法。最终，我们已经不得不削减税率了，但是复杂性却变得越来越糟糕。税收可以被称为整个 20 世纪苦难的根源，与之相伴的还有世界战争、污染和人口过度增长。在我们寻找智慧的过程中，税收历史给我们提供了很多令人惊讶的结论。

448

我们试图找到税收对于历史以及个人的生活所产生的影响。很多作家和历史学家所怀疑的——税收本身是死亡最大的敌人——在历史中找到了依据并且变成了一个最时髦的主题。[2] 很多重大的历史事件，当然包括大部分革命，其根源都是税收。税收经常是点燃人类不满火药的导火索，但是一旦爆发了，我们又很少注意到这个导火索。即使是在历史上消失了的文明，我们对其所知甚少——如果他们的庙宇和断壁残垣可以说话，他们又会讲出怎样的税收传奇啊？古代的玛雅文明，根据一位学者的研究，之所以结束是因为纳税人由于不愿意纳税而逃到了丛林中。[3]

到目前为止，我们可以很清楚地看到，税收是社会秩序最好的晴雨表。没有什么事物能够比税收更忠实地反应一个国家。通过考察以下因素可以对一个社会进行最好的评估：谁在纳税，什么事物和行为需要纳税，税收是如何核定、征收和开支的。控制政治过程的主体必然会比其他主体承担更轻的税收负担。因此，避税就是控制这一制度的那些人的特权；逃税就是其他人的选择。

我们已经注意到，从文明的最早记录开始，人类自由的历史是如何被税收的历史所纠缠的。夺去人类自由的主要是税法而非外国侵略者。这是我们历史场景中最主要的盲点。我们警惕地注视着俄罗斯和共产主义，甚至注意到了我们的军事开支超过我们的负担能力从而导致破产的爆发点，但是我们却忽视了在国内，每年以保护税收利益为借口而越来越多地带走我们的隐私和民事自由。

我们也知道了爱国主义可以在税收中溶解——它很容易就溶解了。从自己的祖国移民外国的群体中最重要的因素是为避税而逃离。为了理解这一现象，我们需要用不忠实的配偶进行另一次类比。从早期圣经时代开始的婚姻契约中，"无论好坏"并不包括通奸行为。一旦发生通奸行为，不仅离婚是正当的，很多情况下，有罪的妻子会被处死。与婚姻类似，人类与国家的政治

[2] Paul Kennedy, *The Rise and Fall of the Great Powers* (New York, 1987), pp. 514~40.
[3] James S. Eustice, "Tax Complexity and the Tax Practitioner," 45 *Tax Law Review* 8 (1989).

关系也是基于契约的，在这一关系中也有一个"无论好坏"的理解。同样，正如在婚姻关系中一样，也存在一些罪过，我们既不期待容忍它也不要求我们容忍它。税收就在这一种类中。在《独立宣言》中，美国人认为叛国和暴力是正当的，因为英国"在未经我们同意的情况下向我们征税"。这一原则自古以来就有。

在 15 世纪，在统治法国和低地国家大部分地区的勇敢者——查尔斯（Charles the Bold）去世以后，他的女儿勃艮第的玛丽（Mary of Burgundy）所面对的是在反叛边缘的背负沉重税收负担的愤怒纳税人。为了促进和平，她降低了税率并制定了著名的宪章，就像《大宪章》一样，这一宪章被称为"伟大的特权"。它扩展了《大宪章》的原则，如果任何统治者侵犯了人民的税收权利和自由，人民将免于承担其对国家所负有的公民义务。[4]换句话说，他们拥有离婚的权利，国家就失去了统治的权力，非常类似于我们在第 5 章看到的中国的天意。

对税收的不信仰会导致很长时间的灾难和不幸。美国革命并不是个案。有罪的政府就像有罪的配偶一样，已经被处死了。经常出现的情形是受伤害的一方与不忠诚的配偶离婚了，并且毫无悔恨地离开了自己祖祖辈辈生活的祖国。如果这种做法不可行，又无法逃税，经常出现的结果就是暴力。我们的先辈对他们不喜欢的税务人员所施加的暴行让我们想到了一个不忠实的配偶所能激起的暴力。在 10 年的法律实践中，我遇到 2 位当事人进行了谋杀和自杀行为，都涉及婚姻的不忠诚。人类行为一旦与税务人员发生冲突就有可能是爆炸性的。被自己厌恶的税收债务束缚手脚的人经常做出类似坠入陷阱的野兽的行为。我们与我们先辈所不同的主要是我们控制税收压力的方法。我们吃镇定剂或者像瑞典人一样，让自己喝醉。[5]我们的先辈摆脱挫折的方法是处死离他最近的税务人员，即使那些人是无辜的。

我们的联邦宪法，正如我们已经看到的，没有起到什么作用，即使它最初就被设计成保护纳税人的宪法。今天的最高法院，一旦面对宪法问题时，就像本丢·彼拉多（Pontius Pilate）*一样"端一盆水，在多数人面前把手洗

---

〔4〕 Grapperhaus, *Taxes, Liberty and Property*, p. 129.

〔5〕 瑞典作家阿斯特丽德·林登（*Astrid Lindgren*）在写给税务局的一封公开信中指出，成千上万的瑞典人由于每天在苦思冥想如何在瑞典压榨式的税收制度中存活下来而心力交瘁或者成为酗酒者（*Toronto Star*, Sept. 18, 1976, Assoc. 新闻稿）。

* 本丢·彼拉多，罗马帝国犹太行省执政官，以胆小怕事著称。——译者注

干净"。纳税人在最高法院不会找到朋友，[6]涉及税收争议的程序在公平游戏
方面也是很短暂的。最后，给我们提供一点点保护免于遭受无情税务行政机
关侵害的是媒体和公众舆论。法律没有提供这种保护，我们的国会议员们更
关注的是如何取悦给他们的面包抹上黄油的税务人员，而不是取悦给他们提
供面包的纳税人。

450

"抛弃所有的希望，你们从这里进来吧。"当罗马诗人维吉尔（Virgil）与
但丁（Dante）往地狱里看时，这句话出现在地狱的大门上。就宪法而言，纳
税人在最高法院面前面临着一种类似的毫无希望的状态。

---

〔6〕　这并非大话。以下案例可以充分表明最高法院与政府和国内税收署的立场是多么一致：
U. S. v. Kilpatrick, 594 F. Supp. 1328 (1984)；821 F. 2d 1456 (1986)；108 S. Ct. 2369 (1988)，通过审判
法庭上诉到最高法院，然后又发回重审。这些都是由于欺骗、撒谎、欺诈、威胁而获得犯罪（税收）
指控的，它们都隶属于伪证罪，这些案件都是由联邦审判法院在经过漫长听证后推翻的，这些案件中
的渎职行为已经被充分揭露出来并已经出版：594 F. Supp. 1328 (1984).随后，最高法院推翻了这些
审判法庭的判决，并认为这些通过欺骗手段获得的指控成立（就连下级法院也将其视为"橡皮图章"
的指控）。最高法院祝福这些渎职行为，就像它在下列案件中祝福犯下重罪的国内税收署官员一样：
U. S. v. Paynor, 434 F. Supp. 113 (1977)；该判决被下列判决推翻：100 S. Ct. 2349 (1980)。当帕特里克
（*Kilpatrick*）案件发回审判法院后，联邦法官们一点时间也未浪费，直接根据事实推翻了这一案件，认
定从一开始就根本没有什么逃税行为。

不幸的是，我们不能像古罗马暴君尼禄所建议的那样做，不能通过取消税收而给人类一份美丽的礼物。如果没有责任政府，我们无法生存下去，而责任政府是需要税收的。通过自愿捐赠的方式为政府提供资金支持，就像希腊和罗马的礼拜仪式一样，但是这离我们的社会秩序又太遥远了。

税收是强制性的勒索。通过税收而导致的金钱损失常常激怒人民并迫使他们造反。因此，政府必须使用最大程度的谨慎和智慧来面对它们的税收管理。很多法律都可以被人民所容忍，即使人民不喜欢它，即使它的运行特别笨拙，但是税法不同，一旦是邪恶的，很难被人民所容忍。一旦人民被税收折磨得发疯，这就是一个很好的机会，一定会有什么事情要发生，或早或晚。有可能是暴力，就像美国革命，或者仅仅是逃税以及逃走避税。愤怒的纳税人经常不会将他们的不满限制在发牢骚的范围内——他们倾向于以某种方式作出反应以寻求解脱，如果有必要就使用武装和暴力。毫无疑问，这是税收历史中最重要的教训。

在最后的分析中，税收的道德方面应当向适用于纳税人那样适用于国家。这一点已经被世界各地的政府完全忽略了。使用不公平的税法和专制式的执行实践来束缚人民的政府在遵守税法方面会失去所有的道德说服，而且如果纳税人使用各种各样的方法，包括非法方法来保护自己时，政府几乎不能有任何抱怨。事实上，根据"伟大的特权"或者天意原则，这样的政府本来应当失去其统治权，本来应当是我们这里所说的不忠诚的配偶。

那么，社会的税收政策伦理学应当从两个基本的道德准则中发展起来：第一，制定一个公正和合理的税收制度是所有政府的义务——首要义务。税收被核定和征收的方式应当是公正的，税款管理和开支的方式应当是合理的。第二，为服务和保护自己的政府缴纳自己应当承担的一份合理的公共经费是每个人的义务。如果政府没有履行其政治契约所规定的义务，第二个道德准则不能适用。纳税人不能缴纳其应当承担的份额，如果法律不要求他这样做的话。

最后，我们的研究还得出了其他一些教训和道理，虽然没有前面所讨论的那么重要，但是也是很有价值的，不容忽视。为了读者的便利，这里简单总结了其中最重要的一些结论：

1. 很多大国因为征税不当而死亡了；相反，也有很多国家由于正确的税收而变得强大，税收刺激了成长和企业。

2. 对什么征税必须进行全面考察；否则，如果一个税收制度包罗万象，自由就必须做出让步。

3. 包罗万象的税收制度给税务机关授予了巨大的权力，这一权力随着时间的推移必然不仅压制纳税人，也会压制其他政府部门。甚至国王和皇帝也不得不向他们征税机关的权力让步。

4. 古代希腊人发展出了第一个没有专制统治的文明，他们之所以能够实现这一目标是因为他们发现专制是错误种类税收的产物，特别是直接税的产物。

5. 当战争或者其他紧急情况要求巨额税收收入时，所有的公民都应当按照他们财产的多少来纳税，根据实际可行的原则，而不能根据令人憎恶的任意。

6. 大自然并没有平等地赋予每个人财富。少数人必然会获得巨大的财富，根据自然正义理念，他们应当与整个社会分享这些财富。但是这种分享应当通过道德说服以及强大的公共舆论，而不能通过暴力和没收。

7. 所有公民，从军队的新兵到社会的主要领导，都应当无私地为国家服务，如果有必要，可以不要报酬，仅仅出于对他们国家的热爱和服务的义务。他们所获得的主要回报应当是由于工作完成得好而从其同仁那里获得的赞扬。

8. 纳税人的不满比行为不当的纳税人对社会秩序的和平与繁荣造成的威胁还要大；因此，税收制度的刑事部门应当针对压迫性的税务人员而不是针对愤怒的纳税人。

9. 所有合法的税收都需要同意，或者通过长期存在的惯例，或者通过纳税人的共同同意。如果一个国家的税收没有经过真实的同意，无论这一税收是否公平或者合理，起义与和平抵制都是正当的。

10. 免税本身就是不公正的，除非它们事实上适用于每一个人。如果法律面前人人平等的宪法原则适用于税收，那么，制定税法的人必须与其他人承担相同的纳税义务。这就意味着在贵族政体或者寡头政治中，少数人应当与多数人缴纳相同的税款；在民主政体中，多数人应当与少数人缴纳相同的税款。

11. 如果要保证自由可以成功抵制国家的支配，就必须保证经济隐私。银行隐私是自由的基石，这一原理起源于早期英国法的原则，一个人的堡垒（主要是他的财产）是不受国王监管的。

12. 税收是导致革命最主要的因素。人民很少会起义和革命，如果他们的税收负担是合理的。

13. 明智的统治者不会改变有效的税收制度。如果你必须这样做的话，就像墨西哥的科特斯，即使摧毁社会秩序，也不要摧毁一个运行良好的税收制度。

14. 战争产生了新税和高税率，但是当紧急情况消失后，政府往往会努力保持其刚刚扩大的征税权。

15. 当税收增加时，逃税也在增加。

16. 一旦逃税变得根深蒂固，要想根除它们几乎是不可能的。

17. 逃税并非总是邪恶的；它经常是避免暴力和起义的安全阀。

18. 当政府运用税收手段来"向富人敲竹杠"时，巨大的财富就会像变魔术一样消失。富人总是拥有逃避重税的方法。

19. 所得税是一种退化的财产税，因为纳税人拥有的财产越多，逃避所得税就越容易。一个人的财产及其纳税能力与其应税所得没有任何必然的联系。

20. 人民倾向于使用下列方法抵制重税：第一，合法避税；第二，如果避税失败，或者逃税，或者逃离本国以避税；第三，起义；第四，如果没有其他的方法可供选择，他们选择奴隶身份，如果这是摆脱可恶税收的唯一方法。

21. 累进税率没有任何原则或者标准，一旦指向在财产上富裕但在投票权上贫穷的少数人时，它们会很快发展为可恶的任意。

22. 爱国主义会溶解在压迫性的税收之中，压迫包括税率的压迫或者税收核定与征收方式的压迫性。

23. 从历史上来看，税收政策制定者的良心经常像瑞士奶酪——充满了洞；一旦这种现象产生，纳税人的良心也会像瑞士奶酪一样。

24. 没有按照非歧视和公平的方式在所有纳税人之间进行分配的税收会失去所有道德义务的力量。

25. "税收是我们为文明社会所支付的对价"，但是我们怎样被征税以及如何开支税款决定了我们社会在多大程度上是有益的还是邪恶的。

26. 自由倾向于孕育毁灭自己的种子，因为自由的人经常授予他们的政府无限的征税权，而没有认识到如果过分行使这些征税权，将会破坏它们应当去保护的自由。

27. 战争意味着沉重的开支。沉重的开支意味着沉重的税收。沉重的税收会窒息贸易并促使经济停滞和衰退。

随着 20 世纪 90 年代走向结束，我们看到自 20 世纪 80 年代开始的减税浪潮开始消失，税收豁免也随之消失。我们也看到正在兴起一场税收改革运动来取消精神错乱的所得税制度：被称为单一税的统一税率制度，更加具有创新性，某种形式的全国消费税。尽管民意测验表明大部分群众希望取消所得税，但他们在国会中的代表以及联邦税务机构喜欢这个制度，"就是这个样子"，很不幸的是，他们掌握着改变的权力。我们就像 400 年前的西班牙帝国，那时很多明智的公民希望改变税收制度，但是无法推动这场运动。我们的处境与他们不是非常类似吗？正如冈萨雷斯在 1600 年所说的："有权力的人不愿意做，愿意做的人没有权力。"在税收事项上，今天的代表政府似乎比西班牙的绝对独裁政府更应当对人民的意愿负责。

最关键的问题，几乎没有被任何税收改革家所提到的，并不是税率的问题——因为你不能仅仅根据税率就给一个税收制度下结论——而是日益增长的权力所带来的密探和使用严厉的刑法来保证税法遵从的危险。这个问题，而非税率，有可能成为我们这个时代政府与公民之间最为激烈的斗争。斗争的结果将要决定我们的子孙后代在下一个世纪能够从我们这里继承的公民自由。与瑞士人不同，他们可能不会说他们"希望像他们的父辈那样自由"。他们很可能希望拥有更多自由，更大自由。

我们文明的进程有可能与古代世界的最后一段时期相类似，那时税收遵从是由罗马政府通过征税官的奴役来实现的。建立这种奴役是为了确保税法的遵从以及制约罗马纳税人的欺诈、逃跑和造反。吉本将这一时期描绘成一个"压迫权力与欺诈艺术之间展开永无休止斗争"的时代。[7] 但是吉本错了。因为对于一般纳税人而言，这一斗争并不是永无休止的。戴克里先改革后不久，大部分罗马人之间就开展了辩论；他们、他们的子孙、他们子孙的子孙都被这一税收制度带上了镣铐。罗马公民权曾经是每一个罗马人的自豪，是所有其他人的羡慕，现在除了奴役身份以外什么都不是了，例外之处是，有极少数人获得了免税特权。曾经自由的罗马公民的这种奴役身份是税务人员针对已经威胁帝国税收的广泛欺诈和逃跑行为所取得的最终胜利。

这些状况在今天都已经出现了并且并未减弱。除了极少数纳税人以外，大部分纳税人都没有希望战胜现代国家税务机关所享有的令人敬畏的权力。

454

———————————

〔7〕 *The Portable Gibbon*, p. 375.

如果税务机关取得了针对我们的最终胜利，我们可能不会像罗马人那样被我们的工作带上镣铐，但是所有的一切都暗示了来自我们工作以及所有其他来源的所得都必须带上政府的镣铐。甚至货币都有可能消失，随着超人类的计算机将每一个商业交易都记在某个纳税身份号码上。最可能发生的事情，也是最令人害怕的事情是我们的社会保障卡会变成我们的维萨卡以及万事达卡。我们所从事的每一个商业交易，这张卡片都要在我们在大部分商店中所使用的计算机上刷一下。计算机会立即告诉我们信用卡是否处于良好的状态。有了我们的社会保障卡，我们所做的一切事情都会立即出现在税务机关的记录上，这种记录已经不再像其以前那样是保密的了。一位偏执狂的总统或者联邦调查局局长可以立即知道你所做的一切事情——你的信仰、行为，甚至包括你正在想什么以及你现在在哪里。

不断窥探、侦查和记录的法老的无所不在的抄写员在现代社会也找到了他们的同行。默默无闻的税务身份号码以及计算机会嘲笑自由和隐私。甚至前苏联也没有达到这种程度的监管。今天，他们羡慕我们；明天，我们有可能羡慕他们。正如在埃及，无论什么都无法逃脱被抄写员监管的命运；这种状况也会很快在我们身上实现。

我们是否会像已故的罗马人那样以公民—农奴—纳税人的身份结束？我们现在税收制度中的刑法以及侦查手段有可能将这一点变成现实。我们会发现，我们自己已经被现代国库带上了一种新型的奴役身份的镣铐。如果这一现象发生，那么，民主与独裁之间的斗争将进入一个新的阶段，在这一阶段的选择将不再是自由或者奴役，而是哪种官僚机构的奴役。

455

第40章

~~&oo~~

驯服怪兽

> 大不列颠站起来了！压迫和蹂躏你这么久的怪兽终于被征服了。
>
> ——库萨克的漫画，取消所得税，1816 年

当议会取消用来资助反对拿破仑战争的所得税时，库萨克（Cruikshank）的语言表达了英国人民的感情。正如我们所注意到的，这不是一次普通的取消。议会命令税务机关销毁关于这一令人憎恶税种的所有记录。烧毁的税收记录，就像死人一样，不会说坏话。这一税种令英国人如此憎恨以至于必须等曾经生活在世界上第一个所得税制度下的这一代英国人全部死去才能重新引入所得税，然后它以适度的形式被提出并假定只存在很短的时间。

不幸的是，我们并没有处于 1815 年英国人的状态并做出英国人当年所做的事情，即使现在就是征服这一怪兽的时刻。我们并没有发展出新的税收制度，相反，我们有不断增加所得税这个怪兽的邪恶和贪婪的倾向。如果我们不能像英国人那样征服这个怪兽，我们至少应当驯服这个野兽。或许我们下一个世纪的子孙后代们拥有取消这个危险税种的动机、智慧和创造力，这是一个如果不加以控制就将给成千上万纳税人带来痛苦的税种。官员们，甚至是持有最好目的的官员们也很难人性化地管理这个好探听别人隐私的法律。

除了使用 18 世纪怪兽的类比以外，在这个时代，我们更容易被鲨鱼的观念所吸引——这是一种邪恶的、无人性的吃人者。或者使用在大多数法学院校用来阐述公司兼并的一个类比——大鱼吃小鱼。自从所得税制度采纳以来，大鱼（税收政策制定者以及开支者）就在不断吃小鱼（纳税人）。任何改革，对于这个怪兽的任何驯服都必须改变这种不平衡。如果这两条鱼具有相同的尺寸，具有相同的立足点，这一制度会运行得更好。我们必须要做的就是将

458

库萨克的漫画，取消所得税，1816年。

这条鱼降低到适当的尺寸。但是，这种不平衡一开始是如何造成的？

在《大宪章》之后建立的税收制度是由节俭和清廉的议会用来制衡英格兰的很多国王的野心的。在这种卓越的制度中，正如我们所注意到的，征税权与用税权是分开的。国王可以花钱，但是无权征税；议会可以征税，但是不能花钱。这是这一制度成功的关键，也是英格兰能够生存在适度税收之中的关键。

我们始终认为我们的制度是早期英国经过同意税收制度的翻版，但实际上是这样吗？我们的代表拥有冲突的利益，而早期英国代表并没有——我们的代表已经被开支的权力腐蚀了。我们的税收政策制定者不再制衡开支；事实上，他们会同意能够增加他们的开支大锅的几乎任何事情。当征税权和用税权存在于同一个政治实体手中时，无论是国王还是立法机关，如果没有控制，用税权最终都会超越纳税人的利益——大鱼会吃掉小鱼。19世纪后半期的英国首相威廉·格莱斯顿（William Gladstone）试图取消英国的第二个所得税但是不能这样做，由于"公共开支"的原因或者我们所说的用税权超过了纳税人的利益。

尽管从长远来看，宪法控制的再生是保护小鱼的适当与最持久的方法，但是就目前短时间来看，为了约束我们联邦所得税制度的邪恶方面必须进行明智和谨慎的税收改革。关于滥用和误用这一税收制度行为的记录已经引起了广泛的关注。在20世纪70年代，保守的《读者文摘》（*Reader's Digest*）刊登了系列文章讨论"国内税收署的专制"，以及"60分钟"系列文章给我们提供了无数活生生的见证记录以及将这一问题戏剧化的同时期评论。哈里斯（Art Harris）的故事"税务人员与大螯针"，刊登在1989年4月16日的《华盛顿邮报》（*the Washington Post*）上，大卫·巴恩汉姆（David Barnham）近期引起轰动的著作《权力的滥用：国内税收署的错误使用》（*The Abuses of Power：Misuse of the I.R.S.*）以及雪莱·戴维斯（Shelley Davis）的《无拘束的权力，国内税收署秘密文化的内部》（*Unbridled Power，Inside the Secret Culture of the IRS*，1997年）都是冰山上顶端的代表作。国内税收署是一个不受控制的机构，因为缺少制衡，而这是美国政治实践以及优良政府的基础。

接下来的是驯服这个怪兽的9个改革建议。这些并非补缀性的补救措施，就像最近贫血的《纳税人权利法案》（*Taxpaper Bill of Riqhts*）。这些改革深入到了问题的根源，这是朝着以文明方式征税迈进了一大步。我们会参照历史的根源以及实践，其中一些我们之前已经提出过。

1. 拆除侦探制度

就像总统罗纳德·里根关于柏林墙对戈尔巴乔夫主席所说的："拆除这个墙!"我们应当拆除针对纳税人所建立的侦探制度。

在过去 30 年间，所得税制度已经从一个受人尊重的制度演变为侦探制度。至迟在 20 世纪 50 年代，缴纳你的所得税是一件自豪的事情，这是优秀公民的标志。国内税收署的工作人员在开展审计时会这样向纳税人自我介绍："你知道，我们的税收制度是一个受人尊重的制度，它只有在自由社会才能运行良好。"但是到 20 世纪 70 年代结束时，这种受人尊重的提法已经不适当了，因为所有的遵从努力都是为了刺探所有纳税人的信息。我们不仅建立了"一套非常完善的间谍制度"，这句话是引用 19 世纪德国立法机关对税收制度所作的评论，我们甚至走得更远，需要就所有的财政活动提交"信息纳税申报"，甚至，正如我们即将注意到的，进入你的银行账户将一切信息复制下来供独裁老大哥来审查。

但是，如果，正如国内税收署 40 年前所说，所得税只会在一个自由的社会以一种受人尊敬的制度而运行，这是否意味着我们的社会已经不再自由?

将荣誉从税收制度中拿走，取代它的是出于恐惧的遵从，这将使我们政府的各个方面变成集权主义的王国。今天，大部分令人恐惧的电话都来自国内税收署，告诉你，你的事务将接受审计。最近劝告妻子回到他们丈夫身边的建议（也是我的希望）是告诉她们，就在她们准备去睡觉的时候，"顺便提一下，亲爱的，国内税收署今天打电话来了，说他们稍后会再打电话过来"。做一个甜蜜的梦? 几乎不可能。

我认为，大部分刑事被告——他们已经忍受了我们的税收制度进化到侦探制度的过程——已经成为我们主流的媒体。除了"60 分钟"以外，国内税收署日益增长的令人恐惧的权力已经成为全国广播公司、美国广播公司以及哥伦比亚广播公司的禁区。与此相对比，白宫和总统都有开放季节，可以谈论任何事情、任何谣言、任何丑闻，但是不能谈论国内税收署。挑税务机关的毛病是一件危险的事情。但是他们可以谈论关于纳税人的税收故事。汤姆·布罗考（Tom Brokaw）向全国广播公司抱怨说，那些为了避免被国内税收署抢劫而离开这个国家的美国人都是坏蛋，是贝内迪克特·阿诺尔德斯（Benedict Arnolds）。他将这种为了避税而逃走的行为称为"剪美国人的羊毛"。看来，他把谁被剪羊毛完全混淆了。

参议员皮特·多米尼克（Peter Deminici）是一位直言不讳的税收改革家，

在 1998 年的听证会上，他说，他的民意测验表明所有纳税人的 2/3 宁愿被一个武装的犯罪分子绑架也不愿意面对国内税收署的审计。另外一位参议员说，纳税人宁愿为了牙齿的根管而面对一个牙医也不愿意面对国内税收署的审计。但是这很新鲜吗？这不应该新鲜，如果媒体已经做好其本职工作的话。

但是对鸡肉媒体而言，我们也能理解，第一修正案中的批评政府的权力并不适用于国内税收署——他们是禁区，是不得进入的。请考虑一位骑着水牛的十几岁青年，他的唯一财产是一辆自行车。他给当地报纸写了一封信批评国内税收署的缺点，很可能是他从其他地方听说的。接下来发生的一件事情就是国内税收署的刑事调查部门将其处于 24 小时的监管之中。在他们的报告中，唯一令人感兴趣的事情是几个月以前，这个男孩在药店花钱看以裸体女郎照片为特色的杂志。这些武装的"特别公务员"甚至跟随他的母亲在当地的公共汽车上工作了一段时间。如果国内税收署对一个表达对税务机关不满情绪的 16 岁少年做这些事情，可以想象他们会对主流媒体做什么事情，迫使他们闭上嘴巴。

461

在我们这位放水牛的十几岁少年身上发生的更危险的事情是被解雇，唯一的一位国内税收署历史学家雪莱·戴维斯认为她作为一个职业档案保管员的工作就是为了保存记录，无论好的还是坏的。她发现了一些被破坏的记录或者应当被破坏的记录。与国内税收署相关的记录都是深颜色的。她很快被解雇了，同时"特别公务员"开始调查她的活动。真是令人恐惧的材料。将来再也不会有国内税收署历史学家。关于所有这些无法无天的行为，我们的主流媒体，就像黑手党一样，保持着沉默，国会同样什么也没做。他们，像媒体一样，也害怕。数百万纳税人被国内税收署滥用权力的事实就是我们为让这个机构失去控制所付出的代价。或许我们的税收难题正是西塞罗（Cicero）在其生活的时代为罗马的难题而悲叹时在头脑中所想到的："很明显，我们正在为让如此多的罪犯逍遥法外而受到惩罚。"

但是，你可以指出我们法律所通过的一些补缀性的补救措施来应对国内税收署的不端行为，这是在参议院近期举行的听证会上发现的。只有当国会拆除侦探制度，他们为这个庞然大物所设计的补救措施才能起到像 1912 年 4 月 14 日晚上重新安排泰坦尼克号甲板上的躺椅所起到的同样重要的作用。

2. 确立税收敲诈犯罪以及损害赔偿的民事诉讼

纵观罗马历史的整个时期，直到罗马灭亡的前夕，罗马一直拥有严厉甚至残酷的法律，用来惩罚征收或者试图征收超过法律规定标准的税款的税务人员。在康斯坦丁指导下于公元 313 年制定的《狄奥多西法典》（*Theodosian Code of Laws*）中，制定了这种税收敲诈犯罪法令："如果有人在法院抱怨对其征收了不合理的税款，或者他受到了任何傲慢的待遇，并且如果他能证明这是事实，应当对该征税人员宣判严厉的惩罚。"[1]

罗马对行为不端税务人员的惩罚可以回溯到共和国时期以及著名的敲诈勒索法院，西塞罗在这里起诉了高等级的罗马税务管理官员。罗马人并不是唯一这样做的。在古代印度，一位明智的统治者"惩罚和解雇那些从臣民手中征收超过应当缴纳数额的税款的官员"。[2]

伟大的中世纪理论家托马斯·阿奎纳（Tomas Aquinas）在他的《神学大全》（*Summa Theologica*）中将这一问题放到更加核心的地位。[3]他提出了这样的问题：抢劫发生了，却没有罪过，这可能吗？他得出了这样的结论：如果君主从他的臣民手中征收的数额是为了保护公共利益所适当的，就不会出现抢劫。但是如果他们过分征税，这就是抢劫了，甚至就是入室盗窃。"因此，他们必须归还，就像抢劫犯一样，在这样做的时候，他们的罪过比抢劫犯还要令人难过，因为他们的行为伴随着巨大的和更加普遍的对公共正义的威胁，而他们正是公共正义的看门人。"

罗马还为纳税人提供了进一步的保护，即可以请求民事损害赔偿诉讼。根据罗马历史学家塔西佗的说法，尼禄在公元 58 年发布了一个法令，要求所有的罗马总督和民选官"对于针对征税官的案件给予特别优先权"。[4]今天是否还有针对征税人员的任何民事损害赔偿的案件吗？没有，因为他们拥有豁免权，不能因为征税数额超过法律所要求的就起诉他们。在罗马时代，在针对税务人员的民事诉讼中，损害赔偿的数额正好是非正义税收的数额。

后来，《狄奥多西法典》针对任何没有履行其保护纳税人义务的法官规定了民事赔偿。如果一位法官拒绝起诉一位行为不端的税务人员，对于该法官将处以 30 磅黄金的罚款，该罚款将给予纳税人。

类似罗马人所使用的民事税收债务将消除很多用来威吓纳税人并进行讨价还价的任意和毫无根据的核定。在《美元和理智》（*Dollars and Sense*）杂志中刊登的"月份的暴行"中描述了这样一位税务人员，他对一位纳税人任意

---

〔1〕 Theodosian Code 11. 7. 1, pp. 301 ~ 2317.

〔2〕 Prasad, *Taxation in Ancient India*, p. 31.

〔3〕 St. Thomas Aquinas, *On Law and Justice*, *Excerpts from Summa Theologica*, Q. 66, Art. (Birmingham, Ala. , 1988）, pp. 1480 ~ 81.

〔4〕 Tacitus, *Annals*, p. 309.

核定了 35 000 美元的税款，该纳税人的会计师请求暂时延缓一个计划的会议。这位会计师说："这有什么奇怪的，为什么大部分纳税人（包括我自己）都鄙视国内税收署以及过分激动而使用暴力策略的人。"[5]如果有民事责任，这种行为就不会出现，税收的核定就会基于事实和法律，而不是基于某种滥用的、策略性的优势。

对于超额征税的税务人员进行严厉惩罚的制度在罗马灭亡以后一直延续到中世纪。荷兰大师尼古拉斯·伽林唯一幸存下来的画作可以在荷兰上瑟尔省哈瑟尔特的市政厅看到。它的题目是"威廉执行的正义"。这幅伟大的艺术作品展示了国王见证一位征收超过其应征数额的税务人员被砍头的情形（参见第 13 章）。因此，对于税收敲诈提供民事和刑事的补救以保护纳税人在西方文明中拥有很长的历史。今天，我们明显需要复兴这种法律救济。

3. 为下列侵害性税收征管确立民事损害赔偿诉讼：恶意税收调查、敲诈勒索、泄漏信息以及滥用大陪审团

现在已经真相大白了，政府的行政机构经常使用国内税收署来限制、惩罚、甚至破坏经济、杰出个人、不受欢迎的政治组织、参议员、众议员——几乎任何人。总统，包括罗斯福、肯尼迪、约翰逊和尼克松是滥用国内税收署的最大嫌疑人。[6]罗斯福追查安德鲁·梅隆（Andrew Mellon），后者担任共和党的财政部长多年。肯尼迪追查右翼基督教部长，他们在 1960 年的运动中批评他的大主教。约翰逊追查金水组织中的所有关键成员。根据卡尔·何思（Karl Hess）的研究，在总统竞选中胜利一方的权力之一就是审计失败的一方。[7]尼克松的秘密录音带揭示了一个危险的阴谋，这场阴谋是由尼克松领导的，使用国内税收署来清除政府中的敌人。如果那时国内税收署署长约翰尼·沃克（Johnny Walker）不配合清除，白宫就准备将其撤职，替换为一位愿意从事这个肮脏交易的新的署长。为了掩盖真实的意图，尼克松的一些朋友也会被审计，但是他们不会被伤到一根毫毛。[8]

对于这个民族更大的威胁和危险是国内税收署自己滥用权力反对它不喜欢的人。这种阴谋几乎不可能被揭露。它不仅滥用"特别"审计，而且泄漏从纳税人纳税申报表中所获得的"信息"，后者具有更大的威胁性。参议员爱

〔5〕 *Dollars and Sense* (Washington, D. C., Aug. -Sept. 1988), p. 12.
〔6〕 Burnham, *Law Unto Itself*, passim.
〔7〕 Hess, *Dear America*, p. 90.
〔8〕 *Washington Post*, June 4, 1991.

德华·朗（Edward Long）以及约瑟·蒙托亚（Joseph Montoya）都从权力宝座上跌落，当他们试图让参议院举行关于国内税收署不端行为的听证会时。[9]他们保持沉默了，如果他们是集权主义国家的批评家，他们也一样会被作为持不同政见者被以一种方式或者其他方式驱逐出境。

公民个人需要保护，以免受到来自大陪审团的恶意但毫无根据的控诉。我们的税法是如此复杂和紧张，对"逃税"的定义是如此含混和不清，以至于任何从事复杂金融交易的人都可以被轻易起诉。我们来看看已故的亨利·马格里斯（Harry Margolis）的一位助手所遭受的磨难，亨利·马格里斯是西海岸一位进攻性的税务律师，他是国内税收署眼中的一根刺。他的助手不与政府配合攻击马格里斯，因此，他与其老板一起被起诉。在审讯中，经过 3 个月的证明，政府完成了这个案子。法官立即扔掉了起诉助手的案子。从最开始，根本就不存在起诉他的案子。就像其他很多人一样，他被起诉"不合作"，这是一种语言的艺术，可以追溯到查尔斯（Charles）一世统治时期的西班牙帝国。这种起诉，与其他很多起诉一样，是蓄意的，也是恶意的。之所以出现这样的事情是因为没有制约这种权力滥用的措施——对于负责人不能提起民事诉讼或者刑事指控。在另外一个著名的但是也是虚假起诉的案子——美国诉基尔帕特里克（*United States v. Kilpatrick*）——中，一位美国检察官威胁一位准备为被告作证的税法职业人士。他也说，美国检察官就像一个"靶子"，就被告而言，即使他没有罪，"政府也会用辩护的成本来'打垮他'"。[10]

4. 让所有联邦税务地区与国会地区保持一致，并规定地区主管的召回制度

除了赋予纳税人起诉行为不端的税务人员以外，我们还应该让税务主管向他们征税的人民负责。国会议员经常收到他们的选民对严厉和滥用权力对待的抱怨。他们事实上什么也做不了，大部分地区主管会发出温和的拒绝，告诉国会议员这不是他的职责范围，这一现象曾经在 20 世纪 60 年代中期位于加利福尼亚的第十三国会地区发生过。加利福尼亚的国内税收署官员认为他们可以打破律师与委托人之间的特权，可以冻结律师的信托账户。在一个

---

〔9〕 Burnham, *Law Unto Itself*, pp. 296～302. 国会议员 George Hansen 也遇到了类似的麻烦。参见他的著作：*To Harass Our People* (Washington, D. C., 1984), pp. 274～75；同时参见 Martin Larson, *Tax Revolt, The Battle for the Constitution* (Greenwich, Conn., 1985), pp. 75～80.

〔10〕 Judge Fred Winner's opinion in William A. Kilpatrick, *The Big Tax Lie* (New York, 1986), pp. 274～75；also found in *U. S. v. Kilpatrick*, 575 F. Supp. 325 (1983).

案件中，美国国会议员查尔斯·里格（Charles League）被牵涉进来，他给地区主管施密特（Schmidt）写了一封信抱怨这件事。施密特回信告诉这位国会议员，他们还有工作要做，而这不在国会议员的职责范围内。这件事随后被提交给加利福尼亚州司法界，当他们威胁将这位地区主管送交联邦法院审查并让其解释其行为和立场时，这位地区主管忍气吞声，向州长委员会道歉并承诺不会继续这种实践。不幸的是，国内税收署可以消灭试图阻止这种滥用权力实践的立法提案。[11]

每一个国内税收署地区应当与每一个国会地区保持一致。国会代表被假定为纳税人的代表，这是宪法制定者所设想的制度。每一位国会议员都可以代表他的人民充当税收制度的审查员。而且，在每一次国会选举中，应当向投票者提出这样一个问题："乔是否应当继续在这个国会地区担任国内税收署的地区主管？"

太多的"否定"选票会促使国内税收署任命新的主管，每一个地区主管都应当知道每过 2 年，他的工作都应当接受选民的审查。这会促使地方国内税收署对人民负责，而这也正是民主社会所要求的。

今天，由于仅仅对华盛顿的最高官僚机构负责，地区主管已经被迫像 18 世纪的殖民地官僚机构那样做事了，而不像 18 世纪 70 年代从伦敦派来的官僚机构——他们的行为激怒了美国人并且印发了美国革命。殖民主义既可能来自外部，也可能来自内部，这正是政客骗子们于内战之后在南方的所作所为。现在问题的关键是，这种制度的傲慢和权力滥用是内在于其自身结构之中的。这一问题不会走得太远，只要税务人员不能通过诉讼程序或者选举程序被召集到一起由纳税人来判决。

5. 像任何其他债务一样审判税务争议

现在是结束给予税务人员特别权利和权力的特别法律的时候了。税务人员通常是索要钱财的债权人。他应当与任何其他债权人一样享有相同的权利，承担相同的义务。如果税务人员主张你欠他的钱，那么，他就应当像任何其他人一样起诉你。相似的，如果你缴纳了过多的税款，你可以起诉税务人员并享有与任何其他债权人相同的权利。

税收程序的整个法律机构已经在一个自己的世界中运行了，这个世界与解决金钱正义的通常法律制度相分离。它已经变成了一种美国的特辖制（*op-*

[11]　我在这一委员会中。

richnina），就像俄罗斯的恐怖伊凡统治时期的税务代理人一样，它们是在通常的司法制度之外运行的，因此，产生了前苏联内务部内卫部队（NKVD）以及克格勃（KGB）。一位英国法官以下面的方式帮助我们解释了这个问题：

> 税收最初仅仅表达了专制暴君的意志，只能通过折磨、奴役和死亡来执行。尽管在现代我们可以勉强承认它经常推动惠民的社会政策，公务员已经取代了强征暴敛者的地位而作为执行的代理人，然而，在本质上，税收仍然是任意的，其效力仅仅取决于政府的行政权力。[12]

尽管我们已经取消了折磨以及其他一些从古代社会继承下来的野蛮执行措施，但是仍然有一些滥用税收执行法律的现象让正当法律程序蒙羞。

人们经常在得知以下法律规定后惊得目瞪口呆：在税务争议中，如果他们想到普通法院提起诉讼，他们必须先纳税然后才能起诉要回他们的钱。我们可以想象一下，在20世纪，债务人为了到法院打官司，必须先偿还他所争议的债务，然后再起诉将他支付的款项要回来。这一制度的另一种解释就是你不能禁止违法税款的征收。如果你不能纳税——如果税款有可能破坏你的经营、拿走你的住房或者生活用品——那就太可怕了。如果你有任何错误或者疏漏，最多有150个条款来设陷阱捕捉你和惩罚你，无论你有什么借口，你可以应付数量巨大的规则和法规，这是每一个纳税人都被要求知道的，但是很明显你不可能知道。罚款经常超过所欠的税款。这种罚款还对这一制度增加了一种审计恐怖主义。总审计局（GAO）报告说，国内税收署无法管理巨大的诱捕网络，国内税收署所征收的所有罚款中有44%是错误的。[13] 如果有这么高比例的罚款是错误征收的，那么，为了摆脱税务人员骚扰的纳税人又错误地缴纳了多少税款？

当前的这种在扑克牌中做手脚的法律安排可以在法律面前的公平原则尚不存在的历史时期经常看到。大部分人都没有注意到，大部分历史时期，只有极少数诉讼在法院中有平等的基础。在主人和奴隶之间，甚至在自由人和奴隶之间的诉讼中，真理的假定是不利于奴隶的。在欧洲，平民与贵族之间的证明是由假定来支配的，而该假定是有利于社会中更加高贵的成员的。为什么？因为贵族在立法中拥有更多发言权，就像今天的税务人员。我们今天

---

〔12〕 *Peter Buchanan Ltd. v. McVey* （1955）A. C. 516，529.

〔13〕 James L. Payne，"Unhappy Returns, The ＄600-Billion Tax Ripoff"，*Policy Review*，vol. 59（Washington，D. C.，Winter 1992），p. 21.

在税法典中发现的 150 条惩罚条款并不来自纳税人的呼声。

在殖民地时期的美国，美国人在与英国政府的税务诉讼中做得非常好，直到 1764 年；事实上，就英国税务主管机关而言，他们做得也相当好。为了让这副牌更加有利于英国税务机关，所有的税务案件都从地方殖民地法院转移到设在新斯科舍省（Nova Scotia）哈里法克斯（Halifax）的英国海事法庭来审理。美国人对于这种安排群情激奋，愤怒到了顶点，它也在大约 12 年后对美国革命的爆发做出了贡献。[14]

这种有利于税务人员的假定以及在扑克牌中做手脚的法律程序违背了民主社会的成果，因为所有的当事人在法律面前都应当是平等的。我所提出的全部建议就是税务人员应当与我们中的大部分人处于平等的地位，比他现在所处的更加平等的地位。

在税法执行的刑事方面，税收欺诈应当是一个真正的、违背诚信原则的欺诈，与普通的法律欺诈具有相同的要素。1987 年，在加利福尼亚，一位内科医生被判定为税收欺诈重罪，原因是他所缴纳的税款与他在其纳税申报中宣称的税款并不完全一致。[15]这种概念就是一种严重的违法行为。如果我们将这一概念适用于普通的民事债务，这就意味着，如果你故意不支付你的美国快递账单，你就犯了重罪。

6. 税法非刑事化

国会每年都会堆积很多惩罚来设陷阱捕捉纳税人，无论是无辜的还是有罪的，与之相伴的是模糊不清的刑法条款，罚款的数额也是野蛮的夸张。这让我们想起来军队储存的两万颗原子弹弹头，或者是《爱丽丝梦游仙境》（*Alice in Wonderland*）中的女王，只要是她不喜欢的事物，她都会大喊："砍下你的头！"

与纳税人事实上所做的事情相比，被确认为犯罪行为的数量是相当少的。467 一旦被控诉逃税，你就进入了国内税收署的黑名单，就像加利福尼亚的那位医生一样。如果曾经有一部法律不应该强制执行，再加上新的民事罚款，也不需要强制执行，这就是税法。

我们注意到，在历史上，康斯坦丁是如何将罗马税法非刑事化的。我们也注意到，我们自己文明社会中的很多明智之士都在谴责将简单的逃税变成犯罪。在世界上很多文明国家中，只有税收欺诈才是犯罪；逃税并不是犯罪。

---

〔14〕 *Selected Works of John and John Quincy Adams*, pp. 24～27.

〔15〕 *U. S. v. DeTar*, 832 F. 2d 1110 (9th Cir., 1987)，上诉后被推翻。

我们当前的实践将美国置于与前苏联同类国家之列，前苏联任意使用虚构性的经济犯罪，将其作为对付持不同政见者的手段，也将其作为一种让每一个人将害怕和恐惧放在心中的措施，因为每个人都是有弱点的。但愿，对于前苏联的俄罗斯人民而言，现在这一切都已经成为过去。托马斯·潘恩在《常识》（*Common Sense*）中告诉我们："渴望惩罚对于自由而言总是危险的。"法国散文家米歇尔·德·蒙田（Michel de Montaigne）在 16 世纪写道，没有人是如此诚实或者正直，如果他仔细观察一下他的行为和思想，根据法律，"在他的一生中，他可以被合法绞死 10 次"。[16]这一结论当然也适用于我们刑事税法之下的几乎每一个人，直到最近，当然也适用于前苏联的几乎每一个人。

这就是这个问题的关键点——每个人都处于持续的违法状态中，随时有可能因为政府制造的"重罪"而被逮捕。所有集权主义国家所采取的最终政治控制手段就是让社会中的大部分成员都处于监控之下，都处于一种非法的状态之中。每个人都容易受到握有这种权力的管理机构的攻击。在纳粹德国和前苏联，它是安全警察；在高税负的每一个西方国家中，也有一种特别的税务警察："特别调查"官员、"情报部门"官员以及"财政警察"。在每一个税务审计中，刑事起诉的可能性都悬挂在每一个纳税人的头上。恫吓及其所导致的恐惧赋予政府轻松强征暴敛的权力。

在税务事件中，大陪审团制度作为保护过分热情以及捏造税收诉讼的手段已经被打破。我们的税法如此复杂，如此无法理解，以至于在大部分复杂的金融安排中，避税（这是合法的）与逃税（这是非法的）之间的界限即使是专家也很难判断，更不用说门外汉了，他们只能按照检察官告诉他们的去做。亨利·马格里斯（Harry Margolis）是我们之前提到的加利福尼亚的税收筹划者，在超过 10 年的时间内，他被提起了 34 次不同税收犯罪的重罪指控。经过漫长和耗资巨大的审判以后，没有一项针对他的指控成立。[17]丹佛（Denver）大陪审团的腐败是如此恶劣以至于司法部试图掩盖国内税收署的不端行为，一位美国检察官则封锁联邦法官的言论并阻止他按照自己的观点公布这一事实。最高法院，马歇尔大法官除外，没有发现任何缺陷。马歇尔在他的不同意见中发现了问题的关键。大陪审团的秘密方面意味着公诉人可以"运用免除惩罚"的策略贿赂整个程序，针对这一点，没有任何保护，没有任

468

---

〔16〕 Michel de Montaigne, *Essays III* (1588), found in Mencken, p. 656.

〔17〕 参见 *Saratoga News*, "Saratoga tax man calls IRS a 'monster'", August13, 1986, p. 10; WSJ, 10/6/75; WSJ, 7/26/77; WSJ. 10/4/77.

何制衡，没有任何防卫。[18]

如果税法典中含混和模糊不清的税收犯罪条款被积极执行，大部分纳税人都可以在仓促的审计之后被逮捕。当每年 3 月和 4 月税收指控的新闻出来以后，大部分纳税人，如果他们是诚实的话，会感到自己像约翰·布拉德福（John Bradford，1510~1555）一样，他看到一个人被押到绞刑架下，说："如果不是上帝慈悲，在那里的就将是约翰·布拉德福。"不久以后，他也被执行了死刑。税收欺诈应当是犯罪；但逃税不应当是。明智的做法是清除税法中的很多虚构犯罪条款，让民事惩罚来解决税收罪恶。

7. 让国会议员和联邦法官免于接受国内税收署的调查

为了确立一个良好的税法以及公平的执法环境，让我们的联邦税法制定者和司法人员在执行其对人民应尽的职责时免于受到税务机关的恫吓或者不合理影响是非常重要的。最近，参议员大卫·普赖尔（David Pryor）提出另一个被称为"纳税人权利法案"的议案。[19]这是一个温和的立法片段，但是国内税收署不喜欢它；他们不喜欢对其权力的任何约束。这位参议员最初是很孤单的，因为他很难找到一位附议者。为什么？因为国会议员受到了国内税收署的威胁，就像他们的前任在 20 年前被 J. 艾德加·胡佛（J. Edgar Hoover）威胁一样。一旦你进入他的黑名单，生活就会变得无法容忍，就像马丁·路德·金（Martin Luther King）一样。

我们的国内税收署是一种制度化的艾德加·胡佛。每个人都会被恫吓，没有什么特别的档案是必要的，如同胡佛一样。没有哪位国会议员的税收良心是如此清楚的，他不怕国内税收署。由于没有哪位国会议员，或者甚至总统有勇气帮助我们除去胡佛这个害虫，当然很少有人，如果有的话，愿意帮助我们除去国内税收署对权力的滥用以及对税务警察采取强硬的态度。正如事情的发展所证明的那样，税收政策的制定者不可能去做他们认为真正最有利于这个国家的事情。弄乱国内税收署的羽毛对于他们的政治健康是危险的。他们都知道过去在那位仅仅想调查国内税收署滥用权力的国会议员身上所发生的事情。国内税收署摧毁了他们。来自爱达荷州（Idaho）的众议员乔治·汉森（George Hansen）鼓起勇气在 20 世纪 70 年代对国内税收署发起了进攻，

---

〔18〕　Kilpatrick，*Big Tax Lie*，pp. 259~61，note；575 F. Supp. 325（1983）；Marshall's dissent is 108 S. Ct. 2369，2379（1988）.

〔19〕　Senator David Pryor，"Time to Rein in the IRS"，*Reader's Digest*（April，1992），pp. 122~26.

他出版了一本关于他们不端行为的书。他所公布的很多记录几乎是不可想象的。[20]他也感到了压力。针对他开展了一场流言蜚语的运动，说他是一位税收欺骗者，他的声望降低，他最终被打败了。当他以及其他几位国会议员来到有权的国会税收委员会［众议院筹款委员会（Ways and Means Committee）］

469 时，他们得到了一个"聋的耳朵"，因为，正如一位作家解释的，"他们（国会议员）害怕国内税收署有可能针对他们个人所采取的行动"。[21]国内税收署恫吓国会议员的权力必须被完全取消，确保我们的国会议员得到保护的最好方法就是确保将国内税收署从他们的生活中清除——将他们的名单从国内税收署的纳税名册上清除。

法官也容易受到责难。为什么要对法官进行审计？这是为了财政收入还是为了让法官知道独裁老大哥正在从他们身上寻找他们"感兴趣"的信息以备需要时可以利用？威廉·道格拉斯（William O'Douglas）法官面临的指控是来自关于他的经济事项的泄密信息，这些泄密的信息很可能来自其纳税申报表。道格拉斯法官在反对国内税收署的无数案件中都不发表意见。[22]

我们这个国家建立在一个神圣的信仰之上：司法必须自由和独立。其中的原因可以在英国的历史中找到。在几个世纪以前的英格兰，一位法官会被解雇，如果他让国王不高兴。最著名的案例涉及英国最伟大的法官爱德华·科克，他因为违背国王的意志裁判而被詹姆士一世解除了首席大法官的职务。在著名的贝兹和翰普登案件——我们在第27章讨论过——中，两个案件中的法官都是违背纳税人的意志、遵循国王的意志来判决的，其原因是非常明显的。只有少数人才会作出支持纳税人的判决，这是出于勇气。

国内税收署不能解雇法官，但是它可以泄漏信息以及威胁他们，如果他们，就像詹姆士一世和查尔斯一世，不高兴了。如果联邦法官可以不用担心国内税收署使用审计信息来伤害他们的权力，站在联邦法官面前的每一个纳税人都会知道，他的案子可以在不受来自税务机关的任何压力、影响或者威胁的条件下自由审判。我们需要这种自由的气氛；法官们应当像恺撒的妻子一样。

我们不得不怀疑，赞成国内税收署的最高法院是否也因为国内税收署对

---

[20] Hansen, *To Harass Our People*.

[21] Martin A. Larson, *Tax Revolt*, *The Battle for the Constitution* (Greenwich, Conn., 1985), pp. 75 ~80.

[22] Bernard Wolfman et al., *Dissent Without Opinion* (Philadelphia, 1975).

其成员拥有潜在的权力而偏袒了呢？在 20 世纪 60 年代，国内税收署署长谢尔顿·科翰（Sheldon Cohen）在一件税务问题上照顾了亚伯·福塔斯（Abe Fortas）法官的妻子。他对此作出了这样的评论，国内税收署"某天有可能需要亚伯的一票"。福塔斯一定做了什么错事，因为在国内税收署将一些信息告诉《生活》杂志的记者后他被迫辞职了。[23] 因此，在 20 世纪 60 年代，高等法院的两位法官感到了国内税收署威力——一个人被迫辞职，另一个人经历了弹劾的折磨。从那时开始，这些法官们是否"就得到了信息"——特别是不按照国内税收署的意愿来判决的首席大法官？如果这些法官的名字从国内税收署的纳税人名单中删除，国内税收署取得胜利的一些关键案例是否会出现不同的判决？詹姆士一世和查尔斯一世并不拥有解雇英国法官的权力，贝兹和翰普登案件是否会出现不同的判决？对上述两个问题的回答很可能都是肯定的。

470

我们怎样才能将他们从国内税收署的纳税人名单上删除？有两种方法：或者让他们免于缴纳联邦所得税，或者密封他们的纳税申报表并让他们的纳税申报表由独立于独裁老大哥的审计员来审计。

8. 让我们的联邦税收制度尽可能以间接税为主体

税收历史上最经常重复的蠢事就是一个好的税种演变为坏的税种。一旦一个好的税种变坏，税收政策制定者很少有走回头路的智慧。所得税在其最好的时期对于几乎任何人都是间接税。我是按照孟德斯鸠的方式来给间接税下定义的——并非直接针对个人而征收的税。英国在第一次世界大战之前开征的所得税就是这个性质。由于这一税种运行良好而且不具有压迫性，美国通过了《宪法第十六修正案》。作为一种源泉征收的间接税，必须采取一致的比例税率。在这种模式下，它就像销售税和关税。如果我们每年都必须计算和缴纳我们的销售税，而不是让商人征收、缴纳和对销售税负责，那么，生活就变得无法忍受了。1842～1914 年英国的所得税就是这样一个税。正如我们所注意到的，1894 年，英国政府在平民院被问及所得税的税率问题，财政部长告诉平民院，累进税率是不会考虑的。累进税率就意味着所有的纳税人必须接受审计和调查。英国人不可能忍受这种制度，因此，这种制度最终会崩溃。财政部长说，源泉征收是所得税制度能够成功的关键。

所得税制度的大部分罪恶来自纳税人与全副武装、自以为是的政府之间

---

〔23〕 Burnham, *Low Unto Itself*, pp. 247～49.

的对抗。如果我们对大部分人按照 10% 的税率在源泉征收，每年的 4 月 15 日就不会出现公民与国家之间的对抗，也就不会有恫吓。只有付款人或者从事经营的人才需要提交纳税申报。之所以选择 10% 是因为这是古代世界运行了数千年的税收，它们被称为得奇码税。这一税种不仅存在于古代以色列、罗马和希腊，而且存在于古代中国。

最近，一位前任财政部长支持这种古代的规则，尽管我们怀疑他是否真的清楚这一概念的内涵。他说，在税收领域，事情的发展已经处于我们的控制之外，必须做点事情来厘清毒蛇的混乱状态，并将其作为这一领域的"规则"。他的基本假设是废除现行的法典重新开始，取代它的是对所有经济性毛收入征收 10% 的比例税，对于毛收入进行宽泛的定义并且没有"特别"免税制度。[24] 30 年前，另外一个更加有名的财政部长安德鲁·梅隆（Andrew Mellon）也支持这种思想：

> 我们希望某一天会回归到 10% 的比例税率并不过分，这是一种古老的希伯来十一税，这一税种总是被认为是公平的重税。[25]

这一思想的现代起源来自两位斯坦福学者，他们发表在《华尔街日报》（*Wall Street Journal*）上的文章激起了这一思想，同时也带来了 5 年之后的里根改革。[26] 他们将这一思想称为平等税率制度；后来又称为单一税率制度，这是一个不幸的称呼，它将我们的注意力从他们思想的合理宪法基础上转移到了其他地方。

单一税率从国会［来自德克萨斯州的国会议员迪克·阿米（Dick Army）］以及总统候选人马尔科姆·福布斯（Malcolm Forbes）那里得到了相当多的支持。单一税率再加上最低程度的扣除只需要一张明信片大小的纳税申报表即可。当然，这不是一个坏思想。但是它存在一些政治缺陷，就像豁免股息税、资本利得税以及死亡税一样。对于绝大部分工人阶层纳税人而言，这一思想几乎没有什么吸引力，但他们有投票权。如果想让单一税具有可行性，它必须是真正地对所有取得所得的人实现平等。国内税收署还会像它今天一样存在。如果税制改革的目标是取消权力过大的税收恶霸，那么，单一税无法完成这一任务。

---

[24] 45 *Tax Law Review* 7 ~ 8（1989）.

[25] Mellon, *Taxation*, p. 83.

[26] *Wall Street Journal*（Dec. 10, 1981）, p. 30.

单一税仍然是一种直接税，这是被宪法制定者、孟德斯鸠以及古代希腊人和罗马人作为自由的大敌而予以否定的税种。我们实行直接所得税的 90 年历史只是证明他们是正确的。这或许是所有改革最伟大的目标。

9. 另外一个可以处于税制改革最前沿的改革措施是全国性消费税，类似于销售税

这一税种有很多好处，特别是它的间接性。这是一种孟德斯鸠所说的与自由相吻合的税种。只有很少一部分社会主体，即销售货物和提供劳务的人才会处于税收的监督之下。这样，对于每一个公民而言，国内税收署就不再是一个可怕的利维坦。每一个工人都可以看到他或者她的付薪水支票会有一个明显的增长，因为代扣代缴所得税制度已经终结了。

当新西兰采纳消费税制度时，政府明智和迅速降低了所得税。工人们为他们付薪水支票的明显增长而欣喜若狂，在接下来的选举中，引入这一税制改革的政党重新上台了。另外，加拿大在已经很重的所得税制度之上又开征了全国性的消费税。随后发生了税收起义，对该税制改革负责的政党也被赶下了台。这次失败是我们所知的议会制政府历史上最惨的一次。对这次税制改革负责的政党原先在众议院中拥有 300 个席位，改革后仅保留了 2 个。因此，很明显地，我们应当学习新西兰的智慧并从加拿大的愚蠢中吸取教训。

全国性消费税还有另外一个优点。我们所得税的精神错乱式的复杂将消失，为所得税服务的巨大产业也会被取消。地下经济将会被课税。每年为美国消费者进口数十亿美元货物的外国公司也不能免费搭乘美国经济和纳税人的便车。美国出口商在国际上会更有竞争力，因为取消了美国产品价格标签上的所得税费用。

当前所进行的对所得税进行一些补缀性补救措施的改革已经尝试了很多次，最终都变成了笑话。当国会和财政部引入所有这些"改革"时，他们实际上是在上演一场大狗和小马的马戏表演，纳税人之前都已经听说过和看到过。他们认为美国人民是这么愚笨吗？幸运的是，对于认真和真正的改革而言，众议院筹款委员会主席比尔·阿彻（Bill Archer）是全国性销售税的倡议者。他看到所得税及其以前的无数"改革"都是毫无希望的。他指出，就像削减有害的杂草一样，它很快又会长起来，铲除它的唯一方法是将其连根拔起。

足够奇怪的是，没有任何改革是为了降低税法典的复杂性的。1997 年开始的最近的改革给税法典增加了数百张纸，给财政部的法规增加的纸张会更多。因此，这种精神错乱在持续。我们已经拥有一部超越人类理解能力的税法典。当 1986 年所得税改革变成法律时，耶鲁大学的一位处于领导地位的税收学者鲍里斯·比特科尔（Boris Bittker）这样说：

> 因此，我向收费最大化的税收专业人士屈服了，1986 年的《国内税收法典》经过修改以后，只是为具有旺盛精力的企业家建造一个之前无法想象如此复杂的超级结构提供一个舞台。

因此，我们精神错乱的法律及其复杂性也有一些受益者——税收筹划者、税收准备者、税收研讨班、税收学者、税收游说者、税务会计师、税务律师，等等。同时还有一个巨大的税务机关，超过 12 万人在使用数十亿纳税人的钱来管理这个税种。如果将纳税人负担的数十亿美元加到私人经济部门，管理税法的成本据估计在 3000 亿美元到 6000 亿美元之间。[27] 难怪布洛克公司（H&R Block）*在纽约股票交易所上表现得那么好。很明显，投资者在打赌，所得税会一直保持其有害的种子。

在罗马帝国最后的日子里，古代作家作出了这样的记录：税收征管人员的数量比纳税人的数量还多。我们很可能不会以那种方式结束，因为我们有现代的计算机，但事实上我们已经像罗马人一样了。

很多杰出的作家和税收学者都表达了他们对于真正的税收改革以及税制简化的期待。[28] 他们指出，在过去几十年中出现的新税法，其名字包括"……税制简化法"以及类似"税收公平法"或者"税收均等法"等名字。你不得不怀疑，他们认为他们能欺骗谁呢？你如何能够相信一个不断向人民撒谎的政府？特别是在税收问题上。下面是一位学者的话：

> 我认为这种对真理的公然蔑视既是侵犯性的，也是令人恐慌的。美国是一个民主社会。当我们允许我们选举的代表向我们撒谎时，我们是在向自己撒谎。在税收领域，这特别令人心神不宁，因为税收是统治者与被统治者之间最核心的关系。[29]

当前改革所得税制度的努力已经陷入绝望，130 年前，一份新的期刊在

---

〔27〕 James L. Payne, *Costly Returns*, S. F. 1993.

* 布洛克公司，美国最大报税服务供应商。——译者注

〔28〕 A. B. A. Section of Taxation Newsletter, vol. v, no. 3（Spring 1993），pp. 56 ~ 68.

〔29〕 Jefferson P. Vandenwolk, "Opinion", Tax Notes Int'l., vol. 5, no. 13（Washington, D. C., Sept. 28, 1992），pp. 660 ~ 61.

1865 年诞生时的第一期就提出了当前的状况，这份期刊现在仍在印刷。1865 年 9 月出版的《国家》（*The Nation*）表扬美国人民即使在内战结束以后仍然愿意缴纳所得税，这是帮助政府偿还巨额战争债务所必需的。这是值得赞美的，因为所得税

> 是这样一种税，其必要性只能由具体情况来论证，我们看到它对中等收入群体增加了负担，其在本质上就是好探听别人隐私的，它将每个人的经营以及生活方式置于征税人员的仁慈之下，在所有时代，征税人员都被视为人类最憎恨的人。

最近的参议院听证会提出了国内税收署的很多不端行为的恐怖故事，这些故事在整个国家从来没有听说过，在整个历史上也没有听说过。历史是否是我们的老师，这是不一定的，除了发展出间接税制度以外，税务人员已经离普通公民很远了。

民意测验显示，75% 的美国人希望取消所得税，正如我们已经知道的，然而，有能力改变所得税的人不会这样。在 1996 年国会举行的关于取消所得税的听证会上，财政部派了他们的一位高官李·萨缪尔森（Lee Samuelson），他成了听证会上让人扫兴的人，他说："我们喜欢所得税，就喜欢它现在这个样子。"《华尔街日报》最近报道了近期进行的真正的税制改革："财政部长罗伯特·鲁宾（Robert Rubin）已经让内阁严厉制止减税者的行为，仿佛他们是一群不适宜的偏离正道者。"[30]更坏的仍然是有权的众议院筹款委员会民主党领袖查尔斯·兰格尔（Charles Rangel）的观点："我已经厌倦了政治家们抨击国内税收署的现象。我们拥有世界上最好和最公平的税收征管制度。"当我们从掌握着税制改革大权的人那里听到这样的观点，哪里还有改革现行制度的可能性和希望呢？我们所需要的是国家层面上的人物，如已故的加利福尼亚的霍华德·贾维兹（Howard Jarvis），他们可以激励人民促使不情愿的政府开展真正的税制改革，开展人民所希望的税制改革。

---

〔30〕 Amity Shlaes, "Rein in the Revenue Hounds", *Wall Street Journal* (March 24, 1998).

475 # 第 41 章

半奴隶和半自由

> 我相信这个政府不可能永远忍受半奴隶半自由的状态。
>
> ———亚伯拉罕·林肯，1858 年

尽管奴隶制这个词是一个非常有力的术语——在我们的社会中是非常丑陋和令人恐惧的记忆——我们假定奴隶制在世界上已经被取消了，这是 19 世纪的一个伟大的社会成就。但是在很多世纪中，哲学家以及西方文明社会的伟大思想家一直在思考奴隶制的道德问题以及奴隶制的种类问题。曾经存在一种家财奴隶制，在这种制度中，一个人就是财产——另外一个人的家财。但是这仅仅是一种奴隶制——最坏的一种。还有一种土地奴隶制，有时也被称为不动产奴隶制，在这种制度中，人们属于土地。谁拥有土地，谁就拥有了这些奴隶，无论他们愿意还是不愿意，有时拥有土地的人还不想要他们。在白俄罗斯进行的一项土地价值的研究表明，不带土地奴隶的土地价值高于带着土地奴隶的土地价值。

还有其他种类的奴隶制，如政治奴隶制，其中，你是统治者的财产，除了统治者给你的权利以外，你没有任何权利。今天，古巴和伊拉克有可能是这样的国家。尽管你不像家财奴隶那样"被拥有"，你的生活主要受全能政府的控制、规制和约束。任何种类的集权主义都有可能是政治奴隶制，当然，这种制度仍然存在于这个世界。

家财奴隶制和不动产奴隶制在欧洲被取消主要是依靠基督教的道德力量，但是这种取消限于西欧以及欧洲人民。俄罗斯保留其家财奴隶制和不动产奴隶制直到 19 世纪 60 年代，这也正是美国取消其南方的家财奴隶制的时间。

476 葡萄牙和西班牙在他们位于新世界的殖民地上做最后的抵抗，但是到 1900

年，欧洲民族家财奴隶制的所有遗迹都消失了。

我们知道农奴身份（土地奴隶制）统治世界长达 1 个世纪，它来自已故罗马帝国的税收实践。在当时，这似乎是关上罗马纳税人流失阀门最好的方法。当罗马皇帝建立农奴身份时只是为了保护他的财政收入，而这也是国内税收署主张它正在做的事情，也是为什么它需要国会授予这个机构对于纳税人所享有的所有可怕的权力。

读者应该还能回忆起公元 1 世纪在包迪西亚发生的不成功的税收起义，这次起义主要是让英国人摆脱罗马的统治，特别是罗马税收的统治。她对其军队的劝告是对税收奴隶制含义最经典的表述。在 5000 年有记录的历史中，没有人能够说得比包迪西亚更好：

> 我们是否不会每年都向自己的身体缴纳贡金？把我们自己一次性卖给主人比拥有空洞的自由权利并每年将我们自己赎回应该更好吧。[1]

换句话说，做家财奴隶比做税收奴隶更好。

设在华盛顿的税收基金会（Tax Foundation）最为人所知的就是其庆祝"无税日"，每年的这一天以后，美国人挣的所有收入都是他们自己的（然而，对于普通工作的丈夫和妻子而言，经常出现的现象是他们中的一个全年不停地为税务人员工作）。

无税日在 1902 年是 1 月 31 日，在 1922 年是 2 月 17 日，在 1948 年是 3 月 28 日，在 1958 年是 4 月 10 日，在 1968 年是 4 月 24 日，在 1978 年是 4 月 30 日，在 1988 年是 5 月 2 日，在 1998 年是 5 月 10 日。

所有迹象都表明无税日会不断推迟，直到我们变成国家的半自由半奴隶。毕竟，奴隶制就是不给报酬的强迫劳动。托尔斯泰（Tolstoy）给它下了这样一个定义：

> 所有奴隶制的本质都是通过暴力拿走另外一个人的劳动成果。无论这种暴力是建立在对奴隶的所有权基础之上的还是建立在他为了生存必须得到的金钱的所有权基础之上都是无关紧要的。[《我们应当做什么？》(What Shall We Do?)，1891 年]

这些有益的大税收和大开支会反对奴隶制的标签。毕竟，他们指出，我们征税，奴隶也获益了。但是，难道这不就像我们南方奴隶经济中的种植园 477

---

〔1〕 Dio Cassius, *Roman History*, LXII, iii, compare with Tacitus *Annals of Rome*, XIV, pp. 34~38.

主吗？他们为奴隶提供了从摇篮到坟墓的服务？我们现在得到的公共服务也是在做同样的事情。但是，这仍然迷失了关键点。一旦税款被缴纳了，它就变成政府的了，而不是纳税人的，他们能够决定他们能够得到多少。在所有的奴隶经济中，在奴隶中选择有价值事情的是主人。一些奴隶受到良好待遇的事实（正如南方的种植园主在1860年所主张的）并不能改变他们作为奴隶的身份。

我们正在朝着这样的一天前进，在那时，我们将会处于半奴隶半自由的状态，不用惊讶，这样的一天迟早会到来，而且是在我们同意的情况下这样做的。尽管我们有可能不喜欢大税收，但是很明显我们的代表喜欢。我们与他们一样都像是被告，我们要求和希望政府做各种各样的事情，所有这些事情都需要钱，而钱就需要税收。我们已经注意到，在罗马以及在早期俄罗斯农民为了避税是如何放弃他们的自由变成农奴的。他们宁愿做一个家财奴隶或者土地奴隶，纯粹和简单，也不愿意做拥有惩罚权、没收权、野蛮残忍的强大税务机关的税收奴隶。孟德斯鸠告诉我们为什么在莫斯科有这么多的俄罗斯人宁愿选择成为奴隶，[2]也不愿意面对独裁统治者的税务人员。值得庆幸的是，我们或许不用被迫进行那种选择。但是历史中充满了这样的例子，并非仅仅俄罗斯是这样的。这一选择就是成为什么样的奴隶制——税收奴隶制还是家财奴隶制？如此多的人宁愿选择家财奴隶制也不愿意选择税收奴隶制的事实告诉我们税收奴隶制是多么专制暴虐和不可忍受。

税收奴隶制是早期美国人关注的重要问题。英国作家通过举美国的例子来嘲笑现状，君主所征收的任何税收都是"奴隶制的标志"。[3]同样，我们讨论的并不是家财奴隶制的标志。推动18世纪60年代和70年代英国税收起义的地下领导组织被称为自由之子。他们给英国税务人员涂上柏油、粘满羽毛，当他们在主要城市的街道游行时，他们合唱一首歌，歌词是：

议会的声音通过法律诅咒我们成为**奴隶**，
勇敢的自由之子！
通过法律诅咒我们成为**奴隶**。[4]

这里我们将"奴隶"这个词**大写**了，这很明显意味着税收奴隶。

---

[2] Baron de Montesquieu, *The Spirit of Laws*, vol. 1, Bk. XV ch. VI, p. 296.
[3] Charles Adams, *For Good and Evil* (New York, 1993), p. 295.
[4] Charles Adams, *Those Dirty Rotten Taxes* (New York, 1998), pp. 38~39.

当 1766 年,《印花税法》被取消的消息传到波士顿以后,一座纪念碑树立了起来,保罗·瑞威尔(Paul Revere)复制了一份并保留了下来。上面的文字实际上在说宁愿去死也不愿意做"奴隶"(税收奴隶)。——这是一个我们已经忽略忘记的词[5]

当孟德斯鸠在其伟大的著作《论法的精神》中写道,过分的税收导致奴隶制,直接税在本质上就是奴隶制时,[6]他所讨论的并不是家财奴隶制,而是税收奴隶制。将孟德斯鸠视为启蒙运动圣贤的美国人在他们处理与英国的

---

[5] *The American Heritage History of the Thirteen Colonies*, Ed. Richard Blow(New York, 1967), pp. 348 ~ 49.

[6] Montesquieu, *Spirit of Laws*, vol. 1, Bk. XIII, ch. 14, pp. 266 ~ 67.

关系以及宪法条款时立即开始关注税收奴隶制的问题。

1858 年，林肯在与史蒂芬·道格拉斯（Stephen Douglas）辩论时使用了半奴隶半自由这句话，他的意思是这个国家不可能在这种状态下继续存在下去。用税收奴隶制取代家财奴隶制又提出了同样的问题——如果我们对税务人员而言是半自由半奴隶，那么我们怎么可能作为一个自由的民族而继续存在下去？

已经厌烦了这个制度的纳税人可以收拾行李离开这个国家，就像很多罗马人逃到野蛮人的土地上一样，"像自由人一样生活"。但是，和罗马人不一样，他们在外国也会被税收骚扰，也同样会收到国内税收署的传唤，也要接受审计。数万人民，从滚石乐队到肖恩·康纳利（Sean Connery）再到优秀的运动员，都已经离开了他们的高税负祖国，去寻找更加适宜的税收环境。这是一种全球范围的，从历史上看属于合法的实践。

直接税是一个人对他生活的国家所负担的义务。这个国家给它的居民提供了保护和服务。但是如果你并不生活在那个国家，你就不会得到这些服务和保护，因此对你征税就没有道德上的正当性。对于美国人并不是这样。为了合法地避免被征税，他们必须放弃他们的公民身份。现在，如果他们那样做了，他们甚至会被拒绝返回美国，就像被前苏联驱逐的前苏联作家一样——他们是"诽谤国家的"罪犯。为了避税而逃离的美国人是一种新型的罪犯——叛国者。贝内迪克特·阿诺尔德斯就是我们现在所称的叛国者。如果美国人是贝内迪克特·阿诺尔德斯，为什么滚石乐队和威廉·乔伊斯（William Joyce）就不是呢（威廉·乔伊斯是英国对德国战争期间著名的叛国者。对他的审判是 20 世纪 40 年代进行的世纪审判，其所关注的焦点是他是否是英国公民）？

令人惊讶的是，克林顿政府反对这部新的《贝内迪克特·阿诺尔德斯法》（*Benedict Arnold Law*，1996 年通过），国会很自豪地给它起了这个名字。这样一部与西方文明如此不同的法律是如何被证明具有正当性的呢？它事实上不就证明了美国人比世界上的其他人更加是税务人员的奴隶吗？

今天，不想通过逃离来避税的美国人可以参加 20 世纪的现代地下铁路——地下经济。如果被捉住，就像从南方逃离的奴隶一样，他们将受到惩罚，然后返回到他们被税务人员奴役的状态。

一个税收制度什么时候会变成税收奴隶制度？什么是决定性的因素？当然，为了成为一个文明社会，我们必须拥有税收，所有的税收照其事实本身并不是奴隶制。但是，请记住，我们从古代社会知道，在希腊到来之前，所有的文明都是用专制暴政来购买的。希腊人得出了这样的结论，文明会一直存在，直到它与自由无法兼容。根据希腊人和罗马人的观点，这个被告就是直接税。

这个测验就是为了确保税款的征收，你的多少自由已经交给税务人员了？就是这个问题。如果我们已经将太多的自由交给税务人员了——如果税务人员过分侵入了我们的生活（就像法老的抄写员一样），如果税务人员为税收的不遵从而过分惩罚我们，从我们的劳动成果和财产中拿走了过分的数额，拿走了我们的民事自由，拿走了我们的权利法案——如果我们是半自由半奴隶，正如自由之子在 200 年前所主张的那样，我们是否已经臣服于政府，它们是否已经"通过法律诅咒我们为奴隶"？

最后，美国人民的反税收特征会发生什么变化呢？这一特征在 20 世纪美国人民关于自由的思想中居于统治地位。关于高税负的忍耐程度是不可知的。正如我们在第 34 章所指出的，1775 年，爱德蒙·伯克在众议院，为了与美国人民和解而进行的辩论。伯克说，"美洲殖民地"人民比地球上的任何民族都更加信仰自由，但是对于他们而言，自由问题又集中在税收上。自由有可能受到 20 或者更多种方法的威胁，美洲人民并不在意，但是他们在意税收。

整个 19 世纪，"每一个美国学校的孩子"都在学习爱德蒙·伯克的名言。这种对伯克名言的一致学习毫无疑问会使反税收的美国人特征永久存在，这一特征也曾经使美国革命变成可能。1895 年 9 月，《国家》（*Nation*）杂志——今天它仍然伴随在我们的左右，具有关注税收的倾向——发表评论说所得税是一个坏税，就像所有的税收一样，是由"征税人员来管理的，征税人员在所有时代都被视为人类中最坏的人"。1878 年，《大西洋杂志》——另外一个仍然陪伴在我们身边的杂志——刊登了布鲁克·亚当斯（Brook Adams）——马萨诸塞州著名的亚当斯家族的领导人——的一篇文章，文中写道："所有的税收都是一种邪恶。"注意他说的是"所有的"，而非一些，并得出了这样的结论，重税是"能够折磨一个民族的最大的诅咒"。因此，早期美国人的反税收特征在整个 19 世纪在我们具有影响力的主流期刊中仍然非常活跃。

但是在 20 世纪，反税收的语言已经在主流的美国思想中找不到了。随着我们审查和重写过去，仿佛一个铁幕已经降下，反税收的美国人已经从历史上消失了，仅仅存在于胆小者的变种之中。

481 结尾：

正方形

> 各种学科和职业都充满着革命化的思想，这种革命化的思想必须由异教徒、门外汉以及业余人士来领导。
>
> ——杰弗里·贝尔（Jeffrey Bell），《民粹主义杰出人物统治论》
> （*Populism and Elitism*），1992 年

在过去几年里，很多读者和朋友让我概括总结一下我关于税收和历史的思想。在这些结论性的段落中，我将努力提出一些从这个研究中得出的最重要的教训。

第一，是这样一个引人注目的事实：所有的税收制度都倾向于变坏。除非受到人们某种有效方式的约束，政府不可能生活在一个运行良好、适度的税收制度中。所有政府都倾向于无限扩大开支。就像不成熟的消费者是按照他们的爱好而非口袋来调整他们的开支。历史表明，最好的约束就是将开支权与征税权相分离。

第二，我们这个时代最具有挑战性的问题是文明能否让自己摆脱它自己的税收自我毁灭状态。如果我们不会提出这个问题，我相信，我们下个世纪的子孙会。我们税收的破坏性是在所有的前沿领域，我们似乎正在沿着过去很多大国的道路走——我们正在向我们自己征税直到死亡，并不仅仅是经济上的。我们已经违反了我们的前辈警告我们不要违反的税收规则。直到最近，我们的制度一直被原谅，因为我们需要钱，这是一个有效的筹钱方法。现在，那个神话已经破灭了。当纳税人花费的成本加到政府的成本之上时，它已经

可以被适当地称为"6000 亿税收骗人的东西"。[1]我们所得税制度所谓的优越性与社会主义的优越性一样都是赝品。*

税收的破坏性不仅仅体现在经济上，它还会危及人类精神中更重要的东西。我们正生活在一个自由的时代，不是完美的，但肯定是人类历史上一个较好的时期。政治哲学家孟德斯鸠在 200 年以前警告我们注意自由社会所面临的危险。生活在自由状态中的人会将过多的征税权赋予他们的政府。孟德斯鸠说，这些过多的权力会要求"特别的压迫方法"，一旦这种现象出现，"这个国家就毁坏了"。[2]将孟德斯鸠的理论应用到我们的时代并不太困难。

482

我的个人乐观主义支持这样一种信念，我们自己会从这种阴暗的结论中走出。就像托马斯·马尔萨斯（Thomas Malthus）的人口增长理论充满了厄运，孟德斯鸠关于自由和税收的预言也是如此。两种预言都不会给文明带来灾难，但都需要英雄的努力，因为事件发展的自然过程正在引领我们朝着这些人预见的方向发展。

第三，所有优良税收制度的公分母（在它们变坏之前）都是适度。这一原则是古人将其作为良好生活和良好政府的理想而给予我们的。它是古代希腊占统治地位的道德理想；亚里士多德在其《伦理学》（Ethics）正式确认了它，将其作为"中庸之道"的原理。[3]它是亚当·斯密伦理学的基础。[4]亚里士多德在三部曲中安排了一系列道德品质。美德是极端的中间，极端被称为邪恶。勇敢是懦弱与鲁莽的中庸之道。将中庸之道的原则适用于税收，在税率、平等、侵犯和惩罚等问题上，我们经常处于邪恶的极端，而不是美德的中间。一个良好平衡的制度——它与适度政府的概念是相吻合的——可以比作一个正方形，坦尼森（Tennyson）是这样来表述它的："力量的高塔都是站立的正方形，它们能抵挡从各个方向吹来的风。"

我们当前的制度与正方形有多么接近呢？今天，我们的所得税（不是资本利得）看起来就像是下面第 1 个图所表示的形状。今天的图形是一个奇形怪状的图形，因为侵犯和惩罚条款与自由社会的精神格格不入。无论它现在有多么不平衡，我们都可以将它变成正方形，就像下面第二个图形所展示的

---

〔1〕 Payne, "Unhappy Returns," p. 18.

* 作者并非敌视社会主义，而是不赞同某些虚假的所谓社会主义。——译者译

〔2〕 Montesquieu, *Spirit of Laws*, vol. 1, Bk. XIII, ch. 8.

〔3〕 Aristotle, *Nicomachean Ethics*, Bk. III, ch. 6~9; Bk. IV, ch. 1~2.

〔4〕 Charles L. Griswold, Jr., "Conscience of Capitalism", *The Wilson Quarterly* (Washington, D. C., Summer 1991), pp. 53~61.

那样。

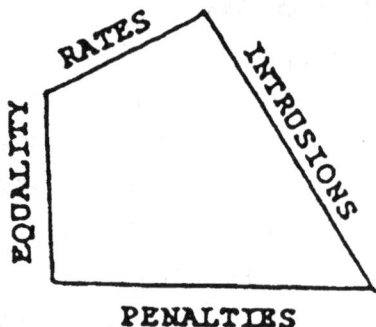

所得税。上边表示"税率",下边表示"惩罚",左边表示"平等",右边表示"侵犯"。

483

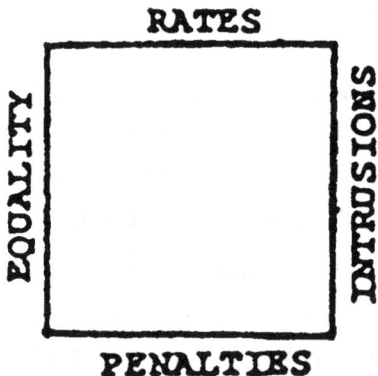

真正的"正方形"。上边表示"税率",下边表示"惩罚",左边表示"平等",右边表示"侵犯"。

税率应当是适度的。如果太低,人民的生命和财产就不能得到保护。如果太高,经济发展就会缓慢。税率会鼓励逃税、移民和起义吗?它们在拉弗曲线的负面或者正面吗?

平等是美德。它意味着在税率、免税、特权和负担等方面不歧视任何社会阶层。邪恶就是极端的累进或者累退。累退制度给穷人施加了不公平的负担;累进制度,如果达到极端,就是盗窃财产。税收一旦涉及广泛的经济活动,即使是平等的比例税率,也会必然具有温和的累进性,这是中庸之道。

侵犯。什么被课税必须全面考察,但是它们应当达到怎样广泛的程度呢?为了税收遵从,我们是否牺牲了过多的自由?我们的税收制度是一个受人尊敬的制度还是一个间谍制度?[5]

为了做成一个正方形，我们应当从哪里开始呢？当然，应当从立法开始，但是在实践中，"专家们"在做决定。他们有可能是财政部、国会委员会以及秘密的超级精英，它们的成员曾宣誓要保密，例如，老鹰山庄（Eagle Lodge）团体。[6]对于一般的国会议员而言，即使具有充分的信息，税法仍是晦涩难懂的。从一开始，我们就应该去掉这些"专家"。在税收政策制定中，他们与前苏联共产党具有相同的侵犯性。他们会在原因之上堆积原因，以此来解释我们为什么必须拥有一个过于复杂并且奇形怪状的税收制度。我们假定他们会帮助我们在1986年的里根改革以及1997年的改革中简化税制。结果，他们戏剧般地增加了税法的复杂性，让它们变得更加无法理解。税收实践者被新的改革震惊了，税法现在变得甚至连专家也无法理解了。[7]这些专家并不满足于大量毁灭税法典的可理解性，他们还将税收的概念，如平等和公平，变成一堆乱糟糟的哲学上的冗长费解的话，[8]如论证种族隔离制度具有正当性的"隔离但平等"的原则。

我们需要带着新的精力旺盛的思想开始，让那些老专家们从他们的工作岗位上退下来吧。当亨利·福特（Henry Ford）想要保护生命并防止来自粉碎汽车玻璃的伤害时，他让玻璃专家为他的新模型制造一个不会破碎的玻璃。世界上的玻璃专家说这不可能做到。他们知道很多为什么不可能做到的原因。亨利说："带给我一个热心的年轻人，他不知道为什么不可能做出不能破碎玻璃的原因。将这个问题交给那些雄心勃勃的年轻人，他们认为没有什么是不

484

---

〔5〕 Montesquieu, *Spirit of Laws*, Bk. XIII, ch. 8.

〔6〕 Robert D. Hershey, Jr., "Elite Gathering Opens Up a Little", *New York Times* (February 8, 1992), p. 36.

〔7〕 Crenshaw, "A Tax System in Trouble", *Washington Post*, April 16, 1989, HI-9. 关于复杂性的具有影响的论文可以参见 45 *Tax Law Review* (1989~90) 上的系列评论文章；同时参见 "Why Are Taxes So Complex and Who Benefits?", *Tax Notes* 3411 (April 16, 1990). 该作者将税收的复杂性归咎于税收职业者（注册会计师和律师）以及国内税收署。

〔8〕 Harold M. Groves, *Tax Philosophers*, Donald Curran, ed. (Madison, Wis.. 1974), passim; Charles M. Allan, *The Theory of Taxation* (Middlesex, England, 1971), passim. Charles M. Allan, *The Theory of Taxation* (Middlesex, England, 1971), passim. Victor Thuronyi 教授最近发表的一篇60页的冗长且令人费解的官样文章讨论了"所得"的概念："The Concept of Income" [46 *Tax Law Review* 45~105 (1991)]. 在研究了这些哲学上的秘籍之后，我对那些坚持认为工薪不是所得的税收抵制者有一些同感。税收学术界对"所得"的论战很快转移到"扣除"的领域，后者也引发了影响广泛的哲学争论。Stanley A. Koppelman, "Personal Deductions Under an Ideal Income Tax" [*Tax Law Review* 43 679 (1988~89)].

可能的。"最终，他得到了不会破碎的玻璃。[9]

能够完成最伟大功绩的并不是重税的王国，而是适度税收的王国。

——古代亚洲的谚语

---

〔9〕 感谢下面这本读起来令人愉快的袖珍小书：William Danforth, *I Dare You* (St. Louis, 1945)，pp. 21～23. 这本书是我 16 岁时，我的祖父送给我的。我在这里采用的稳定的生活就像正方形的思想就是在这本小书中提出的。

参考书目

整体参考

Adams, Charles. *Fight*, *Flight*, *Fraud*. Curacao, 1983.

Cipolla, Carlo M. , ed. *The Economic Decline of Empires*. London, 1970.

Coffield, James. *A Popular History of Taxation*. London, 1980.

Grapperhaus, Ferdinand H. H. *Taxes*, *Liberty and Properly*. Amsterdam, 1989.

Montesquieu, Baron de. *The Spirit of Laws*. 1751. Reprint. Birmingham, Ala. , 1989.

Webber, Carolyn and Aaron Wildavsky, *A History of Taxation and Expenditure in the Western World.* New York, 1986.

古代埃及

Aldren, Cyril. *The Egyptians*. London, 1961.

——. *Akhenaten*. London, 1968.

Baikie, J. *The Amarna Age*, *A Study in the Crises of the Ancient World*. London, 1926.

——. *A History of Egypt*. 2 vols. London, 1929.

Breasted, James. *A History of Egypt*. New York, 1937.

Budge, Sir Wallace. *The Rosetta Stone*. London, 1928.

Bullock, Michael. *Daily Life in Egypt*. New York, 1964.

Erman, Adolf. *Life in Ancient Egypt*. New York, 1894.

Gardiner, Alan. "Ramesside Texts Relating to Taxation of Corn," *The Journal of Egyptian Archaeology* 27 (1941): 19~73.

Grenfell, B. P. *Revenue Laws of Ptolemy Philadelphus*. Oxford, 1896.

Maspero, G. *History of Egypt*. Vol. 2. London, 1903.

Packman, Zola. *The Taxes in Grain in Ptolemaic Egypt*. New Haven, 1958.

Rostovtzeff, M. *Social and Economic History of the Hellenistic World*. 3 vols. Oxford, 1967.

Wallace, Sherman. *Taxation in Egypt from Augustus to Diocletian*. Princeton, 1938.

Ward, William. *The Spirit of Ancient Egypt*. Beirut, 1965.

古代以色列、亚述和巴比伦

The Bible. Exodus 1; II Kings 17 – 20; II Chronicles 10, 32, 36.

Contenau, George. *Everyday Life in Babylon and Assyria*. London, 1954.

Baron, Sole. *Ancient and Medieval Jewish History*. Rutgers, 1972.

——. Economic History of the Jews, New York, 1969.

Flavius Josephus. *Antiquities of the Jews*, Books IX, X, XII; *Wars of the Jews*, Book IV. Translated by William Whiston. Philadelphia, 1936.

Grayson, A. Kirk. *Assyrian Rulers of the Early First Millennium B. C.* Toronto, 1991.

Graetz, Heinrich. *History of the Jews*. Philadelphia. 1898.

Grayson, A. Kirk. *The Assyrian Rulers of the Early First Millennium B. C. I* (1114 – 859 B. C.). Toronto, 1991.

Koestler, Arthur. *The Thirteenth Tribe*. New York, 1976.

Kramer, Samuel. *History Begins at Sumer*. New York, 1959.

Rostovzeff, M. *Social and Economic History of the Hellenistic World*. 3 vols. Oxford, 1967.

古代希腊

Austin, M. M. , and P. Vidal-Nagaet. *Economic and Social History of Ancient Greece: An Introduction*. London, 1977.

Eliot, Charles, ed. , " Plutarch's Lives, Aristides," *The Harvard Classics*. vol. 12. New York, 1909.

Ehrenberg, Victor. *The Greek State*. New York, 1964.

Ferguson, W. S. *Hellenistic Athens*. London, 1911.

Finley, M. I. *The Ancient Economy*. Berkeley, 1973.

Glotz, Gustave. *Ancient Greece at Work*. New York, 1967.

Meritt, Benjamin. *Documents on Athenian Tribute*. Harvard, 1937.

Thomsen, Rudi. *A Study of Direct Taxation in Ancient Athens*. Copenhagen, 1964.

罗马

Badian, E. *Pulicans and Sinners*. Cornell, 1972.

Browning, Robert. *The Emperor Julian*. London, 1975.

Brunt, P. A. *Social Conflict in the Roman Republic*. London, 1971.

Cicero. " Is Honesty Always Necessary?" *On Duties III*. In *Cicero's Selected Works*. Ed. Michael Grant. New York, 1960.

———. "On the Good Life," *On Duties II*, 21: 73. Ed. Michael Grant. New York, 1971.

Cipolla, Carlo M. , ed. *The Economic Decline of Empires.* London, 1970.

Gibbon, Edward. *The Decline and Fall of the Roman Empire.* London, 1776.

Goffard, Walter. *Caput and Colonate.* Toronto, 1974.

Jones, A. H. M. *The Roman Economy.* Oxford, 1974.

Katz, Solomon. *Decline of Rome.* Cornell, 1955.

Lewis, Naphtali, and Meyer Reinhold. *Life in Egypt under Roman Rule.* Oxford, 1983.

Lewis, Naphtali, and Meyer Reinhold, eds. *Sourcebook I: The Republic.* New York, 1966.

———. eds. *Sourcebook II: The Empire.* New York, 1966.

Lot, Ferdinand. *The End of the Ancient World.* New York, 1961.

Montesquieu, Baron de. *Consideration on the cause of the greatness of the Romans and their decline.* Translated by David Lowenthal. New York, 1965.

Polybius. *The Rise of the Roman Empire*, trans. Ian Scott-Kilvert. New York, 1979.

Rostovtzeff, M. *The Social and Economic History of the Roman Empire.* 2 vols. Oxford, 1971.

Smith, Charles. *Tiberius and the Roman Empire.* Baton Rouge, 1942.

Tenney, Frank, ed. *An Economic Survey of Ancient Rome.* 6 vols. Paterson, N. J. , 1959.

The Theodosian Code. Edited by Clyde Pharr. New York, 1969.

Tranquillus, Gaius Suetonius [Suetonius]. *Lives of the Caesars.* Translated by J. C. Rolfe. Cambridge, 1979.

Walbank, F. W. *The Awful Revolution.* Toronto, 1976.

———. *The Decline of the Roman Empire in the West.* London, 1946.

Wallace, Sherman. *Taxation in Egypt from Augustus to Diocletian.* Princeton, N. J. , 1938.

伊斯兰教

Abbas, al'Azzai. *History of Taxation in Iraq.* Baghdad, 1956.

Aghnicles, Nicolas P. *Mohammedian Theories of Finance.* New York, 1916.

Ashtor, Eliyahu. *A Social and Economic History of the Near East in the Middle Ages.* London, 1976.

Dennett, Daniel. *Conversion and the Poll Tax in Early Islam.* Cambridge, 1950.

Imamuddin, S. M. *The Economic History of Spain Under the Umayyads: 711 ~ 1031.* Dacca, 1963.

Lapidas, Ira. *Muslim Cities in the Late Middle Ages.* Cambridge, 1967.

Lokkegaard, Frede. *Islamic Taxation in the Classical Period.* Philadelphia, 1978.

Lewis, Bernard, ed. *Islam from the Prophet Muhammad to the Capture of Constantinople.* 2 vols. New York, 1974.

Shaban, M. A. *Islamic History, A New Interpretation*. Cambridge, 1971.

Shemesh, A. Ben. *Taxation in Islam*. 2 vols. London, 1958, 1965.

Stewart, Desmond. *Early Islam*. New York, 1967.

中世纪

Abrahams, Israel. *Jewish Life in the Middle Ages*. New York, 1969.

Baron, Solo. *A Social and Religious History of the Jews*. 8 vols. New York, 1960.

Cave, Roy, and Jerbert Coulson. *A Source Book for Medieval Economic History*. New York, 1965.

Harriss, G. L. King, *Parliament and Public Finance in Medieval England*. Oxford, 1975.

Henneman, John. *Royal Taxation in Fourteenth Century France*. Princeton, 1971.

Hodgett, Gerald. *A Social and Economic History of Medieval Europe*. London, 1972.

Marcus, Jacob. *The Jew in the Medieval World*. New York, 1975.

Mitchell, Sydney. *Taxation in the Medieval England*. Yale, 1951.

Morgan, Shepard. *History of Parliamentary Taxation in England*. New York, 1911.

Post, Gaines. *Studies in Medieval Legal Thought*. Princeton, 1964.

Prasad, Kunwar Deo. *Taxation in Ancient India*. Delhi, 1987.

Strayer, Joseph. *Studies in Early France Taxation*. Cambridge, Mass. , 1939.

俄罗斯

Blum, J. *Lord and Peasant in Russia from the 9th to the 19th Century*. Princeton, N. J. , 1961.

Dmytryshyn, B. , ed. *Medieval Russia: A Source Book 900 ~ 1700*. New York, 1967.

Fennell, John. *The Emergence of Moscow 1304 ~ 1359*. London, 1968.

Grey, Ian. *The Horizon History of Russia*. New York, 1970.

Klyuchevshy, Vasili. *Peter the Great*. New York, 1958.

Mavor, James. *An Economic History of Russia*. 2 vols. New York, 1965.

Oliva, L. Jay, ed. *Catherine the Great*. Englewood Cliffs, N. J. , 1971.

Pares, Bernard. *A History of Russia*. New York, 1964.

Parawdin, M. *The Mongol Empire, Its Rise and Legacy*. London, 1967.

Riasanovsky, Nicholas. *A History of Russia*. Oxford, 1969.

Vernadsky, George. *The Mongols in Russia*. Boston, 1980.

——. *A History of Russia*. New Haven, 1966.

瑞士

Marchi, Otto. *Scheweitzes Geschichte*. Zurich, 1971.

Ikle, Max. *Switzerland: An International Banking and Financial Center.* Stroudsburg, Pa., 1972.

Vetter, Alfred, ed. *Switzerland, Image of a People.* Berne, 1971.

Vickers, Roy. *Those Swiss Money Men.* New York, 1973.

德国

Benecke, G. *Society and Politics in German: 1500 ~ 1750.* London, 1974.

Dawson, William Harbrett. *The Evolution of Modern Germany.* New York, 1908.

Ergang, Robert. *The Potsdam Fuhrer.* New York, 1941.

Grunberger, Richard. *A Social History of the Third Reich.* Middlesex, England, 1971.

Holborn, Hajo. *A Modern History of Germany, 1648 ~ 1840.* New Haven, 1964.

Johnson, Hubert. *Frederick the Great and His Officials.* New Haven, 1975.

Palmer, Alan. *Frederick the Great.* London, 1974.

Seligman, Edwin R. *The Income Tax.* New York, 1914.

Stolpher, Gustav. *German Economy 1870 ~ 1940.* New York, 1940.

西班牙和墨西哥

Coe, Michael. *Mexico.* New York, 1962.

Davies, R. Trevor. *The Aztecs.* London, 1973.

Davies, R. Trevor. *The Golden Century of Spain.* London, 1937.

——. *Spain in Decline.* London, 1957.

——. *The Decline of Spain, 1598 ~ 1640.* Cambridge, 1963.

Elliott, J. H. "The Decline of Spain," *Past and Present* No. 20, 1961: 169 ~ 95. Also found in *The Economic Decline of Empires*, edited by Carlo Cipolla. London, 1970.

Grice-Hutchinson, Marjorie. *Early Economic Thought in Spain.* London, 1978.

Hamilton, Earl J. *American Treasures and the Price Revolution in Spain, 1501 ~ 1650.* Cambridge, 1965.

——. "The Decline of Spain," *Economic History Review* 8 (1938): 168 ~ 79.

Highfield, Roger, ed. *Spain in the 15th Century.* London, 1972.

Hippoly te Mariegal, Jean. *The Spain of Ferdinand and Isabella.* New Brunswick, N. J., 1961.

Hume, Martin A. S. *Spain its Greatness and Decay.* Cambridge, 1898.

Imamuddin, S. M. *The Economic History of Spain Under the Umayyads: 711 ~ 1031.* Dacca, 1963.

Kamen, Harry. *Spain 1469 ~ 1714, A Society of Conflict.* London, 1983.

Kennedy, Paul. *The Rise and Fall of the Great Powers*. New York, 1987.

Klein, Julius. The Mesta, *A Study in Spanish Economic History*. Cambridge, 1920.

Ortez, Antonio. *The Golden Age of Spain*. London, 1971.

Ross, Kurt, ed. *Codex Mendoza*. Fribourg, Switz. , 1978.

Vicens, Jaime. *An Economic History of Spain*. Princeton, N. J. , 1969.

Wolf, Eric. *Sons of the Shaking Earth*. Chicago, 1962.

荷兰

Boxer, C. R. *The Dutch Seaborne Empire, 1600 ~ 1800*. London, 1965.

Geyl, Pieter. The Netherlands in the 17th Century. London, 1961.

——. *Revolt in the Netherlands*. London, 1966.

Grapperhaus, Ferdinand. *Alva en de Tiende Penning*. Deventer, 1982.

——. *Taxes, Liberty and Property*. Amsterdam, 1989.

Haley, K. H. D. *The Dutch in the Seventeenth Century*. London, 1968.

Motley, John. *The Rise of the Dutch Republic*. New York, 1901.

Parker, Geoffrey. *The Dutch Revolt*. London, 1977.

Schama, Simon. *Embarrassment of Riches*. London, 1977.

Schiller, Johann. *The History of the Revolt in the Netherlands*, 1788. Translated by E. B. East-wick. New York, 1847.

Schoffer, Ivo. *A Short History of the Netherlands*. Amsterdam, 1973.

Wilson, Charles. *The Dutch Republic and the Civilization of the Seventeenth Century*. London, 1968.

法国

Bercé, Yves-Maie. *History of Peasant Revolts*. Ithaca, N. Y. , 1990.

Bosher, J. F. *French Finances, 1720 ~ 1795*. Cambridge, 1970.

Brinton, Crane. *A Decade of Revolution, 1789 ~ 1799*. New York, 1934.

Brunn, Geoffrey. *Europe and the French Imperium: 1799 ~ 1813*. New York, 1938.

Carswell, John. *The South Sea Bubble*. London, 1961.

Church, William. *Richelieu and Reason of State*. Princeton, N. J. , 1972.

Cole, Arthur. *The Great Mirror of Folly*. Cambridge, 1949.

Collins, James B. *The Fiscal Limits of Absolutism*. Berkeley, 1988.

Dakin, Douglas. *Turgot and the Ancien Régime in France*. London, 1939.

Dent, Julian. *Crises in France, Crown Finances and Society in 17th Century France*. New York, 1973.

Ebeling, Richard M. "Inflation and Controls in Revolutionary France: The Political Economy of the French Revolution." In *Reflections on the French Revolution*, *A Hillsdale College Symposium*, ed, Stephen Tonsor. Washington, D. C. , 1990.

Funck-Brentano, Frantz. *The Old Regime in France*. New York, 1920.

Goubert, Pierre. *The Ancien Régime*. New York, 1974.

Hampson, N. *The French Revolution*. London, 1969.

Higgins, Earl Leroy. *The French Revolution as Told by Contemporaries*. New York, 1975.

Lewis, W. H. *The Splendid Century*. London, 1962.

Lodge, Eleanor C. *Sully, Colbert, and Turgot: A Chapter in French Economic History*. London, 1931.

Lough, John. *An Introduction of Eighteenth Century France*. London, 1960.

Matthews, George. *Royal Farms in 18th Century France*. New York, 1958.

Moote, Lloyd. *The Revolt of the Judges*. Princeton, 1971.

Mousnier, Roland. *Peasant Uprisings*. London, 1971.

Padover, Saul. *The Life and Death of Louis XVI*. New York, 1963.

Seligman, Edwin R. *The Income Tax*. New York, 1914.

Seward, Desmond. *The Prince of the Renaissance*. London, 1974.

Toqueville, Alexis de. *The Ancient Regime and the French Revolution*. Translated by M. W. Patterson. Oxford, 1962.

Wheeler, Harold. *The French Revolution*. London, 1913.

Wolfe, Martin. *The Fiscal System of Renaissance France*. New Haven, 1972.

英国

Beresford, Maurice. *The Poll Taxes of* 1377, 1379 *and* 1381. Canterbury, 1963.

Brewer, John. "The English State and Fiscal Appropriations, *1688 ~ 1789.*" *Politics and Society* 16 (1988): 335 ~ 85.

Camden, William. *The History of Princess Elizabeth*. 1688. Reprint, Chicago, 1920.

Caswell's Illustrated History of England. London, 1903.

Coffield, James. *A Popular History of Taxation*. London, 1970.

Davis, R. *The Rise of the English Shipping Industry in the Seventeenth and Eighteenth Centuries*. London, 1962.

Dowell, Stephen. *A History of Taxation and Taxes in England*. 1884. Reprint, 4 vols. New York, 1965.

Farnsworth, A. *Addington, Author of the Modern Income Tax*. London, 1951.

Fraser, Duncan. *The Smugglers*. Montrose, Scotland, 1971.

Grappenhaus, Ferdinand. *Taxes, Liberty and Property*. Amsterdam, 1989.

Kames, Lord Henry. *Sketches in the History of Man*. Dublin, 1769.

Kennedy, William. *English Taxation 1649 ~ 1799*. London, 1964.

Lacey, R. *Henry VIII*. London, 1972.

Mathias, Peter. *The Brewing Industry in England, 1700 ~ 1800*. Cambridge, 1965.

McCulloch, J. R. *Taxation and the Funding System*. London, 1845.

——, ed. *A Collection of Scarce and Valuable Tracts on Commerce* [1859]. Reprint. New York, 1966.

Mill, John Stuart. *Principles of Political Economy*. New York, 1961.

Morley, John. *Life of Gladstone*. 3 vols. London, 1903.

Plumb, J. H. *Sir Robert Walpole*. 2 vols. New Jersey, 1973.

Read, Conyers, "Good Queen Bess," *The American History Review* (July, 1926).

——, *Mr. Secretary Walsinghem and the Policy of Queen Elizabeth*. 3 vol. Cambridge, Mass., 1925.

Ricardo, David. *The Principles of Political Economy and Taxation*. Ed. L. Reynolds and W. Fellner. New Haven, 1963.

Sabine, B. E. J. *A History of Income Tax*. London, 1966.

Shore, Henry. *Smuggling Days and Smuggling Ways*. London, 1971.

Shoup, Carl. *Ricardo on Taxation*. New York, 1960.

Sinclair, John. *A History of the Public Revenues of the British Empire*. 1803. Reprint. 3 vols. New York, 1966.

Smith, Adam. *The Wealth of Nations*. London, 1776.

Stone, Lawrence. *The Crisis of the Aristocracy 1558 ~ 1641*. Oxford, 1965.

Teignmouth, Lord, et al. *The Smugglers*. 2 vols. London, 1923.

Ward, W. R. "The Administration of the Window and Assesssed Taxes, *1696 ~ 1789*." *English Historical Review* 67 (October 1952): *522 ~ 42*.

Wiener, Joel H. *The War of the Unstamped: The Movement to Repeal the British Newspaper Tax, 1830 ~ 1836*. Ithaca, N. Y., 1969.

英国关于避税的案例

Ayrshire Pullman Services, Ltd. v. I. R. C., (1929) 14 T. C. 754, 763 – 64.

Howard de Walden v. I. R. C., (1942) 25 T. C. 121, 134.

Latilla v. I. R. C., (1943) 25 T. C. 107, 117.

Vestey's Executors v. I. R. C., (1949) 31 T. C. 1, 90.

Peter Buchanan v. McVey, (1951) (1955) A. C. 516, 529.

日本和亚洲虎

Borton, Hugh. *Peasant Uprings in Japan of the Tokugawa Period*. New York, 1968.

Duus, Peter. *Feudalism in Japan*. New York, 1976.

Glassman, Lindsey, Lifau, Mallaby and Miltzer. "Is the Asian Flu Fatal." *Reason* (Los Angeles, May 1998).

Gee, Marcus, "The Real End of Japan, Inc." *Globe and Mail* (Toronto, April 18, 1998).

Hall, John, and Marius Jansen, eds. *Studies in the Institutional History of Early Modern Japan*. Princeton, N. J., 1968.

Ishi, Hiromitsu. *The Japanese Tax System*. Oxford, 1989.

Noguchi, Yukio. "Tax Reform Debates in Japan." In *World Tax Reform*, ed. Michael Boskin and Charles McLure, Jr. San Francisco, 1990.

Pepper, Thomas P., Merit E. Jarow, and Jimmy Wheeler. *The Competition: Dealing with Japan*. New York, 1985.

Rabushka, Alvin. *Hong Kong, A Study in Economic Freedom*. Chicago, 1979.

——. "Tax Policy and Economic Growth in the Four Asian Tigers." *Journal of Economic Growth* 3 (1988): 11.

Scheiner I., and T. Nagita, eds. *Japanese Thought in the Tokugawa Period, 1600 ~ 1868*. Chicago, 1978.

Schell, Johathan. "Speak Loudly, Carry a small Stick." *Harper's* (March 1989).

Tsiang, S. C. "Taiwan's Economic Success Demystified." *Journal of Economic Growth* 3 (1988): 21.

Tsunoda, R., ed. *Sources of Japanese Tradition*. New York, 1958.

Woronoff, Jon. *Asia's 'Miracle' Economies*. New York, 1986.

以色列

Bethell, Tom. "Is the Kibbutz Kaput?" *Reason* (October 1988).

Freidman, Milton. "Capitalism and the Jews." *The Freeman* 38 (October 1988): 385 – 95.

Rabushka, Alvin. *Scorecard on the Israeli Economy, A Review of* 1990. Jerusalem, 1991.

Rabushka, Alvin, Steve H. Hanke, and Yakir Plessner, eds. *Toward Growth: A Blueprint for Economic Rebirth in Israel* 3 (Spring 1989): 49.

Sheshinshi, Eytan. "The 1988 Tax Reform in Israel." In *World Tax Reform*, ed. Michael J. Boskin and Charles E. McLure, Jr. San Francisco, 1990.

美国

Adams，Charles. *Those Dirty Rotten Taxes*. New York，1998.

Baldwin，Leland D. *Whiskey Rebels*. Pittsburgh，1968.

Becker，Robert. *Revolution，Reform，and the Politics of American Taxation，1763 ~ 1783*. Baton Rouge，La.，1980.

Bensel，Richard F. *Yankee Leviathan*. Cambridge，1995.

Birnbaum，Jeffrey H. and Alan S. Murray. *Showdown at Gucci Gulch*. New York，1987.

Blum，Walter，and Harry Kalvern，Jr. *The Uneasy Case for Progressive Income Taxation*. Chicago，1953.

Brackenridge，Hugh Henry. *Incidents of the Insurrection*. 1795. Reprint. New York，1972.

Brownlee，W. Ellliot. *Federal Taxation in America*. Cambridge，1996.

Carson，Gerald. *The Golden Egg*. Boston，1977.

Chambliss，Lauren. "The IRS，the gang that cannot shoot straight." *The Financial World* (March 21，1989).

Conable，Barber B. *Congress and the Income Tax*. Norman，Okla.，1989.

Cooley，Thomas，M. *Constitutional Limitations*. 1868. Reprint. Birmingham，Ala.，1987.

Dalmetch，John. *Rebellion and Reconciliation*. London，1975.

Davidson，Jim. "Punch Out the IRS," Playboy Magazine (April 1976). 你可以将本文与 10 年前写的从国内税收署那里得到强烈反应的文章相对比。"Tyranny in the Internal Revenue Service," *The Reader's Digest* (August 1967).

Davis，Shelly. *Unbridled Power Inside the Secret Culture of the IRS*. New York，1997.

Diogenes. *The April Game*. Chicago，1973.

Eisensein，Louis. *The Ideololgies of Taxation*. New York，1961. 参见一本有趣的书评：Justice Douglas. *N. Y. Herald Tribune* (Sept. 24，1961)：6 (Books).

Epstein，Daniel F. *The Political Thought of the Federalist*. Chicago，1984.

Ferleger，Herbert. *David Wells and the American Revenue System*. Philaddelphia，1977.

Fleetwood，Blake. "The Tax Police." *Saturday Review of Literature* (May 1980).

Forsythe，Dall. *Taxation and Political Change in the Young Nation，1781 ~ 1833*. New York，1977.

Galt，John. *Dreams Come Due*. New York，1986.

Grapperhaus，Ferdinand. *Taxes，Liberty and Property*. Amsterdam，1989.

Groves，Harold M. *Tax Philosophers*. Madison，Wis.，1974.

Hall，Robert，and Alvin Rabushka. "A Proposal to Simplify Our Tax System." *Wall Street Journal* (December 10，1981)，p. 30.

Hansen, George. *To Harass Our People*. Washington, D. C. , 1980.

Harris, Richard. "Annals of the Law (The Fourth Amendment II)," *The New Yorker* (November 10, 1975).

Hayek, Friedrich. *The Constitution of Liberty*. Chicago, 1978.

Hellerstein, Jerome. *Taxes, Loopholes and Morals*. Boston, 1977.

Hess, Karl. *Dear America*. New York, 1975.

Hummel, Jeffrey. *Emancipating Slaves, Enslaving Free Men*. Chicago, 1996.

Kellems, Vivian. *Toil, Taxes, and Trouble*. New York, 1952.

Ketchum, Richard. *Will Rogers*. New York, 1973.

Kilpatrick, William. *The Big Tax Lie*. New York, 1986.

Kittrie, Nicholas, and Eldon D. Wedlock, Jr. , eds. *The Tree of Liberty, A Documentary History of Rebellion and Political Crimes in America*. Baltimore, 1986.

Knight, David. *The Whiskey Rebellion*. New York, 1968.

Kultner, Robert. *Revolt of the Haves*. New York, 1980.

Larson, Martin A. *Tax Revolt: The Battle for the Constitution*. Greenwich, Conn. , 1983.

MacPherson, Donald W. *April 15th: The Most Pernicious Attack Upon English Liberty*. Phoenix, 1983.

Mellon, Andrew. *Taxation: The Peoples Business*. New York, 1924.

Nock, Albert J. *Our Enemy The State*. 1935. Reprint. New York, 1989.

Paul, Randolph. *Taxation in the United States*. Boston, 1954.

Payne, James L. *Costly Returns*. San Francisco, 1993

——. *The Culture of Spending*. San Francisco, 1991.

Rabushka, Alvin. *The Flat Tax*. Stanford, 1985.

——. *The Tax Revolt*. Stanford, 1982.

Ratner, Sidney. *American Taxation*. New York, 1942.

——. *Taxation and Democracy in America*. New York, 1967.

Reid, John Phillip. *Constitutional History of the American Revolution*. Vol. 2, *The Authority to Tax*. Madison, Wis. , 1987.

Seligman, Edwin. *The Income Tax*. 1914. Reprint. New York, 1970.

Senholz, Hans. *Taxes and Confiscation*. New York, 1993.

Sfeinmo, Sueu. *Taxation and Democracy*. New Haven, 1993.

Smith, Page. *A New Age Begins*. 2 vols. New York, 1976.

Stampp, Kenneth M. *The Causes of the Civil War*. Englewood, 1959.

Stern, Philip. *The Rape of the Taxpayer*. New York, 1973.

Strum, Phillip. Louis D. *Brandeis: Justice for the People*. Cambridge, Mass. , 1984.

Surface, William. *Inside Internal Revenue*. New York, 1967.

Tait, Alan. *The Personal Wealth Tax*. Urbana, Ill., 1967.

Taylor, John. *Tyranny Umasked*. 1822. Reprint. Indianapolis, 1992.

Thomas, Peter. *British Politics and the Stamp Act Crises*. Oxford, 1975.

Throp, Willard, et al., eds. *American Issues*. Vol. 1: The Social Record. Chicago, 1944.

Anniski, Jude. *The Way the World Works*. New York, 1978.

Warren, Mercy Otis. *History of the Rise, Progress and Termination of the American Revolution*. 1805. Reprint. Indianapolis, 1988.

Witte, John F. *The Politics and Development of the Federal Income Tax*. Madison, Wis., 1985

代表性的美国税案

Hylton v. United States (1796) 3 Dall. 171, 1 L. ed. 556

United States v. Singer (1872) 15 Wall. 111, 21 L. ed. 49.

Head Money Causes, (1884) 112 U. S. 580.

Pollock v. Farmers Loan and Trust Co. (1895) 157 U. S. 429.

Magoun v. Illinois trust and Savings Bank. (1898) 170 U. S. 283.

Knowlton v. Moore, (1899) 178 U. S. 41.

United States v. Plasynski, (1982) 550 F. Supp. 549; reversed (1983) 462 U. S. 74, 103 S. Ct. 2239.

California Bankers Assn. v. Shultz (1974) 94 S. Ct. 1494.

Boyd v. United States (1885), 116 U. S. 616.

Fischer v. United States (1976) 425 U. S. 391.

离岸世界部分材料

Chappel, Robet. *Secrets of Offshore tax Havens*. Orlinda, Calif., 1985.

Clarke, Thurston, and John Tigue. *Dirty Money*. New York, 1975.

Fay, Stephen, et al. *Hoax, The Inside Story of the Howard Hughes-Clifford Irving Affair*. New York, 1972.

Frantz, Douglas. *Mr. Diamond*. London, 1987.

Kinsman, Robert. *Robert Kinsman Guide to Tax Haven*. Homewood, Ill,. 1978.

——. *Your New Swiss Bank*. Homewood, Ill., 1979.

Kwitny, Jonathan. *The Fountain Pen Conspiracy*. New York, 1973.

Moffit, Donald, ed., and the staff reporters of the *Wall Street Journal. Swindled: Classical Business Frauds of the Seventies*. Princeton, 1976.

Naylor, R. T. *Hot Money*. Toronto, 1987.

Thomas, S. Clark. *How to Form Your Own Tax Haven Company Privately*. Fort Erie, Ontario, 1981.

United States v. Carver, et al. Court of Appeals, Jamaica (Cayman Islands Appeal No. 5, 1982).

Vicker, Ray. *Those Swiss Money Men*. New York, 1973.

美国政府研究

Gordon, Richard. *Tax Haven and Their Use by American Taxpayers*: *An Overview*. U. S. Public Document 81 ~ 397. Washington, D. C. , 1981.

Tax Havens in the Caribbean Basin. Department of the Treasury, U. S. Public Document 84 - 403. Washington, D. C. , January 1984.

涉及避税地的经典美国案例

U. S. v. Field, (1976) 532 F. 2d 404; criticized in 17 *Virgina Journal of International Law* 328 (1977).

U. S. v. Paynor, (1977) 434 F. Supp. 1134, reversed with dissenting opinions, (1980) 100 S. Ct. 24.

U. S. v. Bank of Nova Scotia (1984) 740 F. 2d 817.

U. S. v. Kilpatrick (1984) 594 F. Supp. 1328; (1987) 821 F. 2d 1456, (19880 108 S. Ct. 2369.

索　引

472

图书在版编目（ＣＩＰ）数据

善与恶:税收在文明进程中的影响/(美)亚当斯著;翟继光译. --2版. --北京:中国政法大学出版社, 2013.1
ISBN 978-7-5620-4533-5

Ⅰ.①善… Ⅱ.①亚… ②翟… Ⅲ.①税收－财政史－世界－通俗读物 Ⅳ.①F811.9-49

中国版本图书馆CIP数据核字(2013)第009467号

书　　名	善与恶——税收在文明进程中的影响
	Shan yu E Shuishou zai Wenming Jincheng Zhong de Yingxiang
出版发行	中国政法大学出版社(北京市海淀区西土城路25号)
	北京 100088 信箱 8034 分箱　邮编 100088
	http://www.cuplpress.com (网络实名：中国政法大学出版社)
	010-58908325(发行部) 58908334(邮购部)
编辑统筹	综合编辑部　010-58908524　dh93@sina.com
承　　印	保定市中画美凯印刷有限公司
规　　格	720mm×960mm　　16 开本　　34.5 印张　　580 千字
版　　本	2013 年 2 月第 1 版　　2020 年 7 月第 3 次印刷
书　　号	ISBN 978-7-5620-4533-5/F · 4493
定　　价	68.00 元